DEMOCRACIA, DESCENTRALIZAÇÃO E DESENVOLVIMENTO: BRASIL & ESPANHA

DEMOCRACIA, DESCENTRALIZAÇÃO E DESENVOLVIMENTO: BRASIL & ESPANHA

Organizadora: Sonia Fleury

FGV
EDITORA

ISBN 85-225-0552-7

Direitos desta edição reservados à
EDITORA FGV
Praia de Botafogo, 190 — 14° andar
22250-900 — Rio de Janeiro, RJ — Brasil
Tels.: 0800-21-7777 — 21-2559-5543
Fax: 21-2559-5532
e-mail: editora@fgv.br — pedidoseditora@fgv.br
web site: www.editora.fgv.br

Impresso no Brasil / *Printed in Brazil*

1ª edição — 2006

Revisão de originais: Claudia Martinelli Gama e Maria Lucia Leão Velloso de Magalhães

Editoração eletrônica: FA Editoração Eletrônica

Revisão: Aleidis de Beltran e Mauro Pinto de Faria

Capa: aspecto:design

Apoio: Fundació CIDOB

Ficha catalográfica elaborada pela Biblioteca
Mario Henrique Simonsen/FGV

Democracia, descentralização e desenvolvimento: Brasil e Espanha / Organizadora Sonia Fleury. — Rio de Janeiro : Editora FGV, 2006.
508p.

Inclui bibliografia.

1. Democracia — Brasil. 2. Democracia — Espanha. 3. Descentralização administrativa — Brasil. 4. Descentralização administrativa — Espanha. 5. Brasil — Política econômica — 6. Espanha — Política econômica. 7. Brasil — Política social. 8. Espanha — Política social. I. Teixeira, Sonia Maria Fleury. II. Fundação Getulio Vargas.

CDD — 338.9

SUMÁRIO

APRESENTAÇÃO

Sonia Fleury

Este livro é fruto da cooperação entre pesquisadores da Escola Brasileira de Administração Pública e de Empresas da Fundação Getulio Vargas, no Brasil, e pesquisadores do Departamento de Ciência Política da Universidade Pompeu Fabra, na Espanha. Para a realização deste projeto foram convidados especialistas renomados de várias instituições brasileiras e espanholas e contou-se com o apoio dos ministérios da Educação do Brasil[1] e da Espanha, do Programa de Apoio à Produção Acadêmica (Propesquisa) da Ebape, e da Fundação Cidob — Centre d'Informació Internacinals em Barcelona.

A proposta foi tomar como eixos analíticos os processos recentes de descentralização ocorridos nos dois países, entrelaçando-os com os processos concomitantes de consolidação democrática e retomada do desenvolvimento.

Brasil e Espanha são países que transitaram, no último quarto do século XX, de regimes autoritários à democracia constitucional, buscando, ao mesmo tempo em que almejavam a consolidação do processo democrático, criar condições para implantar um desenvolvimento sustentável, que pudesse responder às necessidades de crescimento industrial e que inserisse os países, de forma vantajosa, na economia globalizada, gerando assim condições para a superação das profundas desigualdades sociais e regionais, acumuladas historicamente. Em ambos os países, a descentralização foi assumida como estratégia de construção conjunta do crescimento econômico e da expansão da ci-

[1] Através da Capes.

dadania. Os resultados foram distintos, porque tiveram origem em processos históricos diferenciados em termos do desenho da descentralização, das alternativas nacionais e das possibilidades internacionais existentes para o desenvolvimento, o que gerou diferentes capacidades de expansão da esfera pública para permitir a redução da exclusão e das desigualdades sociais e regionais.

Este livro trata, de forma conjunta, de questões relativas a esses processos concomitantes de democratização, desenvolvimento e descentralização nos contextos brasileiro e espanhol. Não se buscou uma comparação entre os processos ocorridos nos dois países, mas uma análise dos casos organizados a partir de eixos temáticos comuns. Ao cotejar ambas as experiências, o leitor poderá aprender a partir das similitudes e das diferenças que se apresentam, permitindo-se usar a experiência do outro como um espelho analítico adicional ao trabalho de cada autor.

A literatura política tem apontado os casos da Espanha e do Brasil como exemplos de transições à democracia do tipo pactadas ou transadas, mediante acordos ou pactos firmados entre forças sociais emergentes e aquelas identificadas com o período autoritário.[2] Esse processo de entendimentos funciona como um mecanismo de mútuo reconhecimento entre as forças políticas relevantes e seu comprometimento com a transição à democracia, ou seja, com as chamadas garantias de procedimento.[3] Esse tipo de transição decorre do relativo sucesso econômico do regime autoritário, o que permite que os atores políticos vinculados ao regime anterior continuem a exercer controle em relação à definição da agenda e da velocidade do processo de transição para a democracia. Não sendo capazes de manter o regime autoritário, têm, no entanto, a capacidade de controlar a saída dele, construindo, com os atores que reivindicam a democracia, pactos que permitem uma transição controlada. Esse modelo de governança é visto como mais estável, embora apresente maiores condicionalidades em relação à preservação de certas instituições e atores que foram vinculados ao exercício do autoritarismo. Outras semelhanças dizem respeito à forte tradição centralista e à existência de mecanismos de corporati-

[2] O'Donnell, 1988.
[3] Moisés, 1989:139.

vismo estatal que vinculam setores sociais ao aparato estatal ao longo da história de ambos os países.

Apesar da similitude dos diferentes tipos de transição, os casos da Espanha e do Brasil diferem em muitos aspectos. Fundamentalmente, a experiência e a memória viva da Guerra Civil Espanhola, que esteve na origem do governo autoritário, são os fatores mais importantes que explicam a construção de uma ampla e consistente coalizão democrática. Por outro lado, a personalização do autoritarismo em Franco colabora para seu esfacelamento após a morte do ditador, enquanto no Brasil institucionalizou-se um sistema autoritário militar.

Não se pode menosprezar o contexto internacional, no qual países e partidos europeus, com predomínio da socialdemocracia, atuaram fortemente no sentido de apoiar um processo rápido e efetivo de transição e consolidação da democracia na Espanha.

Um dos problemas apontados nas transições pactuadas é o risco da "morte lenta" do novo regime,[4] devido ao desencanto da população com a democracia, na medida em que as negociações entre elites tendem à preservação de características do regime anterior.

Sem querer aprofundar em comparações, é mister assinalar que as diferenças em processos de transição pactuada, como no Brasil e na Espanha, decorrem das condições institucionais necessárias para fazer a transição e da natureza do pacto estabelecido, assim como da reação da população, em geral de desencanto com as limitações impostas pelo pacto às expectativas democráticas.

No que diz respeito às características institucionais, o acordo para a restauração da monarquia e a figura e o comprometimento do rei com a democracia foram fundamentais no caso espanhol. Sobre a natureza do pacto de transição e sobre como as instituições processam as respostas ao desencanto, Moisés (1989) procura explicar que, no Brasil, o pacto de transição tratou de preservar a não-competição entre as elites, mantendo a legislação eleitoral do período autoritário, mesmo enfrentando movimentos de grande mobilização nacional como o das Diretas Já. No caso espanhol, a reação de desencanto da sociedade com o pacto conservador provocou forte crítica, por parte dos parti-

[4] O'Donnell, 1988.

dos políticos, ao conteúdo exclusivamente econômico-social dos pactos neocorporativos — os Pactos de Moncloa — restabelecendo a ênfase na disputa política. Em outros termos, foi o papel dos partidos políticos na Espanha que levou a que "o eixo da disputa política se deslocasse para o campo da competição eleitoral entre distintas alternativas".[5]

O pouco comprometimento das elites políticas brasileiras com a democracia, entendida como a competição democrática que permite maior inclusão, acarretou uma situação de preservação maior da institucionalidade política e o continuísmo em relação ao regime autoritário.

Se essas características da transição apontam para similitudes e diferenças entre os dois casos, a consolidação da democracia requer a transcendência da etapa de mera liberalização para o estabelecimento da competição partidária e da escolha eleitoral, além da criação de outros mecanismos e arranjos corporativos e/ou consorcionais.[6] Mas, para esses mesmos autores, a democracia vai além da institucionalização da competição e de arranjos políticos e deve gerar também uma institucionalidade que garanta a democracia social e a democracia econômica, entendidas, respectivamente, como a extensão de direitos e obrigações iguais a todos os cidadãos-atores e a garantia de iguais benefícios à população em termos de bens e serviços gerados pela sociedade.

Para que se efetive a democracia é necessário, pois, a criação de uma esfera pública inclusiva, na qual os cidadãos possam ser igualados formalmente diante do poder público e também sejam capazes de usufruir, universalmente, dos bens e da riqueza social que cada sociedade considera necessária ao gozo da cidadania.

O processo de consolidação democrática implica também a construção de uma nova institucionalidade, que permita um exercício mais democrático do poder, uma extensão da "estatalidade" a todo o território nacional, a redução das desigualdades sociais e regionais. Torna-se, portanto, imprescindível pensar a consolidação democrática como um processo político-institucional que envolve a descentralização do poder em dois eixos que se cruzam: do Estado para a sociedade e do nível central de governo para o nível local. Mas

[5] Moisés, 1989:146.
[6] O'Donnell e Schimitter, 1988.

esses novos arranjos políticos e institucionais não poderão atender às demandas de incorporação cidadã se os processos econômicos nacionais não apontarem uma perspectiva de desenvolvimento.

Por essas razões, este livro foi organizado a partir de dois eixos temáticos: o político-institucional e o econômico-social. O propósito é analisar, em cada um desses eixos, o passado recente, indicando os avanços, os impasses e até mesmo os retrocessos ocorridos, bem como a agenda atual e os cenários futuros.

No capítulo 1 — "Democracia, descentralização e desenvolvimento" —, Sonia Fleury discute as interfaces entre os três conceitos e, a partir de uma perspectiva histórica, mostra como esses processos e suas relações vêm se alterando. A expansão da economia capitalista requereu a centralização e a concentração, que levaram ao estabelecimento de uma autoridade pública identificada com o Estado-nação. No entanto, o período desde o despotismo esclarecido até um arranjo institucional descentralizado foi longo e contraditório. Os estudos sobre mudança social inicialmente também privilegiaram a construção da autoridade central como propulsora do desenvolvimento nacional, mas, atualmente, em uma economia globalizada na qual o Estado nacional perdeu poder e se reorganiza em um formato reticular, a noção de desenvolvimento como crescimento econômico é substituída por um a defesa do desenvolvimento sustentável, envolvendo a descentralização e a participação em processos democráticos deliberativos.

A partir da análise da experiência brasileira, Sonia Fleury assinala os diferentes momentos em que pactos sociais conservadores identificaram o crescimento com exclusão social como sinônimo de desenvolvimento. A autora descreve as inovações mais recentes e analisa seus limites e possibilidades em termos de construção de uma esfera pública plural e democrática, capaz de se reger pelos princípios do reconhecimento, da participação e da redistribuição. Em outros termos, trata-se de alterar o pacto de poder existente, o que requer repensar a forma do Estado, da nação e as possibilidades de extensão da cidadania.

No eixo político-institucional se encontra, inicialmente, o capítulo 2, de autoria de Fernando Luiz Abrucio — "Para além da descentralização: os desafios da coordenação federativa no Brasil". Nele, o autor argumenta que a maioria dos defensores da descentralização não compreendeu o efeito da Federação e de sua especificidade brasileira para o processo descentralizador. Aperfeiçoar a descentralização e corrigir os seus defeitos passa, necessariamente, pela resolução dos principais dilemas federativos enfrentados ao longo da história e contemporaneamente pelo Brasil. Para defender essa visão, o capítulo se estrutura da seguinte maneira: na primeira parte, discute o conceito de descentralização, sua novidade histórica, potencialidades e problemas. Depois, busca mostrar como o contexto federativo dá ao fenômeno descentralizador uma singularidade marcante, vinculada sobretudo à questão da coordenação intergovernamental. Mais adiante, a análise se concentra no caso brasileiro, parte central do texto. Três são os aspectos abordados: a) as características adquiridas pela Federação ao longo da redemocratização e a relação desse processo com a descentralização; b) o estudo de problemas de coordenação e competição federativas, bem como as experiências mais bem-sucedidas de cooperação e compartilhamento de políticas entre os níveis de governo; c) numa breve conclusão, o argumento básico do trabalho, destacando três medidas essenciais para enfrentar os dilemas federativos e descentralizadores existentes hoje no Brasil.

O capítulo 3, de autoria de Sergio de Azevedo, aborda a questão institucional e se intitula "Desigualdades sociais e reforma do Estado: os desafios da gestão metropolitana no federalismo brasileiro". Discute a reforma do Estado em curso desde o início dos anos 1990 num país como o Brasil, que apresenta uma estrutura econômica complexa, com setores modernos e competitivos internacionalmente e outras áreas tradicionais de baixa produtividade, grande parte das quais atuando na informalidade, onde o mercado se apresenta extremamente fragmentado. A primeira seção trata da questão de como a extrema desigualdade social brasileira cria constrangimentos para as mudanças institucionais. A segunda, reinterpretando o conceito de "reforma do Estado", procura explicitar algumas condições que podem permitir o desencadeamento de processos de mudanças marcantes e analisar, em grandes linhas, os pontos de inflexão do Estado brasileiro no último século. A terceira seção discute a crise do Estado desenvolvimentista no Brasil, fortemente marcada pelo processo de globalização a partir de meados dos anos 1970. Na seção seguinte, realiza um recorte temático para discutir determinados entraves institucionais às reformas da gestão metropolitana, para finalizar com um balanço dos constrangimentos estruturais que afetam o processo de reforma do Estado no Brasil, bem como os desafios e potencialidades da regulação pública nas metrópoles brasileiras.

No capítulo 4 — "Desenho constitucional, instituições federativas e relações intergovernamentais no Brasil pós-1988" —, Celina Souza analisa os dispositivos constitucionais relativos ao federalismo após a promulgação da Constituição de 1988, buscando conciliar a análise sobre como o federalismo brasileiro funciona na prática e os dispositivos constitucionais que se aplicam a essa instituição. É concedido destaque especial à análise da ausência de mecanismos formais e informais reguladores das relações intergovernamentais, o que gera relações competitivas entre os entes constitutivos da Federação. A autora argumenta que os principais constrangimentos enfrentados hoje pelo federalismo brasileiro decorrem mais da dificuldade dos governos para redirecionar o rumo de certas políticas públicas, lidar com questões macroeconômicas não antecipadas pelos constituintes de 1988 e regulamentar as relações intergovernamentais do que de problemas resultantes do desenho constitucional.

A experiência espanhola é analisada, em seus aspectos políticos e institucionais, nos três capítulos seguintes. Jacint Jordana é o autor do capítulo 5 — "As comunidades autônomas e a política de descentralização na Espanha democrática". Analisa o processo e o modelo de descentralização adotados na democracia para concluir que se avançou muito no processo de descentralização e que o modelo atual, baseado na cessão de grandes responsabilidades aos níveis intermediários, já se encontra amplamente aceito. Também já há uma certa diferenciação nas características e nos poderes das distintas comunidades autônomas, ainda que continue existindo um forte debate sobre a orientação final do Estado descentralizado. Ante a visão mais homogeneizadora do modelo de Estado defendido pelos partidos de âmbito nacional, alguns setores de opinião assinalam a necessidade de avançar em direção a um modelo decididamente federal, que possa incluir de forma mais ativa a participação das comunidades autônomas nas decisões políticas dos órgãos centrais do Estado, por meio de um desenvolvimento institucional específico, e não como ocorre atualmente, onde se depende quase exclusivamente das coalizões políticas que se estabelecem e da política interna dos partidos políticos.

Outros setores políticos e sociais, especialmente nas comunidades históricas com línguas próprias — Catalunha, País Basco e Galícia —, exigem um modelo de autonomia mais profundo, que destaque mais claramente os símbolos e as identidades próprias de cada território. Assim, se embaralham idéias como uma estrutura federal de tipo assimétrico, o reconhecimento do direito de autodeterminação, ou o estabelecimento de fórmulas de associação estatal. No fundo, a natureza nacional ou plurinacional do Estado espanhol se encontra em debate e, seguramente, as implicações que dele resultarão terão forte influência na forma de evolução da estrutura do Estado nos próximos anos.

No capítulo 6 — "O processo de descentralização regional na Espanha e as dificuldades para a inovação institucional das novas administrações públicas" —, Carles Ramió e Miquel Salvador apresentam uma descrição analítica da configuração dos modelos organizacionais das administrações das comunidades autônomas espanholas, a partir da consideração conjunta de suas estruturas orgânicas e de seus recursos humanos, com diversos argumentos explicativos sobre seu processo de configuração e desenvolvimento. Os autores concluem que, atualmente, 25 anos depois de iniciada a descentralização e de se haver efetuado as transferências em matéria de saúde e educação à totalidade das comunidades autônomas, pode-se considerá-lo consolidado, ainda que permaneçam em aberto diferentes reivindicações por parte de algumas comunidades autônomas. As mudanças são a transformação mais relevante da administração pública na Espanha nas últimas décadas. Todavia, apesar de tão significativas, essas mudanças não se refletiram em grandes inovações na organização e na gestão dos recursos humanos das administrações públicas das comunidades autônomas, que tenderam a replicar, com diferentes particularidades, porém de forma mais ou menos mimética, o modelo da administração geral do Estado.

Ferran Requejo, no capítulo 7 — "Democracia, descentralização e pluralismo cultural: o caso do 'Estado das autonomias' espanholas" —, trata da descentralização a partir do objetivo de se obter uma acomodação política entre coletividades culturais diferenciadas, e oferece elementos para a análise dos Estados descentralizados em contextos de pluralismo cultural. Na primeira seção, de conteúdo teórico e formativo, discute a revisão de alguns valores das democracias liberais em sociedades culturalmente diversificadas, a partir do debate dos últimos anos sobre o liberalismo político em contextos de pluralismo cultural. A segunda seção sintetiza os principais modelos de organização territorial nas democracias, enfatizando os distintos modelos de caráter federal e alguns elementos de êxito de experiências de descentralização oferecidos pela política comparada. Finalmente, a terceira seção analisa o caso espanhol do "estado das autonomias" e seu desenvolvimento nos últimos 25 anos, a partir dos elementos introduzidos nas primeiras seções, concluindo com algumas reflexões críticas sobre dois de seus objetivos: a descentralização do Estado e a acomodação de seu pluralismo interno.

O segundo eixo analítico deste livro inclui os aspectos econômicos e sociais. Nele se encontram o capítulo 8, de Fabrício Augusto de Oliveira, intitulado "Reforma tributária: abrindo caminhos para o crescimento e o fortalecimento da Federação". Nesse capítulo, procura-se fazer um balanço da situação do sistema tributário no Brasil, com o objetivo de identificar as causas das dificuldades financeiras e fiscais atuais do Estado, e de verificar como o sistema, ao ser ajustado para dar respostas a essas dificuldades, terminou vendo ampliadas suas distorções, envolvendo o Estado numa *camisa-de-força* que tem inibido sua ação para fortalecer os caminhos da descentralização, das bases da Federação e do crescimento econômico.

Na primeira seção, o autor apresenta uma fotografia dos principais problemas do sistema tributário brasileiro e faz um balanço da dimensão dos atuais desequilíbrios federativos, que dificultam a criação de mecanismos de cooperação entre os entes da Federação para a oferta de políticas públicas. Na segunda, examina a origem desses desequilíbrios, tomando como referência as mudanças introduzidas na Constituição de 1988, bem como o padrão de ajuste adotado pelo governo federal para compensar as perdas de receitas que lhe foram inicialmente impostas. Analisa ainda como a manutenção desse padrão de ajuste — após a implementação do Plano Real, em 1994, até os dias atuais — aumentou as distorções do sistema e cerceou os caminhos do crescimento econômico e do avanço do processo de descentralização. Na terceira, avalia as iniciativas das principais propostas de reforma tributária apresentadas ao Congresso para discussão, procurando identificar as causas de seu insucesso, e apresenta os pontos a serem considerados na realização de uma reforma tributária, com ênfase na revisão do modelo de federalismo fiscal, e que podem contribuir para remover as algemas que aprisionam e limitam o Estado no cumprimento de suas novas responsabilidades na etapa atual do desenvolvimento econômico.

José Cesar Castanhar assina o capítulo 9 — "Arranjos produtivos locais como estratégia de interiorização da atividade econômica, com dinamismo e redução das desigualdades". O autor parte da observação de um fenômeno recente, que foi responsável no Brasil, ao longo da última década, por um crescimento econômico muito mais acentuado em regiões periféricas, como Norte, Centro-Oeste e Sul, do que na região economicamente mais importante do país, o Sudeste. Como conseqüência, diminuiu o peso da região Sudeste no PIB do país, enquanto aumentou a participação daquelas regiões, caracterizando o que se poderia chamar de um processo de gradual interiorização da atividade econômica brasileira.

Esse processo resultou, por um lado, no dinamismo do agronegócio brasileiro, que incorporou novas fronteiras à produção ao longo das últimas duas décadas, principalmente na Região Centro-Oeste e no sul da Região Norte. Por outro lado, esse deslocamento da atividade econômica para o interior do país esteve associado ao dinamismo de aglomerações de micro, pequenas e médias empresas. Essas aglomerações, quando apresentam um razoável grau de coordenação interior, envolvendo articulação entre as empresas e entre essas e outras instituições públicas ou privadas, são denominadas "arranjos produtivos locais (APLs)". O objetivo do capítulo é examinar a natureza e a dinâmica de formação desses arranjos, analisar o papel que tiveram nesse processo de interiorização da economia brasileira e discutir as possibilidades de aprofundamento desse processo e as dificuldades associadas.

No capítulo 10 — "Desenvolvimento regional: a descentralização valorizaria a diversidade" —, Tania Bacelar de Araújo discute as origens e as causas da persistente dificuldade enfrentada pela sociedade brasileira para construir um país regionalmente (e socialmente) menos desigual. A hipótese subjacente é a de que o movimento de descentralização pode desempenhar, nesse caso, um papel importante e positivo, desde que a descentralização não seja a atomizada, que leva lenha à fogueira da fragmentação. A autora defende, portanto, a descentralização coordenada, mais complexa e difícil de construir, mas capaz de soldar diretrizes gerais e integradoras — de corte nacional — com escolhas locais capazes de dar conta das múltiplas e distintas potencialidades regionais desse imenso território, valorizando assim a magnífica diversidade brasileira.

O capítulo começa identificando as raízes da forte concentração regional das atividades econômicas e dos ativos estratégicos para o desenvolvimento, segue tentando revelar algumas tendências recentes — umas concentradoras e outras desconcentradoras —, com destaque especial para o processo de metropolização e suas conseqüências, e termina discutindo os principais desafios para estimular um movimento consistente de descentralização. Movimento que se julga importante para construir um Brasil menos desigual, mais capaz de tirar proveito de sua magnífica diversidade e onde seus cidadãos não sejam obrigados a migrar por falta de oportunidades para uma inserção digna na vida produtiva e cultural do país.

Vera da Silva Telles é a autora do capítulo 11 — "Sociedade civil, direitos e espaços públicos" —, no qual indaga sobre as possibilidades, no Brasil atual, da construção de uma sociedade mais justa e mais igualitária. A autora defende que essa indagação não é retórica, tampouco trivial, pois significa levar a sério as incertezas dos tempos atuais. É uma indagação que põe em foco os dilemas do cenário atual, em que os destinos do país estão sendo decididos numa encruzilhada de alternativas incertas, desenhadas entre o legado de uma tradição autoritária e excludente e as transformações em curso no mundo contemporâneo.

Em suas palavras, seria possível dizer que as mudanças em curso fazem vir à tona a dimensão dilemática da questão social, já que os modelos conhecidos de proteção social foram postos em xeque pelas atuais mudanças no mundo do trabalho e que conquistas sociais foram demolidas pela onda neoliberal que tomou o mundo inteiro. Também é verdade que esse questionamento e essa desmontagem reabrem as tensões e antinomias que estiveram na origem dessa história e fazem ver as difíceis (e frágeis) relações entre o mundo social e o universo público dos direitos, na disjunção sempre reaberta entre a ordem legal que promete a igualdade e a reposição das desigualdades e exclusões na trama das relações sociais; entre a exigência ética de justiça e os imperativos de eficácia da economia; entre universos culturais e valorativos de coletividades diversas e a lógica devastadora do mercado.

É por esse ângulo, o das relações entre o mundo social e os direitos, que a autora gostaria de colocar em discussão algumas experiências e acontecimentos recentes na sociedade brasileira. Relações difíceis e dilemáticas, mas que circunscrevem um terreno de conflitos em que a conquista de direitos é também uma disputa pelos sentidos de modernização e modernidade, cidadania e democracia.

No capítulo 12 — "Efeitos paradoxais da descentralização no Sistema Único de Saúde no Brasil" —, Gastão Wagner analisa o caso paradigmático de descentralização com a construção do Sistema Único de Saúde. Fruto das lutas pela democratização e pela municipalização, o autor considera a reforma sanitária brasileira tardia, já que foi implantada quando em todo o mundo se praticava o neo-reformismo liberal, embora sob a égide da universalização do sistema público de saúde. O autor identifica como inovações dessa reforma, por um lado, a determinação de se criar formas de democracia direta e de gestão participativa e, por outro, o modelo de descentralização.

O capítulo analisa alguns efeitos paradoxais da organização de um sistema descentralizado, como a transformação da descentralização em um fim em si mesma, a fragmentação do sistema em decorrência da força centrípeta da descentralização e a conseqüente produção de iniqüidades. Por outro lado, o autor procura identificar alguns desafios estratégicos relativos à necessidade de revisão dos papéis e das responsabilidades dos entes federados e do próprio desenho da descentralização.

O capítulo 13, de autoria de Ana Fonseca e Ana Luiza d'Ávila Viana, intitula-se "Tensões e avanços na descentralização das políticas sociais: o caso do Bolsa-Família". As autoras partem da constatação de que o momento atual introduz dois grandes desafios para as políticas sociais: enfrentar os novos riscos decorrentes das mudanças econômicas, sociais, demográficas e epidemiológicas; e desenhar novos modelos de gestão e parceria na provisão e no acesso dos serviços sociais, cumprindo ainda e, sobretudo, com os princípios da eqüidade e da justiça social.

Analisando a experiência recente brasileira na área da política social, o capítulo se detém no programa de transferência de rendas com o objetivo de combater a pobreza do grupo familiar, implementado no governo Lula e conhecido como Bolsa-Família. Especificamente, discute a experiência de pactuação entre o governo federal e os governos estaduais e municipais, com vistas a criar uma matriz de integração de políticas públicas para as famílias beneficiárias. Os desafios de integração setorial, intersetorial e federativa são evidenciados a partir dessa experiência.

O capítulo que encerra este livro intitula-se "O impacto do processo de devolução de competências sobre as políticas sociais espanholas: de um Estado de bem-estar social central a um regional?" Seus autores — Raquel Gallego, Ricard Gomà e Joan Subirats — partem da caracterização do *welfare state* latino-mediterrâneo, desenvolvido durante o período autoritário. Desde a transição para a democracia ocorrida no final da década de 1970, a agenda das autoridades públicas tem experimentado profundas transformações estruturais. Essas transformações resultam de dois processos distintos, porém relacionados: a criação de um Estado de bem-estar social próximo dos padrões europeus como resposta tanto a demandas internas quanto a pressões do contexto socioeconômico e político europeu; e mudanças na organização política e territorial do Estado, envolvendo a substituição de um arranjo unitário por um mais descentralizado. A necessidade de a Espanha se aproximar dos níveis de desenvolvimento social e econômico europeus exigia a criação de um Estado de bem-estar social com capacidade para intervir nas arenas econômicas e sociais de forma similar à dos países vizinhos — isto é, com uma agenda mais ampla e diversificada do que aquela proporcionada pela ditadura franquista. Essa necessidade de mudanças resultou inicialmente de demandas das forças sociais, durante a transição, principalmente dos partidos políticos de esquerda e dos sindicatos. Nesses círculos, o processo de democratização estava indissoluvelmente relacionado com a constitucionalização dos direitos sociais. Outra fonte de pressão para a modernização e a ampliação da capacidade do Estado de intervir como motor do desenvolvimento socioeconômico do país era representada pela Comunidade Européia, à qual a Espanha desejava se integrar.

Analisando os resultados desse processo em alguns setores de políticas sociais, os autores concluem que existem hoje, na Espanha, diferentes regimes regionais de bem-estar social, como resultado da devolução de poderes às comunidades autônomas. Esse formato pode apresentar desafios às concepções de Estado de bem-estar social territorialmente mais homogêneas, porém, segundo pesquisas, tem um alto grau de aprovação entre a população.

Bibliografia

MOISÉS, José Álvaro. Dilemas da consolidação democrática no Brasil. In: ALBUQUERQUE, J. A. Guilhon. *Dilemas da consolidação da democracia*. São Paulo: Paz e Terra, 1989.

O'DONNELL, Guillermo. Transições, continuidades e alguns paradoxos. In: REIS, Fabio Wanderley; O'DONNELL, G. *A democracia no Brasil* — dilemas e perspectivas. São Paulo: Vértice, 1988.

———; SCHIMITTER, Philippe. *Transições do regime autoritário* — primeiras conclusões. São Paulo: Vértice, 1988.

Parte I

EIXO POLÍTICO-INSTITUCIONAL

1

DEMOCRACIA, DESCENTRALIZAÇÃO E DESENVOLVIMENTO

*Sonia Fleury**

Uma necessidade que se impõe nos dias atuais é a retomada da discussão acerca das possíveis relações entre crescimento econômico, progresso técnico e arranjos institucionais que favoreçam o desempenho institucional ao mesmo tempo que assegurem uma distribuição social mais igualitária do poder, garantindo maior eqüidade na distribuição da riqueza e a sustentabilidade dos recursos naturais e culturais. Neste capítulo, vamos tratar essas relações a partir das transformações que ocorreram nas próprias concepções centrais de desenvolvimento e de democracia, buscando compreender as razões pelas quais arranjos institucionais mais ou menos descentralizados passaram a ser enfatizados como requisitos para permitir maiores possibilidades de desenvolvimento em contextos democráticos. O desafio de tratar essas questões em um contexto de globalização da economia, diversificação e segmentação social nos leva a ter, como eixo da discussão, a construção de uma esfera pública plural e inclusiva, como condição de governabilidade democrática em uma socieda-

* Doutora em ciência política; professora da Escola Brasileira de Administração Pública e de Empresas da Fundação Getulio Vargas, onde coordena o Programa de Estudos da Esfera Pública (Peep), disponível em: <www.ebape.fgv.br/pp/peep>. E-mail: sfleury@fgv.br.

de capaz de recriar aqueles fundamentos que são imprescindíveis para cimentar a coesão social.

Capitalismo, autoridade central e questão nacional

A idéia do desenvolvimento esteve sempre associada à expansão das formas capitalistas de produção e às suas conseqüências em termos do progresso técnico, da acumulação de riquezas e do desenvolvimento institucional. Polanyi (1980:139) denominou duplo movimento os princípios organizadores da sociedade moderna, quais sejam o liberalismo econômico, ou estabelecimento do mercado auto-regulável, e a autoproteção social ou planejamento. Recusando uma explicação do desenvolvimento baseada na luta de classes, este autor, no entanto, reconhece que cada um dos princípios organizadores da sociedade tem objetivos institucionais específicos e está apoiado por forças sociais definidas, usando métodos próprios.

Aproximando-se do conceito gramsciano de hegemonia como direção moral da sociedade, ele identifica o desenvolvimento como explicado pela habilidade das classes em conseguirem apoio fora de seu grupo e dos interesses seccionais, dependendo de sua capacidade de executar tarefas estabelecidas por interesses mais amplos do que o seu próprio, relacionando assim os interesses seccionais com uma situação total.

> Os interesses seccionais têm de estar relacionados a essa situação total, em última instância, para tornar bem clara sua função no desenvolvimento social. Os meros interesses de classe não podem, portanto, oferecer uma explicação satisfatória para qualquer processo social de longo prazo. (...) Assim, em última instância, é a relação que uma classe tem com a sociedade como um todo que delimita a sua parte no drama. Seu sucesso é determinado pela amplitude e variedade dos interesses, além dos seus próprios, que ela é capaz de servir.
>
> (Polanyi, 1980:156)

Para este autor, enquanto os interesses econômicos são naturalmente seccionais, os interesses sociais são aqueles que permitem a transcendência desde os interesses egoístas de uma classe em direção aos interesses gerais da sociedade. Essa visão nos encaminharia a ver o desenvolvimento como produto do progresso técnico e também das formas estatais de regulação e redistribuição que permitissem a incorporação de amplos interesses sociais, ou seja, da construção da democracia social. Dessa forma, puderam conviver os dois princípios contraditórios de organização da sociedade, um deles voltado para o estabelecimento do mercado auto-regulável que atendia aos interesses de classe dominante, enquanto o "outro princípio da proteção social, cuja finalidade era preservar o homem e a natureza, além da organização produtiva", requeria uma legislação protetora e a intervenção estatal.

A discussão acerca do desenvolvimento como fruto de um acordo cultural e pacífico ou como expressão da luta de classes é também apontado por Rosa de Luxemburgo (1988), comparando as diferentes perspectivas de Kautsky e Marx. No entanto, ambos são apontados como coincidentes, ao ver o destino da humanidade dentro do desenvolvimento histórico como uma tendência contrária à fragmentação, fazendo com que as sociedades primitivas percam sua autodeterminação ao se subordinarem à lógica do desenvolvimento capitalista e da política internacional.

> Não há dúvida de que a centralização interna da economia capitalista, isto é, sua tendência para a concentração e fusão territorial, estatal, econômica, legislativa, administrativa, jurídica, militar, etc., constitui uma das principais tendências do desenvolvimento capitalista em todos os países.
>
> (Luxemburgo, 1988:81)

Lembra ainda a autora que os séculos XVI e XVII foram cenário de contínuas lutas entre as tendências centralistas do absolutismo e as seqüelas do regionalismo feudal e que o absolutismo se desenvolveu em duas direções: uma que se caracteriza pela absorção das funções e atribuições das assembléias e dos autogovernos urbanos; a segunda, uniformizando a administração em todo o território nacional, mediante a criação de novos poderes centrais na administração e no sistema jurídico, e o estabelecimento dos novos códigos civil, penal e comercial (Luxemburgo, 1988:83).

A unidade orgânica do feudalismo entre economia e política foi rompida com o deslocamento da coerção político-legal, de forma ascendente, para uma cúpula centralizada e militarizada, que caracteriza o Estado absolutista

(Andersen, 1984). O capitalismo imprimiu uma forte centralização estatal em todos os campos da vida social e, portanto, o centralismo que derrotou a dispersão feudal e o regionalismo foi considerado uma manifestação do progresso histórico que recebeu, na Europa do século XVIII, a denominação de "despotismo esclarecido". A concentração e a centralização ocorreram tanto em relação ao poder estatal quanto em relação à classe operária, o que, para Luxemburgo (1988:84), explicaria o fato de o movimento socialista levar implícito o mesmo caráter centralista que a sociedade e o Estado burgueses.

No entanto, o centralismo requerido para gerar a necessária homogeneidade na expansão capitalista se tornará prontamente um despotismo obscurantista, burocrático e policial, entrando em contradição com a exatidão e a eficácia exigidas na produção.

> A economia burguesa exige das repartições públicas uma sutileza e uma capacidade de adaptação tais que a burocracia centralista, rígida e estereotipada por natureza, é incapaz de dar. Daí, parte a necessidade de se corrigir o rumo da moderna centralização e, assim, surge simultaneamente uma tendência natural para o autogoverno local. Este tipo de instituição oferece a possibilidade de uma mais adequada adaptação do aparelho estatal às necessidades sociais, mas também devido à influência direta e à co-participação da sociedade nas funções públicas.
>
> (Luxemburgo, 1988:108)

Portanto, o autogoverno aparece como complementar às necessidades de unificação político-estatal, de uniformização da legislação e também de centralização da administração do Estado, não significando, para Rosa de Luxemburgo, a eliminação do centralismo estatal, mas seu complemento necessário. Apesar de ver o arranjo complementar entre autoridade central e governos locais autônomos como uma resposta à necessidade de maior adaptação do aparato estatal às necessidades sociais em busca de maior eficácia, Rosa de Luxemburgo não relaciona essa junção entre arranjo institucional e desenvolvimento do capitalismo com a democracia. Já Bendix (1974:29) considera que o fato decisivo da formação do Estado nacional é o exercício ordenado da autoridade pública no âmbito de uma nação, mas que a subordinação dos interesses privados aos interesses públicos só é aceita em troca de determinados direitos públicos. A formação da comunidade política e o acatamento das regras que permitem o exercício da autoridade não significam a existência de um consenso nacional, somente indicando que os dissensos existentes não chegam a articular-se e existe espaço para negociações.

Didaticamente, Bendix (1974:17) propõe que o estudo da mudança social deve designar como industrialização as transformações econômicas geradas por uma tecnologia aplicada. Como modernização, designa as mudanças sociopolíticas que acompanharam a industrialização, tais como a urbanização, as mudanças na estrutura ocupacional, a mobilidade social, o desenvolvimento educativo e a passagem das instituições absolutistas para os governos responsáveis e representativos, do Estado liberal para o Estado de bem-estar. Já o termo desenvolvimento é reservado para fazer referência a mudanças conexas em ambas as esferas.

A relação entre desenvolvimento e democracia nunca foi completamente clara, já que argumentos e evidências são, freqüentemente, levantados em direções contraditórias. A hipótese sustentada pela teoria da modernização, para a qual uma rápida modernização pode levar a uma revolução das expectativas crescentes, colocaria o desenvolvimento econômico como condição de possibilidade de preservação da democracia política.

Para Lipset (1967:50, citado por Limongi, 1997), a democracia estaria diretamente relacionada com o nível de desenvolvimento econômico, pois quanto mais próspera for a nação, maiores são as probabilidades de ela ser democrática, pois "só numa sociedade em que relativamente poucos cidadãos vivam no nível de pobreza real, poderá existir uma situação em que a massa da população inteligentemente participe na política e desenvolva a autodisciplina necessária para evitar sucumbir aos apelos de demagogos irresponsáveis".

A riqueza diminui os estorvos tanto públicos quanto particulares e facilita a acomodação social. A educação faz aumentar o número de profissionais qualificados e o grau de sofisticação dos cidadãos. O crescimento econômico incrementa a classe média, baluarte da democracia estável e eficaz. A estabilidade da democracia decorreria, pois, das transformações realizadas na estrutura social pelo avanço da modernização, o que leva Limongi (1997:14) a concluir que processos propriamente políticos não afetariam a chance da democracia, nesse tipo de explicação.

As numerosas críticas à teoria da modernização, desenvolvidas a partir dos anos 1970 por diversos autores, terminaram por levar à conclusão de que não há um nível particular desejável de desenvolvimento econômico que se constitua em um pré-requisito para a democracia (Altman, 2001).[1] Por outro lado, a hipótese de que um regime autoritário seria necessário em certa fase do desenvolvimento é refutada por Amartya Sen (2000:177), que, analisando as evidências das investigações sobre a relação entre esses dois fenômenos, conclui:

> Na verdade, há poucas evidências gerais de que governo autoritário e supressão de direitos políticos e civis sejam realmente benéficos para incentivar o desenvolvimento econômico. (...) Estudos empíricos sistemáticos não dão sustentação efetiva à afirmação de que existe um conflito entre liberdades políticas e desempenho econômico. (...) Tudo sopesado, a hipótese de que não existe relação entre os dois fatores em nenhuma das direções é difícil de rejeitar.

Por um lado, encontramos os estudos empíricos, em uma perspectiva *cross-country*, que levam, por exemplo, Barro (1998:119) a afirmar a importância dos direitos civis, políticos e sociais como condição de possibilidade e também como limite ao crescimento:

> *The data now available for a broad panel of countries over thirty years provide the information necessary to isolate determinants of economic growth. With respect to government policies, the evidence indicates that the growth rate of real per capita GDP is enhanced by better maintenance of the rule of law, smaller government consumption, and lower inflation. Increases in political rights initially increase growth but tend to retard growth once a moderate level of democracy has been attained. Growth is also stimulated by greater starting levels of life expectancy and of male secondary and higher schooling, lower fertility rates, and improvements in the terms of trades.*

[1] Entre os críticos da teoria da modernização, o autor inclui Coleman, Cardozo e Faletto, Wallerstein, Rustow, O'Donnell e Barrington Moore.

Já os estudos de tipo comparativo que trabalham com uma perspectiva temporal (Bendix, 1974; Moore Jr., 1966) tendem a romper com a visão prevalecente de que existe uma única via para o capitalismo, que caracterizaria as etapas do processo de modernização, e buscar os determinantes das diferentes rotas encontradas em casos históricos. A relação entre as classes aparece, na obra de Barrington Moore Jr., como o fator determinante da via de modernização adotada em cada país. Embora todas as vias conduzam à transição a uma economia moderna, apenas aquela onde a burguesia conduziu esse processo de forma hegemônica levaria ao capitalismo liberal. Outra via, baseada em uma aliança reacionária entre as classes agrárias e a burguesia emergente, levaria ao fortalecimento do poder estatal e a um processo de modernização conservadora, que terminaria na instabilidade democrática e na tendência ao fascismo. A terceira via, cujo papel protagonístico é do campesinato, levou ao comunismo.

Ainda que o tema do arranjo institucional mais ou menos descentralizado não seja uma das preocupações do autor, pode-se inferir que a via da revolução liberal tende à descentralização e à democracia, enquanto a via da modernização conservadora tenderia à maior centralização e ao autoritarismo.

Bendix (1966:21-22) formula sobre o tema uma proposição geral:

> Ali onde a industrialização é obra de uma nascente classe empresária, é provável que esta classe busque o reconhecimento social dos grupos governantes ao mesmo tempo que suas idéias e atividades econômicas desafiem muitos aspectos das tradições destes grupos. (...) Quando a industrialização tem lugar em um país com um regime centralizado e autocrático, a classe empresária buscará o reconhecimento de suas atividades econômicas por parte do governo especialmente sob a forma de privilégios que facilitarão tais atividades.

Outro autor que contribuiu para discutir o tema do desenvolvimento em uma perspectiva que valoriza os processos políticos foi Robert Dahl (1997), que identifica dois eixos de análise do processo de modernização: a liberalização e a inclusão. As duas vias identificadas pelo autor decorrem do fato de, partindo de um mesmo ponto que corresponde a uma hegemonia fechada de uma oligarquia exclusiva, poder-se adotar seja a via na qual a liberalização precede a inclusão, ou, ao contrário, a via na qual a inclusão precede a liberalização. O ponto central, por trás dessa análise, é a importância da existência de uma sociedade pluralista que geraria a competição entre as oligarquias, ou, no caso de sua inexistência, ocorreriam condições para levar a que a oligarquia fechada viesse a se tornar inclusiva. Dahl (1997:53) conclui que "a seqüência mais comum entre as poliarquias mais antigas e mais estáveis tem sido alguma aproximação do primeiro caminho, isto é, a política competitiva precede a expansão da participação". Nesse sentido, o autor aponta a via da competição entre as elites como passo crucial para uma posterior inclusão que assegure a governabilidade democrática.

Já a relação entre desenvolvimento socioeconômico e democracia é problematizada por este autor por ser altamente complexa, comportando sempre muitos casos desviantes. Ele admite que há um limiar de pobreza abaixo do qual a chance de a política competitiva existir é muito fraca. Também não se aventura a estabelecer uma direção causal quando a relação entre desenvolvimento e poliarquia ocorre. Estabelece, porém, certos condicionantes sociais e econômicos, necessários para a manutenção de um regime político competitivo, que são:

> o fornecimento de alfabetização, educação e comunicação; a criação de uma ordem social mais pluralista do que centralmente dominada; o impedimento de desigualdades extremas entre as camadas politicamente relevantes do país.
>
> (Dahl, 1997:85)

Embora o foco dessa análise seja centrado no desenvolvimento político, a eficácia do arranjo institucional estatal apenas aparece relacionada ao papel dos partidos políticos e à relação entre Executivo e Legislativo, não trazendo contribuição para refletir sobre o papel do Estado no desenvolvimento e na descentralização.

Já na teoria do desenvolvimento que se iniciou nos anos 1950 e 1960, estava clara a premissa de que os aparelhos de Estado podiam ser usados para promover a mudança estrutural, seja assumindo como principal encargo a aceleração da industrialização, seja desempenhando um papel na modernização da agricultura e no fornecimento de infra-estrutura necessária à urbanização.

Para Evans (1993:107), a experiência das décadas subseqüentes aviltou a imagem do Estado como principal agente transformador, produzindo, em seu lugar, uma imagem do aparelho do Estado como o obstáculo primeiro do desenvolvimento.

Essa mudança foi decorrente do fracasso do Estado em realizar as tarefas da agenda de promotor do desenvolvimento, de alterações reais nessa agenda, além do estabelecimento de um clima ideológico compatível com as políticas de ajuste estrutural que predominaram no último quarto do século passado. Para Evans, no entanto, a visão do Estado como problema está mal colocada, pois ele permanece central no processo de mudança estrutural. O que deveria, a seu ver, ser tratado é quais características estruturais dos Estados desenvolvimentistas são responsáveis por um desempenho eficaz.

A resposta encontrada é dada pela autonomia inserida que caracterizou esses Estados durante os períodos mais marcantes de seu crescimento industrial: um projeto partilhado por um aparelho burocrático altamente desenvolvido e um conjunto relativamente organizado de atores privados que podia fornecer informações úteis e implementação descentralizada (Evans, 1993:107).

Evans (1993:136) define a autonomia inserida (*embedded autonomy*) como um conjunto concreto de laços sociais que amarra o Estado à sociedade e fornece canais institucionalizados para a contínua negociação e renegociação de metas e políticas. Assinala, no entanto, que só uma estrutura administrativa do tipo weberiano pode impedir que esses laços se desvirtuem em clientelismo e corrupção. Ou seja, é a combinação de inserção e autonomia que funciona, e não cada uma por si. No entanto, isso não significa uma ênfase na centralização, pois durante os períodos mais marcantes de seu crescimento industrial caracterizou-se pela existência de um projeto partilhado por um aparelho burocrático altamente desenvolvido, e um conjunto relativamente organizado de atores privados que podia fornecer informações úteis e implementação descentralizada.

No entanto, existe uma longa tradição teórica que opôs política a planejamento, vendo na primeira a expressão dos interesses sociais e no segundo a administração racional, o que, nas palavras de Cardoso (1977), só vem a ser desfeito com a contribuição de Mannheim, quando este teórico sistematiza os problemas surgidos da planificação democrática, na qual se tratava de conciliar a liberdade como movimento irracional de um sujeito indeterminado com a antecipação racional do curso das ações e opções.

Seguindo as análises de Weber sobre a tendência à crescente burocratização do mundo moderno, Cardoso (1977:166) a vê, ao mesmo tempo, como vinculada à organização democrática, já que ela

> é, antes de mais nada, o instrumento pelo qual se pode compatibilizar, no plano político, a igualdade formal requerida pela cidadania: como fundamento de um tipo de dominação, ela permite nivelar interesses e garante a impessoalidade formalista, que se requer para a garantia das oportunidades iguais.

O planejamento passa a ser visto como uma resposta política e técnica para o desafio das sociedades industriais de massa, o que dependerá da flexibilidade relativa do quadro administrativo para responder às pressões do sistema político, bem como da consistência do consenso que embasa as ações estatais.

A necessidade de homogeneizar o domínio legal sobre o território nacional, constituindo uma autoridade política central, ainda que complementada por governos locais autônomos e organizações da sociedade, coloca a questão da construção de uma identidade coletiva que se estrutura como poder material em um Estado nacional. A existência de um projeto nacional de desenvolvimento foi condição importante para construção desse vínculo entre crescimento econômico, autoridade central e identidade nacional. A formação da mentalidade do desenvolvimento corresponde à possibilidade da apresentação do desenvolvimento como projeto social, ao mesmo tempo que o ponto imediato de referência é deslocado para a nação, enfatizando as suas potencialidades de engrandecimento e de riqueza (Cardoso, 1977:190).

Considerando "a aparelhagem estatal como instrumento e expressão organizacional acabada de uma coletividade nacional subjacente, capaz de afirmar-se eficazmente como centro de poder em todo o âmbito territorial da coletividade e no plano internacional" (Reis, 1993:146), devemos perguntar-nos sobre as condições institucionais e político-sociais que permitem a perseguição eficiente daquilo que se costumou denominar projeto nacional de desenvolvimento. Segundo Fábio Wanderley Reis (1993:152), a idéia do projeto nacional vincula problemas materiais e econômicos a problemas de identidade e repõe a questão do arranjo político e institucional eficiente do aparato estatal. Ele também se pergunta (Reis, 1993:150) se um projeto nacional é, necessariamente, nacionalista.

O nacionalismo que predominou na América Latina a partir da metade do século passado foi criticado pela esquerda, por supor a afirmação dos "interesses nacionais" no plano econômico, por contraste aos interesses seccionais das classes sociais. Denunciado como ideológico, no sentido de gerar uma "falsa consciência" acerca do consenso desenvolvimentista, esse projeto aproxima-se, no entanto, da visão socialdemocrata, que se coloca além dos interesses antagônicos das classes. Nesse sentido, foi visto como uma ideologia que obscurecia o conflito de interesses, ao afirmar a vontade do povo identificada com um projeto de crescimento econômico consensual, capaz de contemplar todos os interesses em jogo no âmbito nacional. Supunha, portanto, que, ao superar os problemas materiais de produção da riqueza e incorporação de tecnologia, todos os agentes sociais seriam igualmente beneficiados. Dessa forma, era possível vincular as condições materiais à construção da identidade coletiva nacional e à conseqüente conformação das individualidades.

O desenvolvimento é visto, fundamentalmente, como um processo de modernização, tanto das relações tradicionais quanto das formas de pensar e dos métodos tradicionais de produção, substituindo a aceitação do mundo como ele é pela idéia da mudança a partir de ações que visam esses fins (Stiglitz, 2000:94). Portanto, exige um câmbio de disposições e mentalidades dos agentes sociais, além de uma nova e adequada institucionalidade.

Lechner (2000) chama a atenção para a lacuna apresentada pelas teorias que tratam a modernização e a subjetividade como dois processos autônomos: enquanto o liberalismo aposta na complementaridade espontânea entre ambos, para a socialdemocracia esta se constrói por meio do Estado. No entanto, assinala que a tensão entre modernização e subjetividade sempre estará colocada para a sociedade moderna, pois a mudança é sempre, em algum grau, ameaçadora para os agentes sociais. Especialmente quando, recentemente, o Estado vem a perder seu papel central na condução do processo de modernização, sendo substituído pelas forças de mercado, o que gera problemas crescentes de identidade, solidariedade e segurança.

Emerge, nos dias atuais, o que Stiglitz (2000:95) chamou de paradigma integral do desenvolvimento, em contraste com o paradigma dominante a partir da metade do século XX, que se centrava em maior medida em certos temas econômicos e, de forma especial, nos aspectos distributivos. Se o desenvolvimento representa a "transformação" da sociedade — uma mudança que vai das tradicionais relações, formas de pensar, de abordar as questões de saúde e educação, e dos métodos tradicionais de produção, a novas formas "modernas" —, os indicadores de desenvolvimento não podem ser considerados em termos exclusivamente econômicos.

Da mesma forma, Arrighi (1997:209) assinala a necessidade de se abandonar o postulado de que industrialização é o equivalente de desenvolvimento, mostrando a distância entre industrialização e bem-estar, e introduz os conceitos de riqueza democrática e oligárquica para qualificar o desenvolvimento. No primeiro caso, os recursos estariam disponíveis para todos, em relação direta com a intensidade e eficiência de seus esforços. Ao contrário, a riqueza oligárquica nunca estará disponível para todos, não importa quão intensos e eficientes sejam seus esforços (Arrighi, 1997:216).

Hanzel Henderson (1991:81-85) afirma ser impossível pensar a questão do desenvolvimento, nos dias atuais, a partir de processos de industrialização que se dariam em nações soberanas, porque países com problemas de fome, endividados e ecologicamente devastados começam a perceber que o modelo europeu de industrialização foi um caso único na história. Além disso, nos dias de hoje, a mudança social e a reestruturação geral das nações e de suas instituições estão sendo impelidas por pelo menos seis processos maciços de globalização: tecnologia e produção; trabalho, emprego e migração; finanças, informação e débito, e o fator novo de que o dinheiro e a informação agora se tornaram intercambiáveis; o alcance global das armas militares e a corrida armamentista; os impactos humanos sobre a biosfera planetária; a emergência de uma cultura global e padrões de consumo globais.

Conseqüentemente, novas interdependências estão levando às atuais reestruturações e realinhamentos entre as nações, com redução de sua soberania. Trata-se da emergência de um novo padrão que Castells (2001:353) chamou de descentralização do Estado-nação, numa esfera de soberania compartilhada que caracteriza o cenário político de mundo de hoje. Essas mudanças provocam um deslocamento da centralidade da autoridade estatal que foi típica do industrialismo, para comportar redes de poder que envolvem Estado e sociedade, níveis central e local.

Cada vez mais o debate sobre o desenvolvimento caminha no sentido de buscar outros indicadores que possam dar conta dessas mudanças. O conceito de desenvolvimento sustentável passa a simbolizar essa mudança, a partir de uma perspectiva econômica e industrial do desenvolvimento, para pensá-lo em termos socioambientais.

Para Thomas e colaboradores (2001:2-3),

> o desenvolvimento diz respeito ao povo e seu bem-estar, o que envolve a habilidade para delinear suas vidas. De acordo com isso, o desenvolvimento deve ser, inclusive, das gerações futuras e da terra que irão herdar. Deve-se comprometer as pessoas, pois sem a participação delas nenhuma estratégia pode ter resultado duradouro. Esta noção de desenvolvimento como bem-estar significa que medidas de desenvolvimento devem incluir não apenas taxas de crescimento, mas a dispersão, a composição e a sustentabilidade daquele crescimento. (...) Em uma avaliação ideal do desenvolvimento, o progresso deveria ser medido pelos avanços humanos e ambientais, antes de considerar indicadores intermediários, tal como o PIB.

Essas novas concepções são herdeiras do pensamento de Amartya Sen, teórico que influenciou fortemente a mudança do conceito de desenvolvimento e seus indicadores, tanto no meio acadêmico quanto nas agências de cooperação internacionais. Sen (2000) trata o desenvolvimento como um processo de expansão das liberdades reais que as pessoas desfrutam. O enfoque nas liberdades humanas contrasta com visões mais restritas de desenvolvimento, como as que identificam desenvolvimento com crescimento do produto nacional bruto (PNB), aumento de rendas pessoais, industrialização, avanço tecnológico ou modernização social. Adota um enfoque normativo, que vê a justiça em termos de liberdades individuais e que implica alterações profundas na sua compreensão e nos modos e meios de promovê-la. Assim, assume-se uma posição política clara de promover a remoção das privações de liberdade que podem afligir os membros da sociedade.

A análise do desenvolvimento apresentada por Sen (2000:35) considera as liberdades dos indivíduos — liberdades políticas, facilidades econômicas, oportunidades sociais, garantias de transparência e segurança protetora — os elementos constitutivos básicos, tratando-as a partir da expansão das "capacidades" (*capabilities*) das pessoas de levar o tipo de vida que elas valorizam. Ele conclui que essas capacidades podem ser aumentadas pela política pública, mas também, por outro lado, a direção da política pública pode ser influenciada pelo uso efetivo das capacidades participativas do povo. Assim, a expansão das liberdades individuais é valorizada tanto em termos da pessoa quanto dos resultados que pode gerar, sendo ambas as dimensões consideradas cruciais para a avaliação do desenvolvimento da sociedade.

Quais são as relações, nesse paradigma do desenvolvimento sustentável, entre os arranjos institucionais e processos democráticos?

Se, no paradigma anterior, a democracia tinha como pré-requisito certo nível de desenvolvimento econômico, ou era vista a partir das mudanças na estrutura social que a industrialização provocava, agora a democracia é colocada como condição inerente do desenvolvimento. No entanto, a discussão sobre que tipos de arranjos institucionais são mais eficazes e têm efeitos mais importantes e duradouros tem sido escassa na ciência política. A insegurança em relação a esses temas seria decorrente, segundo Przeworski (1994:58, 60), do fato de a democracia poder ser um efeito conjunto de condições e instituições, concluindo que a democracia estável requer governos bastante fortes para exercer o poder com eficácia, mas suficientemente fracos para não conseguir governar contra os interesses mais importantes. Com relação aos vínculos entre democracia e desenvolvimento do capitalismo, Przeworski (1989:61) encontra que, nas sociedades capitalistas, com os governos estruturalmente dependentes do capital, existe um compromisso básico entre os socialdemocratas e o capital privado que se expressa desta forma: "os socialdemocratas abrem mão da abolição da propriedade privada dos meios de produção em troca da cooperação dos capitalistas na elevação da produtividade e na distribuição dos ganhos". Essas seriam as bases materiais do compromisso de classes que compatibilizaria desenvolvimento capitalista de um consenso socialdemocrata.

Diferentes autores enfatizam o processo democrático como um meio de gerar consenso, criticando a visão estreita da democracia como unicamente o ato de votar e propondo a ampliação dos processos deliberativos, considerando que não se pode tomar as preferências individuais independentemente da discussão pública.

Para Sen (2000:185), a relação entre desenvolvimento e democracia é vista da perspectiva de que a democracia é tomada como um componente essencial do processo de desenvolvimento, seja por sua importância intrínseca, seja por suas contribuições instrumentais e ainda por seu papel construtivo na criação de valores e normas compartilhados.

Thomas e outros (2001:3, 181) afirmam que uma compreensão adequada de quais são as necessidades econômicas requer discussão e diálogo. Portanto, os direitos políticos e civis, especialmente os relacionados à garantia de discussão, debate, crítica e dissensão abertos, são centrais para os processos de geração de escolhas bem fundamentadas e refletidas. Esses processos são cruciais para a formação de valores e prioridades.

Stiglitz (2000) afirma a necessidade de se assegurar a sustentabilidade política do desenvolvimento por meio da mais ampla participação. Os processos participativos devem compreender tanto o diálogo aberto como o amplo e ativo compromisso do cidadão. Isso requer que os indivíduos tenham voz nas decisões que os afetam. Para tanto, é necessário que o governo assegure a vigência do estado de direito, impeça o monopólio do controle dos meios de informação, assegure processos eleitorais abertos, preste contas dos seus atos e permita que os cidadãos tenham opiniões formadas sobre as políticas que são críticas para suas vidas e o bem-estar do país. Igualmente, será necessário uma forte política redistributiva que evite uma elevada concentração de riqueza e poder, o que se traduziria, quase inevitavelmente, em tentativas de influir politicamente, impedindo a participação igualitária.

Ao assumir que a democracia participativa condiciona o desenvolvimento e lhe dá sustentabilidade, o autor refuta as críticas à ineficácia da participação e a suposição de que, em períodos curtos de tempo e para objetivos bem definidos, o controle centralizado pode ser uma forma organizativa mais efetiva. Stiglitz (2000:111) conclui que

> os processos abertos, transparentes e participativos são fatores importantes na transformação que supõe o desenvolvimento, tanto para o desenvolvimento econômico sustentável como para o desenvolvimento social, que deveriam ser considerados como um fim em si mesmo e como um meio para um crescimento econômico mais rápido.

Essa perspectiva de associação de desenvolvimento sustentável com democracia deliberativa impõe um arranjo institucional descentralizado, como afirma Henderson (1991:124):

> o ponto comum das novas abordagens (...) é que o desenvolvimento sustentável deve começar em nível local, com os movimentos populares e a agricultura básica, e não se impor de cima para baixo como no industrialismo. Nesse sentido, o enlace entre desenvolvimento sustentável e democracia participativa se dá com a recriação do Estado local e a institucionalização de novos padrões de governança local.

Todas essas mudanças se voltam para entender o desenvolvimento de uma forma nova, que está orientada para a ampliação da esfera pública e expansão da cidadania, em processos globalizados que, ao mesmo tempo, recriam o nível local em novas formas de co-gestão, envolvendo Estado e sociedade.

Arrighi (1997:50) projeta um cenário de conflitos, já que a industrialização da semiperiferia e da periferia foi, em última análise, um canal, não de subversão, mas de reprodução da hierarquia da economia mundial, embora tenha alterado as condições de acumulação em escala mundial e participado da revolução social que produziu o poder social do proletariado. Embora essa combinação de poder social proletário e privação relativa esteja na raiz da "crise geral de ditaduras" que varreu a semiperiferia nas décadas de 1970 e 1980, o acirramento dos conflitos nas periferias pode tanto levar ao caos sistêmico como criar, na periferia, novas formas de democracia popular capazes de estabelecer as bases de um sistema mundial menos explorador e excludente.

Brasil: desenvolvimento e exclusão

A característica mais marcante do processo de crescimento experimentado pelo Brasil no século XX foi a capacidade de conciliar um ritmo espetacular de crescimento econômico com a preservação de um dos mais elevados padrões de desigualdade e exclusão social do mundo. Enquanto a riqueza produzida no país, medida pelo PIB, se multiplicou 110 vezes de 1901 a 2000, a desigualdade, medida pelo índice de Gini, teve uma ligeira alta desde que começou a ser medida — 0,5 em 1960, elevou-se para 0,59 em 1999 (IBGE, 2000).

Esse padrão de crescimento sem inclusão levou a uma enorme concentração da renda: em 2001, enquanto os 50% mais pobres se apropriavam de apenas 14,3% da renda nacional, o 1% mais rico se apropriava de 13,3% do total de rendimentos. A concentração da terra é, todavia, pior, já que, do total de imóveis rurais cadastrados, apenas 1,61% detinha, em 1998, 52,9% da área total destinada à agropecuária, e 40% deste total são mantidos na forma improdutiva, como reserva de valor.

Mesmo que o Brasil seja hoje considerado uma economia emergente,[2] é impossível projetar seu desenvolvimento tendo em conta apenas variáveis econômicas e desconhecendo as dimensões sociais e políticas envolvidas. Para avaliar as reais possibilidades do desenvolvimento no Brasil, é preciso entender as razões históricas que permitiram a preservação desse padrão de crescimento sem inclusão e indagar se é possível sua superação em um futuro próximo.

Alguns aspectos singulares da colonização portuguesa marcaram as dificuldades que o país vai enfrentar em relação à cidadania e ao desenvolvimento social. Um deles, que nos distingue das colônias espanholas na região, foi o obscurantismo em relação à educação. Só após a expulsão dos jesuítas, o Estado passou a encarregar-se da educação primária, ainda que de forma precária,[3] e a educação superior foi proibida no país até 1808.[4] Enquanto na América espanhola cerca de 150 mil pessoas haviam cursado as universidades locais, os brasileiros que freqüentaram a universidade em Coimbra até 1872 não passaram de 1.242 (Carvalho, 2003). Esta seria, para Carvalho (1980), uma das razões centrais da homogeneidade entre a elite política brasileira, o que possi-

[2] Em recente estudo sobre o desenvolvimento da economia mundial, a consultora Goldman Sachs projeta para 2050 um cenário inusitado, no qual as economias emergentes de quatro países, Brasil, Rússia, Índia e China — denominados BRICs — se tornarão, em menos de 40 anos, potências mundiais, ultrapassando o desempenho de quatro dos seis países atualmente mais desenvolvidos — França, Alemanha, Itália e Reino Unido —, sendo superadas, apenas, por Japão e Estados Unidos (Goldman Sachs. *Dreaming with BRICs*: the path to 2050. Global Economics Paper n. 99. Disponível em: <www.gs.com>).

[3] Segundo Carvalho (2003:23), em 1872 apenas 16% da população eram alfabetizados.

[4] Com a vinda da Corte portuguesa com d. João VI, também foram liberados os portos para o comércio exterior, a produção de bens industriais e a imprensa.

bilitou a manutenção da unidade nacional bem como seu profundo distanciamento de um projeto de desenvolvimento nacional.

Outro fator que vai impedir a formação da cidadania é decorrente do prolongado e intenso fluxo de escravos, até a Abolição, em 1888. O fim do trabalho escravo foi o fato político mais importante do período anterior à proclamação da República. No entanto, como ele foi precedido da promulgação da Lei das Terras, em 1850, o negro liberto foi assim impedido de ter acesso à terra, mantendo-se sua condição de exclusão social.

No século XX, o Brasil experimentou um processo intenso e muito rápido de transformações, saindo, nos anos 1930, de uma sociedade tradicional, organizada em torno da exportação de produtos agrícolas como a cana-de-açúcar e o café, para construir o que chegou a ser, na década de 1980, a oitava economia industrial do mundo.

A concretização desse salto para uma sociedade urbana e uma economia industrializada foi capitaneada por um Estado desenvolvimentista, que fundamentou seu poder na manutenção de uma ampla coalizão conservadora e na capacidade dos dirigentes de usar o aparato estatal para incluir e cooptar as frações urbanas da classe trabalhadora e da emergente burguesia industrial, por meio de mecanismos institucionais que consolidaram o pacto corporativo. A impossibilidade de romper com os interesses do tradicional setor agroexportador, de cujo excedente dependia o projeto de industrialização, teve implicações profundas na manutenção de uma cultura política e uma institucionalidade excludentes.

Os historiadores apontam como singularidade do processo de formação do Estado brasileiro o fato de o Estado ter precedido a nação, no sentido de construção precoce de estruturas de poder administrativo, não correspondentes com a baixa complexidade e organização social existentes no país. A peculiaridade do processo de industrialização capitalista que prescinde de uma cultura burguesa e uma classe burguesa fortalecida, ou seja, o capitalismo politicamente orientado, institucionaliza um tipo de domínio cuja legitimidade se assenta no tradicionalismo (Faoro, 1993:733), demonstrando a persistência secular da estrutura patrimonial, sua compatibilidade com a produção capitalista e sua transformação de patrimonialismo pessoal em patrimonialismo estatal.

Essa estrutura oligárquica de poder só vem a ser questionada nas décadas de 1910 e 1920, devido à crescente complexidade da sociedade urbana, em decorrência tanto da expansão do modelo exportador quanto do início da industrialização substitutiva, levando à presença de novos atores na cena política, representados pelas classes médias, pelo operariado e pela burguesia industrial emergentes, além das dissensões no seio da própria oligarquia. Não se trata de uma crise do poder oligárquico, mas do início da transição e de recomposição das estruturas de poder, ainda sob sua hegemonia, que marca o início da modernidade no Brasil. A ampla coalizão formada em torno do líder Getúlio Vargas conduziu o processo de transição a uma nova ordem, cuja linha divisória foi a Revolução de 1930, que instaurou um novo modelo de articulação entre Estado e sociedade. A centralização do poder nas mãos do governo nacional e a modernização do aparato estatal aparecem como condições imprescindíveis para transitar de uma economia agroexportadora a uma economia industrial. As transformações do aparelho estatal inauguram o Estado moderno, condição imprescindível para permitir deslanchar o projeto de industrialização por substituição de importações, sob a condução estatal. Posteriormente, sob a ditadura de Vargas, foram lançados os fundamentos do planejamento estatal e, sob a égide do Estado, a construção do tripé que seria responsável pela inflexão no processo de industrialização: a empresa estatal, o financiamento público e a articulação entre o capital nacional e o capital internacional.

A política em relação à classe trabalhadora combinou repressão, exclusão e incorporação controlada da participação e das demandas sociais, gerando formas híbridas de relação de autoridade, o que possibilitou que a dependência pessoal sobrevivesse e até mesmo desse sustentação aos sistemas legais de proteção social. O formato assumido pela proteção social foi uma combinação de integração negociada e hierarquizada das diferentes frações dos trabalhadores urbanos, mantida a exclusão dos camponeses e trabalhadores do mercado informal de trabalho.

Esse formato foi conseqüência da heterodoxa composição do bloco no poder que sustentou o processo de industrialização, mas que implicou respeitar os interesses do setor agrário e manter intocadas as condições de exploração do trabalho no campo. Por outro lado, as demandas pela industrialização e por melhores condições de reprodução da força de trabalho industrial, bem como as necessidades de legitimação política do governo, tornaram a política social uma moeda de troca na geração da lealdade necessária à consolidação do exercício do poder. Trata-se de usar as políticas sociais como mecanismo de cooptação, isto é, como formato da integração social e política das camadas populares sob o controle político das classes dominantes, através do Estado.

Como conseqüência, o país assistiu a um fluxo migratório contínuo, que expulsou a população do campo e a atraiu para as grandes cidades em busca de melhores condições de vida, de forma que, enquanto em 1960 cerca de 70% dos brasileiros viviam na área rural, no ano 2000 menos de 20% ainda ali residiam.

A ideologia do desenvolvimento predominante em quase todo o século XX no Brasil foi transformadora, ao mostrar seu inconformismo diante da pobreza do país e entender que seria possível superá-la, mas foi, ao mesmo tempo, profundamente conservadora ao subordinar toda mudança política à preservação da ordem (Cardoso, 1977).

Incapaz de expandir a massificação de privilégios que caracterizou o período da democracia populista (1945-64), o país defrontou-se, na década de 1960, com o acirramento dos conflitos provocados pela insatisfação crescente dos setores dominados, politicamente mobilizados. A ruptura constitucional de 1964 inaugurou um novo período autoritário, que rompeu com o modelo populista de ativação dos trabalhadores, reprimindo sua atividade política e sua participação na gestão das políticas sociais, mas deu prosseguimento ao modelo econômico desenvolvimentista. O período dos governos militares, que ficou conhecido como o "milagre brasileiro", completaria o ciclo iniciado por Vargas, de substituição de importações, com base no dinamismo da empresa estatal, na articulação entre capitais nacionais e internacionais e no financiamento público.

A criação de uma estrutura industrial altamente desenvolvida, mas sem capacidade de auto-sustentação financeira e tecnológica, fez com que o Estado recorresse a uma estratégia de permanente fuga do enfrentamento desses problemas, usando recursos do endividamento ou da inflação para sustentar um projeto de crescimento que, além de vulnerável, foi autoritário e excludente.

Desde o final da década de 1970 e durante a década de 1980, nos marcos do esgotamento do modelo desenvolvimentista de substituição de importações e com as crescentes tensões no interior do pacto corporativo de sustentação do poder, foi sendo gerado um consenso em relação à necessidade de inserção das economias regionais na economia globalizada, tendo como requisitos o controle do déficit fiscal e da espiral inflacionária, redução do tamanho e funções do Estado em relação à provisão bem como descentralização, fortalecimento do mercado por meio da liberalização econômica, aumento da produtividade e flexibilização das relações laborais.

A perda de poder dos atores tradicionalmente vinculados ao pacto corporativo — sindicatos, burocracia, classe média, militares e partidos políticos — e o surgimento de novos atores no cenário político — agências internacionais, governos locais, organizações não-governamentais, empresários do setor financeiro — alteraram a estrutura de poder que sustentara o processo de construção do Estado brasileiro durante o século XX.

A década de 1980, considerada a década perdida para a economia da América Latina, foi, no entanto, a década da explosão da sociedade civil em múltiplas formas de organização: movimentos sociais, organizações não-governamentais, novos partidos políticos, novo sindicalismo, organizações eclesiais de base etc. Em cada setor, atores políticos se mobilizaram para formular suas pautas de demandas e reivindicar uma institucionalidade democrática que inserisse seus interesses na esfera pública.

Formou-se uma grande coalizão política em torno da luta pela democracia, indicando o fim do regime autoritário, embora a transição à democracia só fosse possível de uma forma pactuada. Uma vez mais, as mudanças no Brasil se fizeram de forma negociada, buscando conciliar a entrada dos novos interesses com a preservação das elites tradicionais.

A Constituição Federal de 1988 foi a expressão da canalização de todas essas demandas para um novo marco legal. Inovadora na construção de uma nova institucionalidade democrática, ela manteve, no entanto, a proeminência da posição do Estado, em completa ausência de sintonia com os ditames da nova ordem internacional, globalizada e liberal. A associação entre a luta por uma democracia participativa, com a inclusão de toda a população em sistemas universalizados de proteção social, e a organização descentralizada das políticas e serviços, foi a marca da reforma brasileira dos anos 1980, quando os demais países da região já sofriam as conseqüências do predomínio da onda liberal e seus modelos de reforma social orientados pela lógica de mercado.

O fortalecimento do princípio federativo com a orientação descentralizadora incorporou, na Constituição Federal, o município como esfera de governo com plena autonomia político-administrativa e obrigação constitucional específica de fazer política social e prover os serviços essenciais. Para tanto, aumentou-se sua competência legislativa, novas responsabilidades lhe foram atribuídas e recursos tributários lhe foram destinados.

A descentralização política, administrativa e financeira reverteu a tendência à concentração dos recursos fiscais no nível central, acentuada nos anos de governo autoritário, e eliminou a modalidade de repasse desses recursos aos níveis subnacionais por meio de transferências negociadas. Já na década de 1980 observava-se uma progressiva descentralização de recursos da União para os estados e municípios, por meio do aumento dos percentuais de repasse automático aos níveis subnacionais, de acordo com critérios de população e renda *per capita*.

Na área social, a Constituição Federal de 1988 representou uma profunda transformação no padrão de proteção social brasileiro, consolidando as pressões democratizantes que já se faziam sentir havia mais de uma década. Inaugura-se um novo período, no qual o modelo da seguridade social passa a estruturar a organização e o formato da proteção social brasileira, em busca da universalização da cidadania.

Paradoxalmente, os anos posteriores à democratização assistiram à adesão dos governos à política ortodoxa conhecida como Consenso de Washington, que propugna a redução do déficit público e das funções estatais por meio de um controle monetário estrito e com um intenso processo de privatização dos ativos estatais. Em outras palavras, a consolidação da democracia no Brasil, ao mesmo tempo que ampliou direitos sociais e gerou uma nova institucionalidade democrática, foi simultânea a um processo de redução do papel do Estado e da sua capacidade de investimentos e de redistribuição. Essa tensão está presente até os dias atuais, quase duas décadas depois de promulgada a Constituição, que já foi emendada mais de 40 vezes, buscando adequar os preceitos constitucionais à nova realidade de uma economia globalizada, de redução das funções do Estado, necessidade de estabilização da moeda e redução do déficit fiscal.

A política macroeconômica vigente tem procurado aumentar a credibilidade da economia brasileira no mercado internacional, dando continuidade às medidas de estabilização e ajuste, ainda que à custa do crescimento econômico e da redução do volume de recursos públicos destinados às políticas de investimento e distribuição da riqueza.

O Brasil possui um enorme potencial de crescimento, representado por sua dimensão continental, as riquezas de seus recursos naturais estratégicos, imensas reservas ecológicas de água e floresta, uma população com características de diversidade e miscigenação racial, e a existência de centros produtores de ciência e tecnologia capazes de gerar inovações.

No entanto, como procuramos demonstrar, os problemas brasileiros mais profundos são de ordem política e não econômica, e só poderão ser removidos por meio de políticas corretas, que permitam a retomada do crescimento com inclusão social e redistribuição de renda. Mesmo que o gasto social venha crescendo de forma sustentável desde a década de 1990, e que os indicadores de saúde e educação já reflitam melhorias, as políticas redistributivas estão muito aquém dos déficits acumulados. Por outro lado, a sociedade brasileira é hoje muito mais complexa, organizada e consciente dos direitos do cidadão. Essas características, por um lado, reforçam a adesão à democracia e permitem o fortalecimento de sua institucionalidade e a vigência das regras de substituição do poder. Por outro lado, a realidade brasileira já não é mais capaz de conviver com um regime democrático que preserva a exclusão social.

As grandes cidades estão cercadas de favelas onde as condições de habitação e saneamento são extremamente precárias e onde proliferam redes criminosas de distribuição de drogas. A violência urbana e no campo, como conseqüência da mobilização dos camponeses sem terra, é cada dia mais aguda. As desigualdades entre regiões e grupos populacionais impedem a constituição tanto do mercado nacional quanto da própria nação. O desrespeito aos direitos humanos e as ameaças crescentes ao meio ambiente fragilizam tanto a democracia quanto o projeto de desenvolvimento.

O país terá de enfrentar mais do que os problemas do crescimento. Será necessário confrontar, pela primeira vez, o desafio da inclusão social. Mas a solução dessa questão não é de ordem econômica: ela requer uma alteração radical do pacto de poder. Será necessário, mais do que um regime democrático, a subordinação do poder político aos princípios republicanos, de forma a transformar o Estado em patrimônio da cidadania.

A difícil construção da cidadania

O processo de construção da cidadania está associado ao conjunto de transformações que ocorre em situações de transição para economias industriais, sociedades urbanas e construção do Estado moderno. Trata-se, no entanto, de um processo singular, no qual cada sociedade deve forjar uma esfera pública caracterizada pela igualação dos indivíduos em uma comunidade política, estabelecendo laços sociais de solidariedade e vínculos jurídicos inerentes a esse estatuto de cidadania, garantidos pelo poder do Estado. Portanto, a cidadania será sempre uma construção social, e representa uma mediação entre os indivíduos, considerados em sua dimensão pública, e o Estado. Em cada sociedade, sujeitos políticos se constituem e se enfrentam, elaboram estratégias e fazem escolhas e, assim, constroem diferentes formatos para a cidadania.

Portanto, a construção da cidadania implica a criação de normas e consensos partilhados tanto pelas elites quanto pelos demais membros de uma sociedade, acerca das condições de inclusão nessa comunidade de iguais. Esse processo cultural de democratização da esfera pública requer sua normalização por meio de valores compartilhados, bem como o estabelecimento de normas legais que garantam direitos e deveres da cidadania. Finalmente, a possibilidade de desfrutar essa condição de cidadania vai requerer a institucionalização desses consensos, por meio de políticas públicas que garantam o acesso dos cidadãos ao conjunto de bens públicos que possibilitem o nível de bem-estar socialmente aceito como inerente à cidadania.

A modernização brasileira caracterizou-se pela intensa diferenciação social, aliada à incapacidade de utilizar o progresso técnico e econômico para incorporar a maioria da população à comunidade política e social nacional, ou seja, à comunidade dos cidadãos.

Ideologicamente, a sustentabilidade desse processo perverso de crescimento assenta-se em valores particulares da sociedade brasileira, cuja herança do período escravista, relativamente recente, marca a formação de um imaginário que despreza o trabalho (bem como aqueles que o exercem) e atribui maior valor à posição da pessoa na hierarquia social que à igualdade entre os indivíduos.

A transição a uma economia industrial moderna, realizada sob a égide de um Estado autoritário e de um pacto de poder conservador entre as elites agrárias tradicionais e as emergentes elites industriais, tem sido caracterizada como resultando em uma dissociação pragmática entre desenvolvimento capitalista e democracia (Fernandes, 1976:292).

Em outros termos, a construção do Estado e a consolidação da nacionalidade — da qual o desenvolvimento da cidadania é, ao mesmo tempo, produto e parte essencial do processo de institucionalização do poder político — prescindiram da dimensão republicana da democracia, pela qual entendemos não apenas o estabelecimento de regras abstratas universais, como, fundamentalmente, a separação entre o público e o privado.

A percepção da coexistência de diferentes lógicas de organização social é recorrente nas análises sobre a região, manifestando-se seja na existência de modalidades de exercício do poder que as articulam — coronelismo, populismo —, seja na simultaneidade com que apelam a referentes coletivos formais, como a "questão nacional", e em que se busca, no líder carismático, a encarnação física da identidade nacional. A identificação da nação com o aparato estatal, como materialização do indivíduo coletivo, segundo Reis (1998:70), "favorece a autoridade *vis-à-vis* a solidariedade e, portanto, confere ao Estado um papel tutelar sobre a sociedade". As conseqüências para a construção da cidadania são que ela passa a ser vista como um atributo do Estado que tutela a sociedade, e não como uma mediação entre os sujeitos politicamente constituídos e o Estado que lhes assegura direitos e deveres.

A coexistência de princípios opostos de exercício da autoridade, gerando formas híbridas no caso latino-americano, possibilita que a dependência pessoal sobreviva e dê sustentação até mesmo aos sistemas legais que se pautam na independência pessoal e na submissão à norma formal abstrata.

Fatores culturais, como a ideologia da miscigenação (Freyre, 1992), o predomínio do homem cordial (Holanda, 1995) sobre o ritualismo impessoal que caracteriza a esfera pública republicana, impedem que os valores liberais igualitários que embasam o desenvolvimento da cidadania predominem sobre as hierarquias tradicionais constituídas por meio da teia de relações pessoais (DaMatta, 1983). Partindo dessa dicotomia entre indivíduo e pessoa, DaMatta identifica a cultura brasileira como permitindo a convivência simultânea dessas duas noções básicas. A interpelação "Você sabe com quem está falando?" seria o detonador da passagem de uma sociedade que enfatiza a lei universal, cujo sujeito é o indivíduo, igualado a todos os demais, em direção a uma pessoa que exige a curvatura da lei diante de sua posição na hierarquia social, já que a lei se aplicaria apenas àqueles que se encontram nos níveis inferiores dessa hierarquia.

Essas características culturais vão somar-se àquelas decorrentes do processo político de construção do Estado nacional, fundado em um pacto corporativo que fez o Estado avançar sobre a débil sociedade civil, cooptando os principais atores, disciplinando suas formas de organização e trazendo para o interior do Estado a competição entre os interesses sociais. Dessa forma, ao invés de interesses competitivos que se enfrentam na sociedade, o modelo corporativo de representação dos interesses subordinou a lógica da competição à busca de privilégios por meio de pleitos dos atores sociais ao Estado.

Isso leva ao paradoxo de que tudo passa pelo político, mas, ao mesmo tempo, o político está esvaziado da sua função de representação de interesses, já que os interesses não se conformam senão no próprio Estado. Essas características responsabilizar-se-iam pelo caráter altamente personalizado pelo qual os interesses se inscrevem na órbita estatal, desde que não alcançam generalizar-se e fazer-se representar na arena política anteriormente a seu enfrentamento com o aparato estatal.

A persistência de práticas clientelistas e patrimonialistas na relação entre os organismos estatais e os setores sociais expressaria essa lógica de negação da representação, enquanto princípio organizador da arena política, e sua substituição por uma teia de relações subjacentes, nunca claramente explicitadas, submetidas a uma dinâmica integradora e não-concorrencial, negando os pressupostos de liberdade e igualdade requeridos tanto para a troca quanto para a constituição da cidadania.

Singer (1988:99) aponta a contradição específica brasileira, dentro da contradição mais geral entre capitalismo e democracia, relativa à defasagem entre os direitos políticos e os direitos sociais dos trabalhadores, que têm direitos políticos mas, por não possuírem laços formais de emprego, não usufruem os direitos "sociais" conquistados pela classe operária.

Ao não ter possibilidade de participar da redistribuição da renda através dos mecanismos de política social, a população "excedente" passa a reivindicá-los diretamente ao Estado, recriando, assim, a cada momento, as estruturas ditas arcaicas do empreguismo, clientelismo e patrimonialismo, tornando o populismo uma perspectiva recorrente.

As políticas sociais brasileiras desenvolveram-se, a partir do início do século passado, por um período de cerca de 80 anos, configurando um tipo de padrão de proteção social só alterado com a Constituição Federal de 1988. O sistema de proteção social brasileiro, até o final da década de 1980, combinou um modelo de seguro social na área previdenciária, incluindo a atenção à saúde, com um modelo assistencial para a população sem vínculos trabalhistas formais. Ambos os sistemas foram organizados e consolidados entre as décadas de 1930 e 1940, como parte do processo mais geral de construção do Estado moderno, intervencionista e centralizador, após a Revolução de 1930. Datam dessa época a criação dos Institutos de Aposentadoria e Pensões (IAP) em substituição às Caixas de Aposentadorias e Pensões (CAP), da Legião Brasileira de Assistência (LBA), do Ministério da Educação e Saúde, do Serviço Especial de Saúde Pública (Sesp).

No período da democracia populista (1946-63), a expansão do sistema de seguro social vai fazer parte do jogo político de intercâmbio de benefícios por legitimação dos governantes, beneficiando de forma diferencial os grupos de trabalhadores com maior poder de barganha — fenômeno este que ficou conhecido como massificação de privilégios e implicou o aprofundamento da crise financeira e de administração do sistema previdenciário.

No desenvolvimento dos sistemas de proteção social, esse fenômeno manifestou-se através da implantação de um regime de cidadania regulada, pelo Estado, a partir da inserção do trabalhador no mercado formal de trabalho (Santos, 1979), e de cidadania invertida (Fleury, 1984), representada pelas ações assistenciais que se destinaram àqueles excluídos pelo mercado e pelo padrão corporativo de institucionalização das políticas sociais. Ao lado de uma inclusão estratificada dos trabalhadores formais, em um sistema em que benefícios são convertidos em privilégios, define-se a norma da exclusão da condição de cidadania de todos os demais em relação aos bens públicos e aos recursos coletivos de poder. Mais do que um direito inerente da cidadania, a proteção social torna-se um privilégio para um estrato particular, convivendo com a desigualdade e permanente exclusão social.

Essa incorporação alienada impede a formação de uma classe trabalhadora autônoma e possuidora de identidade coletiva, na medida em que reforça a sua fragmentação através da distribuição diferencial dos privilégios. Os benefícios sociais são, assim, distribuídos por meio de uma rede de troca de favores clientelista. Esta reproduz a lógica de ação corporativista por parte dos grupos de beneficiários e a lógica de ação privatista por parte dos agentes do Estado.

A inflexão que vão sofrer os sistemas e mecanismos de proteção social a partir da instauração do regime burocrático-autoritário em 1964 obedeceu a quatro linhas mestras: a centralização e concentração do poder em mãos da tecnocracia, com a retirada dos trabalhadores do jogo político e da administração das políticas sociais; o aumento de cobertura, incorporando, precariamente, grupos anteriormente excluídos, as empregadas domésticas, os trabalhadores rurais e os autônomos; a criação de fundos e contribuições sociais como mecanismo de autofinanciamento dos programas sociais (FGTS, PIS-Pasep, Finsocial, FAS, Salário-Educação); a privatização dos serviços sociais (em especial, a educação universitária e secundária e a atenção hospitalar).

Nesse sentido, a existência no Brasil de um dos mais antigos e poderosos aparatos de proteção social, se denota a necessidade de construção do Estado em torno da questão social, não indica, similarmente, a constituição de cidadãos fundada na existência de normas igualitárias e na autonomia dos sujeitos sociais (Fleury, 1997a).

No entanto, a sociedade brasileira pôde conviver com esse processo excludente sem grandes traumas até muito recentemente, quando dois fenômenos o colocaram no centro das discussões. Por um lado, a constituição de um novo tecido social muito mais complexo e organizado, que, em um contexto de transição à democracia, cobra uma nova institucionalidade que possibilite a real expansão da cidadania. Por outro lado, a exacerbação da violência urbana fora do controle social põe em xeque a possibilidade da coesão social e a governabilidade. Mesmo assim, a existência de conflitos não conduz, necessariamente, a soluções mediante políticas públicas capazes de reduzir a desigualdade e a exclusão.

Torna-se necessário compreender os valores que predominam na sociedade brasileira e que permitem e reproduzem as condições de vigência desse quadro de exacerbada iniqüidade. O etos político nacional caracteriza-se pela capacidade de, antropofagicamente, deglutir os aspectos desejáveis inerentes à modernidade e evitar o enfrentamento dos possíveis conflitos dela advindos. Essa marca da constituição da sociedade brasileira opera de tal forma que, por um lado, a diferença não implica repúdio, mas, ao contrário, a possibilidade de assimilação como estratégia de preservação do poder. Esse aspecto cultural é crucial para se poder analisar a capacidade de convivência da elite brasileira com a miséria, já que opera como um véu da ignorância, seja desconhecendo sua própria existência, seja naturalizando-a.

Investigações empíricas sobre atitudes das elites brasileiras mostram que a valorização das liberdades individuais e da participação política como elementos da democracia não encontra correspondência com a pouca ênfase dada à igualdade como característica central dos sistemas democráticos (Soares de Lima e Cheibub, 1994, citados por Reis, 1998).

Ainda que identifiquem os problemas sociais como os maiores obstáculos à democracia nos dias atuais, membros das elites atribuem tais problemas à ineficácia das políticas públicas, mas não os vêem como decorrentes de razões estruturais ou de seus próprios comportamentos. Da mesma forma, repudiam ações afirmativas, como formas de inclusão de grupos marginalizados no processo de desenvolvimento econômico e social. Esses dados levam Reis (1998:284) a concluir que:

> Se combinarmos essa rejeição quase unânime da ação afirmativa com o fato de que um número significativo de membros das elites brasileiras acha que o Estado não tem conseguido desempenhar seu papel social, é de se esperar que as elites estejam interessadas não na universalização dos direitos de cidadania e sim em alguma forma de assistencialismo para combater a pobreza.

Outra investigação sobre os valores predominantes em diferentes estratos sociais constatou que, ao contrário da frutífera relação que se espera entre educação e civismo, entre aqueles que apresentam maior escolaridade predominam os valores individualistas e cínicos, como caracterizado por Reis e Castro (2001), levando à conclusão de que a adesão das lideranças políticas e empresariais à democracia só se dá em termos muito abstratos.

Por outro lado, o predomínio das práticas corporativas entre trabalhadores organizados, funcionários públicos, parlamentares, juízes etc. faz com que cada um dos grupos se organize em prol da obtenção de privilégios diferenciais, sem identificar em sua conduta uma das razões de preservação das desigualdades prevalecentes.

Nesse sentido, vemos que os valores predominantes na cultura política brasileira não se aproximam do modelo cívico que permitiu a consolidação e expansão da cidadania embasadas em noções de igualdade e solidariedade. Do mesmo modo, a predominância de formas de apropriação privada do Estado impediu uma cobertura universal e a oferta indiscriminada dos bens públicos.

No entanto, a partir dos meados da década de 1970, a luta pela democratização das políticas sociais adquire novas características e estratégias. Antes confinada às universidades, aos partidos clandestinos e aos movimentos sociais, passa cada vez mais a ser localizada no interior do próprio Estado. Primeiramente, a partir das experiências inovadoras desenvolvidas pelas prefeituras oposicionistas eleitas em 1974; em segundo lugar, no interior dos órgãos centrais, responsáveis pelas políticas sociais, buscando aproveitar a crise financeira e do modelo das políticas sociais para introduzir elementos de transformação; em terceiro lugar, há um fortalecimento das capacidades técnicas dos partidos políticos e do Parlamento, que passam a tomar a problemática social como parte de suas plataformas e projetos de construção de uma sociedade democrática.

O resgate da dívida social passa a ser um tema central da agenda da democracia, convergindo para ele movimentos de natureza diversa. Esse processo intensifica-se na década de 1980, através do surgimento de um rico tecido social, emergente a partir da aglutinação do novo sindicalismo e dos movimentos reivindicatórios urbanos, da construção de uma frente partidária da oposição e da luta dos muncipalistas pela devolução do poder ao nível local, e da organização de movimentos setoriais capazes de formular projetos de reorganização institucional, em especial, o Movimento Sanitário.

Toda essa efervescência democrática foi canalizada para os trabalhos da Assembléia Nacional Constituinte, que se iniciaram em 1987. Em boa medida, a construção de uma ordem institucional democrática supunha um reordenamento das políticas sociais que respondesse às demandas da sociedade por maior inclusão social e eqüidade. Projetada para o sistema de políticas sociais como um todo, tal demanda por inclusão e redução das desigualdades adquiriu as concretas conotações de afirmação dos direitos sociais como parte da cidadania.

A Constituição Federal de 1988 representa uma profunda transformação no padrão de proteção social brasileiro, consolidando, na lei maior, as pressões que já se faziam sentir havia mais de uma década. Inaugura-se um novo período, no qual o modelo da seguridade social passa a estruturar a organização e o formato da proteção social brasileira, em busca da universalização da cidadania. No modelo de seguridade social, busca-se romper com as noções de cobertura restrita a setores inseridos no mercado formal e afrouxar os vínculos entre contribuições e benefícios, gerando mecanismos mais solidários e redistributivos. Os benefícios passam a ser concedidos a partir das necessidades, com fundamento nos princípios da justiça social, o que obriga a estender universalmente a cobertura e integrar as estruturas governamentais.

A Constituição de 1988 avançou em relação às formulações legais anteriores, ao garantir um conjunto de direitos sociais, expressos no Capítulo da Ordem Social, inovando ao consagrar o modelo de seguridade social, como "um conjunto integrado de ações de iniciativa dos Poderes Públicos e da sociedade, destinadas a assegurar os direitos relativos à saúde, à previdência e à assistência social" (Título VIII, Capítulo II, Seção I, art. 194). A inclusão da previdência, da saúde e da assistência como partes da seguridade social introduz a noção de direitos sociais universais como parte da condição de cidadania, enquanto antes eram restritos à população beneficiária da previdência ou eram benefícios assistenciais que não se constituíam em direitos.

O novo padrão constitucional da política social caracteriza-se pela *universalidade* na cobertura, pelo reconhecimento dos *direitos sociais*, pela afirmação do *dever do Estado*, pela subordinação das práticas privadas à regulação em função da *relevância pública das ações e serviços* nessas áreas, por uma perspectiva *publicista* de co-gestão de governo e sociedade, por um arranjo organizacional *descentralizado e participativo*.

Esse novo modelo foi expresso nos princípios organizadores da seguridade social: universalidade da cobertura e do atendimento; uniformidade e equivalência dos benefícios e serviços às populações urbanas e rurais; seletividade e distributividade na prestação dos benefícios e serviços; irredutibilidade do valor dos benefícios e serviços; eqüidade na forma de participação do custeio; diversidade da base de financiamento; gestão quadripartida, democrática e descentralizada, com participação dos trabalhadores, dos empregadores, dos aposentados e do governo em órgãos colegiados. Além disso, introduziu a noção de uma renda de sobrevivência, de caráter não-contributivo, ao assegurar um benefício financeiro de prestação continuada para idosos e deficientes, incapazes de trabalhar.

Enquanto o modelo de seguridade social originalmente proposto por Beveridge (1987) previa um benefício único universal, correspondente a um mínimo vital, a ser assegurado pelo sistema público, nossa proposta de seguridade articulou três sistemas previamente existentes, regidos por lógicas diversas: a saúde pela necessidade, a previdência pela condição de trabalho e a assistência pela incapacidade. O entendimento de que a Previdência é um sistema contributivo (art. 201) e requer uma base de cálculo atuarial para garantir sua sustentabilidade não a separa do modelo solidário e distributivo da seguridade social, pois o espírito da Constituição de 1988 é assumir que a contribuição requerida não é, necessariamente, feita sobre o salário do trabalhador.

Nesse sentido, os princípios orientadores da seguridade social não se aplicam igualmente a todos os setores, sendo a universalidade da cobertura e do atendimento o eixo do sistema único de saúde, a uniformidade e equivalência dos benefícios e sua irredutibilidade a base da reforma da previdência social, e a seletividade e distributividade o princípio orientador da política de assistência social. No entanto, apesar de haver maior adaptabilidade de princípios às áreas, a sua integração sob o mesmo conceito de seguridade social supunha uma contaminação positiva entre os três componentes.

O padrão constitucional da proteção social inovou, mesmo em relação ao modelo original da seguridade social, na organização dos setores componentes da seguridade social, subordinando-os a dois princípios básicos: a participação da sociedade e a descentralização político-administrativa. Ou seja, o novo formato das políticas sociais deveria aprofundar o duplo movimento de democratização, qual seja, do nível central em direção ao nível local e do Estado em direção à sociedade. A ênfase na participação da sociedade é um aspecto muito salientado no texto constitucional, refletindo uma resposta às reivindicações dos movimentos sociais em toda a década de 1980.

Assim, assistimos nesse período a um triplo processo social de construção da cidadania, constituído pelas dimensões de subjetivação, institucionalização e constitucionalização. Por subjetivação, estamos entendendo aqueles aspectos relativos ao reconhecimento e à facilitação da constituição e organização de sujeitos políticos, capazes de participar do processo de gestão pública e reivindicar seus direitos. Por institucionalização, entende-se a construção de uma nova institucionalidade que permita a formação da vontade política, a negociação e pactuação, a co-gestão e deliberação, a devolução de poderes à sociedade local. Por constitucionalização, compreendemos a necessidade de garantir que os benefícios sociais passem a ser considerados direitos da cidadania, assim como seja assegurada a implementação da institucionalidade das políticas públicas compatível com o modelo democrático assumido.

Para além desses processos sociais, o modelo constitucional formula-se como um projeto de republicanismo cívico, passando a incidir na reconstrução democrática dos poderes Legislativo, Judiciário e Executivo. Na medida em que foram constitucionalizados os direitos sociais, o Legislativo passa a ser o lócus principal de canalização de todas as pressões, interesses e grupos organizados ao redor de recursos públicos ou projetos. Dessa forma, desde a elaboração da Constituição Federal de 1988, seguida pela promulgação das leis orgânicas específicas, foram criadas comissões temáticas permanentes no Parlamento, dedicadas à legislação social. Desde então, foi formada uma geração de parlamentares, especialistas em direitos e instituições sociais, com fortes vínculos com os movimentos sociais e grupos de interesses organizados.

Da mesma forma, criou-se um novo campo de atuação do Judiciário, dedicado a elaborar e resguardar a implementação da legislação social e dos direitos sociais de cidadania. Em ambos os casos, houve uma forte ênfase na judicialização das políticas sociais, com efeitos muitas vezes contraditórios.

No entanto, foi no Poder Executivo onde as mudanças foram mais profundas, no sentido de propiciar o exercício de um poder compartilhado entre os níveis governamentais — do central para o local — e entre Estado e sociedade. Nesse sentido, o modelo constitucional das políticas sociais alterou o pacto federativo e apresentou-se como um modelo democrático de reforma do Estado.

A originalidade da seguridade social brasileira está dada ao redesenhar as relações entre os entes federativos e ao instituir formas concretas de participação e controle sociais, com mecanismos de articulação e pactuação entre os três níveis de governo. A organização dos sistemas de proteção social deveria adotar o formato de uma rede descentralizada, integrada, com comando político único e um fundo de financiamento com recursos vinculados em cada esfera governamental. Essa rede se organizaria de forma regionalizada e hierarquizada, com instâncias deliberativas que garantissem a participação paritária da sociedade organizada, em cada esfera governamental. Esse modelo foi formulado e adotado para a construção do Sistema Único de Saúde (SUS), sendo progressivamente estendido a outras áreas das políticas sociais, como a assistência, e hoje também se aplica em áreas distintas, como meio ambiente e segurança pública.

O processo de descentralização foi conduzido de forma progressiva, transferindo responsabilidades e recursos aos municípios na medida em que eles aderissem à proposta do nível central e demonstrassem o cumprimento de exigências técnicas e políticas, consideradas imprescindíveis para a implantação do sistema. Esse processo gerou uma busca de capacitação, por parte dos municípios, sem precedentes na história do país.

Ao nível regional e nacional, foram reservadas funções de regulação, coordenação e referência, em relação ao sistema como um todo. O processo de discriminação de funções por níveis governamentais, acompanhado da descentralização dos recursos financeiros para fundos em cada um desses níveis, não tem ocorrido sem fortes tensões entre tendências centralizadoras e descentralizadoras, como era de se esperar. No entanto, o mais importante no desenho do sistema foi supor a inevitabilidade dos conflitos e gerar espaços institucionais de negociação entre estados e municípios (comissões bipartites) e entre União, estados e municípios (comissões tripartites). Nesses espaços são negociados e pactuados normas e critérios para alocação de recursos, estratégias de implementação de políticas e programas etc.

De forma espontânea, foram surgindo acordos intermunicipais que permitem o funcionamento em rede na prestação dos serviços, coordenando demandas e ofertas entre municípios vizinhos. Os consórcios intermunicipais difundiram-se tanto na área de saúde quanto na de gestão de recursos hídricos.

O controle social se exerce por meio de conselhos, existentes em cada um dos níveis governamentais, nos quais é assegurada a participação paritária entre governo e sociedade civil (englobando usuários, provedores, sindicatos, conselhos profissionais etc.).Trata-se de um espaço que vai além do controle social, visto como um instrumento externo ao Estado, para constituir-se em verdadeiro componente do aparelho estatal (Carvalho, 1997:99), reduzindo a seletividade estrutural do Estado em favor das elites políticas, publicizando as demandas populares, socializando o conhecimento sobre os processos de gestão pública e permitindo o diálogo e a argumentação entre os atores interessados. Trata-se, portanto, da introdução de um instrumento da democracia deliberativa e da co-gestão, compartilhada pelo Estado e pela sociedade. Apesar dos problemas envolvidos no funcionamento dos conselhos, com as tentativas de sua captura pelos grupos corporativos e da disputa de poder que se estabelece entre as comissões e os conselhos, certo é que eles se consolidaram como desenho institucional das políticas sociais, ampliando dessa forma a esfera pública e permitindo o exercício da cidadania (Carvalho, 1997; Carvalho, 1998, Raichelis, 1998).

Finalmente, outro instrumento do desenho desse sistema diz respeito ao processo de formação da política e de interpelação e argumentação mútua entre os atores envolvidos. Trata-se da convocação periódica (a cada quatro anos), pelo ministério correspondente, de uma conferência sobre temática da política setorial específica. O nível central subsidia as discussões, mas a conferência é um processo de discussão ascendente, do nível local ao regional e, depois, ao nível nacional. O tema é discutido em cada nível, em conferências convocadas para esse fim, onde são aprovados os acordos firmados e eleitos os delegados que vão representar esse nível — envolvendo governo e sociedade — no nível seguinte. O processo culmina com a conferência nacional, com a mesma sistemática, onde se chega a uma carta com as diretrizes da política, acordada desde as bases. Como não tem poder deliberativo vinculante, o processo das conferências funciona como formador da política e das identidades e projetos consensuados, de tal forma que preserva o espaço da política como um espaço de mobilização e negociação.

Esse desenho institucional dos sistemas de políticas sociais vem funcionando desde o final da década de 1980, de forma contraditória, polêmica e dinâmica. Hoje já está consolidado em muitas áreas, como a saúde, em vias de criação do Sistema Único de Assistência Social (Suas), e está em expansão para outras áreas, que passaram a realizar suas conferências, como o meio ambiente e a gestão das cidades, por exemplo. Apesar das dificuldades, trata-se de um processo que se enraíza e dificilmente será revertido, dado o nível de comprometimento dos atores sociais envolvidos. Malgrado a desigual distribuição de informações e poder entre atores envolvidos, trata-se de um processo de expansão da cidadania que tem um forte conteúdo pedagógico e de democratização das relações de poder. A emergência de novas organizações, como aquelas que congregam os secretários municipais ou usuários dos sistemas, demonstra as potencialidades e capacidades desse projeto de redesenhar a estrutura de poder em cada uma das áreas sociais em questão.

O arcabouço legal da seguridade social, introduzido na Constituição Federal de 1988, seria completado com a promulgação das leis orgânicas, em cada setor, que finalmente definiriam as condições concretas pelas quais os princípios constitucionais e diretivas organizacionais iriam materializar-se. No entanto, a correlação de forças que favorecera a promulgação desse modelo constitucional havia mudado.

Em toda a América Latina e, em particular, no Brasil vivia-se, nesse momento, uma grave crise econômica que exigia uma série de profundas reformas, alterando o padrão de relações entre Estado e sociedade. Como diagnóstico da crise, apresentava-se o elevado endividamento público, decorrente da incapacidade estrutural do Estado de gerar a poupança interna necessária ao desenvolvimento sustentável do país. Uma orientação reformista, abarcando a privatização do patrimônio do Estado e a reforma administrativa, introduzindo práticas gerenciais oriundas dos negócios privados, além da retirada do Estado da provisão de serviços, foi fortemente indicada pelas agências internacionais como a solução capaz de devolver ao país os níveis de crescimento social e econômico alcançados no passado. Foi na esteira do discurso reformista, ditado pela orientação ortodoxa na economia nos últimos anos, que se desenvolveram os debates acerca da necessidade de reorganização do modelo de seguridade.

A regulamentação dos novos dispositivos constitucionais relativos à seguridade social foi bastante conflituosa. As leis orgânicas da área de seguridade social foram promulgadas após um processo intenso de conflitos e barganhas, e em um contexto político em que o Executivo era abertamente hostil ao seu conteúdo reformista original, que implicava maiores gastos com benefícios e com ampliação da cobertura.[5]

[5] A adoção de um modelo solidário e redistributivo implicou o imediato aumento das despesas, como, por exemplo, ao duplicar o valor dos benefícios rurais, com sua equivalência ao salário mínimo urbano.

Os constituintes preocuparam-se em reduzir a vulnerabilidade do sistema de seguridade social, cuja base de contribuição sobre a folha de salários se havia demonstrado pró-cíclica, inviabilizando as finanças previdenciárias nos momentos de crise econômica, quando a população mais demandas apresenta.[6]

A concretização desse modelo de seguridade social se realizaria com a criação do orçamento da seguridade social, modalidade de integração, nunca implementada, de todos os recursos oriundos das distintas fontes, a serem distribuídos entre os três componentes: saúde, previdência e assistência. No entanto, como não se estabeleceu o modo de operação desse mecanismo, quase imediatamente houve uma especialização das fontes de financiamento em relação ao destino, ao arrepio da lei, sendo posteriormente consagrada através de emendas constitucionais.[7]

Para seus críticos, a introdução da seguridade social como preceito constitucional inviabiliza financeiramente a Previdência Social, pois foram aumentados os valores dos benefícios e flexibilizadas as condições de acesso aos benefícios, não houve vinculação de benefícios com contribuições e não houve separação entre as contas da previdência e assistência (Velloso, 1999).

Para alguns dos defensores do conceito de seguridade social, esta já não tem mais existência formal nem administrativa — desde que a legislação ordinária separou as três áreas componentes — nem financeira — já que houve uma progressiva especialização das fontes (Vianna, 2003). Porém, a nosso ver, a seguridade social, como princípio reitor da proteção social, consagrado constitucionalmente, não foi concluído organizacional nem financeiramente ou em relação ao padrão de benefícios e à cobertura. No entanto, segue como

---

[6] "Art. 195. A seguridade social será financiada por toda a sociedade, de forma direta e indireta, nos termos da lei, mediante recursos provenientes dos orçamentos da União, dos Estados, do Distrito Federal e dos Municípios, e das contribuições sociais:
I — dos empregadores, incidente sobre a folha de salários, o faturamento e o lucro;
II — dos trabalhadores;
III — sobre a receita de concursos de prognósticos."

[7] A Emenda Constitucional nº 20/98 destina os recursos das contribuições sobre a folha de salário exclusivamente para a Previdência Social e a Emenda Constitucional nº 29/00 vincula recursos para a área de saúde nos orçamentos da União, dos estados e dos municípios.

norteador dos movimentos e lutas sociais, atravessando a burocracia pública, na defesa dos direitos sociais universais, tendo demonstrado sua capacidade de resistência às conjunturas mais adversas.

A agenda reformista da década de 1990 esteve preponderantemente marcada pelo discurso ortodoxo fiscal, que converteu a Previdência Social no mais grave problema nacional, cuja reforma foi exigida como pré-requisito para o ajuste fiscal e a estabilização da economia. As propostas foram claramente formuladas no receituário das agências internacionais: uma reforma estrutural da Previdência Social, que liberasse o Estado dos encargos com aposentadorias e pensões e, ao mesmo tempo, fortalecesse o crescente mercado de seguros, foi colocada como requisito para a solução da crise fiscal e possível arrancada do processo de crescimento, já que representava a liberação de uma poupança nacional para o investimento. Na área de saúde, predominaram os preceitos de retirada do setor público das funções de seguro e provisão, reservando-lhe apenas a concessão de um pacote básico de atenção à saúde para as populações pobres, incapazes de adquirir um seguro no mercado. Na área assistencial, a tendência universalista deveria ser revertida à focalização de população e territórios, através de programas de concessão de benefícios e transferências financeiras, por meio de programas operados por organizações da sociedade civil.

Em todas essas propostas, opera-se uma contra-reforma em relação aos princípios constitucionais de garantia estatal de direitos sociais universais, descentralização e controle social das políticas públicas. Diante dessa nova conjuntura política, a seguridade social vai passar por reformas constitucionais durante toda a década de 1990, sendo permanente a tensão em relação à questão do seu financiamento. A deterioração das contas públicas nos anos 1990 e a conseqüente redução do grau de liberdade fiscal do governo exacerbaram o conflito, já existente, entre os ministérios da área econômica e os da área social.

As principais ameaças à seguridade social foram perpetradas no campo financeiro, com as sucessivas apropriações dos recursos oriundos das contribuições sociais para outros fins, seja para pagamento dos Encargos Previdenciários da União (EPU), seja na Desvinculação das Receitas da União (DRU)[8] para atender aos critérios de superávit primário acordados com as agências financeiras internacionais, seja, ainda, no mero uso indevido dos recursos daquelas contribuições. Na área de saúde, depois de garantir recursos do orçamento nos três níveis governamentais para a área, ainda está em discussão a legislação que impedirá a inclusão de outros programas e ações sociais naquele orçamento setorial.

As reformas constitucionais que se seguiram na área previdenciária tiveram o intuito de dar tratamento fiscal às políticas sociais, omitindo qualquer referência ao conceito de seguridade social. Além de vincular os recursos das contribuições sociais à Previdência, a reforma[9] alterou as condições de acesso aos benefícios previdenciários, introduziu um teto máximo, bem como redefiniu a estrutura dos regimes geral, próprio, militar e complementar. Posteriormente, já no governo atual, o regime próprio dos servidores públicos passou por uma reforma[10] semelhante, de caráter restritivo no acesso e valor máximo dos benefícios.

Ao considerar que a Previdência Social está deficitária,[11] há sempre uma tensão no sentido de retirar do seu âmbito benefícios que representam subsídios aos beneficiários mais pobres, na medida em que suas contribuições não alcançariam o valor necessário para obtenção do benefício mínimo. Embora os dados do MPAS estimem que, em 1999, o impacto de tais benefícios na redução da pobreza tenha sido de 11,3%, são escassas as chances de reformas de caráter inclusivo, capazes de inserir na previdência trabalhadores informais e

---

[8] Através desse instrumento, a União retira 20% dos recursos da seguridade social e permite sua livre realocação para outras finalidades, inclusive para o pagamento dos juros da dívida. Para se ter uma idéia dos efeitos desse mecanismo no desfinanciamento da seguridade social, no ano de 2001 quase 50% das contribuições sociais foram desviadas de sua destinação constitucional, gerando assim o déficit apregoado. Segundo dados da Associação Nacional dos Fiscais da Previdência — Anfip (2003), se houvesse o repasse dos recursos constitucionalmente destinados à seguridade, haveria um superávit no orçamento da seguridade social.

[9] Emenda Constitucional nº 20/98.

[10] Emenda Constitucional nº 40/2003, encaminhada pelo Poder Executivo. Existe uma emenda paralela, oriunda do Legislativo, que tem caráter inclusivo e ainda está em tramitação.

[11] Embora a seguridade social pudesse ser superavitária, se não houvesse a desvinculação de recursos mencionada.

temporários. Tais medidas, juntamente com a ampliação da cobertura dos benefícios assistenciais de prestação continuada e a atenção universal à saúde, transformariam a seguridade social no mais poderoso instrumento de distribuição de renda e inclusão na condição de cidadania.

Todas as leis orgânicas[12] — da saúde, previdência e assistência — tiveram de ser negociadas nessa conjuntura desfavorável, e sua maior ou menor correspondência com os preceitos constitucionais foi fruto da capacidade política de resistência às tendências de privatização, recentralização, capitalização e focalização, que ameaçaram a implantação da seguridade social.

No campo das políticas assistenciais, houve também ruptura com o modelo constitucional, materializado na estrutura descentralizada e participativa regulamentada pela legislação ordinária (Loas), com a criação de programas vinculados à Presidência da República (como o Programa Comunidade Solidária e, posteriormente, o Programa Fome Zero), que introduziram a perspectiva de tratar a assistência fora dos marcos da seguridade social. Tais programas focalizados, de eficácia duvidosa, passam a ser identificados como marcas políticas dos governos, desvinculando os benefícios assistenciais da condição de cidadania. Os percalços na condução e consolidação do sistema constitucional de assistência social foram muitos, desde o veto inicial do presidente Collor ao projeto da Loas, por não concordar com a garantia do salário mínimo mensal a deficientes e idosos, até a *refilantropização* da política assistencial, com o esvaziamento dos órgãos públicos, repasse de recursos a entidades filantrópicas privadas e a retomada da gestão pública em mãos da primeira-dama.

[12] Na área de saúde, foram finalmente promulgadas as Leis nº 8.080 e nº 8.142, de 1990, que regulam as ações, a organização e o funcionamento dos serviços e dispõem sobre a participação da comunidade na gestão do Sistema Único de Saúde (SUS), sobre a alocação dos recursos financeiros e sobre a estrutura dos conselhos e das conferências de saúde. Na área de previdência, as inovações constitucionais foram regulamentadas pela Lei nº 8.212/91, intitulada Lei Orgânica da Seguridade Social, mas que apenas estabelece o Plano de Custeio da Previdência Social, e pela Lei nº 8.213/91, que estabelece o Plano de Benefícios da Previdência Social. A Lei Orgânica da Assistência Social (Loas) demorou cinco anos para ser promulgada (Lei nº 8.742/93), instituindo o Conselho Nacional de Assistência Social, responsável pela política nacional e pela gestão do Fundo Nacional de Assistência Social.

Com a promulgação da Loas em 1993, retomou-se a construção do modelo constitucional, baseado na existência de um sistema descentralizado composto de conselhos gestores, com participação comunitária, e na existência de fundos de assistência em cada esfera governamental, além dos conselhos de defesa dos direitos (da criança, da mulher, da pessoa humana etc.).

Esse movimento de consolidação das diretrizes constitucionais encontrou-se com um movimento social de grande expressão nacional (Movimento pela Ética na Política), por meio do qual a sociedade civil cobrava do governo a implantação de um programa de segurança alimentar, para o combate à fome e à miséria.[13] A partir dessa mobilização social, o tema da fome foi introduzido na agenda pública.

Como resposta a essa demanda, o governo criou o Programa Comunidade Solidária (Decreto nº 1.366/95), buscando articular os diferentes atores ministeriais, governos locais e organizações sociais, para a focalização de suas ações em municípios pobres, de forma a cumprir, em parceria, uma agenda básica de combate à pobreza.

As duas estruturas institucionais, da Loas e dos programas focalizados, seguiram em paralelo durante vários anos, chegando a constituir-se, no início do governo Lula, em dois ministérios distintos, gerando áreas de atrito e superposição entre as duas esferas de ação governamental. Só recentemente houve a unificação dessas instituições, com a criação, em 2004, do Ministério do Desenvolvimento Social e Combate à Fome,[14] o que deve permitir um fortalecimento da institucionalidade na área assistencial.

Outras iniciativas na área assistencial, nesse período, foram protagonizadas pelos governos locais, que desenvolveram Programas de Garantia de Renda Mínima (PGRM), semelhantes a bolsas de estudo, com exigência de contrapartidas por parte das famílias beneficiárias, como a freqüência regular à escola das crianças na faixa de sete a 14 anos. Concebidos como um mecanismo eficaz no combate à pobreza e ao trabalho infantil, esses programas partem

[13] Em 1993, foi criado o Conselho de Segurança Alimentar (Consea), com participação do governo e lideranças sociais, que foi extinto em 1995 e só retomado em 2002.

[14] A partir da fusão de três instituições: Ministério Extraordinário de Segurança Alimentar e Combate à Fome, Ministério da Assistência Social e Secretaria Executiva do Programa Bolsa-Família.

da idéia de que a elevação do nível educacional dessas crianças permitirá ampliar sua capacidade futura de geração autônoma de renda, rompendo com o círculo vicioso de reprodução da pobreza.

O fato de essas iniciativas serem predominantemente de nível local é atribuído ao papel que os municípios passam a ter com a descentralização, a partir da Constituição Federal de 1988, na prestação de serviços assistenciais. No entanto, a reduzida capacidade fiscal da grande maioria dos municípios brasileiros inviabiliza a multiplicação de iniciativas afins e compromete a escala mínima de um programa, sem o que um programa de renda mínima não se sustenta (Lavinas, 2000), mesmo tendo o governo federal como seu co-financiador, a partir de 1998.

A área de saúde progrediu com o processo de descentralização, apesar das dificuldades para estabelecer um mecanismo próprio de financiamento até o ano 2000. Programas universalizados, como o do HIV/aids, tornaram-se referência mundial por sua comprovada eficácia no combate à epidemia. A inclusão de um programa seletivo, como o da Saúde da Família, no interior do sistema universalizado, representou um avanço, ao superar a dicotomia entre focalização e universalização e permitir uma abordagem muito mais apropriada para o acesso dos pobres ao sistema de saúde.

Uma certa continuidade entre o movimento democrático dos anos 1980 e o movimento reformador de corte mais técnico dos anos 1990 pode ser também encontrada no setor de educação. Promulgada a Lei de Diretrizes e Bases da Educação Nacional (Lei nº 9.394/96), fica clara a prioridade de garantia da oferta do ensino fundamental obrigatório, o que requeria a retomada e o aprofundamento do processo de descentralização dos anos 1980. A estratégia adotada foi a de redefinição do papel do ministério (MEC) no processo de gestão pública, como coordenador das políticas nacionais, deixando a cargo dos governos estaduais e municipais a execução dessas políticas.

As políticas educacionais assumiram um novo enfoque, centrado na busca de um novo padrão de eqüidade, visando à promoção de ações focalizadas para corrigir desigualdades sociais, econômicas e regionais que impedem a universalização do acesso ao ensino fundamental. Na busca de melhoria da qualidade da educação básica (primeira a oitava série), foram adotadas políticas de valorização dos professores, implantados parâmetros curriculares, criando um sistema de avaliação de desempenho e um programa de repasse de recursos financeiros diretamente às escolas, a ser gerido por um conselho com representantes da comunidade.

Para viabilizar o novo desenho e articulação institucional, foi criado o Fundo de Manutenção e Desenvolvimento do Ensino e Valorização do Magistério (Fundef),[15] que vincula a descentralização do ensino fundamental e a divisão de encargos entre estados e municípios à redistribuição dos recursos, com base no número de alunos atendidos pelas respectivas redes de ensino; garante um valor mínimo por aluno, como mecanismo para reduzir desníveis regionais e intra-estaduais; estabelece a destinação de, no mínimo, 60% dos recursos para pagamento de salários dos professores (Castro, 2000). Além de estimular a municipalização do ensino, avaliações do impacto desse fundo identificam efeitos positivos na escolaridade dos professores, na duração dos turnos de aula e no total de alunos matriculados (Mendes, 2001:49). Apesar de o mecanismo de repasse de recursos em função do número de matrículas ter estimulado a fraude, o estudo conclui que houve também uma nítida minimização das desigualdades, com uma melhoria do desempenho relativo dos municípios situados em regiões atrasadas.

Como maiores êxitos do Fundef, são apontados a redução das diferenças de custo-aluno entre as escolas dos governos estadual e municipal — favore-

[15] A Emenda Constitucional nº 14 criou um fundo contábil, denominado Fundo de Manutenção e Desenvolvimento do Ensino e Valorização do Magistério (Fundef), estabelecendo que 25% do total das receitas e das transferências serão vinculados à manutenção e ao desenvolvimento do ensino. Para a composição do Fundef, ficou estabelecido que cada esfera do governo contribuirá através das seguintes fontes de financiamento: a União contribuirá complementarmente através do salário-educação, 18% das receitas de impostos devidos à União, seguro-receita da Lei Complementar nº 87/96 e outras fontes; os estados e o Distrito Federal contribuirão com 15% do ICMS, 15% do FPE e 15% da parcela do IPI que é devida aos estados e ao Distrito Federal; os municípios contribuirão com 15% do ICMS e 15% do FPM. Os recursos são distribuídos aos estados e municípios de acordo com o número proporcional de alunos matriculados. Além disso, 60% do total dos recursos deverão ser utilizados com pagamento e capacitação de professores (Castro, 2000). A forma como são arrecadados e distribuídos os recursos aponta para uma melhor redistribuição da quantia disponível para a política de educação. Isso porque, além de serem utilizadas verbas do FPM e do FPE, os valores destinados a cada município são estipulados em função da demanda (do número de matrículas) e, assim, a necessidade local de educação determinará a distribuição dos recursos.

cendo, em geral, os municípios —, a proteção do salário dos professores e o aumento da transparência na gestão financeira.

Foram também introduzidos programas complementares, como o Bolsa-Escola, um programa de renda mínima para crianças carentes que estejam matriculadas e freqüentando a escola fundamental.

Em resumo, a reforma educacional implementada na década de 1990 inscreve-se dentro dos princípios constitucionais de universalização, descentralização e participação, mas atualiza os mecanismos de gestão, introduzindo elementos de autonomia das unidades, financiamento à demanda, avaliação de desempenho e, fundamentalmente, mecanismos de redistribuição dos recursos e redução das disparidades regionais.

Esse balanço das décadas de 1980 e 1990 mostra as potencialidades e os limites da democracia brasileira. A verdadeira concretização da seguridade social — já o apontava muito claramente Beveridge (1987) — implica a existência de um pacto social renovado, que, transcendendo interesses setoriais e classistas, permita a definição de um novo padrão civilizador, a ser institucionalizado por intermédio das políticas e instituições da seguridade. A transição à democracia no Brasil permitiu-nos colocar como meta a retomada da ordem democrática, mas não nos autorizou a resolver o dilema constitucional brasileiro,[16] aprofundando a contradição entre democracia política e democracia social.

No momento atual, estão em discussão algumas políticas destinadas a ampliar a cidadania e reduzir a exclusão social que, se aprovadas e implementadas, poderão ter forte impacto na construção de uma sociedade mais justa e inclusiva. Trata-se da criação do Sistema Único da Assistência Social (Suas) e da reforma educacional.

Para superar a visão assistencialista e compensatória que tem prevalecido no campo da assistência social, esta "passa a configurar-se como possibilidade de reconhecimento público da legitimidade das demandas dos usuários e espaço de ampliação de seu protagonismo" (Brasil, 2004).

[16] No sentido dado por Fábio Wanderley Reis (1988:16): "trata-se de regular através do Estado a convivência entre setores e categorias que, se chegam a erigir-se em atores sociopolíticos reais, fazem-no no marco de um sistema capitalista e nos termos da dinâmica própria desse sistema".

Definindo os usuários como cidadãos e grupos que se encontram em situações de vulnerabilidade e risco, a assistência social tem como missão a garantia das seguintes seguranças: segurança de sobrevivência (de rendimento e de autonomia), de acolhida e convívio ou vivência familiar.

Mais do que uma elaboração conceitual inovadora, a política nacional de assistência social assim formulada denota o esforço de superação da fragmentação institucional, pobreza intelectual e ausência de corpo técnico capaz de garantir a efetividade dessa política. Como o processo de formulação dessa política foi gerado a partir das bases, com os diferentes atores governamentais e não-governamentais participando da sua formulação e negociação coletivas, é de se esperar que tenha sustentabilidade, para além da temporalidade governamental.

Ao se retomar o desenho constitucional das políticas sociais, faz-se um esforço para, ao mesmo tempo, fortalecer o poder municipal no âmbito da política assistencial e a sociedade civil organizada, garantindo sua participação na co-gestão, controle social e mesmo execução. No entanto, o fortalecimento desta última não se fará com a redução do papel do Estado, mas sim com o fortalecimento da autoridade pública.

Nesse sentido, foi desenhado um sistema único, com ênfase na matriz sociofamiliar, descentralizado e organizado territorialmente, de forma coordenada e hierárquica (com módulos articulados, que vão da baixa à média e alta complexidades), possuindo um sistema de financiamento com participação de todos os níveis governamentais, mas com uma sistemática que visa evitar o clientelismo e adotar critérios técnicos de repasse de recursos fundo a fundo. Grande importância é dada à formação de gestores, capazes de implementar essas diretrizes.

A implementação desse sistema representa a possibilidade de tratar a assistência social como uma política pública e um direito de cidadania, fortalecendo a autoridade e a institucionalidade do Estado, ao mesmo tempo que gera as condições para dar protagonismo aos beneficiários e aos demais atores sociais envolvidos nesse campo. Assim, as medidas assistenciais deixam de ser limitadas ao âmbito compensatório e passam a transcender mesmo a perspectiva redistributivista, em direção à construção e expansão da cidadania.

Na área de educação, estão em discussão dois projetos distintos, um deles propondo a extensão do fundo de financiamento do ensino elementar para todo o ciclo do ensino básico (do Fundef ao Fundeb) e outro propondo uma reforma da educação universitária.

Sintonizada com o espírito norteador da Lei de Diretrizes e Bases da Educação Nacional (LDB), a proposta de criação do Fundeb é de ampliar progressivamente a obrigatoriedade do ensino fundamental aos demais níveis que compreendem a educação básica, devendo a União vir a assumir maior responsabilidade no financiamento desse ciclo educacional. Assim, com duração de 14 anos (2006-19), o Fundeb atenderá os alunos da educação infantil, do ensino fundamental e médio e da educação de jovens e adultos, e será implantado de forma gradativa nos quatro primeiros anos. O objetivo é atender, no quarto ano de vigência, 47,2 milhões de alunos com investimentos públicos anuais de R$ 50,4 bilhões. De acordo com o censo escolar de 2004, o número de alunos atendidos pelo Fundef é de 30,7 milhões, com um total geral de recursos de 30,6 bilhões previsto para 2005 (Brasil, 2005).

Na reforma da universidade, o objetivo é fortalecer a universidade pública, assegurar maior qualidade das instituições privadas superiores, criar meios de acesso e permanência para estudantes de baixa renda e minorias raciais, e garantir autonomia administrativa e financeira dessas instituições. Pretende-se, portanto, estabelecer uma nova relação entre a universidade pública e a universidade privada, de forma que todo o sistema opere em função do interesse público.

Para se ter uma idéia da amplitude e impacto dessa proposta, espera-se que, a partir de 2005, o Programa Universidade para Todos (Pro-Uni) ofereça cerca de 100 mil bolsas de estudos em instituições privadas para alunos de baixa renda e professores oriundos da escola pública, que, de outra forma, não teriam acesso ao ensino superior. Essa medida, aliada ao aumento da regulação e controle da qualidade nas escolas privadas, pode vir a representar, a médio prazo, uma mudança real no perfil racial das elites brasileiras.

Do desenvolvimento à cidadania

A perspectiva do desenvolvimento humano, inspirada nos trabalhos de Amartya Sen, entende o desenvolvimento como expansão das liberdades que possuem os indivíduos para viver de acordo com os valores que apreciam e que os capacitem a tomar as decisões sobre seu bem-estar. A liberdade encontra-se entre os possíveis campos de aplicação da igualdade e a igualdade encontra-se entre os possíveis esquemas distributivos da liberdade (Sen, 1995:35). No entanto, Sen considera que os requerimentos de igualdade substantiva podem ser particularmente exigentes e complexos quando há que fazer frente a um grau importante de desigualdade prévia. Introduz a noção de capacidade, como a essência da liberdade real. As capacidades são as oportunidades que tem uma pessoa para obter o seu bem-estar. Mais ainda, o fato mesmo de poder eleger faz que o próprio bem-estar dependa da capacidade que tem cada um para funcionar, desfazendo-se a aparente contradição entre liberdade e igualdade.

Esse enfoque foi de grande importância para reverter a discussão do desenvolvimento de uma perspectiva econômica para uma visão humanista, na qual a questão da eqüidade está colocada como condição de possibilidade do exercício da liberdade dos agentes.

No entanto, o enfoque do desenvolvimento humano deve ser acrescido de uma perspectiva que coloque a construção do espaço público no centro do debate. Considerando que a igualdade é um construto político, torna-se necessário adotar uma perspectiva relacional, que transcenda o âmbito do indivíduo que busca seu próprio bem-estar, a partir de seus impulsos e necessidades, para pensar o bem-estar como uma construção societária e institucional.

Nessa perspectiva, que identificamos como a construção e expansão da cidadania, o indivíduo com seu poder de agência para fazer eleições dá lugar ao sujeito político, cuja autonomia é sempre mediada pelas relações sociais e pela institucionalidade construída.

Se o processo de subjetivação é sempre relacional, não podemos prescindir da discussão sobre a comunidade política, a estrutura de poder e a institucionalidade do Estado.

A perspectiva do desenvolvimento humano pode conviver com uma estratégia de combate à pobreza por meio de políticas públicas assistenciais, compensatórias e focalizadas, que foram aplicadas na América Latina nas últimas décadas. A incapacidade dessas políticas para reduzir as desigualdades — ainda que tenham reduzido a pobreza — demonstrou a necessidade de formular estratégias políticas mais eficazes.

Isso requer a construção de uma esfera pública plural e inclusiva, para a qual será necessário superar nossa defasagem em relação aos países desenvolvidos que construíram sociedades mais igualitárias por meio de políticas públicas universais de bem-estar econômico e social. No entanto, requer também que sejamos inovadores ao pensar uma institucionalidade que transcenda os limites historicamente datados daquela construção do Estado de bem-estar social. Essa institucionalidade estava baseada na existência de um Estado republicano operado por uma burocracia racional-legal, um mercado capaz de incorporar mão-de-obra e aumentar a massa salarial, nivelando assim, minimamente, os membros da sociedade, e um conjunto de políticas públicas de cunho redistributivo, fundadas em um pacto social no qual as elites aceitam a inclusão dos demais cidadãos na comunidade nacional.

Nosso elevado e persistente nível de exclusão e desigualdade teve como contrapartida um Estado patrimonial, um projeto de desenvolvimento cuja dinâmica não foi oriunda do mercado interno, e uma política social estratificadora e excludente. Para reverter essa situação, será necessário uma nova institucionalidade, na qual a geração de espaços públicos seja tanto induzida pelo Estado como controlada pela sociedade. Em situações de extrema iniqüidade na distribuição dos recursos de poder, o Estado deve ser um ator importante para gerar esses espaços públicos, nos quais os cidadãos são igualados politicamente. Sem embargo, a igualdade requerida deve contemplar a diversidade e singularidades existentes, ou seja, trata-se da construção de uma igualdade complexa e diversa. Clivagens de gênero, raça e etnia, que marcam as desigualdades mais profundas, devem ser enfrentadas da perspectiva da igualdade complexa, pois requerem tanto a aceitação da igualdade quanto a preservação da diversidade.

Em espaços públicos assim construídos, os sujeitos são reconhecidos e negociam seus projetos e interesses em conflito, podendo gerar uma nova normatividade, mais includente, aceitando a diversidade e o interculturalismo. Em outros termos, trata-se de alterar a estrutura de poder elitista prevalecente, sem o que o desenvolvimento humano se tem mostrado inviável.

O papel protagonístico do Estado na geração de espaços públicos e indução da subjetivação não pode ser, no entanto, um reforço ao autoritarismo do Estado e deve evitar sua apropriação privada pelos grupos mais poderosos. Assim, além de uma gestão burocrática, requer-se a introdução de mecanismos de co-gestão, nos quais os setores organizados da sociedade possam participar da gestão da coisa pública. Esse novo formato do Estado e da sua relação com a sociedade é condição para alterar a distribuição de poder que se perpetua por meio das políticas públicas, gerando um processo de transformação democrática das estruturas arcaicas do aparato estatal.

Finalmente, a comunidade dos cidadãos só será construída a partir de um imaginário coletivo, que ainda encontra na nação o seu referente principal, embora este seja cada vez mais compatível com a profunda identificação do cidadão tanto com a sua cidade quanto com o sistema globalizado. Esse imaginário só poderá ser construído, coletivamente, a partir de um projeto nacional de desenvolvimento, autônomo e sustentável, que, diferentemente dos anteriores, coloque a democracia como diretriz e a inclusão social como pré-requisito.

Essas são condições imprescindíveis para cumprir os preceitos democráticos do reconhecimento, deliberação e redistribuição. Se não formos capazes de gerar maior igualdade, através de políticas redistributivas fundadas em um novo pacto societário, estaremos ativando um processo de cidadania inconcluso, que, ao invés de gerar coesão social e instituições democráticas, pode fomentar a anomia, a violência e a ingovernabilidade.

Bibliografia

ALTMAN, David. Democracia política y desarrollo económico: ¿existe alguna relación? In: *Instituciones y Desarrollo*, Barcelona: IIG, 2001. Disponível em: <www.iigov.org/pnud/bibliote/>. Acesso em: set. 2005.

ANDERSEN, Perry. *Linhagens do Estado absolutista*. Porto: Afrontamento, 1984.

ARRIGHI, Giovanni. *A ilusão do desenvolvimento*. Rio de Janeiro: Vozes, 1997.

BARRO, Robert J. *Determinants of economic growth*. Cambridge: MIT Press, 1998.

BENDIX, Reinard. *Trabajo y autoridad en la industria*: las ideologías de la dirección en el curso de la industrialización. Buenos Aires: Eudeba, 1966.

______. *Estado nacional y ciudadanía*. Buenos Aires: Amorrortu, 1974.

BEVERIDGE, William. *Las bases de la seguridad social*. México: Fondo de Cultura Económica, 1987.

BRASIL. Ministério da Educação. Instituto Nacional de Estudos e Pesquisas Educacionais Anísio Teixeira. *Censo da educação superior*. Brasília, 2003. Disponível em: <www.inep.gov.br/superior/censosuperior>. Acesso em: set. 2005.

______. Ministério da Educação. *Reforma da educação superior*. Brasília, jun. 2004. (Cadernos do MEC).

______. Ministério do Desenvolvimento Social e Combate à Fome. Secretaria Nacional de Assistência Social. *Política nacional de assistência social*. Brasília, nov. 2004.

______. Presidência da República. *Objetivos de desenvolvimento do milênio*: relatório nacional de acompanhamento. Brasília, set. 2005.

CARDOSO, Miriam Limoeiro. *Ideologia do desenvolvimento*: Brasil: JK-JQ. Rio de Janeiro: Paz e Terra, 1977.

CARVALHO, Antônio Ivo. Conselhos de saúde, responsabilidade pública e cidadania: a reforma sanitária como reforma do Estado. In: FLEURY, Sonia. *Saúde e democracia*: a luta do Cebes. São Paulo: Lemos, 1997.

CARVALHO, José Murilo. *A construção da ordem*. Rio de Janeiro: Campus, 1980.

______. *Cidadania no Brasil*. Rio de Janeiro: Civilização Brasileira, 2003.

CARVALHO, Maria do Carmo Albuquerque. *Participação social no Brasil hoje*. São Paulo: Instituto Pólis, 1998. (Pólis Papers, n. 2). Disponível em: <www.polis.org.br/publicacoes/papers>. Acesso em: 6 set. 2005.

CASTELLS, Manoel. *O poder da identidade*. A era da informação: economia, sociedade e cultura. 3. ed. São Paulo: Paz e Terra, 2001. v. 2.

CASTRO, Maria Helena Guimarães. *EFA 2000*: educação para todos — avaliação do ano 2000. Brasília: Instituto Nacional de Estudos e Pesquisas Educacionais, 2000.

DAHL, Robert. *Poliarquia*. São Paulo: Edusp, 1997.

DAMATTA, Roberto. *Carnavais, malandros e heróis*: para uma sociologia do dilema brasileiro. 4. ed. Rio de Janeiro: Zahar Editores, 1983.

EVANS, Peter. O Estado como problema e solução. *Lua Nova*, São Paulo: Cedec/Marco Zero, n. 28/29, 1993.

FAORO, Raimundo. *Os donos do poder*: formação do patronato político do Brasil. 9. ed. São Paulo: Globo, 1993.

FERNANDES, Florestan. *A revolução burguesa no Brasil*. 2. ed. Rio de Janeiro: Zahar Editores, 1976.

FLEURY, Sonia. Previdência *versus* assistência na política social brasileira. *Dados*, Rio de Janeiro: Iuperj, v. 27, n. 3, 1984.

______. Assistência na previdência social: uma política marginal. In: ______; SPOSATI, Aldaiza; FALCÃO, Maria do Carmo. *Os direitos (dos desassistidos) sociais*. São Paulo: Cortez, 1991.

______. *Estados sem cidadãos*. Rio de Janeiro: Fiocruz, 1997a.

______. *Saúde e democracia*: a luta do Cebes. São Paulo: Lemos, 1997b.

______. Democracia, poder local y ciudadanía en Brasil. In: GOMA, Ricard; JORDANA, Jacint. *Descentralización y políticas sociales en América Latina*. Barcelona: Fundación Cidob, 2004.

______ et al. Municipalização da saúde e poder local no Brasil: relatório de pesquisa. *Revista de Administração Pública*, Rio de Janeiro: FGV, v. 31, n. 3, p. 195-208, maio/jun. 1977.

FREYRE, Gilberto. *Casa-grande e senzala*. 29. ed. Rio de Janeiro: Record, 1992.

FURTADO, Celso. *O mito do desenvolvimento econômico*. 4. ed. Rio de Janeiro: Paz e Terra, 1974.

GUIMARÃES, Roberto. Contexto y prioridades de la cooperación internacional para el desarrollo sustentable. *Síntesis*, Madrid, n. 20, jul./dic. 1993.

HENDERSON, Hanzel. *Transcendendo a economia*. São Paulo: Cultrix Amana, 1991.

HOLANDA, Sérgio Buarque. *Raízes do Brasil*. São Paulo: Companhia das Letras, 1995.

IBGE. *Estatísticas do século XX*. Brasília, 2000.

IPEA. *Radar social*. Brasília, 2005.

LAVINAS, Lena. Combinando compensatório e redistributivo: o desafio das políticas sociais no Brasil. In: HENRIQUES, Ricardo; BARROS, Alexandre (Orgs.). *Desigualdade e pobreza no Brasil*. Rio de Janeiro: Ipea, 2000.

LECHNER, Norbert. Desafíos de un desarrollo humano: individualización y capital social. *Instituciones y Desarrollo*, Barcelona: IIG, Pnud, n. 7, nov. 2000.

LIMONGI, Fernando. Prefácio. In: DAHL, Robert A. *Poliarquia*. São Paulo: Edusp, 1997.

LUXEMBURGO, Rosa de. *A questão nacional e a autonomia*. Belo Horizonte: Oficina de Livros, 1988.

MENDES, Marcos. Descentralização do ensino fundamental: avaliação de resultados do Fundef. *Planejamento e Políticas Públicas*, Brasília: Ipea, n. 4, p. 27-51, dez. 2001.

MOISÉS, José Álvaro. Dilemas da consolidação democrática no Brasil. In: O'DONNELL, Guillermo; MOISÉS, José Álvaro; ALBUQUERQUE, J. A. Guillon (Orgs.). *Dilemas da consolidação da democracia*. Rio de Janeiro: Paz e Terra, 1989.

MOORE JR., Barrington. *Social origins of dictatorship and democracy*: lord and peasant in the making of modern world. Boston: Beacon, 1966.

OLIVEIRA, Jaime; FLEURY, Sonia. *(Im)previdência social*: 60 anos de história da previdência no Brasil. Petrópolis: Vozes, 1986.

POLANYI, Karl. *A grande transformação*. Rio de Janeiro: Campus, 1980.

PRZEWORSKI, Adam. *Capitalismo e socialdemocracia*. São Paulo: Companhia das Letras, 1989.

______. *Democracia e mercado*: no Leste europeu e na América Latina. Rio de Janeiro: Relume-Dumará, 1994.

PUTNAM, Robert. *Comunidade e democracia*: a experiência da Itália moderna. Rio de Janeiro: FGV, 1996.

RAICHELIS, Raquel. *Esfera pública e conselhos de assistência social*: caminhos da construção democrática. São Paulo: Cortez, 1998.

REIS, Elisa. *Processos e escolhas*: estudos de sociologia política. Rio de Janeiro: Contra Capa Livraria, 1998.

REIS, Fábio Wanderley. Estado liberal, projeto nacional, questão social. *Planejamento e Políticas Públicas*, Brasília: Ipea, n. 9, jun. 1993.

______; CASTRO, Mônica Mata Machado. Democracia, civismo e cinismo: um estudo empírico sobre normas e racionalidade. *Revista Brasileira de Ciências Sociais*, Anpocs, v. 16, n. 45, p. 25-46, fev. 2001.

SANTOS, Wanderley. *Cidadania e justiça*. Rio de Janeiro: Campus, 1979.

SEN, Amartya. *Nuevo examen de la desigualdad*. Madrid: Editorial Alianza, 1995.

______. *Desenvolvimento como liberdade*. Rio de Janeiro: Companhia das Letras, 2000.

SINGER, Paul. Reflexões sobre inflação, conflito e democracia. In: REIS, Fábio Wanderley; O'DONNELL, Guillermo (Orgs.). *A democracia no Brasil*: dilemas e perspectivas. São Paulo: Vértice, 1988.

STIGLITZ, Joseph. Participación y desarrollo: perspectivas desde el paradigma integral del desarrollo. *Instituciones y Desarrollo*, Barcelona: IIG, n. 7, p. 93-120, 2000.

THOMAS, Vinod et al. *A qualidade do crescimento*. São Paulo: Unesp, 2001.

TOCQUEVILLE, Aléxis. *A democracia na América*. São Paulo: USP, 1977.

TOLEDO, Caio Navarro. *Iseb*: fábrica de ideologias. São Paulo: Ática, 1977.

VELLOSO, Raul. Balanço da situação das contas públicas. Rio de Janeiro, 1999. ms.

VIANNA, Maria. Reforma da Previdência: missão ou oportunidade perdida? In: MORTHY, Lauro. *Reforma da Previdência em questão*. Brasília: UnB, 2003.

2

PARA ALÉM DA DESCENTRALIZAÇÃO: OS DESAFIOS DA COORDENAÇÃO FEDERATIVA NO BRASIL

*Fernando Luiz Abrucio**

Há termos do vocabulário político que ganham sentido positivo *a priori*. Entre estes, "descentralização" foi um dos conceitos que mais adquiriu força como palavra de ordem nos últimos anos. De maneira geral, os textos acadêmicos e a linguagem política têm defendido que descentralizar combina, quase automaticamente, com democracia, eficiência administrativa e inovação. Por isso, tornou-se muito difícil, no debate brasileiro, criticar a trajetória descentralizadora recente, iniciada pela redemocratização e fortemente impulsionada pela Constituição de 1988. Indo contra a corrente, este capítulo procura problematizar a trajetória e os resultados da descentralização à brasileira, não para defender o retorno ao centralismo, mas para analisar os fatores que hoje dificultam o cumprimento das promessas contidas nas idéias e movimentos descentralizadores.

O argumento principal é que a maioria dos defensores da descentralização não compreendeu o efeito da Federação e de sua especificidade brasileira no processo descentralizador. Aperfeiçoar a descentralização e corrigir seus

* Doutor em ciência política pela USP, professor de administração pública e governo da Fundação Getulio Vargas (SP) e de política comparada da PUC-SP.

defeitos passam, necessariamente, pela resolução dos principais dilemas federativos enfrentados ao longo da história e contemporaneamente pelo Brasil.

Para defender essa visão, o capítulo está estruturado da seguinte maneira: primeiro, discute-se o conceito de descentralização, sua novidade histórica, potencialidades e problemas; depois, tenta-se mostrar como o contexto federativo dá ao fenômeno descentralizador uma singularidade marcante, vinculada sobretudo à questão da coordenação intergovernamental. Mais adiante, a análise se concentra no caso brasileiro, parte central deste texto. Três são os aspectos abordados: as características adquiridas pela Federação ao longo da redemocratização e a relação desse processo com a descentralização; o estudo de problemas de coordenação e de competição federativas, bem como as experiências mais bem-sucedidas de cooperação e compartilhamento de políticas entre os níveis de governo; e, numa breve conclusão, três medidas essenciais para enfrentar os dilemas federativos e descentralizadores hoje existentes no Brasil.

O fenômeno da descentralização

Descentralização é um termo muito utilizado nos dias atuais, quase sempre com sentido positivo. Só que, no mais das vezes, a quantidade de elogios que recebe é proporcional à sua imprecisão conceitual. Para tornar mais claro o debate, defino descentralização como um processo nitidamente político, circunscrito a um Estado nacional, que resulta da transferência (ou conquista) efetiva de poder decisório a governos subnacionais, que: a) adquirem autonomia para escolher seus governantes e legisladores; b) para comandar diretamente sua administração; c) para elaborar uma legislação referente às competências que lhe cabem; e, por fim, d) para cuidar de sua estrutura tributária e financeira.

Obviamente, há graus diferenciados de autonomia nas diversas experiências nacionais, tendo, em geral, os governos subnacionais maior poder nas federações, por razões que veremos mais adiante. Também existe diversidade no que tange a cada um dos quatro aspectos citados acima, com experiências mais voltadas para as liberdades política e jurídica dos entes governamentais e outras direcionadas mais firmemente a questões tributárias ou administrativas. De qualquer modo, tem-se aqui uma definição mínima de descentralização (no mesmo sentido da delimitação minimalista de democracia), a partir da qual é possível compreender melhor o fenômeno.

A definição mínima de descentralização torna-se mais necessária pelo fato de esse termo designar correntemente outros três fenômenos. Um deles envolve o aspecto administrativo. Trata-se da delegação de funções de órgãos centrais a agências mais autônomas, o que na verdade é um processo de desconcentração administrativa, ou ainda da horizontalização das estruturas organizacionais públicas, com o repasse de maior responsabilidade da cúpula aos gerentes e funcionários da ponta. Além dessa caracterização, descentralização é igualmente utilizada para denominar a transferência de atribuições do Estado à iniciativa privada — privatização ou concessão de serviços públicos — e do governo para a comunidade ou para ONGs. Esses três processos não devem ser simplesmente equiparados à descentralização em seu sentido estrito, embora possam conviver com ela ou mesmo ser impulsionados por mudanças políticas descentralizadoras.

Tentar distinguir claramente tais termos não é uma preocupação nomológica, mas sim uma precaução contra maneiras indevidas de manejar os conceitos. Exemplos nessa linha foram o discurso de Margaret Thatcher e boa parte do receituário neoliberal da década de 1980, que defendiam uma descentralização cujo objetivo era mais limitado e economicista. Significava o repasse de funções a governos locais sem garantir autonomia e financiamento, a desconcentração de atribuições da administração central para agências e, nestas, da cúpula para os gerentes, e ainda a privatização de empresas públicas. Essas ações buscavam reduzir custos e melhorar o desempenho da gestão pública, só que propositadamente negligenciavam o cerne de qualquer processo descentralizador: a democratização do Estado.[1]

Com base nessa discussão conceitual, pode-se dizer que o processo descentralizador, em seu sentido essencialmente político, é um fenômeno bastante recente, que ganhou maior impulso, num maior número de países, somente nas últimas décadas do século XX. Decerto que há um debate intelectual sobre a questão desde o século XIX, envolvendo pensadores tão distintos quanto Proudhon e Tocqueville, além de pelo menos uma experiência precur-

[1] Sobre a descentralização na era Thatcher, ver Peters, 1992.

sora em larga escala, que foi o modelo norte-americano. A precocidade dos EUA é perceptível na tradição de autonomia local e no conjunto complexo de instituições e mecanismos de relacionamento entre os níveis de governo, algo ainda poucas vezes encontrado.

A formação dos modernos Estados nacionais na verdade foi um processo de centralização do poder e de tentativa de construir uma soberania una e indivisível, nos termos de Jean Bodin. O objetivo maior era estabelecer a ordem mínima hobbesiana, concentrando poder em uma autoridade que evitasse os perigos da fragmentação local e da invasão externa. O governo central tornou-se o eixo estruturador de toda a política, com um poderio praticamente inquestionável.

O fortalecimento do poder nacional não foi abrupto e, sim, uma construção que durou séculos. Nesse longo processo centralizador, a descentralização do poder era normalmente vista de modo negativo, com a grande exceção da experiência norte-americana. Com a consolidação das independências na América e com o novo colonialismo europeu na África e na Ásia, o poderio do Estado nacional transformou-se em arma fundamental nos jogos geopolítico e econômico, especialmente para os que disputavam mercados no contexto imperialista, entre o final do século XIX e o começo do XX. Mais adiante, a crise da ideologia do *laissez-faire* e a formulação do pensamento keynesiano, no bojo da depressão da década de 1930, legitimaram o reforço do papel da intervenção estatal centralizada.

A expansão do Estado atingiu o auge depois da II Guerra Mundial. O aumento da intervenção governamental foi estruturado sobre três pilares: o keynesiano, correspondente ao aspecto econômico; o *welfare state*, ligado ao social; e o burocrático weberiano, modelo administrativo que dava suporte às ações dos outros dois pilares. Todos os três foram engendrados pelo governo central. Nos países desenvolvidos, ademais, essa engenharia institucional foi construída num contexto de ampliação da democracia no plano nacional. O fato é que, entre 1950 e 1980 — era de grande prosperidade do capitalismo (por alguns chamada de "anos dourados") —, o Estado nacional foi o motor do desenvolvimento e, em alguns casos, da cidadania.

Paradoxalmente, o avanço e o sucesso da intervenção estatal centralizada e da nacionalização da política no pós-guerra impulsionaram, mais adiante, o processo de descentralização. Dito de outro modo, a expansão do *welfare state* e da democracia, frutos do período de grande nacionalização da política, favoreceu a constituição de demandas descentralizadoras.

No caso dos *welfare states*, cabe assinalar que foram instituídos pelos governos centrais, que agiram com maior ênfase a partir da década de 1950. No começo, a administração centralizada geralmente implantava sozinha as políticas de bem-estar social; mas, ao longo do tempo, ela aumentou as ações de financiamento e/ou as parcerias com governos subnacionais. Em outras palavras, a ampliação da oferta de serviços públicos por parte do poder nacional tendeu a gerar estruturas administrativas no plano local.

Um exemplo disso é a experiência norte-americana. Segundo John Donahue (1997:12), houve nos EUA uma maior centralização desde os anos 1930, mas as burocracias estaduais foram se aperfeiçoando para receber e utilizar melhor os *grants* do governo federal, criados desde o período Roosevelt e ampliados ainda mais no governo Lyndon Johnson, por meio do programa *Great Society*. Esse processo, por si só, gerou mais adiante demandas pelo repasse integral das funções aos estados.

O crescimento e a complexificação da estrutura administrativa do sistema de proteção social resultaram em dilemas de eficiência e democratização. No que se refere ao primeiro aspecto, quanto mais atividades o governo central concentrava em seu poder, mais perdia o controle sobre o desempenho e a qualidade das políticas. Um bom exemplo disso era o programa de merenda escolar do governo federal brasileiro. Seu alcance e recursos aumentaram bastante ao longo do tempo e, até meados da década de 1990, a União comprava os alimentos, muitas vezes os levava até Brasília e depois os distribuía para o restante do país. Daí resultavam os seguintes problemas: os bens em questão eram perecíveis e muitos se estragavam por conta dessa logística centralizadora; os hábitos alimentícios regionais eram desprezados; e a compra centralizada normalmente aumentava os custos. Trocando em miúdos, o excesso de centralização levava à ineficiência.

A centralização excessiva muitas vezes provinha das ações da burocracia nacional e dos políticos, os quais, ao concentrarem recursos no nível central, fortaleciam seu poder decisório (burocratas) ou de chantagem perante as bases locais (líderes políticos clientelistas). A maior democratização do sistema político tem sido o melhor instrumento contra essa situação. Tal processo democratizador foi inicialmente construído mais por processos nacionais do que locais, ao contrário do que visões mais românticas supõem. Até no caso dos EUA, fundado no conceito de *self-government* e no qual, de fato, a autonomia republicana dos governos locais prosperou em boa parcela do território, a nacionalização da política foi fundamental para a democratização do sistema, pois atacou os focos de corrupção no Sul e em grandes centros urbanos (como Chicago), além de garantir os direitos civis dos negros.

Em vários países desenvolvidos, a nacionalização do processo democrático ampliou espaços de participação que, gradativamente, se estabeleceram nos níveis locais de governo. Cabe lembrar que o longo caminho da centralização do poder havia sufocado uma série de demandas por autogoverno regional, e a democratização do pós-II Guerra permitiu pôr em xeque essa estrutura política, embora a transformação do modelo não tenha ocorrido de uma hora para a outra. O caso italiano reflete bem esse fenômeno, pois, como mostrou Robert Putnam (1996:35-38), entre a promulgação da Constituição, em 1948, e o início da década de 1970, ocorreu uma intricada batalha pela autonomia dos governos locais.

O modelo centralizador entrou em crise entre o final dos anos 1970 e o começo da década de 1980. Para tanto contribuíram fatores como a internacionalização econômica, que reduziu parcela significativa do poder de intervenção estatal no plano nacional, especialmente na área financeira; a crise fiscal dos governos centrais, vinculada à perda de dinamismo econômico que marcara os "anos dourados"; a defesa de reformas inspiradas numa concepção minimalista de Estado, iniciada com as vitórias de Thatcher e Reagan, e que levou à busca do enxugamento das máquinas burocráticas centrais; o fortalecimento de organizações com *modus operandi* transnacional, como empresas multinacionais, ONGs, instituições multilaterais, blocos regionais e até máfias internacionais; a maior demanda por participação no nível local; e o aumento da integração econômica entre os capitais e os governos subnacionais, processo chamado por alguns autores de *glocalization*.[2] Sobre esse processo, ficou famosa a frase de Daniel Bell: *"the nation-state is becoming too small for the big problems of life and too big for the small problems of life"*.[3]

[2] Ver Watts, 1999.

[3] Ibid.

Em boa medida, o discurso e a prática descentralizadores derivaram dessa crise do modelo centralizador de intervenção estatal. No entanto, vale ressalvar que o balanço dos últimos 20 anos não revela uma redução significativa do tamanho do Estado nos países desenvolvidos ou o esvaziamento do governo central. Houve, sim, mudanças na estrutura centralizada anterior, com novas formas de provisão e atuação do aparato estatal, só que o resultado disso está levando a repensar o papel do poder nacional, em vez de destruí-lo.

Em resumo, os resultados paradoxais da expansão e da complexificação do *welfare state* e da nacionalização da democracia, somados aos fatores recentes que enfraqueceram o governo central, pavimentaram o terreno onde a descentralização foi inicialmente construída. Mais outras quatro causas influenciaram esse processo: a urbanização acelerada, que tornou os problemas locais e seus governos cada vez mais importantes para um maior número de pessoas; a irrupção de conflitos étnicos, que, quando não levaram à secessão, demandaram novas relações do poder nacional com os grupos regionais, como na experiência espanhola; o surgimento das democracias de "terceira onda",[4] nas quais, por diversas vezes, houve um imbricamento entre a democratização e o processo de descentralização; e, por fim, a força do discurso político descentralizador, cada vez mais aceito e proposto em larga escala, inclusive por instituições multilaterais, como o Banco Mundial, que o defendem como uma das melhores soluções para os países menos desenvolvidos.

O contexto atual pode ser classificado como uma era de descentralização, dada a desconcentração sem precedentes do poder político nacional. Seus primeiros passos foram dados nos anos 1950, mas o grande impulso ocorreu nas três últimas décadas do século XX. Entre os países desenvolvidos, houve grandes mudanças na organização territorial em lugares como a Bélgica (que passou por um processo de federalização nos últimos 30 anos), a Espanha e a Itália — ambas criadoras de uma estrutura regional ou quase federal.[5] Em todos esses casos, os governos subnacionais conquistaram forte autonomia. Destaca-se ainda a consolidação dos federalismos alemão, australiano e canadense, países cada vez mais preocupados em aperfeiçoar seus mecanismos

[4] Huntington, 1994.
[5] Ver Larsson, Nomden e Petiteville, 1999:400.

intergovernamentais para garantir o princípio da subsidiariedade, segundo o qual as políticas devem ser conduzidas, o máximo possível, pelas autoridades mais próximas dos cidadãos. É igualmente relevante a influência do viés federativo no debate acerca da União Européia. Soma-se a tudo isso, de forma inédita e até inesperada, o repasse de poder ao plano local em duas das nações mais centralizadas da Europa: a Grã-Bretanha e a França.

Nos EUA, país com maior tradição federativa do mundo, houve uma renovação do discurso em prol da descentralização. Do "novo federalismo" de Nixon até o modelo mais recente do *devolution powers*, aconteceu um repasse de funções aos estados, algo que para alguns significou o retorno às "liberdades originais da Federação". Ademais, a concepção de que os governos subnacionais são "laboratórios de democracia", ou seja, são mais capazes de criar políticas inovadoras quanto mais contato direto tiverem com os cidadãos, foi um dos principais eixos da política norte-americana na década de 1990.[6]

A descentralização também avançou celeremente em outras partes do globo. Em um estudo citado por Marta Arretche (1996:63), constatou-se que, dos 75 países em desenvolvimento analisados, 63 tinham realizado reformas descentralizadoras. A América Latina destaca-se nesse contexto. Nela, atualmente, há 13 mil governos locais eleitos, contra menos de 3 mil no final dos anos 1970.[7] Federações mais antigas, porém tolhidas em sua liberdade por décadas de autoritarismo, como o México e a Argentina, reforçaram o poder de suas províncias ou estados — no caso mexicano, foi do plano subnacional que, em grande medida, saiu o processo de democratização recente do país.[8] E o Brasil não ficou atrás, pois reconstruiu sua estrutura federativa reforçando o poder das esferas estaduais e municipais, como veremos mais adiante.

O fascínio causado pela descentralização baseia-se não só na crise do modelo centralizador e no surgimento de novas realidades, mas também na força política adquirida por esse conceito. Agregando uma ampla e heterogênea coalizão de interesses, o discurso descentralizador teria suas principais qualidades associadas à democratização do poder público e a um melhor desempenho governamental.

[6] Ver Conlan, 1998; Osborne e Gaebler, 1992.
[7] Banco Mundial, 1997:112.
[8] Cf. Rodríguez e Ward, 1995.

Descentralização e democratização do Estado andam juntas no argumento político desde pelo menos o livro clássico de Alexis de Tocqueville, *A democracia na América*. Processos históricos mais recentes, como a conquista de governos locais pelos comunistas italianos na década de 1960, ou o crescimento do municipalismo no Brasil nos anos 1980, com seu viés democratizador sendo perceptível em políticas como o orçamento participativo, são dois dos vários exemplos que ajudariam a corroborar esse relacionamento virtuoso.

O pressuposto que orienta essa concepção é o de que a maior proximidade dos governos em relação aos cidadãos possibilita o aumento da *accountability* do sistema político. De fato, o controle sobre os governantes pode ser facilitado pela descentralização, já que, com ela, é maior a probabilidade de disseminação das informações, de criação de canais de debates e mesmo de instituição de mecanismos mais efetivos de fiscalização governamental, para citar três dos elementos básicos do processo de responsabilização democrática do Estado.[9] Formas de democracia semidireta também têm muito mais chances de se realizar no plano local.

O aumento da eficiência e da efetividade é citado também como outra qualidade intrínseca da descentralização. Isto porque a centralização completa das políticas resultaria, tecnicamente, em maior irracionalidade administrativa e, politicamente, na criação de "superagências" monopolistas, que dificilmente seriam controláveis, com efeitos não só para a *accountability* democrática, como também para o desempenho da ação estatal. Inversamente, a descentralização, ao aproximar os formuladores dos implementadores e, principalmente, esses dois dos cidadãos, melhoraria o fluxo de informações e a possibilidade de avaliação da qualidade da gestão pública.

Nessa mesma linha de raciocínio, supõe-se que a uniformização subjacente ao modelo mais centralizador diminuiria os incentivos à inovação, ao passo que a existência de múltiplos governos seria um estímulo para a busca de novas soluções administrativas, pois os governantes locais teriam a necessidade, pela maior cobrança da população, e a possibilidade, pela maior autonomia decisória, de encontrar saídas criativas e vinculadas às peculiarida-

[9] Przeworski, 1998.

des de cada circunscrição política. Essa posição é bastante difundida no debate norte-americano e vem ganhando adeptos em outros países.

Muitos defendem que, sob certas condições, pode haver uma relação de mão dupla entre a democratização e a busca da eficiência no plano local, como argumentam Abrucio e Soares (2001:28):

> Por um lado, a participação e a cobrança da população obrigam os governantes, muito mais próximos, a melhorar seu desempenho administrativo. Por outro, as condições para que os cidadãos atuem [democraticamente] de forma mais eficaz estão ligadas à qualidade da gestão pública, responsável pela informação e pela adequação dos instrumentos de controle.

A descentralização, no entanto, não tem qualidades intrínsecas e tampouco está isenta de aspectos negativos. A força política desse discurso e muitos resultados satisfatórios que daí se originaram nublam os problemas que se colocam, em muitas ocasiões, para a implantação de um processo descentralizador. Cinco questões fundamentais devem ser equacionadas em qualquer modelo de descentralização: a constituição de um sólido pacto nacional, o combate às desigualdades regionais, a montagem de boas estruturas administrativas no plano subnacional, a democratização dos governos locais e a criação de um ambiente intergovernamental positivo.

A primeira refere-se à relação dos governos locais com a nação. Uma fragmentação excessiva pode levar à guerra civil, à desorganização econômica ou à secessão. É claro que esta última pode ser até desejável em certas circunstâncias, como quando grupos étnicos são sufocados pelo governo central e/ou por uma etnia dominante. Não obstante, o fortalecimento de uma série de nacionalismos desde a segunda metade da década de 1980 tem grandes chances de produzir países com frágeis condições de sobrevivência — e, neste caso, os vetores da globalização assimétrica na qual vivemos tendem a ser implacáveis, favorecendo os que mantiveram mais território e população.

Supondo-se que um país resolva seus dilemas básicos de ordem e que haja um sentimento nacional razoavelmente consolidado, ainda é preciso evitar o crescimento das desigualdades entre as regiões. Algumas experiências recentes descentralizadoras não foram acompanhadas pela criação de políticas redistributivas para as localidades mais pobres ou carentes de infra-estrutura, o que contribuiu para acentuar as diferenças socioeconômicas. Nesses casos, a descentralização torna-se, na precisa definição de Remy Prud'Homme (1995), "a mãe da segregação", uma vez que as disparidades entre as partes prejudicam o desenvolvimento de muitas delas e, ao fim e ao cabo, do próprio conjunto, pois o desempenho econômico global piora, o conflito distributivo aumenta e, no extremo, a luta política assume proporções preocupantes, tendo em vista a ordem nacional. Os impactos desse processo negativo são ainda maiores em grandes nações marcadas pela desigualdade regional, como a Índia, o Brasil e a Rússia. Para solucionar esse problema, faz-se necessária a atuação coordenadora do governo central, sem a qual não é possível uma descentralização efetiva e justa.

É necessário também desenvolver as capacidades administrativas e financeiras dos entes subnacionais para que a descentralização ajude a melhorar o desempenho da gestão pública. Os possíveis ganhos de eficiência resultantes da desconcentração das atribuições não são obtidos quando faltam os recursos necessários às administrações locais, ou quando estas deixam de exercer sua autoridade tributária. O repasse das funções antes centralizadas só alcança plenamente seus objetivos quando acoplado à existência ou à montagem gradativa de boas estruturas gerenciais nos níveis inferiores. Obviamente, uma grande concentração de tarefas no governo central é prejudicial à eficiência, porém a manutenção de padrões arcaicos de governança no plano local, além de reduzir a efetividade da ação estatal, desmoraliza a descentralização, podendo até incentivar propostas demagógicas de (re)centralização e paternalismo. Logo, a modernização administrativa dos governos subnacionais é condição *sine qua non* para um ciclo virtuoso descentralizador.

A relação entre descentralização e democracia não é linear. Ela depende das condições sociais, econômicas e políticas existentes em determinado país e em determinado tempo histórico. Trata-se, em suma, de uma construção político-institucional. É nesse sentido que, analisando a associação entre democratização e descentralização, Marta Arretche (1996:45) argumenta:

> A concretização dos ideais democráticos depende menos da escala ou nível de governo encarregado da gestão das políticas e mais da natureza das instituições que, em cada nível de governo, devem processar as decisões.

Em diversos momentos da história, formas oligárquicas predominaram no plano local. Exemplos: o Brasil da Primeira República, o Sul dos EUA na primeira metade do século XX — realidade tão bem descrita por V. O. Key Jr. (1949) —, os governos subnacionais mexicanos durante o domínio do PRI e, até hoje, a administração das províncias mais pobres e de suas municipalidades na Argentina. A lista é bem mais extensa, mas ficamos por aqui. Isso quer dizer que existe outra "relação linear", agora entre descentralização e oligarquia? Essa ilação é tão falsa quanto a primeira. Basta observar a progressiva democratização de governos subnacionais em várias partes do mundo: em países federativos — como a Alemanha, os EUA, o Canadá —, em Estados unitários — como Itália e Espanha —, além dos grandes avanços ocorridos em nações em desenvolvimento, como o Brasil e a Índia. A continuidade desse processo vincula-se à construção de certas condições institucionais, culturais e socioeconômicas.

O acirramento dos conflitos entre os níveis de governo é outra questão que pode prejudicar a descentralização. Por um lado, muitos governos centrais não têm conseguido lidar com a nova realidade e querem evitar a perda de autoridade e de competências, criando incertezas quanto aos passos seguintes do processo e mesmo quanto à manutenção dos que já foram dados, tal qual ocorreu na Inglaterra nos tempos de Thatcher. Por outro, a ausência de experiência anterior de autogoverno e o enfraquecimento do poder nacional têm gerado, em certos casos, estímulos à irresponsabilidade fiscal nas unidades subnacionais, como na Argentina, ou uma disputa tributária predatória, como na guerra fiscal à brasileira. O fato é que a fragilidade dos instrumentos de cooperação e coordenação entre as esferas de poder constitui um grande obstáculo ao sucesso da descentralização, como mostrarei ao tratar da experiência recente do Brasil.

É por essa razão que a descentralização exige a construção de capacidades político-institucionais tanto do poder central quanto dos governos subnacionais. Ambos devem se preparar especificamente para esse processo. O governo central deve se habilitar ao repasse de funções e à coordenação das ações mais gerais, atuando em prol do equilíbrio entre as regiões, fornecendo auxílio técnico e financeiro aos níveis inferiores e avaliando as políticas de cunho nacional. Os entes subnacionais, por sua vez, precisam aprimorar sua estrutura administrativa e seus mecanismos de *accountability* democrática. Uma competência comum é essencial: todas as esferas de poder devem desenvolver instrumentos e mesmo uma cultura política vinculados às relações intergovernamentais, em particular no caso do governo central, em razão de seu papel necessariamente coordenador.

O caso brasileiro enfrenta todo esse universo de questões atinentes à descentralização, mais particularmente moldadas pela natureza federativa do país — aliás, de um federalismo bem peculiar.

A especificidade da Federação e seu impacto na descentralização

As formas de organização territorial do poder têm efeitos sobre a descentralização. Analisando as duas mais importantes, o Estado unitário e a Federação — as outras duas são a associação de Estados e a confederação —, pode-se perceber claramente as diferenças.

No Estado unitário, a soberania está toda concentrada no governo central, sendo por isso una e indivisível. O poder dos entes subnacionais deriva da ação voluntária da esfera nacional, que delega funções e graus de autoridade. Todavia, há variações cada vez maiores na forma pela qual essa organização territorial se estrutura, sobretudo devido aos efeitos da era da descentralização.

Países de tradição centralizadora como a França e a Inglaterra, tal qual mostrado anteriormente, modificaram bastante sua distribuição espacial do poder político nos últimos 20 anos. Mesmo com tais mudanças, um aspecto diferencia claramente o Estado unitário das formas confederativas ou federativas: a distribuição de poder obedece a uma hierarquia e a uma assimetria entre o governo central e as unidades subnacionais. Exemplo: no Reino Unido, o primeiro-ministro trabalhista, Tony Blair, cumpriu sua promessa de campanha e criou um parlamento regional na Escócia. Houve pressões do plano local, mas a decisão veio do âmbito nacional. Mais importante: a continuidade desse processo de desconcentração de poder vai depender da aprovação de instâncias do nível central, sobretudo o Parlamento, que é formado exclusivamente por representantes que, embora eleitos em distritos, têm um mandato nacional, não vinculado à proteção dos direitos de tal ou qual região.

É este o limite da descentralização nos Estados unitários: o poderio dos governos subnacionais é inferior constitucionalmente ao do governo nacional. A ausência de estruturas capazes de defender especificamente os interesses regionais corrobora isso. Não há por que construir uma engenharia institucional para defender as unidades subnacionais se elas não são reconhecidas como portadoras de direitos originários que devem ser defendidos. Em suma, não são soberanas, e a soberania nacional é fruto de um contrato entre todos os indivíduos da nação, e não de um acordo entre entes territoriais.[10]

O Estado federal é uma forma inovadora de se lidar com a organização político-territorial do poder, na qual há um compartilhamento matricial da soberania, e não piramidal, mantendo-se a estrutura nacional.[11] Hoje, 22 nações adotam formalmente o sistema federativo, afora outras, como a Espanha e a África do Sul, que embora não tenham constitucionalmente esse *status*, na prática funcionam cada vez mais como tais.[12] Além destas, muitas outras nações vêm adotando instrumentos federativos para resolver seus problemas intergovernamentais. Mesmo que pouco mais de 10% dos países venham utilizando esse modelo de organização político-territorial, o fato é que a importância geopolítica, econômica e cultural dos que adotam a forma federal é evidente, em todos os cantos do mundo, dos EUA à Rússia, da Índia à Alemanha, do Canadá à Nigéria, da Suíça à Argentina, do México ao Brasil, para ficar nos casos mais relevantes.

O entendimento da especificidade do federalismo passa pela análise de sua natureza, de seu significado e de sua dinâmica. Primeiramente, toda Federação deriva de uma situação federalista.[13] Duas condições conformam esse cenário. Uma é a existência de heterogeneidades que dividem uma determinada nação, de cunho territorial (grande extensão e/ou enorme diversidade físi-

[10] O caso italiano é interessante, pois, além de ter aumentado fortemente o poder dos entes locais desde pelo menos a década de 1970, define em sua Constituição, promulgada no pós-guerra (1948), uma série de instâncias de defesa dos interesses das unidades subnacionais. Um exemplo disso é o Senado, composto por 315 parlamentares eleitos pelas regiões — afora os senadores vitalícios, que são designados pelo presidente, e os ex-presidentes. Outro é a eleição para presidente, da qual participam, além dos membros do Parlamento, delegados das regiões do país. Apesar da existência desses mecanismos de representação regional, a autoridade nacional é reconhecida constitucionalmente como superior, ao passo que os governos subnacionais, segundo a lei, participam por uma via concorrente e secundária do exercício da atividade governamental.

[11] Elazar, 1987:37.

[12] Watts, 1999:10.

[13] Burgess, 1993.

ca), étnico, lingüístico, socioeconômico (desigualdades regionais), cultural e político (diferenças no processo de formação das elites dentro de um país e/ou uma forte rivalidade entre elas). Qualquer país federativo foi assim instituído para dar conta de uma ou mais heterogeneidades. Se um país desse tipo não constituir uma estrutura federativa, dificilmente a unidade nacional manterá a estabilidade social. No limite, a própria nação corre risco de fragmentação.[14]

Outra condição federalista é a existência de um discurso e de uma prática defensores da *unidade na diversidade*, resguardando a autonomia local, mas procurando formas de manter a integridade territorial num país marcado por heterogeneidades. Trata-se do princípio filosófico da Federação, na definição de Burgess (1993:7):

> O gênio da Federação está em sua infinita capacidade de acomodar a competição e o conflito em torno de diversidades que têm relevância política dentro de um Estado. Tolerância, respeito, compromisso, barganha e reconhecimento mútuos são suas palavras-chave, e "união" combinada com "autonomia" é sua marca autêntica.

A coexistência dessas duas condições é essencial para se montar um pacto federativo. Mas, o que é Federação? Segundo Daniel Elazar (1987:5):

> O termo "federal" é derivado do latim *foedus*, o qual (...) significa pacto. Em essência, um arranjo federal é uma parceria, estabelecida e regulada por um pacto, cujas conexões internas refletem um tipo especial de divisão de poder entre os parceiros, baseada no reconhecimento mútuo da integridade de cada um e no esforço de favorecer uma unidade especial entre eles.

[14] Há exemplos de heterogeneidade os mais variados: o Canadá (heterogeneidades lingüísticas), a Índia (diversidades étnicas, lingüísticas e socioeconômicas), Brasil e Argentina (diferenças econômicas regionais e entre as elites políticas locais), para ficar em alguns casos. Ademais, todo país grande tem a questão federalista batendo à sua porta — EUA, Canadá, Brasil, Índia, Indonésia, Paquistão, Austrália, Rússia e mesmo a China, que embora não seja (ainda) uma Federação, contém uma diversidade de situações sociais, combinadas com complexidade geográfica, o que cria um ambiente marcado por heterogeneidades explosivas.

Em outras palavras, a Federação é um pacto entre unidades territoriais, que escolhem estabelecer uma parceria, conformando uma nação, sem que a soberania seja concentrada num só ente, como no Estado unitário, ou em cada uma das partes, como na associação entre Estados e mesmo nas confederações. A especificidade do Estado federal, em termos de distribuição territorial do poder, é o compartilhamento da soberania entre o governo central — chamado de União ou governo federal — e os governos subnacionais.

O princípio da soberania compartilhada deve garantir a autonomia dos governos e a interdependência entre eles. Trata-se da fórmula classicamente enunciada por Daniel Elazar: *self-rule plus shared rule*. A peculiaridade da Federação reside exatamente na existência de direitos originários pertencentes aos pactuantes subnacionais — sejam estados, províncias, cantões ou até municípios, como no Brasil. Tais direitos não podem ser arbitrariamente retirados pela União e são, além do mais, garantidos por uma Constituição escrita, o principal contrato fiador do pacto político-territorial. Ressalte-se que o poder nacional deriva de um acordo entre as partes, em vez de constituí-las. Assim, a descentralização em Estados unitários pode até repassar um efetivo poder político, mas esse processo sempre provém do centro e não institui direitos de soberania aos entes subnacionais.

Os governos subnacionais também têm instrumentos políticos para defender seus interesses e direitos originários, quais sejam, a existência de cortes constitucionais, que garantem a integridade contratual do pacto originário; uma segunda casa legislativa, representante dos interesses regionais (Senado ou correlato); a representação desproporcional dos estados/províncias menos populosos (e muitas vezes mais pobres) na Câmara Baixa; e o grande poder de limitar mudanças na Constituição, criando um processo decisório mais intricado, que exige maiorias qualificadas e, em muitos casos, torna necessária a aprovação dos legislativos estaduais ou provinciais. E mais: alguns princípios básicos da Federação não podem ser emendados em hipótese alguma. Sobre este último ponto, é interessante notar que, no Brasil, o federalismo é considerado cláusula pétrea (art. 60, §4º), isto é, não pode ser objeto de emenda constitucional, o que igualmente acontece na Alemanha, uma vez que o art. 79, alínea III, da Lei Fundamental torna a Federação um princípio inatingível e inalterável. Nos EUA, o contrato federativo representado pela Constituição cria uma estrutura na qual os estados e a União são "indestrutíveis".

Como bem constatou Alfred Stepan, toda Federação restringe o poder da maioria (*demos constraining*), consubstanciado na esfera nacional. Porém, o federalismo precisa também responder à questão da interdependência dos níveis de governo. A exacerbação de tendências centrífugas, da competição entre os entes e do repasse de custos do plano local ao nacional são formas que devem ser combatidas em qualquer experiência federativa, sob o risco de se enfraquecer a unidade político-territorial ou de torná-la ineficaz para resolver a "tragédia dos comuns" típica do federalismo, vinculada a problemas de heterogeneidade. O fato é que a soberania compartilhada só se mantém ao longo do tempo caso se estabeleça uma *relação de equilíbrio entre a autonomia dos pactuantes e a interdependência entre eles.*[15]

A busca pela interdependência deve se basear no estabelecimento de *checks and balances* entre os níveis de governo. O objetivo de tais mecanismos é a fiscalização recíproca entre os entes federativos para que nenhum deles concentre indevidamente poder e, desse modo, acabe com a autonomia dos demais.

As federações, ademais, são marcadas intrinsecamente pela diversidade e pelo conflito. A obtenção de padrões de interdependência não pode resultar da eliminação do pluralismo subjacente ao modelo federativo. De modo que as parcerias intergovernamentais não podem ser fruto do domínio de uma instância em detrimento da autonomia de outra ou das demais. Destacam-se aqui o respeito mútuo e o papel da barganha nas relações entre os níveis de governo.

Para manter o controle mútuo e a negociação como bases da Federação, a chave está nas relações intergovernamentais, vinculadas a um equilíbrio entre competição e cooperação. Trata-se do problema da coordenação federativa, aspecto fundamental do federalismo e do processo de descentralização dentro dele.

No campo das políticas públicas, o que está em jogo, em termos de coordenação federativa, é o dilema do *shared decision making*, isto é, da necessidade de compartilhar tarefas e objetivos entre os níveis de governo. Por isso, a construção e o funcionamento dos *welfare states* nos países federativos são bem mais complexos, envolvendo jogos de cooperação e competição, acordos, vetos e decisões conjuntas entre os níveis de governo. O desafio posto por essa questão foi bem resumido por Pierson (1995:451): "No federalismo, dada a

[15] Abrucio, 2000.

divisão de poderes entre os entes, as iniciativas políticas são altamente interdependentes, mas são, freqüentemente, modestamente coordenadas".

Para garantir a coordenação entre os níveis de governo, as federações devem, primeiramente, equilibrar as formas de cooperação e competição existentes. Antes que um mal-entendido se estabeleça, parto da premissa, já enunciada anteriormente, de que o federalismo é intrinsecamente conflitivo. Concordo, nesse sentido, com Deil Wright, para quem o conflito não é um estado patológico de uma estrutura federal; mais do que isso, o autor ressalta que a cooperação e a competição não são pólos opostos de uma escala, já que a presença da primeira não significa a ausência da segunda, e vice-versa.[16]

Seguindo essa linha argumentativa, Paul Pierson (1995:458) assim define o funcionamento das relações intergovernamentais no federalismo: "Mais do que um simples cabo-de-guerra, as relações intergovernamentais requerem uma complexa mistura de competição, cooperação e acomodação".

Daí toda Federação ter que combinar formas benignas de cooperação e competição. No caso da primeira, não se trata de impor formas de participação conjunta, mas de instaurar mecanismos de parceria que sejam aprovados pelos entes federativos. O *modus operandi* cooperativo é fundamental para otimizar a utilização de recursos comuns, como nas questões ambientais ou nos problemas de ação coletiva que cobrem mais de uma jurisdição (caso dos transportes metropolitanos); para auxiliar governos menos capacitados ou mais pobres a realizarem determinadas tarefas; para integrar melhor o conjunto de políticas públicas compartilhadas, evitando o jogo de empurra entre os entes. Ainda é peça-chave no combate a comportamentos financeiros predatórios, que repassam custos de um ente à nação, assim como na disseminação de informações sobre as fórmulas administrativas bem-sucedidas, incentivando o associativismo intergovernamental.[17]

[16] Ver Wright, 1997:27.

[17] Nesse aspecto, cabe lembrar a experiência dos EUA. O aumento da intervenção estatal impulsionado pela era Roosevelt aconteceu num momento em que as máquinas locais estavam infestadas de clientelismo e corrupção e careciam de capacidades institucionais para realizar a contento políticas públicas mais amplas. Em tal contexto, as associações horizontais entre os níveis de governos tiveram papel essencial na transformação do federalismo norte-americano, repassando informações sobre como alguns governos subnacionais tinham modificado sua antiga estrutura. Ver Zimmerman, 1992.

A coordenação federativa depende muito do papel dos níveis superiores de governo no tocante à descentralização, especialmente da ação do governo federal. Por um lado, porque em vários países os governos subnacionais têm problemas financeiros e administrativos que dificultam a desconcentração de atribuições. Por outro, porque a União e outras instâncias federativas precisam arbitrar conflitos políticos e de jurisdição, além de incentivar a atuação conjunta e articulada entre os níveis de governo no campo das políticas públicas.

Parafraseando o conceito elaborado por Fernando Rezende (2001) para analisar reformas administrativas, pode-se dizer que a descentralização, numa Federação, pode padecer de "falhas seqüenciais". Ou seja, se não houver ações coordenadoras, particularmente da União, mas também dos estados, o processo descentralizador tende a ter piores resultados na prestação dos serviços públicos. O ponto essencial dessa questão é que o governo federal precisa reforçar seu papel coordenador no que diz respeito a essas "falhas seqüenciais", mas não pode fazê-lo ferindo os princípios básicos do federalismo, como a autonomia e os direitos originários dos governos subnacionais, a barganha e o pluralismo, associados ao relacionamento intergovernamental e aos controles mútuos. A resposta para esse dilema, em síntese, está na *criação de redes federativas* e, não, de hierarquias centralizadoras.

Federalismo e descentralização no Brasil: a experiência democrática recente

Desde o seu nascimento, a Federação brasileira teve dificuldades para responder adequadamente aos princípios dessa forma de organização político-territorial do poder. O Brasil é um país caracterizado por duas heterogeneidades constitutivas que justificam a forma federativa: a primeira advém da desigualdade regional e a segunda, da diversidade de formação das elites locais. Seria muito difícil, hoje, estruturarmos nossas bases nacionais sem a Federação.

A história federativa brasileira foi marcada, todavia, por sérios desequilíbrios entre os níveis de governo. No período inicial, na República Velha, predominou um modelo centrífugo, em que os estados tinham ampla autonomia, pouco cooperavam entre si e o governo federal era bastante fraco. Na era Vargas, o Estado nacional fortaleceu-se, mas os governos estaduais, particularmente no Estado Novo, perderam a autonomia. O interregno 1946-64 foi o primeiro momento de maior equilíbrio em nossa Federação, tanto do ponto de vista da relação entre as esferas de poder quanto da prática democrática. Mas o golpe militar acabou com esse padrão e, por cerca de 20 anos, manteve um modelo unionista autoritário,[18] com grande centralização política, administrativa e financeira.

O resultado desse processo foi a dificuldade de garantir os princípios da autonomia republicana e da interdependência, da cooperação e da competição. Autonomia significou, no mais das vezes, descentralização irresponsável e anti-republicana, uma vez que a independência dos estados foi descolada de sua responsabilidade ou capacidade de controlar os demais entes e que o republicanismo foi suplantado por formas patrimoniais e/ou pela ausência do controle público dos governantes locais.[19]

Já a interdependência revelou-se quase sempre uma imposição centralizadora e, por diversas vezes, autoritária de uma força maior e praticamente acima do pacto federativo: o governo federal. Em termos de liderança política, filhos diletos desse sistema têm sido os caciques regionais e os presidentes imperiais, antagônicos por posição no tabuleiro político, mas que nascem da mesma origem e, por não desejarem destruí-la, acabam condenados a conviver esquizofrenicamente no sistema político.

A redemocratização do país marca um novo momento no federalismo. As elites regionais, particularmente os governadores, foram fundamentais para o desfecho da transição democrática, desde as eleições estaduais de 1982, passando pela vitória de Tancredo Neves no Colégio Eleitoral — ele próprio não coincidentemente um governador de estado — até chegar à Nova República e à Constituinte. Além disso, lideranças de discurso municipalista associavam o tema da descentralização à democracia, e também participaram ativamente na formulação de diversos pontos da Constituição de 1988.

Um novo federalismo nascia no Brasil. Ele resultou da união de forças descentralizadoras democráticas com grupos regionais tradicionais, que se aproveitaram do enfraquecimento do governo federal num contexto de esgotamento do modelo varguista e do Estado nacional-desenvolvimentista a ele

[18] Abrucio, 1998.
[19] Id., 2000.

subjacente. O projeto básico desses atores era fortalecer os governos subnacionais e, para parte deles, democratizar o plano local. Preocupações com a fragilidade dos instrumentos nacionais de atuação e com a coordenação federativa ficaram em segundo plano.

Nesse novo federalismo brasileiro, houve várias conquistas políticas para o país. Embora esse processo seja desigual em sua distribuição pelo país e tenha um longo caminho pela frente, redundou em uma pressão sobre as antigas estruturas oligárquicas, conformando um fenômeno sem paralelo em nossa história federativa. Daí surgiram novos atores, como os conselheiros em políticas públicas e líderes políticos que não tinham acesso real à competição pelo poder — o crescimento gradativo da esquerda nas eleições municipais, em particular do PT, demonstra isso. Também surgiram formas inovadoras de gestão, como o Orçamento Participativo e a Bolsa-Escola, para ficar em dois casos famosos.

As conquistas da descentralização não acabaram com os problemas dos governos locais brasileiros. Em especial, cinco são as questões que constituem obstáculos ao bom desempenho dos municípios do país: a desigualdade de condições econômicas e administrativas, o discurso do "municipalismo autárquico", a metropolização acelerada, os resquícios ainda existentes tanto de uma cultura política quanto de instituições que dificultam a *accountability* democrática e o padrão de relações intergovernamentais.

Desde a fundação da Federação, o Brasil é historicamente marcado por fortes desigualdades regionais, inclusive em comparação a outros países. A disparidade de condições econômicas é reforçada, ademais, pela existência de um contingente enorme de municípios pequenos, com pouca capacidade de sobreviver apenas com recursos próprios. A média por região é de 75% dos municípios com até 50 mil habitantes, ao passo que, no universo total, 91% dos poderes locais têm esse contingente populacional.[20]

A pouca capacidade tributária dos municípios brasileiros é ainda maior do ponto de vista comparado. Segundo estudo realizado por José Roberto Afonso e Érica Araújo (2000:48), os governos locais brasileiros ocupavam o 15º lugar em termos de base de arrecadação própria num universo de 19 países. Mas,

[20] Arretche, 2000:247.

além da fragilidade financeira, a maior parcela das municipalidades detém uma máquina administrativa precária.

Somado ao obstáculo financeiro e administrativo, também prejudicou o bom andamento da descentralização no Brasil o municipalismo autárquico, visão que prega a idéia de que os governos locais podem, sozinhos, resolver todos os dilemas de ação coletiva vividos por suas populações. Essa definição é de Celso Daniel (2001), ex-prefeito de Santo André, um dos grandes defensores da bandeira municipalista, além de um inovador administrativo e um democratizador das relações entre Estado e sociedade, mas que também sabia dos limites do poder local no país.

O municipalismo autárquico incentiva, em primeiro lugar, a "prefeiturização", tornando os prefeitos atores por excelência do jogo local e intergovernamental. Cada qual defende seu município como uma unidade legítima e separada das demais, o que é uma miopia em relação aos problemas comuns micro e macrorregionais. Ademais, há poucos incentivos para que os municípios se consorciem, dado que não existe qualquer figura jurídica de direito público que dê segurança política aos governos locais que buscam criar mecanismos de cooperação. Mesmo assim, em algumas áreas os consórcios se desenvolveram mais, como no meio ambiente e na saúde, porém ainda em uma proporção insuficiente para a dinâmica dos problemas intermunicipais. Em vez de uma visão cooperativa, predomina um jogo no qual os municípios concorrem entre si pelo dinheiro público de outros níveis de governo, lutam predatoriamente por investimentos privados e ainda, muitas vezes, repassam custos a outros entes, como é o caso de muitas prefeituras que compram ambulâncias para que seus moradores utilizem os hospitais de outros municípios, sem que seja feita uma cotização para pagar as despesas. Nesse aspecto, a questão da coordenação federativa é fundamental.

Outro fenômeno que marcou o processo de descentralização foi a intensa metropolização do país. Não só houve crescimento nas áreas metropolitanas, no número de pessoas e de organizações administrativas, como também cresceram enormemente nesses lugares os problemas sociais. Mas a estrutura financeira e político-jurídica instituída pela Constituição de 1988 não favorece o equacionamento dessa questão. No que se refere ao primeiro aspecto, a opção dos constituintes foi por um sistema de repartição de rendas intergovernamentais com viés fortemente antimetropolitano, favorecendo inclusive a multiplicação de pequenas cidades.[21] No que tange ao segundo ponto, o fato é que as regiões metropolitanas (RMs) enfraqueceram-se institucionalmente em comparação à dimensão que tinham no regime militar. Prevaleceu o municipalismo em detrimento das formas compartilhadas de gestão territorial. É dessa concepção que se originou a explosão de problemas dos grandes centros urbanos brasileiros.

A quarta característica da descentralização é a sobrevivência de resquícios culturais e políticos anti-republicanos no plano local. A despeito dos avanços ocorridos, que foram muitos se os enxergarmos por uma perspectiva histórica, diversas municipalidades do país ainda são governadas sob o registro oligárquico, em oposição ao modo poliárquico, que é fundamental para a combinação de descentralização e democracia.

É claro que a única maneira de democratizar e republicanizar o poder local é continuar na trilha da descentralização. Porém, sem reformas nas instituições políticas subnacionais e uma mudança de postura da sociedade em relação aos governantes, o processo descentralizador não leva necessariamente à democracia.

No plano intergovernamental, não se constituiu uma coordenação capaz de potencializar a descentralização ao longo da redemocratização. Na relação dos municípios com os estados predominava a lógica de cooptação das elites locais, típica do ultrapresidencialismo estadual. Além disso, com a Constituição de 1988, as unidades estaduais ficaram num quadro de indefinição quanto a suas competências e à maneira de se relacionarem com os outros níveis de governo. Esse vazio institucional favoreceu uma posição "flexível" dos governos estaduais: quando as políticas tinham financiamento da União, procuravam participar; quando não tinham, eximiam-se de atuar ou repassavam as atribuições aos governos locais.

O avanço da descentralização encontrou a União numa postura defensiva. Ao perder recursos tributários na Constituição e se responsabilizar integralmente, num primeiro momento, pela estabilidade econômica, o governo federal procurou transformar a descentralização num jogo de mero repasse de funções, intitulado à época de "operação desmonte".

---

[21] Rezende, 2001.

Ao contrário do que o ideário centralista defendeu junto à opinião pública, grande parcela dos encargos foi, sim, assumida pelos municípios. Só que isso aconteceu de forma desorganizada na maioria das políticas — a grande exceção sendo a área da saúde. Ademais, a inflação crônica tornava mais instável o repasse de recursos, dificultando uma assunção programada das atribuições por parte dos governos locais. Criou-se, em suma, uma situação de incerteza, de decisões e transferências de verbas em ritmos inconstantes e de ausência de mecanismos que garantissem a cooperação e a confiança mútua.

Aqui se encontra a nova questão resultante do federalismo conformado na redemocratização: a descentralização depende agora, diversamente do que ocorria no regime centralizador e autoritário, da adesão dos níveis de governo estaduais e municipais. Por isso, o jogo federativo depende hoje de barganhas, negociações, coalizões e induções das esferas superiores de poder, como é natural numa federação democrática. Em suma, seu sucesso associa-se a processos de coordenação intergovernamental.

O principal problema da descentralização ao longo da redemocratização teve a ver com o padrão de relações intergovernamentais predominante, caracterizado por dois elementos. O primeiro foi a configuração de características predatórias, resultantes da competição não-cooperativa que predominava nas relações dos estados com a União e deles entre si. Desde o final do regime militar, as relações intergovernamentais verticais tinham sido marcadas pela capacidade de os estados repassarem seus custos e dívidas ao governo federal e, ainda por cima, não se responsabilizarem por esse processo, mesmo quando assinavam contratos federativos. Caso clássico disso foram os bancos estaduais. A partir de 1982, as instituições financeiras estaduais foram utilizadas pelos governadores como instrumento de atuação política. Foram criadas verdadeiras máquinas de produzir moeda, com efeitos deletérios para a inflação e para o endividamento global.

No plano das relações entre os estados, o aspecto predatório teve sua principal manifestação na guerra fiscal, que começou a ganhar força após a Constituição de 1988 e ainda continua vigorosa nas práticas federativas, como veremos adiante.

Conformou-se ainda um *federalismo compartimentalizado*, em que cada nível de governo procurava encontrar seu papel específico e não havia incentivos ao compartilhamento de tarefas e à atuação consorciada. Disso decorreu também um "jogo de empurra" entre as esferas de governo. O federalismo compartimentalizado é mais perverso no terreno das políticas públicas, já que numa federação, como bem mostrou Paul Pierson, o entrelaçamento dos níveis de governo é a regra básica para a produção e o gerenciamento de programas públicos, especialmente na área social. A experiência internacional caminha nesse sentido.

Esses problemas começaram a ser atacados no período governamental do presidente Fernando Henrique Cardoso. A crise do modelo estadualista, o fortalecimento da União no plano das relações intergovernamentais, a crítica às formas predatórias, o aprendizado dos gestores das políticas sociais descentralizadas pela Constituição de 1988 e o aprofundamento da democracia local e das inovações dela advindas — como os consórcios — contaram para tais modificações, como veremos a seguir. Mas ainda há problemas graves de coordenação federativa, como é o caso da guerra fiscal.

Sucessos e fracassos da coordenação federativa no Brasil

O período de governo de Fernando Henrique Cardoso foi marcado por importantes mudanças na Federação brasileira. Na verdade, desde que assumiu o Ministério da Fazenda na gestão do presidente Itamar Franco, em 1993, FHC agiu como primeiro-ministro, o que favoreceu a preparação de diagnósticos e medidas, que foram implementadas em um intervalo de 10 anos.

Entre as condições que favoreceram as mudanças destacam-se três. A primeira foi o sucesso do Plano Real, que propiciou melhores condições financeiras à União e angariou maior legitimidade para as reformas propostas pelo presidente. A segunda foi o contexto eleitoral de 1994, primeira eleição desde a redemocratização que "casou" os pleitos estaduais e o presidencial, e na qual Fernando Henrique Cardoso não só "puxou" votos para um Congresso mais próximo de suas idéias, como vários de seus aliados conquistaram as governadorias mais importantes do país. Por fim, a própria crise financeira dos governos estaduais os obrigou a adotar uma postura mais colaborativa, ou pelo menos que aceitasse alterações nas relações intergovernamentais em troca de ajuda econômica.[22]

[22] Abrucio e Costa, 1999.

Tais condições produziram um governo federal bem mais forte do que em todo o restante da redemocratização. Isso pode ser mensurado pela capacidade de a União intervir na dinâmica dos governos subnacionais (sendo o caso mais emblemático a intervenção e venda dos bancos estaduais), pelo aumento da participação federal na repartição dos tributos nacionais e pela maior capacidade de interferir na lógica das políticas públicas descentralizadas.

Como destacado em outro trabalho,[23] nos dois mandatos de Fernando Henrique Cardoso foram utilizados sete mecanismos gerais de coordenação federativa pela União no que diz respeito ao processo de descentralização. O primeiro deles refere-se ao fato de que o Brasil tinha iniciado o processo descentralizador antes de estabilizar a economia, o que tornou mais difícil a constituição de jogos mais coordenados e efetivos de divisão de atribuições, sobretudo porque a inconstância na transferência de verbas constitui um obstáculo numa Federação desigual como a brasileira. Ao reduzir a inflação, houve um impacto positivo para a regularização dos repasses de recursos aos governos subnacionais. Isso permitiu a abertura de uma nova rodada de negociações para (re)pactuar a descentralização em diversas políticas públicas.

Um segundo mecanismo foi a associação entre a descentralização e os objetivos de reformulação do Estado. Nesse sentido, o governo federal procurou, em primeiro lugar, reduzir todos os focos de criação de déficit público nos governos subnacionais, especialmente os de cunho predatório — isto é, que repassavam custos para a União. Para alcançar essas metas fiscais, houve uma atuação conjunta em prol da modernização da estrutura fazendária em vários estados — com recursos de instituições internacionais — e, no segundo mandato, a aprovação de uma regra federativa de restrição orçamentária — a Lei de Responsabilidade Fiscal —, além da adoção de medidas de auxílio na área previdenciária.

O modelo de coordenação federativa no campo da reformulação estatal, ademais, incluiu a proposição de programas de demissão voluntária aos estados, com financiamento federal. Num sentido mais institucional, o Ministério da Administração e Reforma do Estado (Mare) procurou ativar o Fórum dos Secretários Estaduais de Administração, realizando reuniões mais constantes sobre o

[23] Abrucio, 2002.

tema da modernização das máquinas públicas (que se estenderam pelos primeiros quatro anos da administração FHC). Por fim, destacou-se o processo de privatização das empresas estaduais, no qual o BNDES teve papel decisivo.

O repasse de recursos condicionado à participação e à fiscalização da sociedade local foi um terceiro mecanismo marcante dos anos FHC. Houve, na verdade, uma continuidade da estratégia já prevista pela Constituição de 1988, particularmente na criação e ampliação do escopo dos conselhos de políticas públicas. Aprofundou-se essa concepção com a determinação de que certas transferências só seriam efetuadas se existissem os conselhos da área em questão. Além disso, o Comunidade Solidária optou pela produção de programas intrinsecamente vinculados à montagem de parcerias entre o Estado e a sociedade. O caráter democrático da descentralização, mais do que o aspecto fiscal, foi a tônica nessa política.

A coordenação de políticas públicas foi muito importante nas áreas da saúde e da educação, com o Piso de Atenção Básica (PAB) e o Fundo de Manutenção do Ensino Fundamental (Fundef), respectivamente. Os mecanismos coordenadores utilizados passaram pela combinação de repasses de recursos com o cumprimento de metas preestabelecidas ou a adoção de programas formulados para todo o território nacional. Um modelo indutivo, que transferia verbas segundo metas ou políticas-padrão estipuladas nacionalmente, procurando assim dar um perfil mais programado e uniforme à descentralização, sem retirar a autonomia dos governos subnacionais em termos de gestão pública. No caso do Fundef, ocorreu ainda uma redistribuição horizontal de recursos, experiência inédita na Federação brasileira.

A partir do final do primeiro mandato e início do segundo, foram adotadas políticas de distribuição de renda direta à população. A primeira delas foi o Programa de Erradicação do Trabalho Infantil (Peti), depois veio o Programa Renda Mínima e, mais adiante, o Programa Bolsa-Escola, ao qual se juntaram o Bolsa-Alimentação e o Vale Gás. Buscou-se, com tais medidas, atacar diretamente a pobreza por meio de políticas nacionais, as quais podem ser realizadas em parceria com outros instrumentos de gestão local, mas com a garantia de uma verba federal padronizada. O pressuposto dessas ações era que, em problemas de origem redistributiva, particularmente numa Federação, é necessária a atuação do governo federal para evitar o agravamento das desigualdades.

A aprovação de leis ou mudanças constitucionais atinentes à temática federativa foi outro mecanismo bastante utilizado nos anos FHC. Com tais ações, ficou claro que o objetivo era fazer uma reforma institucional no federalismo brasileiro, mais do que implementar políticas de governo, embora o padrão de implementação dessas medidas não seja completamente coerente, além de responder a pressões políticas diferenciadas no Executivo federal. Das 34 emendas constitucionais aprovadas de 1995 até junho de 2002, 15 afetavam diretamente o pacto federativo. Isso ocorreu nos seguintes terrenos:

- no tributário, com a aprovação, por duas vezes, do Fundo de Estabilização Fiscal (FEF) e sua renovação posterior, com a Desvinculação de Receitas da União (DRU), além de mudanças nas contribuições sociais, especialmente as vinculadas à criação e à prorrogação da CPMF. Foi por meio das contribuições sociais que a União aumentou suas receitas, sem precisar reparti-las com os outros níveis de governo. Também foram feitas modificações constitucionais que atingiram o IPTU, garantindo sua progressividade, e o ISS, procurando efetuar uma harmonização tributária entre os municípios;
- na organização político-administrativa, com a aprovação da Emenda Jobim (Emenda nº 15), que tornou mais difícil a criação de municípios; com a aprovação de novos limites de gastos dos Legislativos locais (Emenda nº 25) e mesmo com a instituição da reeleição (Emenda nº 16). Pouco se comentou acerca do impacto federativo da reeleição, mas o fato é que ela alterou o mercado político brasileiro e provavelmente terá grande impacto sobre os padrões de carreira tradicionais da classe política, que antes passavam pela utilização dos Legislativos, sobretudo a Assembléia Legislativa, como trampolim para postos executivos;
- na reforma do Estado, com a abertura à competição e à privatização das áreas de gás canalizado e telecomunicações, e a reformulação de vários artigos referentes à administração pública (Emenda nº 19) e à previdência social (Emenda nº 20), que tiveram impacto enorme sobre a gestão governamental dos estados e municípios. Não por acaso, todas essas medidas passaram por intensas negociações com prefeitos e, sobretudo, governadores;[24]

[24] Cf. Abrucio e Costa, 1999; Melo, 2002.

- na área social, com a aprovação do Fundef (Emenda nº 14), da chamada PEC da Saúde (Emenda nº 29) e do Fundo de Combate e Erradicação da Pobreza (Emenda nº 31), que ajudou a modificar o padrão das políticas de distribuição de renda direta à população, tal como referido anteriormente. É interessante notar que tais reformulações constitucionais criam obrigações válidas não só para os próximos presidentes, mas também para os futuros governantes de estados e municípios.

Além das alterações constitucionais, várias leis complementares e ordinárias com impacto federativo foram aprovadas. Destacam-se a Lei de Responsabilidade Fiscal (LRF) e a Lei Kandir, que transformaram regras básicas das finanças públicas. Na verdade, essa nova legislação reordenou os parâmetros de ação dos entes subnacionais, criando condições para que as relações intergovernamentais ganhassem um sentido diferente do constituído na redemocratização, especificamente no que tange à convivência mais responsável entre os níveis de governo.

A avaliação de políticas descentralizadas também entrou na agenda de coordenação federativa do governo Fernando Henrique Cardoso. O Ministério da Educação (MEC) constituiu-se no principal agente dessa mudança, criando sistemas para avaliar regularmente os resultados alcançados por essas políticas. Entretanto, esse vetor avaliador não se tornou regra geral no governo federal.

Em resumo, o governo FHC usou principalmente sete mecanismos de ação na ordem federativa:

1. O combate à inflação e a respectiva regularização dos repasses, permitindo uma negociação mais estável e planejada com os outros entes.
2. A associação dos objetivos da reforma do Estado, como o ajuste fiscal e a modernização administrativa, à descentralização.
3. O condicionamento das transferências de recursos à participação da sociedade na gestão local.
4. A criação de formas de coordenação nacional das políticas sociais baseadas na indução dos governos subnacionais a assumirem encargos, mediante distribuição de verbas, cumprimento de metas e medidas de punição, também normalmente vinculadas à questão financeira, além da utilização de instrumentos de redistribuição horizontal no Fundef.

5. A adoção de políticas de distribuição direta de renda à população, partindo do pressuposto de que o problema redistributivo não se resolveria apenas com ações dos governos locais, dependendo do aporte da União.
6. A aprovação de um conjunto enorme de leis e emendas constitucionais, institucionalizando as mudanças feitas na Federação, e assim dando-lhes maior força em relação às pressões conjunturais.
7. O estabelecimento de instrumentos de avaliação das políticas realizadas no nível descentralizado, especialmente na área educacional.

No conjunto dessas medidas adotadas nos anos FHC, duas foram as mais bem-sucedidas. A primeira foi o combate ao modelo predatório de relações intergovernamentais, particularmente em relação ao endividamento e aos mecanismos de repasse de custos fiscais dos governos subnacionais à Federação como um todo. Nesse caso, a reformulação mais importante, que de fato resultou de uma soma de mudanças — como a intervenção nos bancos estaduais e a renegociação das dívidas —, foi a aprovação da Lei de Responsabilidade Fiscal.

A LRF criou mecanismos mais sólidos de restrição dos gastos públicos dos governos subnacionais. Com isso, estabeleceu um princípio de *accountability* e transparência intergovernamentais até então inexistente. No entanto, a Lei de Responsabilidade Fiscal não criou uma arena federativa capaz de discutir, negociar e, se preciso fosse, repactuar as relações financeiras intergovernamentais. Na verdade, o art. 67 da lei estabelecia a criação de um Conselho de Gestão Fiscal, o qual cumpriria essa tarefa de coordenação democrática da Federação. Só que nem o governo Fernando Henrique nem o presidente Lula quiseram implementar essa medida, o que revela que, a despeito da alternância no poder, continua prevalecendo um viés centralizador e autoritário na União, muito incentivado pelos técnicos da burocracia fazendária, cada vez mais poderosa e tecnocrática.

Algumas ações de coordenação federativa em políticas como as de saúde e educação também foram bem-sucedidas, particularmente o Fundef e o PAB. O primeiro conseguiu redistribuir melhor os recursos entre os níveis da Federação, além de vincular, em parte, tais repasses a metas educacionais, como a criação de planos de carreira para os professores. O rateio do Fundef é proporcional ao número de alunos matriculados na respectiva rede de ensino. Com isso, a distribuição de recursos obedece a um critério mais justo, vinculado à assunção efetiva de encargos. Ocorre aqui uma melhor adequação entre transferências e atribuições, algo fundamental numa Federação.

Em comparação com a área da saúde, na qual o papel do governo federal sempre foi muito forte, a ação da União na educação foi prejudicada pela forma confusa e movediça de distribuição de responsabilidades e competências no setor, particularmente desde a Constituição de 1988. Nessa "torre de Babel", a União cumpria as tarefas mais variadas, em todos os níveis educacionais, mas não conseguia direcionar a contento seus esforços para os níveis mais elementares de ensino. Desse modo, seu comprometimento era mais voluntarista ou discricionário do que fruto de um plano de cooperação federativa na área educacional. Isto apesar de a Constituição definir expressamente a missão do governo federal: promover prioritariamente a universalização e a eqüidade no ensino público, incentivando, financiando e fornecendo assistência técnica a estados e municípios.

O Fundef conseguiu reorganizar com sucesso a ação federal e se tornou um dos principais responsáveis pela quase universalização do ensino fundamental no governo FHC. O PAB, por sua vez, reduziu as desigualdades de recursos entre os municípios e, com isso, favoreceu o aprofundamento de uma municipalização mais justa. Ademais, o PAB continha uma parte variável, relacionada à adesão a certos programas nacionais de saúde: o Saúde da Família/Agentes Comunitários de Saúde, o Saúde Bucal, a Assistência Financeira Básica, o Combate às Carências Nutricionais, o Combate a Endemias e a Vigilância Sanitária. Todas essas políticas centram-se na prevenção e, não, no aspecto curativo, propósito que aumenta, a um só tempo, a eficiência e a efetividade.

O município podia aderir a quantos desses programas quisesse e recebia os recursos de acordo com o estipulado em cada programa. Tais ações governamentais, ademais, envolvem capacitação dos gestores locais e avaliação dos resultados, seja pelo sistema federal, seja pelo controle social ligado aos mecanismos de *accountability* intrínsecos ao SUS. Os resultados foram bastante satisfatórios no que se refere à adesão e, conseqüentemente, ao número de pessoas atingidas. No caso do Programa de Agentes Comunitários de Saúde (Pacs), por exemplo, houve um aumento de 30% na população coberta entre 1994 e 1998.[25]

[25] Singer, 2002:517.

O êxito das ações de coordenação federativa dessas políticas de saúde e educação vinculou-se à capacidade de continuar o processo de descentralização sem cair nas armadilhas do municipalismo constituído na redemocratização. Em vez da crença de que os governos locais são capazes de realizar sozinhos todas as suas tarefas, quaisquer que sejam suas condições, o Fundef e o PAB revelaram que a atuação coordenada entre os níveis de governo é a chave para uma descentralização bem-sucedida, com destaque para a combinação de incentivos financeiros e administrativos provindos da União com o controle social local. Cabe destacar que a saúde trilhou, ao longo da década de 1990, um caminho intergovernamental mais partilhado e democratizado, presente nas normas operativas básicas (NOBs), enquanto a educação ainda tem vários problemas para sair do modelo compartimentado que caracteriza a Federação brasileira.

Com menor sucesso, foram implantados mecanismos de coordenação da reforma administrativa ao longo do período presidencial de Fernando Henrique Cardoso. Nesse caso, os dois maiores avanços foram a participação do BNDES no processo de privatização de empresas estatais, que apresentavam grandes déficits e eram marcadas pelo clientelismo, e o incentivo à adoção de algumas inovações gerenciais na gestão pública estadual (como os centros de atendimento integrado aos cidadãos), por meio da articulação com o Fórum dos Secretários Estaduais de Administração, durante o primeiro governo FHC, e mediante a implementação do Programa Nacional de Apoio à Administração Fiscal para os Estados Brasileiros (Pnafe), fundamental para a melhoria das finanças subnacionais. Mas faltaram duas ações básicas: induzir a criação de agências reguladoras e de fundos de previdência, para enfrentar o "dia seguinte da reforma do Estado", e formular programas nacionais de modernização da gestão pública, uma vez que a maioria dos governos subnacionais carece de capacidades estatais fundamentais para o processo de descentralização. Para que esta última proposta não pareça uma ação centralizadora, o governo de Franklin Roosevelt, na década de 1930, iniciou um projeto federal em todo o país, em rede com os outros entes federativos, para reformular a burocracia local. Tal processo, na verdade, continuou por décadas.[26]

[26] Donahue, 1997.

Concomitantemente às ações de coordenação intergovernamental promovidas pela União, parcerias horizontais cresceram na Federação, particularmente consórcios. Embora o número seja pequeno diante dos problemas de competição ou descoordenação entre os níveis de governo, as atividades consorciadas ganharam fôlego em políticas públicas ambientais e de saúde, além da formação de experiências de consórcios regionais de desenvolvimento. Neste último caso, o maior destaque é o Consórcio do Grande ABC,[27] que criou um modelo integrado de cooperação federativa em várias políticas públicas entre todos os sete municípios da região. O crescimento desse tipo de parceria horizontal — por vezes também vertical — entre os entes federativos dependeu, todavia, da vontade de cada nível de governo, e os incentivos para tal cooperação eram bem pequenos até recentemente. Mais do que isso, como veremos a seguir, as relações intergovernamentais horizontais durante o governo FHC foram marcadas mais pela competição do que pela cooperação.

Os principais problemas de coordenação federativa no governo FHC dizem respeito à forma de tratar as questões de desenvolvimento regional e urbano. Decerto que houve alguns avanços, como as modificações na infra-estrutura voltada para o turismo no Nordeste — particularmente no que diz respeito aos aeroportos — e as ações de reforma agrária nas localidades mais pobres. Todavia, além dos resultados serem apenas razoáveis, a estrutura institucional federal montada para tratar desses problemas foi bastante débil. O Ministério da Integração Regional constituiu-se apenas num lugar para o fisiologismo político da pior espécie, afora ter tido uma grande instabilidade no seu comando, com trocas freqüentes, muitas delas derivadas de algum escândalo.

O maior exemplo de erro de coordenação federativa do desenvolvimento regional é o destino dado à Sudam e à Sudene, relegadas a segundo plano e, depois, desmanteladas. Faltou planejamento estratégico para os lugares menos desenvolvidos do país, que foram atingidos positivamente pelas macropolíticas sociais nos setores previdenciário, educacional, de saúde e assistência social e por medidas *ad hoc*, e não se discutiu, nem se tomou medidas para reposicionar as regiões Nordeste e Norte, em especial, no campo do desenvolvimento econômico. Em poucas palavras, as políticas sociais dos anos FHC

[27] Abrucio e Soares, 2001.

procuraram reduzir desigualdades, mas não se construíram instrumentos para alavancar o desenvolvimento regional, o que tornou tais regiões dependentes dos recursos federais, sem perspectivas de melhora endógena desses lugares. Cabe relembrar que o federalismo depende, para seu bom funcionamento, de medidas que aumentem a esperança quanto à simetria entre os entes.

A falta de um projeto de integração nacional nos anos FHC teve como uma de suas piores conseqüências a prevalência de jogos federativos horizontais (interestaduais e intermunicipais) de competição predatória, nos quais o governo federal teve sua parcela de responsabilidade, por ausência, anuência ou mesmo algumas ações incentivadoras.

Daí o acirramento da guerra fiscal ter se tornado uma marca negativa da era FHC em termos de estratégia de desenvolvimento econômico. Sem dúvida, há fatores que fogem da alçada da União, como o comportamento estadualista das governadorias e os elementos da crise financeira dos estados causados pelos próprios estados, resultantes do uso indiscriminado de instrumentos predatórios ao longo da redemocratização, o que os levou a tentar atrair empresas para angariar empregos e impostos futuros. Nessa mesma linha, inclui-se a dinâmica dos capitais internacionais, que, em várias partes do mundo, têm atuado para incentivar um verdadeiro leilão entre os governos, especialmente os subnacionais. Em tal leilão, o aspecto tributário vem ganhando importância. Para não ficar numa visão reducionista, basta lembrar que, nos EUA, também se acirrou, nos últimos 20 anos, a batalha interjurisdicional por investimentos. Entre 1991 e 1995, 56 mil empresas transferiram-se de um estado para outro em território norte-americano, envolvendo algo em torno de 1 milhão de empregos. Mas para que não se tenha uma percepção benigna desse processo, vale citar a frase do senador Charles Horn, de Ohio: "A competição interestadual [nos Estados Unidos] é um jogo de soma zero sem nenhuma criação de riqueza".[28]

O jogo predatório da guerra fiscal teve efeitos piores no Brasil porque não havia, até a aprovação da Lei de Responsabilidade Fiscal (2000), instrumentos de restrição orçamentária forte nos governos subnacionais. Assim, possíveis déficits podiam ser repassados ao governo federal — e parcela da

[28] Apud Donahue, 1997:106.

dívida estadual de R$ 250 bilhões adveio disso — ou então a gerações futuras. Ao final do governo Fernando Henrique Cardoso, calculava-se a existência de um passivo de mais de R$ 20 bilhões, resultante da disputa fiscal — o que levou alguns governos estaduais a propor a constituição de um fundo federal para ressarcir aqueles que haviam concedido incentivos fiscais, medida que chegou a ser aprovada pelo Confaz em maio de 2000.[29]

Os resultados econômicos da guerra fiscal, ademais, são comprovadamente inócuos. Isto porque a adoção de medidas dessa natureza não altera a redistribuição regional dos recursos e, como mostrou o estudo de Sérgio Ferreira (2000), do BNDES, dos sete estados que mais utilizaram os instrumentos de incentivo tributário — Rio Grande do Sul, Ceará, Paraná, Espírito Santo, Goiás, Bahia e Pernambuco —, somente o Ceará teve aumento na sua participação no PIB nacional entre 1985 e 1998.

Fica a pergunta: como o governo federal poderia ter atuado nessa questão? Primeiro, pondo em prática políticas de desenvolvimento, a partir de decisões tomadas em fóruns nacionais, em nome da transparência, da justiça redistributiva e da igualdade entre os pactuantes. Segundo, agindo de forma mais efetiva em prol da reforma tributária. Em vez de enfrentar os difíceis dilemas da divisão de recursos entre os níveis de governo, a gestão do presidente Fernando Henrique Cardoso preferiu conceder empréstimo do BNDES para a Ford, intercedendo, sem critérios, numa batalha entre a Bahia e o Rio Grande do Sul, favorecendo o governo baiano em razão da pressão do grande cacique regional, Antonio Carlos Magalhães. Neste caso, FHC perdeu para o legado oligárquico e patrimonialista do federalismo brasileiro.

A maior fragilidade dos anos FHC foi a ausência de políticas urbanas. É bem verdade que, desde o governo Sarney, elas não eram prioritárias e, na era Collor, houve um desmantelamento do que havia. Mas o fato é que o Brasil dos anos 1990 assistiu a um processo de metropolização dos problemas, com a elevação do desemprego urbano, a piora no sistema de transportes das grandes cidades, o crescimento da desigualdade e da pobreza metropolitanas — fenômeno bem mais complexo do que o vivido no meio rural — e o aumento da violência nas periferias (não se deu por acaso o sucesso do filme *Cidade de*

[29] Ver *Valor Econômico*, 22 maio 2002. p. A-3.

Deus). Tudo isso ganhou essa visibilidade porque 82% da população brasileira vivem em áreas urbanas e pouco mais de 50% moram nas regiões metropolitanas tradicionais, nas recém-instituídas e naquelas áreas em processo acelerado de metropolização. Como bem notou Regina Pacheco (1995:91):

> As metrópoles brasileiras constituem hoje um dos grandes desafios à governabilidade do país. Concentrando população, riqueza, demandas sociais, influindo na formação da opinião pública nacional, conectando-se com cidades globais, as metrópoles são também um imenso patrimônio coletivo a demandar políticas de revitalização e revalorização, cujo sucesso depende de novas formas de governo e gestão.

A intensificação dos problemas metropolitanos ocorreu no mesmo momento em que inexistiam políticas ou instituições capazes de dar conta dessa questão. Primeiro, em razão do fortalecimento da concepção autárquica de municipalismo, como descrito anteriormente. Os governos locais têm poucos incentivos à cooperação e atuam geralmente de forma individualizada. Contudo, em áreas metropolizadas, em particular, os problemas de ação coletiva são intermunicipais por natureza, tornando necessária uma ação conjunta.[30] Infelizmente, não existe ainda essa consciência na maioria dos atores políticos locais.

Além disso, a Constituição de 1988 foi movida por uma concepção descentralizadora municipalista, por um modelo federativo compartimentalizado e por uma aversão ao centralismo, justificável pelo impacto negativo que teve o "unionismo autoritário" desenvolvido pelo regime militar. Quando os problemas não podem ser resolvidos apenas pelo poder local, envolvem mais de um ente governamental e precisam também da intervenção ativa de uma política nacional, o desenho institucional e a cultura política federalista predominante não têm respostas adequadas.

O resultado disso fica claro no modelo de região metropolitana (RM) concebido na Constituição de 1988. Na verdade, as RMs foram esvaziadas e sua conformação legal foi transferida para os estados, que, conforme trabalho

[30] Abrucio e Soares, 2001.

de Sérgio Azevedo e Virgínia dos Mares Guia (2000), não priorizaram essa questão no seu desenho político-administrativo. Sem uma instância metropolitana e/ou formas que levem à formação de colegiados metropolitanos — englobando municípios, governos estaduais e federal, além da sociedade civil local —, será muito difícil resolver os dilemas dos grandes centros urbanos.

Uma ação nacional passaria pela revisão da legislação sobre as regiões metropolitanas, o que depende de revisão constitucional. O governo federal não tratou desse assunto nos anos FHC. Para além da questão mais geral, o fato é que a União não constituiu políticas adequadas para a grande maioria dos problemas metropolitanos. Isso fica claro quando se observa o desenho institucional do Executivo federal em relação a essa temática. Primeiro, repassou tal preocupação à Secretária de Políticas Urbanas, fraca institucional e politicamente, criada para obter apoios clientelistas no Congresso Nacional. Some-se a isso o fato de a maioria das políticas urbanas ter sido distribuída por vários ministérios — só o do Saneamento estava presente em sete delas, mais a Secretária de Políticas Urbanas. A fragmentação excessiva inviabilizou a obtenção de resultados satisfatórios.

É interessante notar que, no período Fernando Henrique Cardoso, foi aprovada uma legislação importante sobre esse tema — o Estatuto da Cidade —, discutido no Congresso por mais de uma década. Mas, afora o fato de essa lei ter uma visão excessivamente municipalista, com os defeitos provindos desse exagero autárquico, não teve impactos significativos na agenda do governo federal, até porque foi aprovada no apagar das luzes do governo FHC, em 10 de julho de 2001.

As principais políticas de cunho urbano-metropolitano fracassaram. Pode-se citar a área da segurança pública, na qual o governo federal descobriu tarde o seu papel, reduzido ao financiamento dos estados, quando deveria atuar em rede na coordenação das polícias. No caso do saneamento, houve um problema regulatório, com a crise das empresas do setor e a errática (e equivocada) trajetória de privatização, e, em termos de investimento, embora tenham se elevado no período 1995-98, não puderam crescer mais no momento seguinte por conta das restrições do acordo com o FMI. Segundo Marcus Melo (2002:8), a Caixa Econômica Federal, principal financiadora de infra-estrutura urbana, não firmou *nenhum* contrato de financiamento na área de saneamento entre 1999 e 2000.

Eis um dos grandes problemas da atuação federal em políticas urbanas: a crise dos mecanismos de crédito, fundamentais para alguns desses programas. A área da habitação, em especial, foi bastante prejudicada no período FHC, sobretudo no que tange ao público de baixa renda, e só não houve um colapso maior porque os governos subnacionais também investem na construção de moradias populares, embora numa proporção insuficiente para o tamanho do déficit do setor. Seria preciso, nesse caso, resolver o problema estrutural do financiamento nacional e estabelecer uma rede intergovernamental para potencializar os gastos das três esferas de governo.

Como a área do desenvolvimento urbano envolve competências e atribuições dos três níveis de governo, a coordenação federativa teria que passar, como foi feito na saúde e com o Fundef, pela elaboração de políticas federais indutoras, que incentivassem os governos subnacionais a cooperar e a buscar determinadas metas e resultados. Além disso, como bem nota Marcus Melo (2002:25), o sucesso das políticas públicas tem sido maior quando conseguem potencializar suas características intersetoriais, como ocorre no Bolsa-Escola, por exemplo. Isso é válido para vários setores do desenvolvimento urbano, em particular o saneamento, que poderia se articular mais com a saúde, fortalecendo os programas dessa área.

É muito cedo para fazer uma avaliação mais peremptória da coordenação federativa no governo Lula. Mas é possível apontar alguns pontos alvissareiros e ressaltar lacunas que permaneceram. Entre os aspectos positivos, destaca-se, em primeiro lugar, a criação do Ministério das Cidades. Embora seja cedo para avaliar seus resultados, houve a produção de diversos diagnósticos de boa qualidade sobre políticas urbanas e, sobretudo, maior articulação federativa entre os diversos setores envolvidos.

Com o Bolsa-Família, unificaram-se as políticas de transferência direta de renda, extremamente pulverizadas ao final do período FHC. Isso foi importante do ponto de vista federativo, uma vez que favorece um maior controle e efetividade das ações articuladas com os governos locais. A melhoria do cadastro dessa política também é outro avanço da gestão do presidente Lula, embora a articulação com a área da educação, peça-chave para a criação de direitos capazes de mudar a situação estrutural de pobreza, não tenha sido resolvida.

Um dos avanços mais importantes da coordenação federativa no governo Lula foi a criação da Lei dos Consórcios, instrumento institucional essencial para aumentar a cooperação intergovernamental, particularmente nas regiões metropolitanas, mas também entre estados mais pobres. Aliás, a Secretaria de Assuntos Federativos, ligada à Presidência da República, teve papel ativo na Federação, especialmente no auxílio aos municípios para que se fortalecesse o associativismo entre eles. Numa linha mais de controle federativo, cabe destacar a Controladoria Geral da União, que investigou e levou adiante processos contra a corrupção em diversos governos locais, independentemente de filiação partidária.

A aprovação da reforma da previdência constituiu outra parceria intergovernamental, no caso entre a União e os estados, como mostraram Abrucio, Loureiro e Olivieri (2005). O presidente Lula promoveu reuniões com os governadores entre fevereiro e março de 2003 para discutir os projetos de reforma tributária e previdenciária. A primeira reunião, em fevereiro, a que compareceram os 27 governadores, construiu um consenso sobre diversos pontos, inclusive entre os vinculados à oposição. Daí nasceu a Carta de Brasília, documento em que o presidente Lula e os governadores se comprometem a tratar como prioritárias as reformas previdenciária e tributária, encaminhando propostas ao Congresso ainda no primeiro semestre de 2003, como de fato ocorreu. Na questão da previdência, a carta expressa a concordância quanto ao diagnóstico sobre a urgente necessidade de reorganizar a previdência social "(...) de forma a garantir os direitos das atuais e futuras gerações" e quanto à adoção de medidas no sentido de reverter o desequilíbrio atuarial e financeiro, e de aprovar a contribuição dos inativos e a alíquota mínima de contribuição dos servidores públicos.

Aos governadores interessava repartir com o governo federal o ônus de uma reforma muito desgastante do ponto de vista político. O fracasso do governo FHC em alterar substancialmente a previdência do setor público já mostrara a dificuldade e o alto custo político de contrariar os interesses dos servidores nas questões previdenciárias. A maioria dos governadores preferia a estratégia de atribuir a responsabilidade política pela aprovação da reforma ao governo federal (modelo de ação conhecido como *blame shifting*).

Os fatores políticos não eram os únicos a unir os interesses de governadores e presidente. Fatores institucionais constrangiam os governadores favoráveis à reforma a colaborar com o governo federal. A alta concentração de competências legislativas no nível federal e a grande constitucionalização das políticas públicas impõem, em um contexto de reforma do Estado, a colaboração dos estados com a União para a aprovação de mudanças em nível estadual. Apesar de alguns estados já estarem aprovando suas próprias reformas (SP e MG aprovaram alterações em seus sistemas previdenciários em 2003), medidas como definição do teto da aposentadoria e da idade mínima, e a criação dos fundos de pensão dependiam de regulamentação federal.

A pressão do déficit previdenciário afeta gravemente as finanças dos estados. Os gastos com servidores inativos constituíam o principal fator de pressão sobre os gastos com pessoal e ameaçavam a capacidade dos governadores recém-empossados em 2003 de mostrar bons resultados administrativos e concorrer à reeleição. Os governadores dependiam de alterações nas regras da previdência para melhorar a situação de suas finanças tanto ou mais que o próprio governo federal.

Em 30 de abril, o presidente Luiz Inácio da Silva e os 27 governadores subiram a rampa do Congresso e entregaram os projetos de reforma tributária e da previdência aos deputados. A proposta de emenda constitucional da previdência, a PEC nº 40/03, era ambiciosa: pretendia extinguir a aposentadoria integral para os atuais servidores, estabelecendo um teto de R$ 2.400 para os benefícios, e instituir a cobrança dos inativos. A integralidade permaneceu para todos os atuais servidores, foram estabelecidos tetos diferenciados, mas a cobrança foi finalmente aprovada.

O entendimento da relação federativa mantida no projeto de reforma da previdência passa pela análise das três circunstâncias históricas que estabeleceram um contexto diferente nas relações entre a União e os estados logo no início do governo Lula. A primeira refere-se ao aprendizado institucional adquirido ao longo dos oito anos da presidência de FHC, a partir do qual se percebera a importância da agenda fiscal, mas sua insuficiência como mecanismo para tornar as máquinas públicas mais eficientes e efetivas. No fundo, estava-se numa situação em que o panorama das contas públicas subnacionais (principalmente devido à questão previdenciária) havia piorado, o que impunha a continuidade do ajuste, porém percebia-se a necessidade de construir instituições capazes de melhorar a qualidade do gasto.

A segunda circunstância era que o presidente Lula tinha menos poder político do que o presidente Fernando Henrique Cardoso no *front* federativo, particularmente porque a maioria dos governos estaduais estava agora nas mãos de partidos oposicionistas ou independentes do bloco apoiador do governo federal. Desse modo, a necessidade de fazer alianças, pactos e compartilhar melhor as decisões e seus custos se colocaram como essenciais para o governo Lula. A reforma da previdência pública, mais necessária financeiramente para os governos estaduais do que para a União, é o maior exemplo disso: o presidente procurou tomar decisões conjuntas com os governadores e torná-los os principais aliados nesse processo — estratégia fundamental para a aprovação da reforma.

Esse compromisso federativo viabilizou a realização das mudanças previdenciárias, com um sucesso que o governo FHC não teve. Porém, o pacto em prol das alterações tributárias fracassou. Daí pode-se concluir que o pacto federativo proposto pelo presidente Lula deu certo quando esteve em jogo a redução das despesas, mas não teve a mesma sorte na redistribuição de receitas, pois os governos estaduais preferiram manter a possibilidade de competir entre si a criar um mecanismo fiscal de cooperação.

Uma última condição a se destacar: o PT levou para Brasília uma concepção de governança em rede que sempre defendera e praticara em suas gestões no plano subnacional. É bem verdade que tal modelo só deu certo, por enquanto, nos nichos em que o governo federal sofreu pressões para compartilhar poder ou naqueles em que conseguiu definir bem os objetivos e os atores envolvidos. Muitas vezes as redes petistas se transformaram ou em assembleísmos excludentes de outros agentes, ou na proliferação de comissões sem metas e tempo de decisão bem determinados.

Na área federativa, mais especialmente no processo de modernização dos governos estaduais, houve um exemplo bem-sucedido de rede. Trata-se do Programa Nacional de Apoio à Modernização da Gestão e do Planejamento dos Estados e do Distrito Federal (Pnage) e do Programa de Modernização do Controle Externo dos Estados e Municípios Brasileiros (Promoex), dois projetos cujo principal objetivo é modernizar a administração pública do país, especificamente suas instâncias subnacionais. Embora suas primeiras formulações tenham sido feitas no segundo governo FHC, a efetiva montagem e implementação de ambos vêm ocorrendo desde 2003, com o início do mandato do presidente Lula. Provavelmente a concepção mais voltada para redes da administração petista, ao contrário do modelo indutivo verticalizado que predominou na gestão anterior, tenha sido a principal causa que permitiu a efetiva instalação desses dois programas.

O Pnage e o Promoex não são os primeiros programas de modernização das instituições subnacionais comandados pelo governo federal. Na administração FHC houve o avanço, já comentado, do Programa Nacional de Apoio à Administração Fiscal para os Estados Brasileiros (Pnafe), que teve um caráter pioneiro no auxílio aos governos estaduais na área financeira. No entanto, os dois programas supracitados são diferentes — e mesmo representam um corte no projeto de reforma do Estado coordenado pela União — em razão de tratarem basicamente da temática da gestão pública. Em poucas palavras, trata-se de um projeto de reforma institucional com reflexos na qualidade das políticas públicas.

A realização de um diagnóstico da situação dos governos estaduais e a montagem de uma rede federativa vertical e horizontal em prol da reforma da gestão pública foram dois avanços dos programas de modernização administrativa do governo Lula. Pesando bem essa conquista, decerto que valiosa, o fato é que a restrição fiscal, os vetos à reforma do Estado dentro de amplos setores do PT e a enorme descoordenação entre as áreas governamentais impediram um avanço maior nesse processo. O presidente Luiz Inácio da Silva, na verdade, não conseguiu dar a ênfase necessária, nem criar as condições político-institucionais para implementar uma efetiva reforma nacional da burocracia brasileira.

Além desse problema, a coordenação federativa foi extremamente falha ao longo da gestão petista em temas como saneamento básico, reforma tributária, transporte metropolitano e segurança pública. No fundo, muitos problemas relacionados com a dinâmica intergovernamental presentes nos anos FHC permanecem sem resposta.

Uma breve conclusão: o reforço do argumento básico

O presente capítulo procurou mostrar como a coordenação intergovernamental, particularmente nas federações, é essencial para a descentralização. O caso brasileiro é bastante ilustrativo desse argumento. Nos setores ou questões em que houve maior integração e atividades coordenadoras, os processos descentralizadores foram potencializados em seus efeitos positivos. Isso vale tanto para a área da saúde, a mais bem-sucedida municipalização do país, como para as finanças públicas, que se tornaram mais responsáveis no plano subnacional por meio da criação de instituições incumbidas de coordenar e disciplinar os entes federativos. De modo inverso, nos aspectos em que a coordenação é frágil ou ausente, os resultados da descentralização têm sido pífios. Saneamento básico, políticas metropolitanas em geral, desenvolvimento regional, segurança pública, para nos atermos aos principais, não possuem ainda mecanismos que promovam a cooperação e as parcerias federativas. Predomina nestes últimos o federalismo compartimentalizado, incapaz de perceber que só a sinergia entre os níveis de governo pode resolver os dilemas básicos das políticas públicas brasileiras.

Além das soluções coordenadoras encontradas em algumas políticas públicas, é preciso construir também instituições que favoreçam a coordenação intergovernamental em vários setores ao mesmo tempo. Seriam instrumentos com efeitos diagonais sobre as ações estatais de todos os níveis de governo. Seguindo esse raciocínio, propõe-se aqui uma agenda de três macroreformas:

- criação ou fortalecimento dos fóruns federativos existentes, principalmente no que tange à sua ação coordenadora. Isso vale para estruturas como o Senado e o Conselho de Gestão Fiscal;
- redesenho da governança territorial do país, mediante políticas públicas que induzam, no mais das vezes, a ação intermunicipal mais do que a municipal; com a ampliação do uso dos consórcios públicos; por meio da redefinição da política de desenvolvimento regional e das próprias regiões; por intermédio de estruturas de governo metropolitano; e, tão polêmico quanto importante, mediante o estabelecimento de incentivos para reduzir a fragmentação localista construída ao longo da redemocratização. Cabe reforçar, nesse sentido, a tendência internacional de diminuir o número de níveis de governo e aumentar a interseção entre eles, buscando, a um só tempo, o melhor desempenho administrativo e a criação de condições mais favoráveis à democratização e à republicanização do poder local;
- a essência de todas essas mudanças, nas políticas públicas e nas instituições, encontra-se na lógica do sistema político. Em poucas palavras, pode-se dizer que nossas regras eleitorais e de sistema de governo favorecem o localismo irresponsável e o centralismo tecnocrático. Republicanizar a disputa política municipal e estadual, por um lado, e aumentar a *accountability*

do Executivo federal, por outro, são objetivos que devem ser perseguidos concomitantemente.

Só uma mudança profunda do sistema político brasileiro pode alterar o modelo perverso do federalismo compartimentalizado, saindo da falsa dicotomia centralização *versus* descentralização e entrando numa era na qual o governo federal e as instâncias subnacionais possam equilibrar melhor a cooperação e a competição intrínsecas a qualquer país norteado por um federalismo democrático.

Bibliografia

ABRANCHES, Sérgio. Presidencialismo de coalizão: o dilema institucional brasileiro. *Dados*, Rio de Janeiro, v. 31, n. 1, 1988.

ABRUCIO, Fernando Luiz. *Os barões da Federação:* os governadores e a redemocratização brasileira. São Paulo: Hucitec, USP, 1998.

———. *Os laços federativos brasileiros:* avanços, obstáculos e dilemas no processo de coordenação intergovernamental. 2000. Tese (Doutorado em Ciência Política) — USP, São Paulo, 2000.

———. Descentralização e coordenação federativa no Brasil: lições dos anos FHC. In: ———; LOUREIRO, Maria Rita (Orgs.). *O Estado numa era de reformas:* os anos FHC. Brasília: OCDE, OEA, Ministério do Planejamento, 2002.

———. Diagnóstico geral das administrações públicas estaduais. Brasília: Pnage/Ministério do Planejamento, BID, 2004. ms.

———. A coordenação federativa no Brasil: a experiência do período FHC e os desafios do governo Lula. *Revista de Sociologia e Política*, Curitiba, 2005.

———; COSTA, Valeriano Mendes Ferreira. *Reforma do Estado e o contexto federativo brasileiro.* São Paulo: Fundação Konrad Adenauer, 1999.

———; SAMUELS, David. A nova política dos governadores. *Lua Nova*, São Paulo, n. 40/41, 1997.

———; SOARES, Márcia. *Redes federativas no Brasil:* cooperação intermunicipal no Grande ABC. São Paulo: Fundação Konrad Adenauer, Oficina Municipal, 2001.

———; LOUREIRO, Maria Rita; OLIVIERI, Cecília. *Trajetória da reforma da previdência no governo Lula*: instituições, atores em coalizão e agenda. São Paulo, 2005. ms.

AFONSO, José Roberto; ARAUJO, Érika. A capacidade de gastos dos municípios brasileiros: arrecadação própria e receita disponível. *Cadernos Adenauer*, Rio de Janeiro: Fundação Konrad Adenauer, n. 4, 2000.

AFONSO, Rui; SILVA, Pedro Luiz Barros (Orgs.). *A Federação em perspectiva:* ensaios selecionados. São Paulo: Fundap, Unesp, 1995.

ARRETCHE, M. A descentralização das políticas sociais no estado de São Paulo: 1986-94; relatório síntese. In: *Balanço e perspectivas da descentralização das políticas sociais no Brasil*; relatório. São Paulo, 1996.

———. *Estado federativo e políticas sociais:* determinantes da descentralização. Rio de Janeiro: Revan, 2000.

AZEVEDO, Sergio de; GUIA, Virgínia R. dos Mares. Reforma do Estado e federalismo: os desafios da governança metropolitana. In: RIBEIRO, Luiz Cesar de Queiroz (Org.). *O futuro das metrópoles:* desigualdades e governabilidade. Rio de Janeiro: Revan, 2000.

BANCO MUNDIAL. *Relatório sobre o desenvolvimento mundial:* o Estado num mundo em transformação. Washington, 1997.

BC (Banco Central do Brasil). *Bancos estaduais* — experiências e perspectivas. Brasília, 1992.

BELTRÃO, Ricardo; ABRUCIO, Fernando Luiz; LOUREIRO, Maria Rita. Reforma da burocracia pública e federalismo no Brasil: a experiência do programa de demissão voluntária nos governos estaduais. In: SEMINÁRIO INTERNACIONAL REFORMA ADMINISTRATIVA EM PAÍSES EM DESENVOLVIMENTO, 1997, Brasília. *Anais*... Brasília: Enap, 1997.

BRESSER-PEREIRA, L. C. *Reforma do Estado para a cidadania.* São Paulo: Ed. 34, 1998.

BURGESS, Michael. Federalism and federation: a reappraisal. In: BURGESS, Michael; GAGNON, Alain (Eds.). *Comparative federalism and federation.* London: Harvester, Wheatsheaf, 1993.

CAMARGO, Aspásia. O novo pacto federativo. *Revista do Serviço Público*, Brasília, ano 45, v. 118, n. 1, 1994.

CONLAN, Timothy. *From new federalim to devolution*. Washington, DC: Brookings Institution Press, 1998.

COSTA, Nilson do R.; SILVA, Pedro L. B.; RIBEIRO, José M. A descentralização do sistema de saúde no Brasil. *Revista do Serviço Público*, Brasília: Enap, ano 50, n. 3, 1999.

DANIEL, Celso. Autonomia municipal e as relações com os estados e a União. In: HOFMEISTER, Wilhelm; CARNEIRO, José Mário Brasiliense (Orgs.). *Federalismo na Alemanha e no Brasil*. São Paulo: Fundação Konrad Adenauer, 2001.

DONAHUE, John. *Disunited States*. New York: Basic Books, 1997.

EATON, Kent. *Politics beyond the capital:* the design of subnational institutions in South America. California: Stanford University Press, 2004.

ELAZAR, Daniel. *Exploring federalism*. Alabama: University of Alabama Press, 1987.

FERREIRA, Sérgio. Guerra fiscal: competição tributária ou corrida ao fundo do tacho? *Boletim do BNDES*, n. 4, 2000.

GAGNON, Alain. The political uses of federalism. In: BURGESS, Michael; GAGNON, Alain (Eds.). *Comparative federalism and federation*. London: Harvester, Wheatsheaf, 1993.

GARMAN, C.; LEITE, C.; MARQUES, M. Impactos da relação Banco Central *versus* bancos estaduais no arranjo federativo pós-1994: análise à luz do caso Banespa. In: ENCONTRO ANUAL DA ANPOCS, 22. out. 1998, Caxambu. *Anais*... Caxambu: Anpocs, 1998.

GARSON, Sol; ARAUJO, Érika A. Federalismo fiscal e ações sociais básicas: descentralização ou municipalização? *Boletim BNDES*, n. 23, jan. 2001.

GERZONI, Gilberto. Tentativas e perspectivas de formação de uma burocracia pública no Brasil. *Revista do Serviço Público*, Brasília, v. 120, n. 1, jan./abr. 1996.

HUNTINGTON, Samuel P. *A terceira onda:* a democratização no final do século XX. São Paulo: Ática, 1994.

KEY JR., V. O. *Southern politics*. New York: Knopf, 1949.

KUGELMAS, Eduardo; SOLA, Lourdes. Recentralização/descentralização: dinâmica do regime federativo no Brasil dos anos 90. *Tempo Social*, 1999.

LARSSON, T.; NOMDEN, Koen; PETITEVILLE, Franck. *The intermediate level of government in European States* — complexity versus democracy? Maastricht, Netherlands: European Institute of Public Administration, 1999.

LICIO, Elaine C. *A trajetória dos programas de renda mínima e bolsa-escola no Brasil:* o impacto da variável federativa. Dissertação (Mestrado) — Eaesp/FGV, São Paulo, 2002.

LOUREIRO, Maria Rita; ABRUCIO, Fernando Luiz. Política e reformas fiscais no Brasil recente. *Revista de Economia Política*, São Paulo: Ed. 34, v. 24, n. 1, 2004.

MELO, Marcus André B. C. de. *Políticas públicas urbanas para a nova década;* uma agenda de questões. Recife, 2002. ms.

MORA, Mônica. *Federalismo e dívida estadual no Brasil.* Rio de Janeiro: Ipea, 2002. (Textos para Discussão, 866).

NUNES, E. *A gramática política do Brasil.* Rio de Janeiro: Enap, Jorge Zahar, 1997.

OECD. *In search of results:* performance, management, practices. Paris: OECD, 1997.

OSBORNE, David; GAEBLER, Ted. *Reinventing government.* Reading, Mass.: Addison-Wesley, 1992.

PACHECO, Regina Sílvia. Gestão metropolitana no Brasil: arranjos institucionais em debate. In: VALLADARES, L.; COELHO, M. P. (Orgs.). *Governabilidade e pobreza no Brasil.* Rio de Janeiro: Civilização Brasileira, 1995.

PAULA, Caco de. Política urbana. In: LAMOUNIER, Bolívar; FIGUEIREDO, Rubens (Orgs.). *A era do real:* um balanço. São Paulo: Cultura, 2002.

PETERS, B. G. Reorganizando o governo em uma era de contenção e compromisso. *Dados*, v. 35, n. 3, 1992.

PETERSON, Paul. *The price of federalism.* Washington, DC: Brookings Institution, 1995.

PIERSON, Paul. Fragmented welfare states: federal institutions and the development of social policy. *Governance*, Cambridge, v. 8, n. 4, 1995.

———. Increasing returns, path dependence and the study of politics. *American Political Science Review*, 2000.

POCOCK, J. G. A. *The Machiallevian moment.* Princeton: Princeton University Press, 1975.

PRUD'HOMME, Rémy. The dangers of decentralization. *World Bank Research Observer*, v. 10, n. 2, 1995.

PRZEWORSKI, Adam. Sobre o desenho do Estado: uma perspectiva *agent* x principal. In: BRESSER-PEREIRA, L. C.; SPINK, Peter (Orgs.). *Reforma do Estado e administração pública gerencial.* Rio de Janeiro: FGV, 1998.

PUTNAM, Robert D. *Comunidade e democracia:* a experiência da Itália moderna. Rio de Janeiro: FGV, 1996.

REZENDE, Fernando. Compensações financeiras e desequilíbrios fiscais na Federação brasileira. In: HOFMEISTER, W.; CARNEIRO, J. M. Brasiliense (Orgs.). *Federalismo na Alemanha e no Brasil.* São Paulo: Fundação Konrad Adenauer, 2001.

RODRÍGUEZ, Victoria; WARD, Peter. *Opposition government in Mexico.* Albuquerque: University of New Mexico Press, 1995.

SALLUM JR., Brasílio. O Brasil sob Cardoso: neoliberalismo e desenvolvimentismo. *Tempo Social*, São Paulo, v. 11, n. 2, 1999.

SCHARPF, Fritz. The joint decision trap: lessons from German federalism and European integration. *Public Administration*, v. 66, 1988.

SINGER, André. Saúde. In: LAMOUNIER, Bolívar; FIGUEIREDO, Rubens (Orgs.). *A era do real:* um balanço. São Paulo: Cultura, 2002.

SOLA, Lourdes; GARMAN, Cristopher; MARQUES, Moisés. Central banking, democratic governance and political autority. In: IPSA WORLD CONGRESS, 17., 1997, Seoul. *Proceedings...* Seoul, 1997.

SOUZA, Celina. Redemocratization and decentralization in Brazil: the strength of the member states. *Development and Change*, London, v. 27, n. 3, 1996.

———. Federalismo e intermediação de interesses regionais nas políticas públicas brasileiras. In: SEMINÁRIO INTERNACIONAL SOBRE REESTRUTURAÇÃO E REFORMA DO ESTADO: BRASIL E AMÉRICA LATINA NO PROCESSO DE GLOBALIZAÇÃO. 1998, São Paulo. *Anais...* São Paulo: FEA/USP, 1998.

STEPAN, Alfred. Para uma análise comparativa do federalismo e da democracia: federações que restringem ou ampliam o poder do demos. *Dados*, Rio de Janeiro, v. 42, n. 2, 1999.

TENDLER, Judith. *Bom governo nos trópicos:* uma visão crítica. Brasília: Enap, 1998.

TIEBOUT, C. A. A pure theory of local expenditures. *Journal of Political Economy*, Chicago: University of Chicago Press, v. 64, 1956.

VIANNA, Luiz Werneck et al. *A judicialização da política e das relações sociais no Brasil.* Rio de Janeiro: Revan, 1999.

WATTS, Ronald. *Comparing federal systems*. Montreal: McGill-Queen's University Press, 1999.

WERNECK, Rogério. A União e a dívida dos estados. *O Estado de S. Paulo*, 13 jun. 1998.

WILLIS, Eliza; GARMAN, Christopher; HAGGARD, Stephan. The politics of decentralization in Latin America. *Latin American Research Review*, v. 34, n. 1, 1999.

WRIGHT, Deil S. *Para entender las relaciones intergubernamentales*. Mexico: Fondo de Cultura Económica, 1997.

ZIMMERMAN, Joseph F. *Contemporary American federalism*. London: Praeger, 1992.

3

DESIGUALDADES SOCIAIS E REFORMA DO ESTADO: OS DESAFIOS DA GESTÃO METROPOLITANA NO FEDERALISMO BRASILEIRO*

*Sergio de Azevedo***

O âmago da "fragilidade institucional" brasileira só pode ser entendido a partir de nosso processo histórico social. Esse processo pode nos ajudar a compreender como, sob uma capa formalmente poliárquica e moderna, operam as relações sociais e o uso da autoridade reais, que não estão, na maioria das vezes, em sintonia com o aparato institucional legal. Nossa profunda desigualdade social acarreta submundos sociais com baixa porosidade entre si, o que dificulta a universalização do mercado e a modernização do Estado.

---

* A seção relativa às regiões metropolitanas é fruto de uma parceria acadêmica de muitos anos com Virgínia Renno dos Mares Guia, com quem tenho a honra de compartilhar amizade, valores e um intenso trabalho profissional. Em 2004, tivemos a oportunidade de realizar para o Ministério das Cidades uma pesquisa exploratória sobre a situação institucional das regiões metropolitanas brasileiras. Naquele mesmo ano, também fomos convidados a coordenar juntos a equipe de relatores do Seminário Internacional sobre Regiões Metropolitanas, promovido pelo governo federal e a Câmara dos Deputados. Ainda que divida os bônus deste trabalho com Virgínia Renno, assumo as falhas e equívocos como de minha inteira responsabilidade.

** Professor titular da Universidade Estadual do Norte Fluminense Darcy Ribeiro e consultor *ad hoc* de governos e agências governamentais na área de políticas públicas.

Os desafios da gestão pública nos três níveis de governo, são, pois, menos de governabilidade — vinculados aos condicionantes institucionais do exercício da autoridade política — e muito mais de governança, ligados à forma de usar essa autoridade.[1]

Dizer isso não significa negar ou banalizar a importância das mudanças institucionais, mas perceber que os espaços para inovações institucionais criativas, embora existam, apresentam limites políticos concretos, decorrentes das correlações de forças sociais. Ignorar esses constrangimentos — adotando uma postura voluntarista — pode resultar quer no malogro da aprovação dessas propostas, quer no formalismo inócuo que o jargão popular denomina "leis e normas que não pegam". Ressalte-se que, mesmo com roupagem progressista, essa posição é tão nefasta quanto a abordagem conservadora que defende estruturas institucionais que apenas reproduzem o *status quo*, sem criar oportunidades para novas alianças que possibilitem mudanças incrementais contínuas.

Este capítulo se propõe, de forma exploratória, a discutir alguns *issues* da reforma do Estado em curso desde o início dos anos 1990 em um país como o Brasil, que apresenta uma estrutura econômica complexa, com setores modernos e competitivos internacionalmente e outras áreas tradicionais de baixa produtividade, grande parte delas atuando na informalidade, onde o mercado é extremamente fragmentado.[2] As especificidades econômicas brasileiras relacionam-se com nossa forte desigualdade socioeconômica, pois, como afirma Fábio W. Reis, ela acarreta submundos sociais onde se poderia dizer que, em muitos aspectos, não há "mercados" reais que operem igualmente para todos.

Na primeira seção busco, mediante um posicionamento crítico em relação a parte da bibliografia sobre o tema, enfrentar a questão de como a extrema desigualdade social brasileira cria constrangimentos para as mudanças institucionais. Na segunda — tendo como pano de fundo as idiossincrasias estrutu-

[1] Melo, 1995.

[2] Trata-se, nesse caso, da informalidade tradicional característica dos países em desenvolvimento, com todas as suas conhecidas mazelas. Do mesmo modo, a fragmentação de mercado aqui referida — diferentemente da sofisticação desse processo no chamado "modo de produção flexível" — reflete uma etapa anterior à universalização e à padronização mínima do mercado decorrente do "modelo fordista", considerado o sistema mais avançado de produção até meados da década de 1970. Ver Valladares e Preteceile, 1990; Cunha, 1993; Azevedo, 1998.

rais brasileiras —, tento explicitar, reinterpretando o conceito de "reforma do Estado", algumas condições que podem permitir o desencadeamento de processos de mudanças marcantes e analisar, em grandes linhas, os pontos de inflexão do Estado brasileiro no último século. A terceira seção aborda a discussão da crise do Estado desenvolvimentista no Brasil, fortemente marcada pelo processo de globalização a partir de meados dos anos 1970. Na seção seguinte, realizo um recorte temático para discutir especificamente determinados entraves institucionais que afetam as reformas da gestão metropolitana no Brasil. Por fim, na última seção, faço um balanço sucinto de alguns dos constrangimentos estruturais ao processo de reforma do Estado no Brasil, bem como dos desafios e potencialidades da regulação pública nas metrópoles brasileiras.

Desigualdade, pobreza e cidadania: os constrangimentos a mudanças institucionais

Desigualdade e pobreza, embora possuam muitas interfaces, não podem ser tratadas como sinônimos. Como bem ressalta Sérgio Abranches (1987), pobreza significa destituição de condições mínimas de recursos — materiais, monetários, financeiros, educacionais etc. — para se viver de maneira considerada minimamente digna em determinado momento histórico e social,[3] enquanto desigualdade indica a forma de distribuição da riqueza nacional entre os diversos grupos que compõem a estrutura social.

Teoricamente falando, é possível implementar uma política que diminua o nível de pobreza de determinados setores populares sem mudar drasticamente a estrutura de desigualdade social. Não é por outro motivo que se torna muito mais fácil lograr maiores consensos políticos para enfrentar bolsões de pobreza localizados do que adotar políticas públicas redistributivas voltadas para a redução da desigualdade social.

A extrema desigualdade de nossa estrutura social acaba criando diversos "submundos sociais" de tal maneira distintos que apresentam, sob alguns aspectos, pouco intercâmbio entre si. Conceitualmente, quando se busca discu-

[3] Assim, por exemplo, os parâmetros de pobreza das Nações Unidas são diferentes para países pobres e desenvolvidos. Ver Banco Mundial, 1994 e 2004; e Pnud, 1996 e 2001.

tir temas como assistência médica, salário, lazer, moradia, transporte, vestuário e alimentação, as diferenças e percepções dessas e de outras questões da mesma importância são tão grandes entre os diversos setores sociais que exigiriam políticas públicas diferenciadas ou, pelo menos, matizadas.[4]

Fábio W. Reis (1988) percebe de maneira muito acurada que o âmago da nossa fragilidade institucional se deve à extrema desigualdade social, profundamente condicionada pela existência prévia da escravidão, que continua tendo significativos efeitos na estrutura social brasileira.

Parte das dificuldades de governança poderia também ser explicada pelo que Wanderley Guilherme dos Santos (1993) chama de "híbrido institucional" brasileiro, "que combina uma morfologia poliárquica excessivamente formalista com um 'hobbesianismo social pré-participatório'". Assim, embora as regras formais permitam liberdade de organização e participação de diferentes grupos de interesse, sua tradução em práticas concretas — tão difundidas nas democracias do Primeiro Mundo — se restringe, no Brasil, a setores ínfimos da população, exceto no que diz respeito à questão eleitoral.

A violação constante das normas — impunidade, corporativismo desregulado, extorsão de renda sob violência etc. —, comprometendo a credibilidade da lei, e os efeitos perversos oriundos das próprias tentativas de formalização da intervenção estatal têm levado a uma situação de constante imprevisibilidade, de ausência de "regras do jogo" fixas e confiáveis, na qual prevalece a lei do mais forte. Segundo essa abordagem, a crise de governança

[4] Há alguns anos tornou-se motivo de grande curiosidade para a classe média de Brasília a venda de um livro escrito por uma jornalista local que narra sua experiência de viver um mês, de forma anônima, em Belo Horizonte com apenas um salário mínimo. O livro, extremamente interessante para uma leitura antropológica, mostra as extremas diferenças cognitivas e comportamentais entre os "dois mundos". Mesmo a autora que tentava "representar" seu novo personagem aparecia para a população do bairro como uma "estranha no ninho". Essa experiência explicita também que, com os mesmos recursos financeiros, ter maior nível educacional e de informação faz a maior diferença para se conseguir trabalho e ter melhor qualidade de vida. Apesar dos vários "efeitos perversos" dessa rica experiência, a jornalista faz alusão a um efeito positivo não esperado: emagreceu oito quilos sem fazer dieta. Em um país desenvolvido, transformar em livro uma experiência desse tipo jamais atrairia a atenção de leitores das classes média e alta. Obviamente, nos países do chamado Primeiro Mundo seria possível fazer algo parecido no caso dos guetos de cidadãos de "segunda classe", imigrantes ilegais norte-africanos, europeus, "chicanos" e asiáticos nos EUA.

decorreria dessa situação híbrida na qual o governo governa muito, mas no vazio, sem efetividade.

Por que, apesar de a nossa jovem democracia propor como um de seus objetivos primordiais resgatar a enorme dívida social herdada do regime autoritário, depois de 15 anos há um sentimento de frustração em importantes setores da população? Poder-se-ia argumentar que parte dessas dificuldades tem características estruturais, ainda pouco sistematizadas e analisadas, comuns às chamadas "novas democracias", que nos anos 1980 foram palco de reformas políticas democráticas sem a necessária contrapartida de inovação efetiva nas áreas econômica e social.[5] Há também as limitações impostas pelo sistema financeiro internacional, que reduzem fortemente as margens de manobra econômica dos governos nacionais, especialmente na periferia do sistema. Qualquer tentativa de adotar medidas heterodoxas acarreta imediatamente uma fuga de capitais, o que equivale, nas palavras de Fábio Reis, a um "golpe de mercado" (o caso De la Rúa, na Argentina, seria típico desse procedimento). Como bem lembra Renato Boschi (2004), nessa conjuntura, os políticos de democracias emergentes como a brasileira são levados a adotar retóricas e práticas aparentemente paradoxais, pois, nos períodos pré-eleitorais, enfatizam a necessidade de criação de empregos, de altas taxas de crescimento econômico e da ampliação das políticas sociais, para terem possibilidade de ser

[5] Ver O'Donnell, 1993. As crises políticas neste início de século nas novas democracias da América do Sul, todas elas decorrentes de questões econômicas, afetaram diversos países, como Argentina, Venezuela, Peru, Bolívia e Equador. Mesmo que o sistema democrático não tenha em nenhum país resvalado para regimes abertamente autoritários, sem dúvida houve um desgaste dos partidos e do sistema político. Ressalte-se ainda que pesquisa recente divulgada pela ONU (2005) sobre a democracia na América Latina indica que 55% da população estariam dispostos a apoiar um regime autoritário que fosse capaz de resolver as questões econômicas, e 43% optariam por defender a democracia representativa em qualquer situação. É difícil avaliar isoladamente esses dados, sem saber como o Brasil se situa nessa média latino-americana. Caso não estejamos na ponta negativa do "desvio padrão" desse *survey* — diferentemente do pessimismo que tomou conta de alguns técnicos das Nações Unidas — isso já seria motivo para festejarmos, pois pesquisa realizada alguns anos atrás em São Paulo, Rio de Janeiro e Belo Horizonte, coordenada por Fábio W. Reis e outros cientistas sociais, mostrava, mediante pergunta semelhante, que apenas as pessoas com nível de formação superior (e mesmo assim por pequena margem de diferença) optariam pela democracia em contraposição a um pretenso "salvador da pátria" capaz de resolver os problemas econômicos com mão forte.

eleitos. Passadas as eleições, deparam-se com a necessidade de seguir — com maior ou menor flexibilidade — as políticas ortodoxas de contenção da inflação, equilíbrio macroeconômico, juros elevados etc., sob pena de terem que enfrentar crises de grandes proporções.

Além dos elementos acima considerados, outros autores argumentam que nossos dilemas são mais abrangentes que características de "cultura política" e idiossincrasias nacionais, enfatizando constrangimentos de ordem institucional, ou seja, de governabilidade, entre os quais ganham relevância o próprio sistema de governo, o sistema e as leis eleitorais e as normas de formação e atuação dos partidos em vigor.[6]

Para o saudoso Olavo Brasil, a instabilidade das regras eleitorais e o crescimento acelerado e não-disciplinado do número de partidos políticos são responsáveis pela perda de importância da sigla como fator-síntese que facilita o cálculo eleitoral e, portanto, pela desvalorização da organização como mecanismo da mediação entre representantes e representados.[7] Segundo esse ponto de vista, alterando-se a legislação eleitoral poder-se-ia garantir a formação de maiorias sólidas, o aumento da representatividade e até mesmo a redução da influência do poder econômico nos gastos com as campanhas eleitorais.[8]

Entre os textos de autores recentes que analisam a questão da desigualdade e fornecem subsídios para se discutir sua relação com o comportamento da máquina pública, chamam atenção especial, por sua originalidade e ousadia, os trabalhos de Jessé de Souza (2000 e 2003). Esse autor, rompendo com as interpretações clássicas de viés culturalista, explícito ou velado, baseadas

---

[6] Cintra, 1993; Lamounier, 1991; Lamounier e Nohlen, 1993; Lima Jr., 1991; Cardoso e Serra, 1991; e Nicolau, 1993.

[7] Lima Jr., 1993:156.

[8] Evidentemente, essa questão é bastante controvertida, pois autores como Wanderley Guilherme dos Santos consideram que, em um país tão diversificado como o Brasil, é fundamental haver diversas alternativas partidárias, que se coadunem com as idiossincrasias regionais. A diminuição artificial de partidos seria, portanto, uma medida antidemocrática. Outros autores, como Fábio W. Reis, acreditam que o desafio seria lograr um modelo que garantisse um substancial grau de representatividade sem, contudo, renunciar à eficiência do sistema político. Há ainda aqueles que, como Fernando Limongi, afirmam ser um mito imaginar problemas de governabilidade devido às atuais normas, pois estudos empíricos sobre o funcionamento do Congresso Nacional mostram consistência nas tomadas de decisão por parte das diversas agremiações e blocos partidários.

em idiossincrasias nacionais — personalismos, herança patrimonialista, homem cordial, resíduos pré-modernos, hibridismos, entre outros —, defende que, sendo o Brasil uma economia de mercado extremamente complexa, só pode ser compreendido num contexto mais amplo. Para Jessé de Souza (2003), o que possibilita legitimar a desigualdade social tanto no Brasil quanto em qualquer economia capitalista adiantada seria a "ideologia do desempenho" — explicitada por Reinhard Krecke —, que se encontra arraigada de forma pré-reflexiva nas sociedades de mercado. Essa ideologia se basearia numa "tríade meritocrática": qualificação, posição e salário, sendo a "qualificação" uma variável independente extremamente importante por ser capaz de influenciar as outras duas. Segundo essa perspectiva, somente através da categoria "trabalho" é possível alcançar reconhecimento social, auto-estima e identidade pessoal.

Nas palavras do autor, todo indivíduo, para ter a possibilidade de ser "incluído" em uma determinada sociedade de mercado, necessita possuir (variando com o tempo e o lugar) "um conjunto de predisposições psicossociais refletindo, na esfera da personalidade, a presença da economia emocional e das precondições cognitivas para um desempenho adequado ao atendimento das demandas (variáveis no tempo e no espaço) do papel de produtor, com reflexos diretos no papel do cidadão, sob condições capitalistas modernas".[9]

O autor, inspirado em Bourdieu, denomina esse conjunto de atributos "*habitus* primário", sendo a internalização dos mesmos, aliada à disciplina do trabalho, fundamental para se alcançar o princípio básico do consenso do cidadão nas modernas sociedades capitalistas. A inexistência do desempenho compatível e da disciplina no trabalho levaria ao que Jessé de Souza chama de "*habitus* precário".

O que diferiria o Brasil e as demais economias de mercado emergentes dos países desenvolvidos seria o percentual de casos de *habitus* precário extremamente alto nos primeiros, e insignificantes nos países do chamado Primeiro Mundo. Segundo Jessé de Souza (2003:184), no Brasil estamos diante "de uma gigantesca 'ralé' de inadaptados às demandas da vida produtiva e social modernas, constituindo-se numa legião de 'imprestáveis', no sentido

[9] Souza, 2003:170.

sóbrio e objetivo do termo, com óbvias conseqüências tanto existenciais, na condenação de dezenas de milhões a uma vida trágica sob o ponto de vista material e espiritual".

Contrapondo-se a Roberto DaMatta, para quem a aplicação das regras e das leis em situações sociais assimétricas apresenta, por parte dos atores envolvidos, uma intencionalidade favorável àquele que possui contatos e relações privilegiadas no aparelho de Estado,[10] Jessé de Souza (2003:175) entende que esse processo se daria sem qualquer acordo consciente. O que existiria seriam acordos mudos e subliminares, mas, por isso mesmo, tão mais eficazes que articulam, como que por meio de fios invisíveis, solidariedades e preconceitos profundos e invisíveis". Segundo o autor, esses consensos sociais pré-reflexivos se dariam pela forte distinção não-consciente entre "europeus" e "ralé".

A maior importância da contribuição de Jessé de Souza está no fato de, desde meados do século XIX, a questão do desempenho ter sido valorizada e não poder ser considerada "coisa para inglês ver". Por outro lado, as dificuldades de uma abordagem clássica, que explicaria o âmago de toda sociedade capitalista (desenvolvidas e subdesenvolvidas), podem apresentar lacunas idênticas ao marxismo ortodoxo, ou seja, ou bem servem para explicações macro (estratosféricas, sem nenhuma injunção negativa) ou correm o risco de avançar pouco no estudo de casos concretos. A partir das críticas a visões uniformes do Brasil, as pesquisas recentes do autor mostram uma intenção de evoluir para estudos detalhados de como se formam os vários Brasis.

Para Jessé de Souza, relacionamentos privilegiados ocorrem em todas as economias de mercado, o mesmo acontecendo com a corrupção e a promiscuidade entre atores políticos. Entretanto, é difícil aceitar que esses fatos tenham a mesma dimensão em países desenvolvidos e periféricos, especialmente quando o autor afirma que, diante das descobertas de corrupção política nas últimas décadas na Alemanha, o ocorrido no Brasil seria pouco significante. Nesse caso, parece que houve confusão entre valor bruto e relativo de cada uma das duas economias em questão.

---

[10] Para Roberto DaMatta (1978), há na sociedade brasileira uma distinção entre "pessoa" — digna de consideração e para quem a interpretação da lei é matizada de forma favorável — e o "indivíduo" que não possui relações privilegiadas, correndo o risco de ser tratado com os rigores da lei.

Do mesmo modo, ainda que a atuação inconsciente ou pré-reflexiva dos diferentes atores — policiais, promotores, juízes, servidores públicos etc. — em termos de comportamentos fortemente diferenciados quando ocorre um conflito entre membros de diferentes classes (metaforicamente "europeu" *versus* "ralé" para Jessé) seja um elemento extremamente instigante e inovador de Jessé de Souza, não significa que os contatos pessoais (cerne da abordagem do professor DaMatta) no caso brasileiro tenham o mesmo peso e amplitude que nos países capitalistas do Primeiro Mundo.

Ainda que o "universalismo de procedimentos" no Brasil — predominante nos países democráticos desenvolvidos — venha aumentando paulatinamente sua importância ao longo das últimas décadas, está longe de constituir a gramática hegemônica do nosso dia-a-dia. Nesse sentido, mesmo aceitando a interpretação de Jessé no nível macro para o caso brasileiro, a perspectiva damattiana não pode ser totalmente descartada. Isso é ainda mais óbvio nas regiões menos desenvolvidas. Como lembra Edson Nunes (1997), no Brasil usam-se diferentes gramáticas, dependendo do momento e do local: universalismo de procedimentos, clientelismo, corporativismo e insulamento burocrático. No caso brasileiro, é bastante comum a utilização dessas diferentes abordagens de forma cruzada — por exemplo, clientelismo, mas respeitando um teto meritocrático básico.

Da mesma forma, a classificação da "ralé" como "imprestável" por Souza necessita ser matizada de forma a evitar ambigüidades. Ou seja, o "*habitus* precário" é uma barreira que impede a participação direta desses indivíduos no setor dinâmico da economia, mas não sua participação e, inclusive, sua importância econômica para o mercado. Do ponto de vista social, o angustiante problema é o "preço pago" por eles para essa inserção, que ocorre através de um rebaixamento da força de trabalho capaz de pôr em risco inclusive, a médio prazo, sua reprodução física. Do ponto de vista econômico — como demonstrou Francisco de Oliveira em seu clássico "Crítica à razão dualista" — há uma integração complementar e extremamente dinâmica entre os dois setores, baseada na busca de maior rentabilidade.[11] Ressalte-se ainda que a

---

[11] O referido trabalho foi publicado pela primeira vez em *Estudos Cebrap* (n. 2, 1972) e recentemente republicado como a primeira parte do último livro de Francisco de Oliveira (2003).

"superexploração" dessa força de trabalho, especialmente nas regiões menos desenvolvidas do Brasil, traz ganhos indiretos substanciais aos setores médios e altos, através da prestação de serviços domésticos a baixo custo (empregadas doméstica, biscateiros etc.), o que Rui Mauro Marini, no início dos anos 1970, batizou, utilizando o jargão marxista, de "mais-valia extraordinária".

Outra questão diz respeito às inúmeras possibilidades de equilíbrio do sistema político, dependendo das correlações de forças existentes entre os distintos atores envolvidos, nada indicando alguma tendência preferencial das forças de mercado por um arranjo em direção a uma sociedade democrática.

Por sua vez, Fábio Wanderley Reis (2000), buscando uma interpretação matizada dos paradigmas da "teoria da escolha racional" e dialogando criticamente com luminares internacionais dessa abordagem, como Adam Przeworski e Jon Elster, procura montar um quadro conceitual capaz de dar conta de uma interpretação mais abrangente da realidade social.

Fábio Wanderley chama a atenção para o fato de que essas abordagens tradicionais da escolha racional, ao se basearem na racionalidade dos interesses (de forma estreita) e aparentemente prescindirem das normas, levam ao questionamento do papel destas no processo de institucionalização.

O autor enfrenta esse dilema afirmando que é importante ter em conta que se está lidando com dois tipos diferentes de normas. Um corresponderia à idéia de moralidade convencional e se caracterizaria por regras assimiladas e interiorizadas de forma irrefletida e não-consciente, através do processo de socialização, e portanto naturalizadas e sequer questionadas pelos agentes.

É interessante notar que esse tipo de norma guarda forte proximidade com o conceito de *habitus* (ainda que esse seja mais amplo) utilizado por Pierre Bourdieu e ressignificado por Jessé de Souza para as sociedades capitalistas periféricas, entre as quais se encontra o Brasil. Isso fica claro quando Reis (2000:312, grifos meus) sintetiza quais seriam as características dessas normas.

> O ponto crucial é que (esse) tipo de normas — *as normas irrefletidas, ou interiorizadas de forma rotineira e banal* — é que é relevante para se pretender falar de um sentido de "equilíbrio" em que o fator normativo tenha atuação importante. Pois é na medida em que *as normas operem de maneira irrefletida automática* que se tem a institucionalização, se entendemos esta última como envolvendo a criação de uma "tradição" ou "cultura" ou de

uma disposição sociopsicológica compartilhada estavelmente pelos membros da coletividade, que são levados a agir naturalmente sem esforço (sem a necessidade de reflexão) dentro dos moldes prescritos pela tradição... Nessa condição, *cada indivíduo*, mesmo movido por interesses próprios, ao procurar "fazer o que é melhor para si dado o que os outros fazem", nos termos da definição de equilíbrio formulada por Przeworski, *teria latentemente em conta a operação surda mas efetiva (ou efetiva, em boa medida, porque surda) das normas* no sentido de mitigar os efeitos do interesse no condicionamento das ações de todos.

O outro tipo de normas seriam as decorrentes de deliberação consciente, envolvendo capacidade reflexiva por parte dos agentes. Nesse caso estão contidas as idéias de "identidade", de "autonomia", de "escolha" e, conseqüentemente, de "responsabilidade" do agente.

Reis reconhece que a criação de normas baseada na autonomia e na reflexão dos agentes pode ser interpretada como um ponto alto em relação à moralidade convencional do grupo, que pressupõe uma inserção acrítica dos atores. Entretanto, Fábio Wanderley mostra-se bastante cauteloso quanto às dificuldades do que ele chama de tentativa de se criar uma "nova tradição", condição *sine qua non* para se alcançar uma verdadeira e estável institucionalização. Nesse sentido, a criação de uma nova tradição se fará sempre contra a resistência "de uma tradição anterior, que induz formas de comportamento distintas daquela que se procura implantar; segundo, de que esses difíceis aspectos psicossociais do problema estarão inevitavelmente ligados a aspectos estruturais e de relações de poder, de onde decorre que o empenho em erigir uma nova tradição seja próprio de certos interesses e forças sociais, aos quais se oporão outros, apegados à tradição antiga que se procura superar e à estrutura de poder que com ela se articula".[12]

As normas permitem o funcionamento de instituições, o que no sentido moderno significa não só uma forte diminuição dos gastos de energia — referentes a um grande número de decisões rotineiras —, com impactos operacionais positivos, mas, sobretudo, com aumento de confiabilidade em termos de

[12] Reis, 2000:313.

seus objetivos e missões. Em outras palavras, o grande desafio das instituições governamentais é serem capazes de responder minimamente às suas responsabilidades públicas, independentemente das qualidades e valores de seus dirigentes.

As instituições são definidas de diferentes maneiras e possuem diversas dimensões. Entre algumas de suas características pode-se destacar a capacidade de tomada e implementação de decisões em uma arena determinada, a redução dos custos de transação, os gastos de energia, o grau de incerteza, os comportamentos imprevisíveis e, por conseguinte, o aumento da eficácia, eficiência e efetividade em sua área de atuação. Nesse sentido, as instituições enfrentam problemas de ação coletiva, possibilitando a ação de supervisionar, coordenar, coagir ou mobilizar a ação de diferentes indivíduos, quase sempre com diferentes especialidades, para se alcançar objetivos predeterminados, que não poderiam ser atingidos de forma não-organizada sem enorme dispêndio de energia.

Como ensina Margaret Levi (1991:81):

> entender instituições significa entender que estas representam delegações de poder de um grupo de atores para no mínimo um outro indivíduo, de modo a que os principais conflitos potencialmente presentes entre atores estratégicos sejam resolvidos... Instituições formais não possuem apenas hierarquias internas de implementação e de tomadas de decisão, pois são capazes também de estabelecer e ratificar o poder coercitivo de certos membros da sociedade relativamente a outros (...) os mecanismos de delimitação de escolhas, incluindo escolhas contratuais, refletem uma distribuição de poder.

Além disso, as mudanças institucionais ocorrem normalmente de forma incremental e são produto tanto de fatores endógenos quanto de pressões externas, ou ambos. Isso significa que o "equilíbrio" institucional é no máximo relativamente estável, representando casos extremos paradigmáticos — ainda que pertinentes — os dois tipos de relação entre os dois tipos de normas (não-conscientes e reflexivas) e instituições apresentadas por Fábio Wanderley.

Em se tratando de uma grande simetria entre as normas irrefletidas ou interiorizadas de forma banal e a correlação de forças dos atores envolvidos, ter-se-ia um equilíbrio "quase perfeito". Ora, como o próprio autor já reiterou em diversos trabalhos, nem todo equilíbrio é desejável *per se*, sendo que em alguns casos o problema é como encontrar outro ponto de equilíbrio capaz de permitir a implementação de determinada política, segundo certos pressupostos — por exemplo, democracia, transparência, *accountability* etc.

Na imensa maioria dos casos em que se deseja incentivar mudanças — em outras palavras, utilizar o próprio formato institucional como uma das variáveis independentes (ou pelo menos interveniente no processo) —, não há a intenção de replicar automaticamente um encaixe "quase perfeito", pois esse seria um fator inibidor de mudanças, nem muito menos de cair no extremo oposto, uma vez que uma forte assimetria entre normas e o equilíbrio de forças entre os agentes inviabilizariam o processo de institucionalização pelo boicote dos atores com maior controle sobre recursos estratégicos que se sentissem prejudicados.[13]

Assim, o equilíbrio buscado tem, por um lado, que levar em conta o peso relativo dos diferentes agentes e, por outro, ser criativo o bastante para permitir espaços institucionais para outros atores relevantes, alijados dessa arena ou com participação muito aquém de suas potencialidades presentes e futuras.

Rediscutindo o conceito de "reforma do Estado": mudanças e pontos de inflexão do Estado brasileiro no século XX

O Estado contemporâneo é formado por um mosaico de instituições com objetivos, capacidade técnica, valores, paradigmas, formatos institucionais e graus de interlocução e interação bastante díspares em relação aos diversos atores sociais. Do mesmo modo, as normas jurídicas e as políticas regulatórias que balizam a atuação dos distintos órgãos e agências públicas, além de não serem necessariamente coerentes entre si, apresentam, tanto para o setor público encarregado de implementá-las quanto para o público-alvo, significado simbólico e capacidade mandatória (legitimidade) diferentes segundo cada país e, por vezes, mesmo segundo os diferentes governos subnacionais. Dessa forma, o Estado contemporâneo encontra-se muito distante das ultrapassadas

[13] Azevedo e Guia, 2003.

concepções funcionalistas e marxistas tradicionais, que tendiam a priorizar uma visão abrangente e uma lógica linear na ação do aparato de Estado.[14]

Por outro lado, toda essa complexidade do aparato estatal está longe de significar que o Estado seja amorfo ou tenha comportamento anárquico recorrente. Ainda que de forma matizada, as contradições, os conflitos, as fragmentações institucionais, o *status* e o acesso diferentes a "recursos críticos" (financeiros, políticos, organizacionais etc.) por parte dos diversos órgãos e agências públicas se apresentam, pelo menos em parte, como um rebatimento da correlação de forças existente entre os diversos atores sociais.

As inúmeras variáveis envolvidas no processo de formulação, implementação e avaliação de políticas públicas tornam complexas as análises comparativas de *governance* e *accountability* que envolvam diferentes contextos nacionais, regionais ou locais. O mesmo se pode dizer dos esforços que vêm sendo realizados nos últimos anos por agências internacionais e nacionais (através de seminários temáticos, publicações especializadas e formação de banco de dados), voltados para a socialização e a difusão das chamadas *best practices*, dirigidas, em sua maioria, à melhoria das condições de vida das populações pobres dos países em desenvolvimento.[15]

No caso brasileiro, essas questões tornam-se ainda mais dramáticas em virtude tanto da enorme extensão e diversidade do país, quanto do pacto federativo que abrange três distintas esferas de governo.

---

[14] Apesar da utilização do conceito de "disfunção" por autores funcionalistas como Merton para enfrentar a questão do conflito e da mudança — em uma análise sistêmica que tende a privilegiar o equilíbrio e a manutenção do *status quo* —, e do uso da noção de "autonomia relativa" da esfera política, especialmente por marxistas de corte estruturalista como Poulantza, como forma de minimizar os efeitos do determinismo econômico, ainda assim considero que as duas abordagens padecem de uma rigidez metodológica extremamente simplificadora, que não é capaz de dar conta da riqueza e complexidade do Estado contemporâneo e de sua interação com a sociedade.

[15] Nos anos 1960 foi de extrema importância a contribuição de Guerreiro Ramos sobre o conceito de "reduções sociológicas". Para ele, não só as ciências sociais se encontravam profundamente marcadas, nos países do Terceiro Mundo, por uma agenda montada para as necessidades dos países ocidentais de ponta, como os cientistas sociais buscavam de maneira acrítica repetir experiências exitosas nesses países, sem levar em conta as especificidades socioeconômicas locais. Quando se constatam atualmente algumas tentativas ingênuas de generalização das *best practices* — sem as necessárias "reduções sociológicas" —, não se pode deixar de ressaltar a pertinência de sua contribuição. Aliás, a reedição recente do seu mais famoso livro, *Reduções sociológicas*, corrobora a atualidade dessa questão. Ver Ramos, 1997.

A discussão de como compatibilizar a política de um novo governo com o aparato estatal existente tem sido historicamente tema de grande relevância para a ciência política.[16] Porém, é necessário tentar diferenciar as reformas tópicas, denominadas genericamente reformas administrativas, daquelas que se poderia denominar reforma do Estado.[17] Em outras palavras, em contraposição a esse processo de rearranjos permanentes e incrementais do aparato estatal, há momentos históricos — decorrentes de conjunturas específicas internacionais, nacionais ou ambas — em que ocorrem rupturas de maior envergadura, que podem ser classificadas como "reforma do Estado".

Uma das maneiras tradicionais de diferenciar esses pontos nodais das mudanças de corte mais incremental seria utilizar a tradicional dicotomia "reforma *versus* revolução", tão cara à tradição marxista ortodoxa. Por esse prisma, só se poderia falar de reforma do Estado quando ocorressem transformações estruturais no denominado "modo de produção" (envolvendo também mudanças qualitativas nas arenas política e ideológica), como seria o caso da Revolução Francesa e da Revolução Russa, entre outras. Considero essa postura estreita, pois subestima transformações importantes do aparato estatal que

[16] Vale lembrar que essa foi uma das questões que desencadearam a cisão entre bolcheviques e mencheviques antes da revolução russa. Em *O Estado e a revolução*, Lênin basicamente repetiu a análise de Marx sobre a "comuna de Paris" em relação à questão da burocracia, sem perceber as especificidades de um momento pré-revolucionário e a impossibilidade de estender essas características a situações estáveis. Obviamente, o principal objetivo dessa obra foi muito mais enfrentar politicamente os mencheviques (que sob a liderança de Martov propunham uma via "socialdemocrata") fazendo uso de uma alternativa revolucionária do que efetivamente aprofundar as discussões sobre as diversas dimensões do fenômeno burocrático.

[17] Em nível macro, as transformações no Estado podem ser entendidas como um processo permanente que engloba dimensões políticas, econômicas, institucionais, jurídicas e, inclusive, culturais. Os casos mais corriqueiros são produto das chamadas "reformas administrativas", propostas, via de regra, no início de cada administração, a fim de adequar a máquina pública às prioridades do novo governo. Nesse sentido, torna-se lugar-comum a formação das chamadas "equipes de transição", que esboçam as principais sugestões de reordenamento da legislação e da máquina pública consideradas necessárias para viabilizar as prioridades e o programa do novo governo. Não raro surgem conflitos e contradições entre as proposições técnicas e os acertos necessários para a sustentação política dos eleitos. Como sói acontecer, nesses casos ocorre uma certa frustração nos quadros técnicos que não aceitam ou não logram compreender a primazia da dimensão política em contextos democráticos. Ver Azevedo e Andrade, 1997.

ocorrem em determinados momentos históricos sem se configurar necessariamente uma "revolução" na acepção marxista.[18]

Parto do pressuposto de que o papel e a organização do Estado em determinado momento histórico podem ser compreendidos, por um lado, em termos da definição de bens públicos e, por outro, em função da forma de oferta desses bens. Embora o conceito tradicional de bem público o defina como aquele que não pode ser apropriado individualmente, sabe-se que, em cada situação concreta, a maior ou menor amplitude desses bens depende de um pacto social e político. Em sua delimitação mais restrita, os bens públicos seriam circunscritos apenas à "defesa externa e à ordem jurídica e institucional, abrangendo as garantias individuais, os direitos civis e políticos e o arcabouço normativo das atividades econômicas, entre outros. Em sua acepção ampliada os bens públicos englobam, além dos anteriores, os bens e serviços que a sociedade define como direitos do cidadão, por exemplo, educação, saúde, infra-

[18] Na verdade, esse enfoque apresenta também o equívoco de superestimar as transformações ocorridas nas chamadas "revoluções". Basta lembrar, entre outros, a obra de Tocqueville sobre a Revolução Francesa, na qual se mostra que muitas das mudanças imputadas ao processo revolucionário já se encontravam em plena gestação durante o *Ancien Regime*. Do mesmo modo, os trabalhos clássicos sobre a Revolução Russa de Issac Deutchet,Trotsky, Mandel e Charles Bettelheim, entre inúmeros outros, são recorrentes em explicitar o quanto a realidade se alijou do panorama pós-revolucionário traçado por Lênin em *O Estado e a revolução*. No campo administrativo, durante e após a revolução, boa parte da burocracia socialista era formada por antigos servidores do czar. Por falta de pessoal qualificado, o Exército vermelho — organizado por Trotsky — também foi obrigado a lançar mão de grande quantidade de ex-oficiais czaristas. A influência desses oficiais "pouco confiáveis" era tão significativa que foi preciso criar o chamado "comissário militar" para minimizar a liderança desses soldados profissionais junto à tropa. Posteriormente, nos anos 1920, a chamada Nova Política Econômica (NPE) — defendida por Bukarin e Stalin, entre outros líderes — foi considerada por Lênin a única opção viável naquele contexto pós-revolucionário. A adoção de uma política de livre mercado enriqueceu uma parcela considerável do campesinato, acarretando uma forte estratificação no campo, assim como trouxe de volta às fábricas, na qualidade de "administradores", boa parte dos antigos capitalistas ou gerentes. O saudoso Macur Olson, em seu instigante e último livro sobre a superação das ditaduras comunistas e capitalistas, defende a tese de que, no caso de Stalin, tanto a sua defesa inicial da NPE, quanto a posterior implementação das teses coletivistas da esquerda do partido nos anos 1920 (aniquilada política e, em muitos casos, fisicamente pela facção stalinista), na década posterior ocorreram pela manutenção e consolidação de poderes pessoais e não devido a aspectos ideológicos, que no máximo serviram como justificativa para as referidas mudanças. Ver Olson, 2001.

estrutura, saneamento etc. Entre estes dois extremos há possibilidades de inúmeras definições intermediárias de bens públicos, mais restritas ou abrangentes".[19]

Por outro lado, a forma de ofertar esses bens tanto pode se dar através da produção direta do poder público, quanto por intermédio da regulação e, por vezes, do financiamento, deixando que o setor privado se responsabilize por suprir as demandas desses bens.[20]

A partir dessas considerações, entendo que se deve reservar a denominação "reforma do Estado" para ocasiões de mudança do pacto social, ou seja, para quando ocorrer uma redefinição qualitativa do escopo do que se considera "bem público" (amplitude ou redução) e/ou mudanças significativas na forma de produção e oferta desses bens.

Tomando por base esses parâmetros, pode-se dizer que, no século recém-terminado, tivemos no Brasil três momentos em que ocorreram reformas do Estado: na chamada Revolução de 1930; no regime militar instaurado em 1964; e no terceiro e mais longo processo, embrionariamente esboçado na administração Collor/Itamar, bastante fortalecido nas duas administrações do presidente Fernando Henrique Cardoso e consolidado — ainda que não terminado — no governo do presidente Lula.

Assim, a primeira grande reforma inicia-se no primeiro período getulista, com a estruturação das bases do chamado Estado nacional desenvolvimentista, no qual a questão social entra na agenda pública, ainda que atingindo apenas os trabalhadores formais urbanos. Além disso, é emblemática, em nível econômico, a disposição de maior participação direta do Estado nas chamadas

[19] Azevedo e Andrade, 1997.

[20] Combinando as variáveis "tipo de oferta" e "amplitude da definição dos bens públicos", a partir de uma abordagem weberiana, é possível pensar três "tipos ideais" de Estado: o chamado "Estado mínimo" ou o velho Estado do *laissez-faire*, voltado exclusivamente para a proteção contra os inimigos externos e a manutenção da ordem interna; o "Estado neoliberal", que, além da defesa externa e da ordem interna, inclui alguns bens e serviços de consumo coletivo na sua agenda, não se encarregando, entretanto, da produção direta destes últimos; e o "Estado de bem-estar", caracterizado pela definição ampliada de bem público e pela produção direta de grande parte desses bens. Os casos concretos de Estado e as propostas de reforma situam-se nos espaços intermediários dos tipos mencionados (Azevedo e Andrade, 1997).

indústrias de base — como forma de incentivar a modernização do país — e, na dimensão institucional, a criação do legendário Dasp, com o objetivo de modernizar toda a administração federal.[21]

O segundo momento de ruptura ocorreu por ocasião do regime militar instalado em 1964, que, com a reforma levada a cabo através do Decreto-Lei nº 200, ampliou e possibilitou uma maior eficiência da chamada administração indireta (autarquias, fundações, empresas estatais e de economia mista), que passaram a atuar em bases empresariais.[22]

Por fim, o terceiro período iniciou-se no nível econômico com a abertura significativa do mercado externo no período Collor/Itamar e as primeiras privatizações de empresas governamentais isoladas. Posteriormente, continuou com o processo de reforma constitucional ora em curso, que levou à flexibilização do monopólio do petróleo, à privatização dos portos, à venda das empresas de telefonia e de diversas companhias elétricas sob o controle federal. Concomitantemente a esse processo de repasse de alguns serviços públicos para concessionárias privadas, vem ocorrendo em nível institucional a

[21] Apesar do sucesso da administração JK em compatibilizar arranjos institucionais inovadores capazes de viabilizar novas metas de governo (com o *slogan* de crescer 50 anos em cinco), isso ocorre dentro do marco do chamado Estado desenvolvimentista. Em vez de propor uma reforma administrativa clássica — que inevitavelmente acarretaria fortes fricções com o Congresso e dispêndio de grande energia e tempo —, Juscelino optou por criar uma estrutura paralela moderna (os conhecidos "grupos executivos" da indústria automobilística, da Novacap etc.) como forma de implementar suas propostas mais inovadoras.

[22] O governo militar optou por uma estratégia econômica de maior integração em nível internacional — sem abrir mão da defesa da indústria nacional — e de rápida modernização tecnológica nos setores dinâmicos da economia (bens de capital, bens de consumo durável etc.). Nesse sentido, o sistema produtivo podia *grosso modo* ser definido como lastreado na grande empresa privada, na sua maioria transnacional, e sustentado por um considerável conglomerado de grandes empresas estatais bastante dependentes de investimento governamental. Em sua grande maioria, as empresas privadas tipicamente nacionais não eram capazes de competir em igualdade de condições com as empresas multinacionais e estatais, atuando preferencialmente em áreas recorrentes e complementares. Foram implementadas pelos seguidos governos militares diversas políticas compensatórias para minorar as desigualdades desse tripé sobre o qual se assentava a economia nacional, bem como ocorreram várias estratégias do empresariado brasileiro para fazer frente a tal situação (associação com capitais internacionais, transferências para setores menos dinâmicos, *lobby* para ampliação da legislação protecionista, fusão entre empresas nacionais, pressão para receberem benefícios fiscais etc.).

ampliação dos poderes reguladores do Estado, cujo exemplo inicial marcante foi a criação de agências reguladoras para operarem inicialmente nas áreas de telecomunicações (Anatel), energia elétrica (Aneel) e petróleo (ANP).

As mudanças qualitativas no papel e na organização do Estado brasileiro ocorridas nos três períodos históricos se encontram atreladas fortemente a variáveis endógenas: crise do modelo agroexportador baseado na produção cafeeira e da chamada "política dos governadores", que resultou no fim da República Velha em decorrência da Revolução de 1930; esgotamento da primeira fase do modelo de substituição de exportações (produtos de consumo e indústria tradicional) no final dos anos 1950, acompanhada pelo colapso do pacto populista que redundou no golpe militar de 1964; e, finalmente, forte crise do Estado desenvolvimentista nos anos 1980.

Embora seja possível também levantar algumas variáveis exógenas que poderiam ter certa influência nas duas primeiras transformações do Estado no Brasil, seguramente as alterações em curso são as que mais claramente foram influenciadas por mudanças no nível mundial, especialmente a partir de meados dos anos 1970.

Globalização, crise do Estado desenvolvimentista e as reformas no Brasil

A crise mundial de 1929 e suas repercussões na economia global certamente favoreceram uma debilitação mais rápida da "política café-com-leite" na chamada República Velha. Do mesmo modo, no início anos 1960, no auge da Guerra Fria e ainda sob o impacto da Revolução Cubana, o receio do "perigo comunista" (ainda que objetivamente infundado) por parte de atores importantes como militares, empresários e segmentos significativos da Igreja católica e da classe média colaborou e legitimou a chamada, por Touraine, "modernização conservadora" implementada pelos mentores da intervenção militar de 1964.

Porém, nas últimas duas décadas, tanto no Primeiro Mundo quanto nos países periféricos, vem ocorrendo em grande escala — mesmo que de forma diversificada e com diferentes ritmos — uma tendência de redefinição das relações entre o poder público e a esfera privada.

Globalização é o termo usado para designar o período iniciado no final do século XX e marcado por uma internacionalização extensa de diversas facetas da vida humana. Em termos genéricos, globalização refere-se à intensificação das trocas de bens, serviços, informações, viagens e bens culturais de origens distintas, embora nem todos com pesos iguais.[23] A globalização veio acompanhada da formação de blocos regionais fortalecidos política e economicamente. Assim, o final do século XX foi tanto um período de crescente internacionalização quanto de crescente regionalismo em termos de blocos econômicos.

A partir dos anos 1950, verificou-se o aprofundamento da internacionalização da economia capitalista. Desencadearam-se forças que acabariam, mais tarde, constituindo uma economia verdadeiramente global e não uma mera soma de economias nacionais, num processo que adquiriu velocidade vertiginosa no final do século XX, permitindo uma grande expansão de oligopólios internacionais, que se constituíram em verdadeiros blocos privados atuantes em diversos setores da economia e em diversas regiões do mundo. Como resultado dessas alterações estruturais, vemos, em quase todos os países capitalistas, a incapacidade de assegurar um crescimento próximo ao pleno emprego, a crise fiscal do Estado, a desregulamentação da economia, privatizações, a crise do *welfare state* etc., fatos que expressam, entre outros aspectos, dificuldades dos Estados para controlar suas economias nacionais.[24]

Há grande controvérsia quanto aos fundamentos das crises econômicas que afetaram, no último quarto do século XX, um grande número de países desenvolvidos e a maioria dos países periféricos. As correntes neoliberais explicam fundamentalmente a crise do Estado nos países desenvolvidos a partir de meados dos anos 1970 como uma decorrência direta das políticas de *welfare state* levadas a cabo nas democracias ocidentais nas décadas de 1950 e 1960.[25] Essas políticas teriam criado um excesso de demandas para o sistema político, a saturação da agenda governamental e um crescimento geométrico dos gastos sociais incompatíveis com a capacidade de arrecadação do Estado.

É interessante ressaltar, contudo, as especificidades desse discurso no hemisfério Sul (excetuando-se a Austrália e a Nova Zelândia). Aqui, a crise do

[23] Zini Jr., 1997:118.
[24] Mazzeo e Corsi, 1995.
[25] Offe, 1984.

Estado não é debitada a fortes programas sociais, mas ao Estado desenvolvimentista, que se caracteriza por uma enorme intervenção direta na economia.

A forte presença do Estado no setor produtivo, através de empresas controladas pelo poder público e de organizações paraestatais, levaria a déficits crônicos, comprometendo o equilíbrio fiscal. A necessidade dos governos de equilibrar suas contas a curto prazo acarretaria paulatinamente o aumento do endividamento externo e interno, além, obviamente, do recrudescimento e da retroalimentação da inflação.

As empresas e órgãos de prestação de serviços estatais são normalmente acusados de deficitários, perdulários, "inchados", ineficientes e sem condições de arcar com as necessidades de novos investimentos. A privatização seria a saída não só para pôr fim aos prejuízos reiterados dessas empresas, como para canalizar recursos futuros do setor privado para as áreas econômicas estratégicas. Adicionalmente, os recursos produzidos pela privatização ajudariam ainda na amortização de parte da dívida do poder público.

Mesmo no caso de empresas paraestatais rentáveis e com gestão profissional, a retórica neoliberal defende a privatização com base, principalmente, em dois argumentos. O primeiro, de cunho econômico, procura mostrar que, mesmo quando rentáveis, o retorno dessas empresas para o Erário público é normalmente bem inferior ao pago pelas empresas privadas aos seus acionistas. O segundo, de caráter político, é que não caberia ao poder público empatar recursos consideráveis em atividades produtivas, quando esse dinheiro poderia ser muito mais bem aplicado em investimentos sociais, normalmente muito aquém das demandas mínimas da população.

Assim, diferentemente de seus primos do Norte, os neoliberais do Sul, incluindo os brasileiros, argumentam que a "saída" do Estado da esfera econômica teria como corolário o aumento de sua participação na esfera social. Não é por acaso que o ex-vice-presidente Marco Maciel, um dos líderes do Partido da Frente Liberal, se auto-intitula liberal-social. Setores da esquerda brasileira optaram pela utilização do termo neoliberal como um xingamento político (da mesma forma que se chamava a ditadura brasileira de fascista, ainda que não tivéssemos nenhum movimento de massa nacionalista conservador). Essa opção pode ter um impacto político, mas obscurece uma perspectiva analítica óbvia sobre o comportamento racional de afastamento da abordagem neoliberal clássica dos candidatos a cargos eletivos, inclusive os mais conservadores. Em um país como o Brasil, onde, apesar dos constrangimentos institucionais de diversas ordens — financiamento de campanhas, lista aberta, fragilidade dos partidos etc. — funciona o sufrágio universal e uma justiça eleitoral modelar em relação à maioria dos países em desenvolvimento, o voto dos setores populares carentes de *welfare state* é fundamental para se ganhar uma eleição, especialmente a majoritária. Quando, na feliz condensação freudiana, Bacha afirmou que o Brasil poderia ser chamado de Belíndia, ficou claro para todos que a eleição é um dos poucos campos de disputa social no qual o comportamento da "Índia" é muito mais importante que o da "Bélgica".

Assim, nesse novo cenário internacional, algumas características do panorama político global se destacam. A mais evidente é o enfraquecimento relativo do Estado nacional, instituição central da política desde a "Era das Revoluções", devido tanto a seu monopólio do poder público e da lei, quanto à constituição do campo efetivo de ação política para a maioria dos fins.[26]

Ressalte-se, por fim, que o chamado processo de globalização econômica diz respeito fundamentalmente ao fator capital, já que não há até o momento, no Terceiro Mundo, qualquer perspectiva de livre circulação de mão-de-obra. Pelo contrário, o que se observa tanto nos Estados Unidos quanto na Comunidade Econômica Européia é o inverso, ou seja, legislações draconianas, que dificultam o processo de migração dos países periféricos para o chamado Primeiro Mundo. Assim, estamos muito longe do que seria o embrião de uma cidadania mundial e também não se vislumbra a curto ou médio prazo a formação de um governo supranacional capaz de uma regulação de âmbito mundial, embora se possa avançar paulatinamente em acordos internacionais pontuais sobre temas específicos, como já vem ocorrendo neste século.

Ainda no que se refere ao comércio internacional — como bem expressam os que vêem com certo ceticismo o processo de globalização —, há inúmeros constrangimentos à livre circulação das mercadorias adotados pelos próprios países desenvolvidos, sejam eles explícitos, como os subsídios agrícolas,

---

[26] Hobsbawm, 1995:553.

ou implícitos, como as chamadas "barreiras sanitárias" declaradas unilateralmente, que tanto têm prejudicado a América Latina.

Mesmo ocorrendo interpretações divergentes sobre a caracterização da crise do Estado, a maioria dos estudiosos concorda que as sociedades contemporâneas passam por um período de rápida restruturação.[27] Pode-se dizer que os processos de transformação econômica em curso nas últimas décadas romperam as "amarras" regulatórias tradicionais do Estado.[28] Assim, mesmo em contextos e setores em que não ocorreu uma "desregulação" oficial ou formal da economia, na prática parte considerável do quadro legal tornou-se superado. Em suma, um dos desafios no início deste século seria a formação de um novo marco de regulação por parte do Estado que desse conta da profunda complexidade e das idiossincrasias das sociedades contemporâneas.

Atualmente, embora variando em função das características locais, há uma tendência de diminuição da participação do Estado como produtor direto de bens e serviços e o aumento das atividades referentes ao incentivo e à orientação dos investimentos do setor privado em áreas consideradas estratégicas ou prioritárias pelo setor público, bem como o incremento das atividades de regulação e de parcerias com diferentes atores da sociedade civil.[29] Essa tendência não significa que o Estado deixou de ser um instrumento político relevante — como poderia levar a crer uma interpretação ingênua do processo de globalização —, mas requer uma rediscussão do seu novo papel e de seus arranjos institucionais.

Interagindo com esses constrangimentos estruturais, países em desenvolvimento como o Brasil enfrentam, concomitantemente, questões de gover-

[27] As experiências de reforma e ajuste do Estado que resultaram em êxito relativo, tal como ocorreu na maioria dos países latino-americanos, são bastante diferenciadas quanto a estratégias, *performance* do plano, época de implantação e respaldo político. Ainda que se possa questionar o preço pago pela "saída da crise", de uma maneira mais ou menos eficaz, todos eles reduziram substancialmente a inflação, colocando-a sob controle, realizaram reformas de maior ou menor envergadura no aparato de Estado e, em sua maioria, voltaram a crescer, ainda que a taxas bastante diferenciadas. Mesmo com a grave crise econômica das duas últimas décadas do século XX — possivelmente em virtude da consolidação democrática em diversos países, que permitiu maiores possibilidades de pressão popular sobre os governos (nacionais, estaduais e locais) —, ocorreu tanto no Brasil (Medice e Agune, 1994; Lago, 1998), quanto em outros países latino-americanos (Coragio, 1994) uma sensível melhoria dos índices sociais *vis-à-vis* a situação anterior.

[28] Touraine, 1995.

[29] Osborne e Gaebler, 1992.

nabilidade e de governança que só podem ser entendidas se, aliados a esses constrangimentos exógenos, avançarmos na compreensão de nossas idiossincrasias.

O Brasil se encontra atualmente num momento de transição com limites de expansão econômica balizados tanto pela nova ordem internacional, quanto por questões internas não resolvidas, havendo virtual consenso entre os analistas sobre a necessidade de avançar no processo de reforma do Estado como condição para qualquer projeto de retomada sustentável do crescimento de longo prazo. Há, evidentemente, divergências sobre a amplitude, a forma e o ritmo das mudanças, bem como sobre a definição da agenda de bens públicos, os meios adequados de regulação pública e sobre como se organizariam diferentes tipos de serviços ofertados diretamente pelo Estado.

Na qualificação deste quadro complexo, há um relativo consenso entre os analistas sobre certos pontos. Primeiramente, apesar do impacto positivo do Plano Real no governo Fernando Henrique — que logrou debelar o forte processo inflacionário — e dos avanços significativos de diversos índices econômicos no governo Lula, não parece viável uma retomada do crescimento nos moldes dos anos 1970, sendo impossível a reedição da intervenção pública, no campo econômico e social, nos moldes do chamado Estado desenvolvimentista. Tanto o governo quanto parcela considerável da oposição parlamentar concordam com a necessidade de reformas institucionais, seja através de emendas constitucionais e/ou legislação ordinária do Estado, que incluam maior participação do capital privado em serviços públicos, maior envolvimento da sociedade organizada na elaboração e no controle das políticas públicas, bem como terceirização, descentralização e privatização de certas atividades hoje a cargo do poder público nos três níveis de governo.

As principais reformas em curso poderiam ser divididas em seis grandes grupos: a) as de caráter econômico; b) as de ordem política; c) a da seguridade social; d) a tributária; e) a administrativa; e mais recentemente e de maior fragilidade, f) a reforma urbana, resgatada pelo governo Lula.[30]

---

[30] Apesar da forte presença na mídia nacional e internacional do Movimento dos Sem Terra (MST), em função de sua performance política baseada na ocupação de terras consideradas “improdutivas”, e da inequívoca importância social do processo de reforma agrária, seria um equívoco considerá-la em pé de igualdade com as demais reformas setoriais em curso, seja porque no campo a produção capitalista moderna é de longe o setor predominante e economicamente estratégico, seja porque com a esmagadora maioria da população vivendo na área urbana é nas cidades que teremos que enfrentar os grandes desafios sociais.

A reforma econômica é a mais avançada, pois, no governo de Fernando Henrique Cardoso, além da privatização de empresas antes controladas pelo Estado, logrou-se a criação de diversas agências reguladoras antes da concessão de diversos serviços públicos (água, energia, telefonia). O atual governo reclama, por vezes, que as condições de reajuste das tarifas públicas pactuadas com as futuras concessionárias apresentaram um viés em favor destas, embora membros do governo anterior afirmem que os contratos em vigor foram fundamentais para atrair investidores, por oferecerem segurança do cumprimento dos acordos e regras claras de funcionamento.

Cabe ressaltar ainda as chamadas parcerias público-privadas (PPP). Legislação recém-aprovada no atual governo, as PPP permitem, entre outras possibilidades, que, em contrapartida pela aprovação de projetos particulares e pela concessão de facilidades em sua implementação, o poder público possa exigir que as empresas ou grupos beneficiados assumam os ônus de sanarem ou minimizarem, através de obras públicas, possíveis efeitos perversos advindos dos impactos dessas iniciativas na estrutura urbana, podendo também, dependendo da situação, negociar a participação desses grupos em projetos sociais do governo (construção de casas populares, reformas de escolas, praças públicas, manutenção de jardins etc.). Entretanto, as possibilidades de maior impacto econômico estão na concessão de serviços públicos em contrapartida a financiamentos prévios de infra-estrutura.

A reforma política, apesar da retórica oficial sobre sua importância para a consolidação democrática, o resgate dos partidos, o aumento da governabilidade, entre outras reais ou pretensas vantagens para o país, não conseguiu avançar nos dois últimos governos devido à resistência dos mesmos pequenos partidos que, como agora, participaram da base parlamentar do Executivo. Além disso, apesar de quase todos os parlamentares concordarem, em tese, com a necessidade de mudanças, como foram eleitos pelas atuais regras e não sabem quais os efeitos dessas mudanças em suas candidaturas, preferem arriscar o mínimo possível. Dessa forma, mudanças nessa área deverão ser lentas, incrementais, só para entrar em funcionamento a médio prazo e com possibilidades de "idas e vindas". Praticamente estão descartadas transformações drásticas, como mudanças no sistema político, implantação de qualquer tipo de voto distrital, abandono da lista aberta, diminuição do número mínimo de deputados por estado, entre outras.

O terceiro grupo de propostas envolveria o complexo e delicado tema da seguridade social, no que se refere tanto à questão institucional (gestão e formato organizacional) quanto às mudanças nas fontes de recursos, sua arrecadação e administração. No tocante às regras de aposentadoria, uma parte foi aprovada no governo anterior e a administração Lula, ao assumir uma agenda similar à anterior, praticamente desarmou seus adversários políticos, ficando sem oposição substantiva no Congresso. Apesar das críticas de "estelionato político", aprovou com relativa facilidade diversos pontos pendentes, postergando as aposentadorias e garantindo parâmetros de efetiva contribuição, seguindo a tendência mundial. Quanto a uma possível regra de repartição das fontes permanentes de financiamento de cada uma das bases-tripé — seguridade social, previdência, saúde ou assistência social —, sequer há propostas consistentes. O mesmo acontece com as chamadas "contribuições sociais", estratégia usada por todos os governos federais a partir da promulgação da nova Constituição para criar novas fontes de arrecadação, sem a necessidade de dividi-las com estados e municípios. Atualmente, o orçamento da seguridade se aproxima do fiscal, desvirtuando o pacto federativo acordado em 1988 e criando um cipoal de impostos disfarçados que torna o sistema de arrecadação da União extremamente complexo e com baixa racionalidade. Como se trata de tema de grande sensibilidade social e de fortes interfaces com o sistema tributário convencional, esse processo de reforma, para chegar ao fim, deve ser longo e bastante conturbado.

Diferentemente das outras propostas de reforma constitucional do governo federal — como a da previdência e a administrativa —, no caso do projeto de reforma tributária nunca houve no Executivo um *policy advocate* de peso da proposta oficial.[31] Além disso, algumas das medidas de reforma tributária implementadas no governo Fernando Henrique via legislação ordinária,

[31] A primeira proposta do governo Fernando Henrique Cardoso para a área tinha como mentor um técnico, Fernando Rezende, que posteriormente se tornou presidente do Ipea (Rezende, 1996). A falta de paternidade das propostas nessa área, no entanto, é consistente com estudos internacionais que mostram que os políticos em geral não entrevêem dividendos eleitorais em matérias tributárias, excetuando aqueles que fazem *lobby* para grupos específicos (Azevedo e Melo, 1997).

como a desoneração das exportações de produtos primários e semi-elaborados, em virtude das perdas de receitas estaduais, causaram tal descontentamento entre aliados importantes do governo federal (especialmente o governo do Pará, Minas Gerais e São Paulo) que levaram a União a negociar a um fundo especial para causar menos perdas para os governos subnacionais.

De maneira geral, os diversos atores estratégicos envolvidos na reforma tributária estão bastante divididos. Os governadores desejam, fundamentalmente, discutir a questão de suas potenciais perdas específicas geradas pela proposta do governo federal. Os empresários, apesar da polêmica entre industriais e comerciantes (*sales tax* × imposto cobrado na produção), parecem muito mais preocupados em desonerar a folha de pagamento e livrar-se das inúmeras "contribuições sociais" do que em discutir profundamente uma reforma tributária abrangente, capaz não só de garantir o equilíbrio constante das contas públicas, mas também de possibilitar aos três níveis de governo recursos para investimento nas áreas infra-estrutural, social e em setores considerados estratégicos.

As centrais sindicais, que reúnem os assalariados em geral, como CUT, CGT e Força Sindical, encaminharam ao governo uma proposta conjunta em meados da década passada, em parceria com as entidades patronais, o que demonstra a inexistência de grandes divergências entre patrões e empregados no que diz respeito à questão tributária.

No nível municipal, a estratégia é extremamente defensiva, buscando resguardar os ganhos obtidos na Constituição de 1988 e, se possível, abrir brechas para garantir novas fontes de financiamento ou aumentar os recursos e/ou mudar os critérios de repasse das verbas do Fundo de Participação dos Municípios (FPM), como ocorreu na última marcha dos prefeitos a Brasília em março de 2005.[32]

No caso brasileiro, a carga tributária, que durante alguns anos manteve-se em torno de 23% do PIB, encontra-se nos últimos anos pouco acima dos

[32] Os motivos da pouca mobilização dos prefeitos são de várias ordens: fragilidade das associações municipais de nível nacional e estadual; impacto apenas de médio prazo da atual proposta de reforma tributária, quando a maioria não estaria mais ocupando o Executivo municipal e, finalmente, os inúmeros problemas do dia-a-dia, que exigem dos prefeitos dedicação quase total às atividades de "apagar incêndios" (Azevedo, 1999).

30%. Há consenso generalizado entre os estudiosos do tema de que estamos bem próximo do limite possível, e que qualquer tentativa de elevar a carga fiscal — além dos desafios de reformulações institucionais adequadas e das resistências que encontraria por parte dos atuais contribuintes — enfrentaria o problema estrutural da enorme desigualdade social brasileira, que funciona como uma barreira para o incremento dos impostos. Em outras palavras, tudo indica que alcançamos o patamar possível de carga tributária dentro da atual estratificação social,[33] o que realça mais uma vez os efeitos negativos de nossa extrema desigualdade social.

Outra estratégia possível seria a diminuição da evasão fiscal, que, segundo as estimativas governamentais, estaria em cerca de 50%, muito acima da verificada nos países desenvolvidos, que apresentariam uma média de 10%, e mesmo de alguns países em desenvolvimento, como o Chile, onde o índice avaliado é da ordem de 15%.[34] A complexidade do atual sistema tributário, que envolve, além de diversos tributos, uma enorme gama de "contribuições sociais", induz a um alto grau de sonegação por parte do setor empresarial, seja pelas dificuldades de controle dos três níveis de governo, seja por receio de perda de competitividade em relação ao concorrente, que, através dos expedientes mais diversos, conseguir diminuir de fato sua carga tributária.[35]

[33] Dados comparativos entre os países desenvolvidos mostram que, por não apresentarem fortes desigualdades sociais, podem ter cargas tributárias muito acima da brasileira sem comprometer o desenvolvimento econômico. Aliás, entre eles, a maior carga tributária guarda forte correlação com um menor percentual de cidadãos pobres. Assim, países com renda média mais elevada — como os EUA — apresentam índices de pobreza muito superiores a outros com renda *per capita* inferior, como é o caso dos países escandinavos. Por outro lado, esses mesmos estudos indicam uma relação diretamente proporcional entre maiores investimentos públicos e menores índices de pobreza, variando, em média, a carga tributária dos países desenvolvidos com baixos índices de pobreza entre 40% e 45% do PIB, com os EUA ocupando uma ponta (38%) por ser o detentor do maior índice de pobreza entre os países desenvolvidos —, e a Suécia a outra (52%), por apresentar um dos menores índices de pobreza relativa do mundo (Przeworski, 1995).

[34] Apesar de várias iniciativas nessa área — propaganda na mídia, troca de notas fiscais por diversos tipos de bônus, operações de impacto etc. —, tanto a União (exceto em relação ao imposto de renda dos assalariados do setor formal da economia) quanto os governos subnacionais não têm obtido retornos significativos. Na verdade, segundo o ex-secretário da Receita Federal Everardo Maciel, ocorreu no Brasil, nos últimos 10 anos, um aumento concomitante tanto da arrecadação quanto da sonegação fiscal, tendo praticamente se esgotado daqui para a frente a possibilidade de crescimento da receita via aumento da carga tributária (Azevedo, 1999).

[35] Azevedo e Melo, 1997

Como se tratava de tema extremamente controverso, em que a maioria das mudanças propostas apontava, pelo menos no curto prazo, para um jogo de soma zero, aliado ao fato de que ganhos instrumentais decorrentes da simplificação do sistema fiscal para a União só poderiam ocorrer a médio e longo prazos, já que, apesar das distorções e das falhas do atual modelo, se arrecada o limite do suportável, o governo anterior — para usar a expressão jocosa do então ministro Malan — resolveu "deixar a reforma tributária para o próximo século".[36]

No caso do governo Lula, como no anterior, prevaleceu um comportamento quanto à reforma tributária que levou em conta sua complexidade, as dificuldades de mudança estrutural sem contrapartida imediata de benefícios e os desgaste de um processo desse tipo. Por isso, também nesse caso — aproveitando parte da agenda anterior da atual oposição —, o governo resolveu dividir a reforma em três fases. A primeira etapa, aprovada no primeiro ano de governo e implementada em 2004, refere-se a algumas mudanças incrementais, entre as quais se destacam: a prorrogação da contribuição provisória sobre movimentação financeira (CPMF) até 2007; a desvinculação das receitas da União (DRU) até 2007; a partilha da contribuição de intervenção sobre domínio econômico (Cide-combustíveis); a autorização para criação de legislação ordinária visando à desoneração do imposto sobre produtos industrializados (IPI) na importação de bens de capital; a desoneração do imposto sobre circulação de mercadorias e serviços (ICMS) sobre as exportações e a criação de um fundo de compensação da desoneração das exportações. Além disso, proibiu-se a vinculação de novos impostos a fundos ou atividades específicas, excetuando os casos já existentes e a possibilidade, através de legislação ordinária, de um "supersimples" de vigência nacional, voltado para pequenos empreendedores.

Na segunda fase, chamada de transição, o governo espera conseguir a unificação do ICMS como preparação para a criação do imposto sobre valor agregado (IVA), que substituirá alguns impostos e contribuições.

[36] O relator da proposta de emenda constitucional do governo Fernando Henrique Cardoso, deputado Mussa Demes — apesar de especialista na área e parlamentar de bom trânsito na bancada governista do Congresso —, amargou forte ostracismo da equipe econômica. As suas reuniões com o ministro Malan para discutir a proposta governamental foram escassas e pouco produtivas, chegando o ministro uma das vezes a recebê-lo em pé, para sinalizar simbolicamente sua expectativa de curta duração do encontro e a pouca importância do tema em sua agenda (Azevedo, 1999).

Na terceira fase, seria criado o IVA, que também fazia parte de todas as propostas de reforma do governo anterior, considerado um fator de fundamental importância para dar mais competitividade à economia brasileira, na medida em que evita a cobrança de impostos "em cascata".

Quando, no final de 2003, o governo anunciou a aprovação da reforma tributária, a oposição e diversos setores do empresariado mostraram-se decepcionados por sequer se tocar em qualquer dos "nós górdios" do atual sistema.

A reforma tributária é um processo lento e complexo, que exige um elevado grau de negociação e barganha entre as diversas correntes parlamentares, entidades da sociedade civil e atores representantes de outras esferas governamentais — especialmente os governadores de estado que possuem considerável peso político na Federação[37] —, sendo improvável que o restante da proposta oficial seja aprovado em sua forma atual. Isto porque a complexidade desse processo e a existência de diversos atores de peso, muitos deles com interesses conflitantes, dificultam sobremaneira que se alcance o alto grau de consenso necessário para viabilizar uma reforma constitucional.

A chamada reforma administrativa, que, como foi discutido anteriormente, no nosso contexto histórico pode ser entendida como reforma do Estado, teve como seu mentor intelectual e *policy advocate* durante a primeira administração de Fernando Henrique Cardoso o então ministro Bresser-Pereira. Ao contrário das reformas administrativas anteriores, a proposta de Bresser-Pereira parte de pressupostos que buscam o aumento da eficiência, da competitividade e da qualidade do desempenho do setor público e a diminuição de custos, inspirados em uma tríplice matriz: o setor privado, a economia e as novas tendências da administração pública norte-americana.[38] A reforma a ser implementada partia da premissa da existência de certas atividades "exclusivas" do setor público que formariam o "núcleo burocrático", composto pelos órgãos da administração direta dos três poderes da República nos diversos níveis de governo. No Poder Executivo federal fazem parte desse núcleo burocrático os diversos ministérios, sendo considerados ocupantes de carreiras

[37] Abrucio, 1998.
[38] Osborne e Gaebler, 1992.

de Estado especializadas todos os funcionários que atuam em atividades-fim das Forças Armadas, das polícias federais, do serviço de inteligência, da diplomacia, da arrecadação de impostos, da administração do Tesouro público, da administração de pessoal e também os gestores que trabalham nas atividades de elaboração, acompanhamento e avaliação de políticas públicas nos diversos ministérios.[39]

Segundo o mentor da referida reforma, esse setor seria regido pelas normas da administração pública tradicional, tão bem descrita no ideal-tipo de Weber, priorizando a garantia das decisões tomadas, ou seja, a eficácia e a efetividade.

A par esse "núcleo burocrático", mas atuando de forma diferente, teríamos uma miríade de atividades de prestação de serviços envolvendo áreas como transporte, saneamento, educação, cultura, pesquisa, ensino, seguridade social, infra-estrutura pública, meio ambiente, entre outras. Nesse segundo setor, chamado de público não-estatal, que convive com outros atores similares da iniciativa privada, o princípio norteador seria a competitividade, profundamente vinculada à "eficiência". Esse modelo pressupõe a separação das políticas regulatórias, que continuariam centralizadas no núcleo burocrático ou em agências reguladoras.[40] Para viabilizar as atividades de prestação de serviços públicos, que passariam a ser descentralizadas, o governo criou um ente jurídico novo, denominado "organizações sociais", dotado de total autonomia

[39] Azevedo e Andrade, 1997.

[40] As agências reguladoras só começaram a ganhar um perfil mais nítido por ocasião da preparação da transferência da operação dos serviços de telecomunicações e energia elétrica. São agências públicas com autonomia administrativa e financeira (possuem fontes de recursos próprios) e com forte insulamento burocrático garantido por lei. O modelo de atuação operacional e a forma de contratação de pessoal técnico se aproximam de empresas privadas ou de economia mista modernas. Atualmente, há um número maior de agências reguladoras de âmbito nacional: Agência Nacional de Telecomunicações (Anatel); Agência Nacional de Energia Elétrica (Aneel); Agência Nacional do Petróleo (ANP); Agência Nacional do Cinema (Ancine); Agência Nacional de Transportes Terrestres (ANTT); Agência Nacional de Transportes Aquaviários (Antaq), além de diversas agências estaduais e municipais voltadas para a regulação de serviços públicos estaduais e municipais. Ressalte-se que um número considerável dessas agências nos três níveis de governo possui uma associação nacional: a Associação Brasileira das Agências Reguladoras (Abar), com o objetivo de troca de informações e padronização dos procedimentos técnicos.

administrativa e financeira, que trabalharia através de contratos de gestão com duração de cinco anos, sempre passíveis de renovação. Enquanto os sindicatos mais exacerbados dos servidores acusavam a reforma de buscar a "privatização", o governo afirmava estar desejando tornar mais públicas as prestações de serviços.

De forma resumida, pode-se dizer que, no que se refere ao núcleo burocrático, o grande avanço foi a criação e consolidação de diversas carreiras de Estado, especialmente as dos gestores públicos. Essa política de impacto de médio e longo prazos já começa a mostrar sua virtuosidade, com a construção paulatina de quadros técnicos de alto nível na maioria dos ministérios, dotados de maior capacidade de gerir os vários órgãos e agências governamentais. A razão do sucesso dessa iniciativa particular de reforma foi o cenário de um jogo de soma positiva, pois interessa aos atores envolvidos. O poder público via a possibilidade de contar com quadros de carreira competentes para a realização de atividades estratégicas, e os potenciais candidatos perceberam imediatamente a grande oportunidade profissional decorrente da criação de carreiras públicas especiais, sobretudo em uma conjuntura de forte desemprego e salários em baixa. Para os selecionados se ofereciam inicialmente cursos de formação profissional e, posteriormente, trabalho potencialmente interessante, com estabilidade e, especialmente, bem remunerado, tendo algumas carreiras plano de cargos já em vigor e outras pelo menos a perspectiva de ser este formalizado a médio prazo.

As "organizações sociais" — em princípio, as grandes "vedetes" da reforma — foram um fiasco, por motivos opostos aos mencionados. Qualquer abordagem institucionalista e/ou de escolha racional possui pressupostos, que podem ser explícitos ou implícitos. Pessoalmente, considero essa abordagem muito mais um instrumento metodológico do que uma "teoria de médio alcance", como defendem autores respeitáveis.[41] Independentemente de se considerar essas perspectivas instrumento metodológico ou uma "mesoteoria", creio ser um grande equívoco a crítica vulgar de que estas pecam por a-historicismo. Isso porque nenhuma proposta de política consistente pode abrir mão de considerar os aspectos socioeconômicos da realidade. Ou seja, é um pressuposto

[41] Souza, 2004.

básico a análise sociológica, o comportamento e os interesses dos diversos atores envolvidos, o controle sobre recursos escassos de cada um deles, suas estratégias de atuação etc.

No caso em pauta, montou-se uma proposta totalmente descolada da sociedade concreta, que deveria ser implementada sem levar em conta a maior ou menor compatibilização desta com a posição dos diferentes atores envolvidos, seja das instituições — que eram o público-alvo das "organizações sociais" —, seja mesmo dos demais ministérios do próprio governo. A idéia que passa é que, na visão do ministro Bresser-Pereira, o desempenho "medíocre" de parte da burocracia devia-se a "desvios" e "aberrações" que podiam ser resolvidos mediante reformas institucionais, não percebendo o ministro que esse comportamento liga-se a práticas com sustentação em redes de interesses da sociedade, como clientelismo, nepotismo, corporativismo etc.[42]

As universidades públicas, alegando autonomia garantida pela Constituição, sequer se deram ao trabalho de colocar as "organizações sociais" como uma opção a ser discutida. Como esperar que algum grupo de servidores — apesar dos salários decrescentes —, sem experiência em autonomia financeira, abriria mão da estabilidade, da aposentadoria integral para depender de contratos de gestão renováveis a cada cinco anos dependendo do desempenho em um país extremamente corporativo, onde o "universalismo de procedimentos" está longe de ser a gramática hegemônica, no qual o Estado nem sempre cumpre sua parte nos contratos em que seu parceiro não dispõe de forte cacife, como é o caso de pequenos e médios empresários, empresas terceirizadas etc.? Em suma, nem os demais ministros cerraram fileiras com essa proposta, nem ocorreu entre os servidores qualquer motivação maior em relação às "organizações sociais". Notícias esparsas da época informavam que iniciativas isoladas de alguns centros de pesquisa de âmbito nacional e estadual, que sondaram seus respectivos governos com pré-propostas de contratos de gestão, não tiveram um acolhimento entusiástico da área financeira, que via com preocupação os elevados custos dos referidos contratos.

[42] O professor Bresser-Pereira possui um grande número de publicações sobre sua proposta de reforma do Estado e tem o mérito de ser um incentivador incansável do debate acadêmico desse importante e instigante tema. Ver, entre outros, Bresser-Pereira, 1998; e Bresser-Pereira e Spink, 1999.

Por fim, em relação a pontos específicos da reforma administrativa promulgada no governo FHC, pode-se destacar as seguintes mudanças:

- possibilidade de perda da estabilidade por *insuficiência de desempenho* e por *excesso de quadros*, com o cumprimento da lei complementar que fixa limites para despesa com pessoal ativo e inativo;
- extensão do estágio probatório para três anos de efetivo exercício em cargo público com exigência de avaliação de desempenho como condição básica para aquisição da estabilidade;
- fim da obrigatoriedade da fixação do regime jurídico único;
- criação de teto de remuneração para o setor público, incluindo as chamadas "vantagens pessoais";
- supressão da isonomia entre os três poderes;
- transferência da disciplina do direito de greve no serviço público para a lei ordinária;
- previsão de leis para disciplinar as formas de participação popular na administração pública;
- ampliação da autonomia gerencial, orçamentária e financeira dos órgãos e entidades da administração direta e indireta mediante contrato que tenha por objeto a fixação de metas de desempenho.

O governo Lula conseguiu aprovar a contribuição dos inativos para a Previdência, reforma que foi rejeitada pelo Congresso na administração Fernando Henrique. Na mesma linha, excetuando-se os militares, terminaram as aposentadorias integrais para os funcionários públicos admitidos após a promulgação da reforma. A expectativa é quanto ao envio ao Congresso do projeto de lei que regula a aposentadoria complementar dos novos funcionários, que a médio e longo prazos deve se tornar um importante fundo para o mercado de capitais e, especialmente, as bolsas de valores.

Por fim, através do Ministério das Cidades, mas envolvendo também outros órgãos e agências públicas — Casa Civil, Caixa Econômica Federal, Ministério da Integração Regional, Ipes, BNDES e o próprio Congresso Nacional, através de suas comissões especializadas —, o governo do presidente Lula iniciou de forma incremental o que se poderia chamar de reforma urbana. Essa reforma, por ter pouca visibilidade pública, não apresentar alta prioridade na agenda dos congressistas, conter aspectos bastante técnicos e apresentar efeitos positivos para as cidades apenas a longo prazo e, mesmo assim, de forma incremental, faz com que o cidadão comum quase nunca perceba seus benefícios e aumenta o papel dos especialistas nas tomadas de decisões. Apesar disso, as novas políticas regulatórias em gestação são estratégicas para que possamos enfrentar o desafio da gestão metropolitana. Esse conjunto de propostas prioriza especialmente novas políticas regulatórias que permitam uma melhor gestão das grandes metrópoles, possuindo todas fortes interfaces.

Constrangimentos institucionais para as reformas da gestão metropolitana no Brasil

As quase três dezenas de regiões metropolitanas, que abrigam cerca da metade da população urbana do país, concentram a maior parte do PIB nacional. Por outro lado, caracterizam-se também por uma forte desigualdade social. Na "cidade ilegal" sobrevivem grandes contingentes de excluídos em precárias condições de hábitat — habitação, saneamento, bens de consumo coletivo etc. Por isso, tentar dinamizar a gestão metropolitana pode acarretar a médio e longo prazos impactos positivos não negligenciáveis do ponto de vista social e também do econômico, mediante a diminuição dos "custos de concentração".

As nove primeiras regiões foram institucionalizadas na década de 1970, e as demais, nos anos 1990, por iniciativa de governos estaduais. A questão metropolitana está incluída na Constituição Federal de 1967, em pleno regime militar, mas somente em 1973 essas regiões foram institucionalizadas. A Lei Federal Complementar nº 14 atribui todo o poder aos conselhos deliberativos, nos quais é garantida ampla maioria de representantes dos Executivos estaduais, em detrimento da participação dos municípios. Nessa primeira fase, apesar do forte componente autoritário do modelo, as regiões metropolitanas contaram com uma estrutura institucional e com recursos financeiros que permitiram a implementação de vários projetos, especialmente na área de saneamento básico, transporte e tráfego urbanos.[43]

Com a crise financeira dos anos 1980 e o início da redemocratização, tornaram-se explícitas as brechas institucionais e as fragilidades do sistema de planejamento metropolitano. A carência de recursos públicos teve como conse-

[43] Azevedo e Guia, 2003.

qüência imediata o estancamento dos investimentos federais, culminando com o desmonte do aparato dos organismos federais que atuavam na promoção do desenvolvimento urbano. Nesse contexto, a Constituição Federal de 1988 institucionalizou um novo acordo entre os vários atores do cenário metropolitano. Como a institucionalização vigente encontrava-se profundamente atrelada ao esvaziamento dos municípios e a ranços anteriores do período militar, tudo apontava para uma não-política federal em relação ao tema. Por isso, a Carta Magna confere tratamento genérico à questão, delegando aos estados a maioria das definições de suas atribuições.

Com a promulgação da Constituição de 1988 e das Constituições estaduais posteriores, iniciou-se um período de ampla hegemonia de uma retórica municipalista exacerbada.[44] Entre os diversos efeitos perversos dessa ideologia ingênua, vale frisar que:

> o neolocalismo dos anos 90 deslegitimou o planejamento metropolitano como prática autoritária e produziu uma agenda pública local ancorada no princípio de que todos (ou quase todos) os problemas podem ser resolvidos localmente... tendo efeitos deletérios sobretudo nas áreas de interesse comum metropolitano, tais como transportes, coleta e tratamento de lixo, meio ambiente ou saneamento. Várias iniciativas nestas áreas foram descontinuadas ou não encontraram solução em virtude de falta de coordenação interinstitucional.
>
> (Melo, 2004)

Nesse período pós-Constituinte, a questão metropolitana foi, então, identificada *in limine* com o desmando do governo militar e com uma estrutura institucional padronizada e ineficaz. Nos novos arranjos institucionais, a concessão formal de maior poder de decisão aos municípios não foi acompanhada, na maioria dos casos, do necessário aporte de recursos financeiros. Mesmo nos estados onde se previam mecanismos de financiamento metropolitano, não ocorreu a regulamentação conforme esperava a maioria dos pequenos e médios municípios metropolitanos.[45] Por que os municípios

[44] Azevedo e Guia, 2004a; Souza, 2004.
[45] Azevedo e Guia, 2004a.

maiores e os governos estaduais iriam financiar a quase totalidade dessas verbas metropolitanas se, formalmente, lhes caberia modesta influência no processo de decisão sobre a alocação dessas verbas e, por conseguinte, irrelevantes ganhos políticos?[46]

Confundiu-se o fortalecimento institucional dos municípios — decorrente do novo *status* de "entes federativos" — com sua capacidade de enfrentar localmente questões complexas, que extravasam suas fronteiras. Como bem lembrou Fernando Abrucio (2004), infelizmente:

> uma crença bem intencionada, porém ingênua, quando não perversa, instalou-se desde a Constituição de 1988: os municípios resolveriam sozinhos seus problemas de políticas públicas, bastando repassar o poder e os recursos para isso. Ora, em nossa Federação tal proposição é falsa em termos econômicos, sociais e no âmbito das instituições e da competição política local. Os governos municipais, na sua maioria, não têm renda, capital humano ou social, afora uma burocracia meritocrática, para equacionarem seus problemas coletivos e de políticas públicas sem a ajuda de um ente superior e/ou da cooperação horizontal no plano regional.

A partir de meados dos anos 1990, começou a tomar forma uma nova e complexa realidade institucional metropolitana. Nesse novo cenário, busca-se superar a perspectiva "neolocalista" pós-1988 sem, contudo, retornar a modelos padronizados, como ocorreu no período militar. Essa nova fase combina formas de associações compulsórias — como os comitês de gestão das bacias

[46] O caso mais emblemático foi a criação, pela Constituição do estado de Minas Gerais, da Assembléia Metropolitana de Belo Horizonte (Ambel), onde os pequenos municípios sempre controlaram o órgão e o estado possuía apenas um representante. O fundo de financiamento nunca saiu do papel, pois o governo do estado e os prefeitos dos maiores municípios resolveram, independentemente do partido a que pertenciam, esvaziar a Ambel. Trata-se de um caso em que um formato institucional em tese extremamente democrático não funcionou por desconsiderar totalmente a correlação de forças existentes (Azevedo e Guia, 2004b). Atualmente, tramita uma emenda constitucional que deve sanar tal situação, pois o estado teria 40% do Conselho Deliberativo, os municípios outros 40% (com participação maior dos grandes municípios), ficando 10% para a União e 10% para representantes da sociedade organizada que atuem preferencialmente na região metropolitana.

hidrográficas, que abrangem inúmeros municípios, inclusive metropolitanos —, com diversas modalidades voluntárias de associação. É o caso dos consórcios entre municípios, criados para enfrentar políticas conjuntas ou para administrar questões pontuais ligadas a transportes, saneamento, meio ambiente etc.

Por outro lado, ainda que reconheçam formalmente a importância da questão institucional metropolitana, os governos estaduais e municipais tendem a vê-la como um "jogo de soma zero", no qual maior governança metropolitana implicaria diminuição de seu próprio poder.

Como bem destaca Marcus André Melo (2004), a crise fiscal das últimas duas décadas atingiu sobremaneira os programas urbanos, porque eles — diferentemente dos programas de saúde, educação e qualificação profissional, que possuem proteção constitucional — exigem contrapartidas dos estados, municípios e de empresas de vocação urbana controladas pelo poder público. Por dependerem de créditos e investimento, esses programas tornam-se vulneráveis na conjuntura de crise que afetava tanto o governo federal quanto os demais entes federativos. Assim, enquanto na área social, com recursos garantidos constitucionalmente, foi possível ao governo federal nesse período, apesar de diferentes tipos de constrangimentos, manter uma estratégia consistente, na área de desenvolvimento urbano não se logrou o estabelecimento de uma política nacional.[47]

O tema das regiões metropolitanas caracteriza-se tradicionalmente por baixa centralidade na agenda política, uma vez que, diferentemente das questões que envolvem bens públicos como transporte, posto de saúde, escolas, delegacias etc., as transformações institucionais não significam o usufruto de benefícios imediatos. A falta de pressão popular, aliada à grande complexidade técnica do tema, acarreta alta centralidade para o papel dos especialistas na formulação de propostas e no aumento das possibilidades de convencimento das autoridades e atores envolvidos, com seus argumentos de natureza técnica.

---

[47] Tanto ou mais que outros estudiosos desse período, Melo destaca os efeitos perversos da difusão de uma ideologia municipalista exarcebada — decorrente da experiência constituinte —, que limitou as possibilidades de alternativas institucionais viáveis para enfrentar os desafios metropolitanos naquele período. Aliás, coube a Marcus André cunhar a feliz expressão "neolocalismo" para condensar o rico processo desencadeado pós-1988, no qual se superestimaram as possibilidades de atuação dos municípios, o que acarretou sérios equívocos na formulação e implementação de políticas públicas.

Em uma arena desse tipo desempenha papel importante o "empreendedor" capaz de articular e compatibilizar diferentes interesses cristalizados. Aliás, foram esses "empreendedores" políticos — prefeitos, governadores e deputados — os principais responsáveis, nos anos 1990, pelo surgimento de novas regiões metropolitanas. Sua institucionalização, embora tendo diferentes motivações, não deixa de denotar a percepção, por parte de estados e municípios, da impossibilidade de resolverem todos os problemas das grandes metrópoles apenas no nível dos governos locais.[48]

Em tais situações, percebe-se a importância da gestação de uma política metropolitana federal, a ser pactuada inicialmente entre os diversos ministérios e agências de vocação metropolitana e, posteriormente, com o Congresso Nacional. Esse esforço poderá resultar no início de novas atividades de regulação e em linhas de investimento federais permanentes.

Essa política deverá oferecer alguns incentivos seletivos para que governos municipais e estaduais se sintam motivados a aderir — através de diferentes formatos institucionais e aportes de recursos próprios — a um ciclo virtuoso de cooperação e intervenção articulada envolvendo os três níveis de governo. Em suma, o que se busca é a construção de uma política metropolitana de "soma positiva", na qual todos os atores envolvidos, em especial a população-alvo, sejam beneficiados.

A reforma do Estado e os desafios da regulação pública nas metrópoles brasileiras: um balanço sucinto

O processo de reforma do Estado no Brasil apresenta constrangimentos de diversas ordens. Do ponto de vista estrutural, as enormes desigualdades sociais afetam sobremaneira a forma e o funcionamento da máquina pública, dificultando ou mesmo tornando inócuas iniciativas de mudanças no aparato institucional, realizadas com o intuito de torná-lo mais eficiente e de fazê-lo funcionar de acordo com o "universalismo de procedimentos", discurso teoricamente inquestionável em toda economia de mercado desenvolvida ou com pretensão de fazer parte do chamado Primeiro Mundo. Como a retórica do-

[48] Azevedo e Guia, 2004b.

minante é virtualmente consensual entre os diversos atores envolvidos na manutenção e na transformação das instituições públicas, na maioria das vezes sequer o peso dessa variável social é percebido.

No caso brasileiro, em função da extrema desigualdade da nossa estrutura social, nos três níveis de governo, as diferenças entre as agências públicas vocacionadas para o apoio e o financiamento de atividades econômicas e tecnológicas e aquelas mais ligadas à reprodução social são enormes em termos de dependências físicas, disponibilidade de equipamentos sofisticados, qualificação do pessoal técnico, salário dos servidores, entre outras condições de trabalho, que permitem às primeiras apresentar um desempenho significativamente melhor. Quando se tem oportunidade de transitar nesse universo burocrático extremamente diversificado, há a sensação de se percorrer um contínuo que vai do Primeiro Mundo ao que há de mais atrasado no chamado Terceiro Mundo.[49]

[49] Excetuando os pequenos municípios, na sua maioria pobres, essas diferenças se refletem inclusive na forma de atender o telefone e prestar informações aos visitantes e no relacionamento profissional dos servidores. Essa herança histórica é de tal maneira natural que a maioria das pessoas acredita que essas discrepâncias se devem exclusivamente às diferenças de dotações orçamentárias entre os diversos órgãos do governo, visão essa reforçada pela situação de relativa primazia da área de saúde e educação — por possuírem receitas vinculadas constitucionalmente — em relação às demais secretarias voltadas para objetivos sociais. Discordando dessa posição, acredito que essa naturalização inconsciente desse fenômeno afeta indiscriminadamente todas as correntes políticas. Apenas um caso nos anos 1990 serve de ilustração: um núcleo de pesquisa de professores de uma universidade federal realizou um trabalho de levantamento e análise de dados para a Secretaria de Planejamento de um rico município governado pelo Partido dos Trabalhadores, que apresentou ótima performance administrativa e social durante essa gestão. Os pesquisadores tiveram acesso total a todos os órgãos da prefeitura e o trabalho final não só foi muito elogiado, como o contratante confidenciou considerar o montante cobrado extremamente baixo. Um ano depois, a Secretária de Assistência Social do mesmo município entrou em contato com o mesmo núcleo de pesquisa (por indicação do próprio secretário de Planejamento) para um trabalho similar ao anterior, em termos de tempo e pesquisadores envolvidos. Apresentou-se um orçamento um pouco menor que o anterior, que foi recusado por ser considerado extremamente elevado. Para realizar a pesquisa, na qual o núcleo tinha interesse acadêmico, o preço inicial foi rebaixado em 25%. Ressalte-se ainda que o trabalho final apresentado foi prejudicado pelas imensas dificuldades para a obtenção de informações nos mesmos órgãos que um ano antes haviam aberto "todas as suas portas". Vale lembrar que os dois secretários contratantes, da mesma corrente política, nunca tiveram atritos até o final da citada gestão (Ceurb, 1997).

A existência de diversos "submundos", para usar a expressão de Fábio Wanderley Reis, com baixa porosidade e grande assimetria, faz com que diversos *issues* tenham significados e cumpram papéis diferentes para os diversos estratos sociais. Como a hegemonia na elaboração das políticas públicas e nas propostas de reformas institucionais quase sempre cabe à "Bélgica" de Bacha ou aos "europeus" de Jessé de Souza, os efeitos perversos não esperados dessas iniciativas tendem a se avolumar, prejudicando principalmente os setores de mais baixa renda, independentemente das "boas intenções" dos mentores das iniciativas.

Ressalte-se que parte da legislação urbana, que ao longo da urbanização brasileira afetou negativamente amplos setores populares, longe de ser elaborada "pelos ricos para manterem os pobres confinados aos guetos informais da cidade" (conforme análises de visões conspirativas da história muito em voga nos anos 1970 entre segmentos da esquerda), foi elaborada por urbanistas progressistas preocupados em garantir qualidade de vida adequada para todos os moradores da cidade. Infelizmente, em um país extremamente hierarquizado e diferenciado socialmente, os padrões urbanísticos de qualidade dos nossos urbanistas "progressistas" foram um dos elementos responsáveis pela segregação social e espacial dos setores populares.[50]

Quando se pensa em avaliar iniciativas de reforma do Estado e políticas regulatórias setoriais, as idiossincrasias da estrutura social brasileira exigem que, ao se elaborarem índices, seja para repensar correções de rumo para as políticas, seja para avaliar a eficácia e a efetividade das iniciativas governamentais, se leve em conta essas variáveis.[51]

A estrutura social brasileira afeta não só o tipo e a qualidade do serviço público disponibilizado aos segmentos pobres da população,[52] como também

[50] Ribeiro e Azevedo, 1996.

[51] Na elaboração teórica do déficit habitacional brasileiro, realizada pela Fundação João Pinheiro para o governo federal nos últimos 10 anos, e nos sucessivos ajustes desse déficit, tive a oportunidade de aprofundar e enfrentar essa questão (FJP, 1995, 2001 e 2004).

[52] Ao acompanhar dissertações sobre a política de saúde — comparativamente, uma das políticas sociais de maior êxito —, pude constatar que, mesmo exames que, em princípio, pareceriam exigir procedimentos extremamente padronizados, apresentavam fortes diferenças entre pacientes atendidos pelo serviço público e aqueles que utilizavam os chamados "exames sociais", no qual setores populares, potenciais clientes do SUS, pagam preço

propicia acesso diferenciado à Justiça, por falta de recursos financeiros e de informações dos trâmites legais de boa parte dos setores populares, que, muitas vezes, sequer chegam a utilizar a Justiça como instrumento de resolução de conflitos.[53] Mais grave ainda é o fato de que, quando a Justiça processa conflitos envolvendo relações assimétricas (entre cidadãos de diferentes segmentos, ou entre indivíduos pobres e o Estado), quase sempre as múltiplas possibilidades de interpretação da lei no Brasil[54] terminam por penalizar os grupos mais fragilizados socialmente, seja pela forma pré-reflexiva de atuação dos diversos atores envolvidos no processo (delegados, promotores, juízes, entre outros), como acredita Jessé de Souza (2003), seja em virtude da rede de relações personalizadas dos setores médios e altos com o aparato público, segundo a abordagem de Roberto DaMatta (1978), ou de um *mix* das duas abordagens, como acredito.

Ressalte-se que, no Brasil — para espanto de juristas e demais cientistas sociais das democracias consolidadas —, na fase da prisão processual há o instituto da "prisão especial", que formaliza uma discriminação adscritiva da maioria da população que não possui curso superior,[55] deformando a dimensão civil da cidadania. Com o passar do tempo, ampliou-se o referido privilégio a políticos, ao primeiro quadro das administrações dos três níveis de governo e a lideranças sindicais patronais e trabalhistas, explicitando nossa estrutura social desigual e culturalmente conservadora. Os juristas brasileiros, por certo, criticam esse instrumento jurídico por ferir a lógica da doutrina, ou seja, o princípio constitucional da igualdade de tratamento. Entretan-

bem menor do que as consultas e exames particulares tradicionais, como forma de serem atendidos prontamente. Assim, por exemplo, detectaram-se casos em que, nas endoscopias realizadas pelo "social", os pacientes tinham direito a prévio sedativo na veia e *spray* anestésico na garganta, o que não ocorria com os pacientes do SUS. Em relação a estes últimos, não foi possível averiguar se esse doloroso procedimento decorria de carência de medicamentos (bastante comum na rede pública) e/ou de um possível descompromisso ético e social dos profissionais de saúde envolvidos.

[53] Santos, 1993.

[54] Lima, 1995.

[55] O Brasil, em toda a América Latina, é proporcionalmente um dos países com menor taxa de população na faixa etária correspondente (17-24 anos) à freqüência a cursos de nível superior. A taxa brasileira é de cerca de 10%, só superior à da Nicarágua (Trindade, 1999).

to, têm dificuldades de explicar por que uma norma de espírito pré-capitalista continua forte e sem aparentar possibilidade de revogação a curto e médio prazos.[56]

Na verdade, para boa parte das camadas populares brasileiras, nem os ideais do Estado liberal do século XIX chegou a ser implantado integralmente. Como lembra Wanderley Guilherme dos Santos, para ser progressista no Brasil não é necessário ser socialdemocrata e muito menos socialista. Nas atuais circunstâncias, a aplicação de fato de alguns dos pilares do liberalismo clássico — leis com aplicação universal, segurança garantida pelo Estado a todos os cidadãos e Poder Judiciário independente e ágil — bastaria para acarretar mudança qualitativa nas condições de vida de setores importantes da população.

Como ensina Macur Olson (2001), a questão da cidadania em geral e, especialmente, a universalização dos direitos civis estão longe de ser apenas um "luxo" que interessa aos países desenvolvidos; ao contrário, podem ser um dos pressupostos para o crescimento sustentado dos países emergentes. Em outras palavras, a segurança dos direitos e contratos, a previsibilidade do comportamento dos diversos agentes econômicos, incluindo o Estado, "regras do jogo" claras e estáveis são elementos fundamentais para atrair investimentos constantes de longo prazo, sejam eles externos ou oriundos de poupança interna, assim como para suscitar o surgimento de uma grande massa de empreendedores.[57]

---

[56] Ainda que, graças ao incipiente sistema democrático brasileiro, não haja clima político para uma defesa aberta da "prisão especial", a existência de atores importantes beneficiados por esse instrumento torna improvável, no atual contexto histórico, organizar ação coletiva capaz de suprimir essa legislação sabidamente discriminatória.

[57] Por ocasião da derrocada dos países socialistas do Leste europeu, especulava-se um afluxo muito grande de investimentos ocidentais, especialmente do Mercado Comum Europeu, para essa região, devido tanto à sua proximidade geográfica, quanto ao fato de sua população ser relativamente homogênea e ter boa formação educacional. Isso, porém, não ocorreu na escala esperada pela falta de confiabilidade e de regras jurídicas que garantissem as condições mencionadas (Olson, 2001). Fenômeno similar, mas em menor amplitude, ocorreu no pós-guerra na Itália, onde o norte, com tradição de relações simétricas e alto grau de confiança cívica se desenvolveu mais rapidamente do que o sul, no qual predominavam relações assimétricas (Igreja tradicional, máfia etc.) e baixo grau de confiança nas regras do jogo (Putnam, 1996).

No caso de nossas grandes metrópoles, a rápida urbanização a partir de meados do século XX — aliada a um processo de "industrialização tardia" que incorporou apenas uma pequena parcela dos trabalhadores urbanos — acarretou problemas urbanos complexos e de difícil enfrentamento por parte do poder público.

Entre as diversas carências da população de baixa renda vinculadas ao hábitat — saneamento, abastecimento de água, energia elétrica, transporte etc. —, a que apareceu com mais evidência e centralidade foi o déficit de moradia. Esse contexto explica em parte não só por que o poder público, em termos de política urbana, priorizou historicamente a questão habitacional, como também a pouca amplitude e o fracasso da maior parte dessas intervenções governamentais.[58]

Ao longo do último século, a legislação urbana das grandes metrópoles, ao definir formas de apropriação e utilização do espaço permitidas ou proibidas num contexto de uma economia de mercado extremamente hierarquizada e marcada por profundas desigualdades de renda, terminou separando a "cidade legal" — ocupada pelas classes médias, grupos de alta renda e apenas por parte dos setores populares — da "cidade ilegal", destinada à maior parte das classes de baixa renda. Assim, a legislação "acaba por definir territórios dentro e fora da lei, ou seja, configura regiões de plena cidadania e regiões de cidadania limitada".[59]

Essa hierarquização espacial agrava também as condições sociais dos mais pobres, por desvalorizar fortemente, em nível simbólico e econômico, as áreas não reguladas pelo Estado. Nesse sentido, pode-se dizer que "a ilegalidade é sem dúvida um critério que permite a aplicação de conceitos como exclusão, segregação ou até mesmo *apartheid* ambiental".[60]

Diante de um contexto desse tipo, não é por acaso que nas grandes metrópoles brasileiras os programas de regularização fundiária, vinculados a melhorias urbanas, têm sido um instrumento de política habitacional extremamente importante na luta de um grande contingente de moradores de favelas e de bairros clandestinos, em busca de integração socioeconômica.

---

[58] Ribeiro e Azevedo, 1996.
[59] Rolnik, 1997:13.
[60] Maricato, 1996:57.

Por outro lado, como foi enfatizado, em uma sociedade extremamente heterogênea e desigual como a brasileira, questões aparentemente universais como transporte, saneamento, habitação, entre outras, não são facilmente comparáveis e muito menos intercambiáveis entre diversos "submundos" sociais. Assim, no que se refere ao hábitat, temas como necessidades habitacionais, aluguel, habitação adequada, tamanho de terreno, infra-estrutura etc., que são tratados, em geral, como se estivessem vinculados a um único mercado, possuem, na verdade, significados muito variados, dependendo dos setores sociais a que se vinculam. Apenas para exemplificar, o aluguel possui significado distinto e é regido por normas muito diferentes quando se compara a relação de senhorios e inquilinos nos estratos médios com aquela preponderantemente majoritária nas vilas e favelas. Enquanto a primeira é regulada pela Lei do Inquilinato — com todas as suas virtudes e defeitos —, nos setores populares prevalece "a lei da selva", na qual não raro o proprietário determina arbitrariamente os valores e reajustes sazonais.

No que tange à articulação intragovernamental, a atuação do governo local ganha importância especial no caso das regiões metropolitanas e aglomerados urbanos, onde muitas das políticas setoriais, como as de transporte, meio ambiente, habitação etc., possuem forte interface, não podendo se restringir apenas a ações municipais.[61]

Há um certo consenso que, neste novo século, o desenvolvimento das indústrias tecnológicas de ponta se concentre em locais com disponibilidade de centros de pesquisa de excelência e mão-de-obra bastante especializada. Provavelmente, as melhores alternativas para esses investimentos estarão nas regiões mais desenvolvidas do país, com destaque para as áreas metropolitanas e alguns conglomerados de cidades estratégicas (situação geográfica privilegiada, avanço do parque tecnológico, centros universitários importantes etc.).

Isso significa um grande desafio para o federalismo brasileiro, que no momento privilegia a competição muitas vezes predatória em detrimento de um nível maior de cooperação. Trata-se de pensar e criar bases materiais e institucionais que reforcem as vantagens comparativas das diversas regiões metropolitanas para atrair esses investimentos, sem excluir os municípios mais

[61] Azevedo, 1994.

pobres. Para tanto, a exigência recente do governo Lula de um Plano Diretor Metropolitano (cobrindo o vazio nessa área do Estatuto das Cidades) elaborado de forma participativa, envolvendo a sociedade organizada e os diversos atores públicos interessados, deve ser visto como uma iniciativa extremamente positiva.

Para enfrentar as dificuldades da gestão metropolitana diante das enormes demandas sociais é necessário ainda ampliar o conceito de "público", superando nossa tradição histórica de identificá-lo obrigatoriamente como sinônimo de governamental. Muitas vezes, em nome de supostos "interesses públicos", mantêm-se estruturas e gestões estatais verticalizadas e autoritárias — não raro, focos de corrupção e malversação de verbas —, que terminam por servir de biombos para a garantia de interesses corporativos, para a privatização de recursos orçamentários e para a concessão de benefícios políticos a determinados grupos e indivíduos.

Ampliar o conceito de "público" significa abrir espaços, incentivar e apoiar iniciativas da sociedade organizada que possam, em certas conjunturas, complementar ou substituir atividades tradicionalmente desempenhadas pelo poder público (escolas e creches comunitárias, associações beneficentes etc.). Significa também estudar possibilidades de parceria com o setor privado, através de legislação recém-aprovada, que há muito faz parte da tradição jurídica dos países anglo-saxões.

Ressalte-se que, devido a experiências centralizadoras e autoritárias durante o regime militar, criou-se nos anos 1980 um mito a respeito do processo de descentralização em políticas urbanas, que passou a ser visto quase como sinônimo de gestão democrática, sendo considerado *a priori* algo desejável e capaz de proporcionar maior eficiência na prestação de serviços. Ora, as experiências recentes começam a colocar por terra essa visão ingênua, mostrando que a defesa da descentralização ocorre em função de interesses bastante diferenciados[62] e que, não raro, muitas dessas iniciativas podem ter efeitos perversos para a população de baixa renda.[63]

[62] Melo, 1993; Pereira Filho, Rezende e Marinho, 1993; e Arretche, 2000.
[63] Jacobi, 1990; e Azevedo e Guia, 2004a.

Embora a descentralização em certas ocasiões possa ser mecanismo importante para uma maior eficácia, transparência e melhor acesso a serviços e equipamentos urbanos, especialmente para a população carente, é terapia que não pode ser generalizada, estando longe de ser uma panacéia aplicável de forma universal. No caso das regiões metropolitanas, a experiência recente tem demonstrado que problemas como transporte urbano, coleta e tratamento de lixo, poluição hídrica, ocupação e uso do solo e mesmo o enfrentamento das necessidades habitacionais para os setores de baixa renda necessitam, em maior ou menor grau, de um tratamento metropolitano.[64]

A postura que parece mais adequada às regiões metropolitanas brasileiras — especialmente no que se refere à elaboração e ao monitoramento de um plano diretor metropolitano — seria a de recuperar uma certa visão abrangente sobre um número limitado de variáveis e questões consideradas estratégicas por sociedade organizada, governo estadual, municípios e agências públicas de vocação metropolitana, concentrando esforços nos "gargalos" e abrindo mão de tudo querer planejar nos mínimos detalhes.[65]

Apesar da importância e das potencialidades das políticas regulatórias para o futuro das metrópoles brasileiras, poder-se-ia dizer que enfrentamos atualmente, nessa esfera, dificuldades decorrentes de três diferentes dimensões.

A primeira diz respeito a constrangimentos estruturais decorrentes do próprio processo de globalização, que, entre outros efeitos, aumenta a discrepância entre processos de decisão econômica — muitas vezes balizados em lógicas empresariais de âmbito internacional — e os mecanismos de tomada de decisão política dos Estados nacionais e seus respectivos subgovernos e agências metropolitanas, restritos exclusivamente aos seus territórios. Isso significa que, em muitos casos, a implantação de projetos de grande impacto

[64] Outra gama de iniciativas que parece cada vez mais indicada para a obtenção de maior eficácia e redução de custos na administração das metrópoles diz respeito à "terceirização" de muitas das funções tradicionalmente exercidas pelos governos locais. A viabilidade da "terceirização" depende, evidentemente, do estudo de cada caso concreto, mas é possível utilizá-la tanto para atividades-meio (segurança, limpeza, reforma de prédios públicos, aluguel de máquinas e equipamentos etc.) quanto para atividades-fim, como limpeza de ruas, recolhimento de lixo, obras públicas, entre outras (Azevedo, 1994).

[65] Pode-se denominar essa estratégia "planejamento estratégico", "planejamento adaptativo" (Cintra e Andrade, 1978) ou ainda "planejamento estratégico situacional" (Matus, 1991).

urbano — como, por exemplo, uma montadora de automóveis — pode implicar profundas modificações na infra-estrutura e nos serviços urbanos existentes, tornando obsoleta boa parte dos mecanismos de regulação em vigor.

A segunda dimensão de constrangimentos diz respeito às inúmeras variáveis envolvidas em políticas regulatórias urbanas de âmbito metropolitano, a maioria não percebida *a priori* por técnicos e legisladores, o que faz com que a quantidade de efeitos não esperados seja algo não negligenciável. Embora alguns desses efeitos não esperados apresentem aspectos positivos, a maioria, sem dúvida, é formada pelos chamados "efeitos perversos". Este é um fator clássico, que explica o insucesso ou o impacto muito diferente do previsto por urbanistas por ocasião da implantação de determinada legislação urbana, por vezes em uma mesma região metropolitana.

A terceira dimensão diz respeito, não raro, ao aparente paradoxo da coexistência de uma enorme quantidade de instrumentos de regulação — leis, decretos, planos, programas, políticas — com uma prática social em que inexistem ou são extremamente precários os poderes de regulação efetivos sobre a maioria das atividades urbanas (construção, aluguel e comercialização de imóveis, uso de áreas públicas, comércio, transporte coletivo etc.), especialmente na chamada "cidade informal", onde vive a maioria das populações pobres.

O que se percebe em nossas grandes metrópoles é que o arsenal de instrumentos legais existente de intervenção no urbano pode se tornar letra morta caso não se logrem alianças políticas que viabilizem sua regulamentação e efetiva implementação. Em outras palavras, os arranjos institucionais, por mais democráticos e sofisticados teoricamente, só acarretam mudanças reais se forem compatíveis com o nível de desenvolvimento sociocultural existente em determinada realidade. Por isso o perigo de políticas urbanas excessivamente padronizadas para todas as regiões ou cidades de um país complexo e extremamente diferenciado e socialmente desigual como o Brasil. Há mais de 30 anos, Guerreiro Ramos chamava a atenção para a necessidade das chamadas "reduções sociológicas", a fim de se poder adaptar experiências bem-sucedidas no Primeiro Mundo às idiossincrasias brasileiras. Aliás, parte do chamado "formalismo", tão comum no Brasil, refere-se ao intento frustrado de transferir mecanicamente procedimentos, políticas e regulações exitosas no exterior ou mesmo em regiões ou cidades mais desenvolvidas do próprio país para outras metrópoles.

O que ocorre é que a regulação funciona, na maioria das metrópoles brasileiras, apenas nas áreas da chamada "cidade legal", como forma de valorizá-las *vis-à-vis* a chamada cidade informal ou ilegal.[66] Normalmente, é nas áreas onde a regulação do Estado funciona que se encontram instalados o núcleo da burocracia pública, as residências das classes médias e altas e as empresas modernas.[67] Em contrapartida, é na cidade informal, não-regulada, com baixo investimento em infra-estrutura e pouca disponibilidade de equipamentos de consumo coletivo que habitam as camadas mais pobres e marginalizadas de população, apresentando-se estas áreas, em situações mais dramáticas, como verdadeiros guetos, totalmente separados da cidade oficial.

As possibilidades de ampliação dos espaços regulados nas cidades brasileiras, por um lado, dependem da organização e da pressão política dos despossuídos e, por outro, têm sido importante "moeda de barganha" de lideranças e grupos políticos, que "trocam" regulação efetiva (por exemplo, legalização de terrenos, aprovação de plantas urbanísticas e arquitetônicas, permissão para o desempenho de atividades comerciais etc.) por apoio eleitoral ou legitimidade social.

Evidentemente, não se trata apenas de buscar a qualquer preço a ampliação do espaço efetivamente regulado, pois muitas vezes a legislação em vigor, em certas áreas, é de tal forma inadequada ou prejudicial aos setores populares que sua não-observância é condição *sine qua non* para a própria sobrevivência dessa população.

Mas, em outras áreas, a simples efetivação da legislação em vigor pode significar a saída da barbárie para importantes setores populares.[68] Por outro lado, há também situações em que a entrada do setor público de forma inadequada "desregula" acertos informais que funcionam razoavelmente, tornando a situação pós-intervenção pior que a anterior.[69]

---

[66] Esse parece ser também um fenômeno recorrente nos países emergentes ou nas "novas democracias" do Terceiro Mundo. Ver O'Donnell, 1993.

[67] Santos, 1993.

[68] Um exemplo paradigmático deste caso foi realizado pelo governo municipal de São Paulo, durante a administração da Frente Popular (1989-92), que consistiu simplesmente em tornar efetivo para as áreas de cortiços de São Paulo o contrato normal de aluguel, em vigor nas áreas da chamada cidade legal.

[69] Santos, 1993:79.

Há casos em que a falta de regulação urbana ou sua não-efetividade na cidade informal, se em um primeiro momento "resolve" os problemas imediatos de moradia para os setores de baixa renda, posteriormente gera efeitos "perversos", que terminam por afetar negativamente tanto os próprios moradores — como é o caso, por exemplo, da ocupação de regiões de risco em áreas de grande declividade — quanto a cidade como um todo, através do desequilíbrio do seu ecossistema.

A experiência brasileira das últimas décadas deixa claro que, na área de regulação urbanística, não há "receita de bolo", devendo-se evitar posições doutrinárias. Em determinados casos, pode ser importante a busca de novas regulações. Em outros, ao contrário, lutar pela reinterpretação ou implementação efetiva da legislação já existente pode ser mais aconselhável.

Em suma, parte-se do pressuposto de que, em uma sociedade profundamente hierarquizada e extremamente desigual como a brasileira, não se devem padronizar as "necessidades urbanas" para os diferentes estratos de renda.

Deve-se lembrar que, sem dúvida, o desafio das administrações das metrópoles brasileiras, com grandes focos de miséria absoluta, é extremamente complexo. Se, por um lado, é necessário desenvolver ações nitidamente indutoras de atividades "nobres" para se evitar perder o "bonde da história" decorrente do processo de globalização econômica, por outro, também são necessários esforços para tentar pelo menos minorar as precárias condições vida da população de renda mais baixa, que vive na "cidade informal". Isso significa tanto iniciativas para ampliar o atendimento das demandas desses segmentos por serviços e equipamentos de consumo coletivos, quanto o incentivo a atividades produtivas que possam absorver mão-de-obra menos qualificada.

Ainda no nível das diretrizes gerais para lograr maior eficácia e possibilidades reais de apoio a mudanças, é fundamental uma estratégia de envolvimento e co-responsabilidade da sociedade organizada, através da construção de canais de participação que aumentem gradativamente a *accountability*. Trata-se de perceber que, em sociedades complexas, o governo local, especialmente nas regiões metropolitanas, está longe de possuir sozinho o poder sobre os rumos da cidade. Cabe-lhe, sem dúvida, um papel de liderança e de aglutinação de aliados para a elaboração de agendas mínimas, e a formação de coalizões com legitimidade e força suficientes para a elaboração e implementação de mudanças nas várias áreas de sua competência formal.

O futuro de nossas metrópoles se, por um lado, depende da capacidade de organização de seus moradores e de pressão sobre o poder público, por outro, encontra-se umbilicalmente dependente da ação do Estado nos seus três níveis de governo. A melhoria do hábitat está condicionada não só ao acerto de uma política econômica *lato sensu* e da reformulação, em curso, de uma política urbana federal integrada (saneamento, habitação e transporte), mas também a políticas estaduais correspondentes e, especialmente, às reformas urbanas levadas a cabo nas diferentes regiões metropolitanas por acertos que interliguem os municípios envolvidos e os governos estaduais.

Em relação a este último ponto, vale ressaltar o papel central dos novos instrumentos de intervenção no urbano — "solo criado", usucapião urbano, parcelamento e construção compulsórios, imposto progressivo etc. —, viabilizados pela Carta Magna de 1988 e por muitas constituições estaduais, e recentemente regulamentados pelo Estatuto da Cidade. Tais instrumentos podem, se vinculados a incentivos seletivos positivos (financeiros e de apoio técnico) por parte dos estados e da União, aumentar consideravelmente a governança de nossas metrópoles, desde que sejam adequadamente utilizados e que haja vontade política por parte dos governos locais e o respaldo da população, especialmente de seus setores organizados.

Ainda que toda Federação conviva com a busca de um relativo equilíbrio entre autonomia e interdependência, no caso brasileiro vivenciamos, segundo Fernando Abrucio (2004), um "federalismo compartimentado", ocorrendo pouco entrelaçamento entre os três níveis de governo. Segundo o autor, para que o "entrelaçamento" seja eficaz não pode se restringir apenas às instituições vinculadas às diversas esferas de governo; é preciso também que as políticas e os formatos institucionais dos programas governamentais favoreçam essas interdependências federativas, o que raramente ocorre no Brasil.[70]

Em um país economicamente complexo, diferenciado do ponto de vista regional e cultural e, principalmente, extremamente desigual no social, à União

[70] Fernando Abrucio (2004) lembra ainda que, "quando se fala em cooperação federativa é preciso se ter claro qual o papel do governo federal e dos governos estaduais. Neste sentido, o papel dos governos estaduais brasileiros é ainda muito mal definido, pois funcionam mais como intermediários e distribuidores de recursos, sem uma definição institucional que compartilhe mais o poder com os municípios".

e aos estados federados cabe, no mínimo, mitigar essas enormes desigualdades, mediante políticas redistributivas que transfiram recursos de áreas mais desenvolvidas para regiões onde, em média, haja um maior contingente de setores com grandes dificuldades de inserção produtiva. Nesse quesito, concordo com Abrucio (2004), para quem "o municipalismo, como projeto democrático no Brasil, só dará certo caso o 'intermunicipalismo' e o entrelaçamento entre os níveis de governo tenham êxito. Se isto não acontecer, os municípios podem ser constitucionalmente fortes (...) mas como poder e instância democrática, capaz de resolver os dilemas da coletividade, vão continuar frágeis".

O primeiro desafio para a formulação de uma nova política urbana e metropolitana federal foi enfrentado nos dois primeiros anos do governo Lula pelo ministro Olívio Dutra, que logrou um consenso mínimo envolvendo todos os órgãos e setores do Ministério das Cidades (MC). Um segundo momento exige mais esforço de negociação, pois se refere a pactuar uma atuação articulada tanto de agências apenas vinculadas ao MC — e que, portanto, gozam de maior autonomia (por exemplo, a Caixa Econômica Federal) — quanto de outros ministérios do governo federal e de agências de vocação urbana, que atuam ou podem vir a atuar nessa área (ministérios da Integração Regional, da Ciência e Tecnologia, do Planejamento; Ipea, BNDES, entre outros). Uma das possibilidades nesse nível de articulação, do qual participam organizações com diferentes desempenhos, distintos paradigmas e pesos institucionais, seria tentar atuar em rede ou em convênios com objetivos bem definidos.

Por fim, a busca de governança metropolitana em um país federativo deve levar em conta também as relações e as políticas, verticais e horizontais, dos diferentes níveis de governo (União, estados, associações de municípios e consórcios), além de articulações institucionais com outros atores relevantes (por exemplo, agências internacionais) e com organizações públicas não-governamentais (ONGs, associações civis etc.) e representações da sociedade organizada.

Ressalte-se que os estados federados — a maioria fortemente endividada — e os municípios metropolitanos, mesmo se atuassem de forma integrada — o que está longe de ocorrer —, dificilmente lograriam uma forte dinamização dos investimentos nas grandes metrópoles sem o incentivo seletivo de alocações federais novas ou reorientadas para essa rubrica.

Em áreas de grande carência, ainda que a União ajude estados e municípios na formação de quadros especializados, na disponibilização de informações e no aprimoramento institucional, isso não bastará para alavancar vigorosamente investimentos próprios desses atores.

Uma possibilidade alternativa ou complementar a ser estudada seria a União negociar com agências internacionais especializadas — BID, Banco Mundial, entre outros — e, com governos estrangeiros, empréstimos subsidiados para as mencionadas atividades. Outra possibilidade, levantada por especialistas, seria o governo federal transformar parte das dívidas dos estados em verbas destinadas a investimentos nas regiões metropolitanas.[71]

No que se refere às ONGs vocacionadas para questões urbanas, aos movimentos sociais e às organizações reivindicativas de cunho nacional que atuam nessa área, haveria seguramente disposição de cooperar com o governo federal tanto na formulação de políticas regulatórias quanto na participação em futuros colegiados criados para o acompanhamento dessas políticas.

Bibliografia

ABRANCHES, Sergio H. Política social e combate à pobreza: a teoria da prática. In: ———; SANTOS, W. G.; COIMBRA, M. *Politica social e a questão da pobreza*. Rio de Janeiro: Zahar, 1987.

ABRUCIO, Fernando Luiz. *Os barões da Federação:* os governadores e a redemocratização brasileira. São Paulo: Hucitec, DCP/USP, 1998.

———. *Seminário Internacional sobre as Regiões Metropolitanas*. Brasília: Câmara dos Deputados, mar. 2004.

———; COSTA, Valeriano M. F. *Reforma do Estado e o contexto federativo brasileiro*. São Paulo: Fundação Konrad Adenauer, 1999.

71 Tendo em vista o forte endividamento dos estados com a União, Marcelo Piancastrelli sugere que parte dessa dívida seja aplicada em obras nas regiões metropolitanas, sob orientação federal, e somente no caso daqueles governos estaduais que apresentem bom desempenho fiscal (Seminário..., 2004).

ARRETCHE, Marta. Intervenção do Estado e o setor privado: o modelo brasileiro de política habitacional. In: COLÓQUIO SOCIÉTÉS ET POLITIQUES D'ADJUSTEMENT DANS LES ECONOMIES SEMI-INDUSTRIALISÉES, Amiens, França. *Annales*... dez. 1990.

———. *Estado federativo e políticas sociais:* determinantes da descentralização. Rio de Janeiro: Revan; São Paulo: Fapesp, 2000.

AZEVEDO, Sergio de. Planejamento, cidades e democracia: reflexões sobre o papel dos governos locais nos anos 90. In: DINIZ, Eli; LOPES, José S. L.; PRADI, Reginaldo (Orgs.). *O Brasil no rastro da crise*. São Paulo: Anpocs, Ipea, Hucitec, 1994.

———. Law and the future of urban management in the Third World metropolis. In: FERNANDES, Edésio; VARLEY, Ann (Eds.). *Illegal cities' law and urban change in developing countries*. London: Zed Books, 1998.

———. A política recente da reforma tributária no Brasil: realidades e mitos. *Teoria & Sociedade*, Belo Horizonte, v. 4, p. 247-273, out. 1999.

———; ANDRADE, Luis Aureliano Gama. A reforma do Estado e a questão federalista: reflexões sobre a proposta Bresser-Pereira. In: DINIZ, Eli; AZEVEDO, Sergio de (Orgs.). *Reforma do Estado e democracia no Brasil*. Brasília: UnB, Enap, 1997.

———; GUIA, Virgínia Rennó dos Mares. Dilemas da gestão metropolitana. In: MENDONÇA, Jupira Gomes de; GODINHO, Maria Helena Navarro (Orgs.). *População, espaço e gestão na metrópole:* novas configurações, velhas desigualdades. Belo Horizonte: PUC-MG, Pronex/CNPq, 2003.

———; ———. Os dilemas institucionais da gestão metropolitana no Brasil. In: RIBEIRO, Luiz Cesar de Queiroz (Org.). *Metrópoles:* entre a coesão e a fragmentação, a cooperação e o conflito. São Paulo: Perseu Abramo; Rio de Janeiro: Fase, 2004a.

———; ———. Gestão metropolitana e consorciamentos intermunicipais: arranjos institucionais tradicionais e recentes. Brasília: Secretaria de Programas Urbanos/Ministério das Cidades, 2004b. (Relatório de Pesquisa).

———; MELO, Marcus André. Mudanças institucionais e reforma tributária. *Revista Brasileira de Ciências Sociais*, v. 12, n. 35, out. 1997.

BANCO MUNDIAL. *Informe sobre el desarrollo mundial 1994:* infraestructura y desarrollo; indicadores del desarrollo mundial. Washington, DC, 1994.

———. *Indicadores do desenvolvimento mundial 2002*. Brasília, 2004.

BOSCHI, Renato. Instituições políticas, reformas estruturais e cidadania: dilemas da democracia no Brasil. *Política*, Santiago: Departamento de Ciencia Política/Instituto de Asuntos Públicos/Universidad de Chile, 2004.

BRESSER-PEREIRA, Luiz Carlos. *Reforma do Estado para a cidadania*. Brasília: Enap, 1998.

———; SPINK, Peter. *Reforma do Estado e administração pública gerencial*. Rio de Janeiro: FGV, 1999.

CARDOSO, Fernando Henrique; SERRA, José. *Parlamentarismo no Brasil:* como, por quê? Brasília: Senado Federal, 1991.

CEURB (Centro de Estudos Urbanos). *Desigualdade social e políticas urbanas na Região Metropolitana de Belo Horizonte, RMBH*. Belo Horizonte: CNPq, Ceurb/Fafich/UFMG, 1997.

CINTRA, Antonio Octávio. Idéias para a engenharia institucional da consolidação democrática. In: LAMOUNIER, Bolívar; NOHLEN, Dieter (Orgs.). *Presidencialismo ou parlamentarismo*. São Paulo: Idesp/Loyola, 1993.

———; ANDRADE, Luiz Aureliano G. Planejamento: reflexões sobre uma experiência estadual. In: CINTRA, Antonio Octavio; HADDAD, Paulo Roberto (Orgs.). *Dilemas do planejamento urbano e regional*. Rio de Janeiro: Zahar, 1978.

CORAGIO, José Luis. A construção de uma economia popular como horizonte para as cidades sem rumo. In: RIBEIRO, Luiz César; SANTOS JUNIOR, Orlando A. dos (Orgs.). *Globalização, fragmentação e reforma urbana*. Rio de Janeiro: Civilização Brasileira, 1994.

CUNHA, Flavio Saliba. Planejamento, mercado e subdesenvolvimento na era da produção flexível. In: ENCONTRO NACIONAL DA ANPUR, 5., ago. 1993. *Anais*... Belo Horizonte: Anpur, 1993.

DAMATTA, Roberto. *Carnavais, malandros e heróis*. Rio de Janeiro: Zahar, 1978.

FJP (Fundação João Pinheiro). *O déficit habitacional do Brasil*. Belo Horizonte: Centro de Estudo Político e Social, Pnud, Secretaria de Política Urbana/Ministério do Planejamento, 1995.

———. *Déficit habitacional do Brasil 2000*. Belo Horizonte: Centro de Estatística e Informações/Secretaria Especial de Desenvolvimento Urbano, Pnud, 2001.

———. *Déficit habitacional do Brasil*. Belo Horizonte: Pnud, Ministério das Cidades, 2004.

HOBSBAWM, Eric. *Era dos extremos:* o breve século XX (1914-1991). São Paulo: Companhia das Letras, 1995.

JACOBI, Pedro. Descentralização municipal e participação dos cidadãos: apontamentos para o debate. *Lua Nova*, São Paulo, n. 20, p. 121-143, maio 1990.

LAGO, Luciana Corrêa do. *Estruturação urbana e mobilidade espacial:* uma análise das desigualdades socioespaciais na metrópole do Rio de Janeiro. Tese (Doutorado) — Faculdade de Arquitetura e Urbanismo/USP, São Paulo, 1998.

LAMOUNIER, Bolívar (Org.). *A opção parlamentarista*. São Paulo: Idesp, Sumaré, 1991.

———; NOHLEN, Dieter (Orgs.). *Presidencialismo ou parlamentarismo*. São Paulo: Idesp, Loyola, 1993.

LEVI, Margaret. Uma lógica da mudança institucional. *Dados — Revista de Ciências Sociais*, Rio de Janeiro, v. 34, n. 1, p. 79-99, 1991.

LIMA, Roberto Kant de. *A polícia da cidade do Rio de Janeiro*: seus dilemas e paradoxos. 2. ed. rev. Rio de Janeiro: Forense, 1995.

LIMA JR., Olavo Brasil de (Org.). *Sistema eleitoral brasileiro*: teoria e prática. Rio de Janeiro: Fundo, 1991.

———. *Democracia e instituições políticas no Brasil dos anos 80*. São Paulo: Loyola, 1993.

MARICATO, Ermínia. *Metrópole na periferia do capitalismo:* ilegalidade, desigualdade e violência. São Paulo: Hucitec, 1996.

MATUS, Carlos. O plano como aposta. *São Paulo em Perspectiva*, São Paulo, v. 5, n. 4, out./dez. 1991.

MAZZEO, Antonio Carlos; CORSI, Francisco Luiz. A globalização da economia e a crise dos Estados nacionais. *Folha de S. Paulo*, São Paulo, 9 jun. 1995. Caderno Dinheiro.

MEDICE, André; AGUNE, Antonio. Desigualdades regionais na década de 80: o Brasil não é mais o mesmo? In: ENCONTRO ANUAL DA ANPOCS, 18., nov. 1994, Caxambu. *Anais*... Caxambu: Grupo de Trabalho de Políticas Públicas/Anpocs, 1994.

MELO, Marcus André B. C. Anatomia do fracasso: intermediação de interesse e a reforma das políticas sociais na Nova República. *Dados — Revista de Ciências Sociais*, Rio de Janeiro, v. 36, n. 1, p. 119-164, 1993.

———. Ingovernabilidade: desagregando o argumento. In: VALLADARES, Lícia do Prado (Org.). *Governabilidade e pobreza*. Rio de Janeiro: Civilização Brasileira, 1995.

———. *Governance* e reforma do Estado: o paradigma agente x principal. *Revista do Serviço Público*, Brasília, ano 47, v. 120, n. 1, jan./abr. 1996.

———. Gestão urbano-metropolitana, neomunicipalismo e empresarialismo local. Recife: UFPE, 1997. ms.

———. Seminário Internacional sobre as Regiões Metropolitanas. Brasília: Câmara dos Deputados, mar. 2004.

NICOLAU, Jairo Marconi. *Sistema eleitoral e reforma política*. Rio de Janeiro: Foglio, 1993.

NUNES, Edson. *A gramática política do Brasil:* clientelismo e insulamento burocrático. Rio de Janeiro: Enap, Jorge Zahar, 1997.

O'DONNELL, Guilhermo. Sobre o Estado, a democratização e alguns problemas conceituais. *Novos Estudos Cebrap*, São Paulo, n. 36, p. 123-146, jul. 1993.

OFFE, Claus. A democracia partidária competitiva e o *welfare state* keynesiano: fatores de estabilidade e desorganização. In: ———. (Org.). *Problemas estruturais do Estado capitalista*. Rio de Janeiro: Tempo Brasileiro, 1984.

OLIVEIRA, Francisco. *Crítica à razão dualista:* o ornitorrinco. São Paulo: Boitempo, 2003.

OLSON, Macur. *Poder y prosperidad:* la superación de las dictaduras comunistas y capitalistas. Madrid: Siglo XXI, 2001.

ONU (Organização das Nações Unidas). A democracia na América Latina e Caribe. Nova York: ONU, 2005.

OSBORNE, David; GAEBLER, Ted. *Reinventing government — how the entrepreneurial spirit is transforming the public sector*. New York: Addison-Wesley, 1992.

OSTRY, S. A nova ordem mundial e a tendência à regionalização. In: *A nova ordem mundial*. Rio de Janeiro: José Olympio, 1994. p. 361-375.

PEREIRA FILHO, C.; REZENDE, F.; MARINHO, G. Descentralização: valorização da esfera pública? In: ENCONTRO NACIONAL DA ANPUR, 5., ago. 1993, Belo Horizonte. *Anais*... Belo Horizonte: Anpur, 1993.

PNUD (Programa das Nações Unidas para o Desenvolvimento). *Relatório sobre o desenvolvimento humano no Brasil*. Brasília: Pnud, Ipea, 1996.

———. *Relatório sobre o Desenvolvimento Humano no Brasil*. Brasília: Pnud, Ipea, 2001.

PRZEWORSKI, Adam. O que os países civilizados têm em comum. *Folha de S. Paulo*, São Paulo, 22 abr. 1995.

PUTNAM, Robert D. *Comunidade e democracia:* a experiência da Itália moderna. Rio de Janeiro: FGV, 1996.

RAMOS, Guerreiro. *Reduções sociológicas*. Rio de Janeiro: Tempo Brasileiro, 1997.

REIS, Fábio W. Consolidação democrática e construção do Estado: notas introdutórias e uma tese. In: REIS, Fábio W.; O'DONNELL, G. (Orgs.). *A democracia no Brasil:* dilemas e perspectivas. São Paulo: Vértice, 1988.

———. Weber e a ciência política atual: notas sobre três temas. In: SOUZA, Jessé de (Org.). *A atualidade de Max Weber*. Brasília: UnB, 2000.

———. Engenharia e decantação. In: BENEVIDES, Maria Vitória; VANNUCHI, Paulo; KERCHE, Fábio (Orgs.). *Reforma política e cidadania*. São Paulo: Fundação Perseu Abramo, 2003.

REZENDE, Fernando. *Propostas de reforma do sistema tributário nacional*. Brasília: Ipea, 1996. (Texto para Discussão, 420).

RIBEIRO, Luiz César. A cidade, as classes e a política na reestruturação urbana. Recife: UFPE, 1998.

———; AZEVEDO, Sergio de. A produção da moradia nas grandes cidades brasileiras: dinâmica e impasses. In: RIBEIRO, Luiz César; AZEVEDO, Sergio de (Orgs.). *A ques-*

tão da moradia nas grandes cidades: da política habitacional à reforma urbana. Rio de Janeiro: UFRJ, 1996.

ROLNIK, Raquel. *A cidade e a lei: legislação, política urbana e territórios na cidade de São Paulo*. São Paulo: Nobel, Fapesp, 1997.

SANTOS, Wanderley Guilherme. A trágica condição da política social. In: ABRANCHES, S.; SANTOS, W. G.; COIMBRA, M. *Politica social e a questão da pobreza*. Rio de Janeiro: Zahar, 1987.

———. *Razões da desordem*. Rio de Janeiro: Rocco, 1993.

SEMINÁRIO Internacional sobre as Regiões Metropolitanas. Brasília: Câmara dos Deputados, mar. 2004.

SOUZA, Celina. Regiões metropolitanas: trajetória e influência das escolhas institucionais. In: RIBEIRO, Luiz Cesar de Queiroz (Org.). *Metrópoles:* entre a coesão e a fragmentação, a cooperação e o conflito. São Paulo: Perseu Abramo; Rio de Janeiro: Fase, 2004.

SOUZA, Jessé de. *A modernização seletiva:* uma reinterpretação do dilema brasileiro. Brasília: UnB, 2000.

———. *A construção social da subcidadania:* para uma sociologia política da modernidade periférica. Belo Horizonte: UFMG; Rio de Janeiro: Iuperj, 2003.

TOURAINE, Alain. *O Brasil frente aos desafios da globalização*. Belo Horizonte: Fafich/UFMG, 1995.

TRINDADE, Hélgio de (Org.). *Universidade em ruínas:* na república dos professores. Petrópolis: Vozes; Porto Alegre: Cipede, 1999.

VALLADARES, Licia do Prado; PRETECEILE, Edmond (Orgs.). *Reestruturação urbana:* tendências e desafios. Rio de Janeiro: Nobel, Iuperj, 1990.

ZINI JR., Alvaro et al. A globalização e suas implicações. *Economia Aplicada*, São Paulo, Fipe/FEA-USP, v. 1, n. 1, jan./mar. 1997.

4

DESENHO CONSTITUCIONAL, INSTITUIÇÕES FEDERATIVAS E RELAÇÕES INTERGOVERNAMENTAIS NO BRASIL PÓS-1988

*Celina Souza**

Há mais de um século, o Brasil adotou a forma federativa de divisão territorial de governo. Ao longo desse tempo, o país conviveu com grande variedade de arranjos federativos e experimentou períodos de autoritarismo e de regime democrático. Durante a vigência das sete Constituições que regeram as instituições brasileiras após a República, as regras relativas ao federalismo fizeram parte integrante do corpo constitucional, daí a importância de se estudar o federalismo brasileiro associando-o ao tema do constitucionalismo. Pela interseção das regras que regem o federalismo e sua constitucionalização, torna-se importante atender à convocação de Dearlove[1] de "trazer a Constituição de volta" como foco dos trabalhos sobre federalismo no âmbito da ciência política. Isso porque a teoria constitucional busca respostas para questões políticas

* PhD em ciência política pela London School of Economics and Political Science (LSE) e pesquisadora do Centro de Recursos Humanos (CRH) da Universidade Federal da Bahia (UFBA).

[1] Apud Evans, 2001.

fundamentais que afetam os entes constitutivos da Federação, tais como "quem governa, como se governa e quem deveria governar".[2]

Apesar das controvérsias sobre as principais características dos sistemas federativos, existe um consenso de que essa instituição tem duas dimensões principais: desenho constitucional e divisão territorial de poder governamental. Embora outros fatores/instituições também sejam objeto de análise sob a ótica do federalismo — como a dinâmica da economia política, da competição partidária e a da chamada cultura política —, as manifestações territoriais do federalismo requerem a análise não só de sua aplicação prática, mas também do ponto de vista constitucional. Essas manifestações territoriais dizem respeito à divisão de competências e de responsabilidades entre os entes constitutivos e, no Legislativo, ao papel do Judiciário, à distribuição dos recursos fiscais e às garantias constitucionais dos entes constitutivos da Federação.

A análise do federalismo brasileiro ainda estabelece escassas ligações com a teoria constitucional propriamente dita e também raramente focaliza as instituições políticas estabelecidas constitucionalmente que regem o federalismo. Embora aspectos importantes do sistema político brasileiro que influenciam a divisão territorial de poder e de governo sejam objeto de várias análises de cientistas políticos — como o sistema presidencial e o sistema eleitoral —, outras questões que influenciam o federalismo e que foram constitucionalizadas, como as relações intergovernamentais e o sistema fiscal, permanecem pouco analisadas pela ótica da ciência política.[3] Tais relações e sistemas determinam as regras sobre como será resolvida a disputa por recursos públicos e por competências entre os entes constitutivos da Federação. Dada a importância que a descentralização assumiu no Brasil pós-1988, a maioria dos trabalhos focaliza o federalismo mais como sinônimo de descentralização, aliando-se ao que Gibson (2004) classificou de a escola do federalismo como descentralização, do que como algo associado a uma ordem política e constitucional com especificidades próprias. Muitos trabalhos também analisam as relações que se estabelecem entre esferas de governo a partir de algumas políticas sociais, princi-

[2] Evans, 2001:414.

[3] Para uma excelente análise da contribuição da ciência política ao entendimento do federalismo brasileiro, ver Almeida, 2001.

palmente saúde e educação fundamental, como resultado da emergência recente de políticas sociais descentralizadas.

O sistema federal foi introduzido no Brasil em 1889 e detalhado na Constituição de 1891. Como se sabe, e diferentemente de muitas federações, a brasileira nunca foi uma resposta às clivagens sociais decorrentes de conflitos étnicos, lingüísticos ou religiosos. Movimentos separatistas ocorreram apenas durante o período colonial, e no início do século XIX a unidade do país não era questionada. Por isso, as Constituições brasileiras não prevêem regras para a Secessão, e a de 1988 ainda estabelece que nenhuma emenda constitucional pode abolir a "forma Federativa de Estado". Dado que a unidade do país não se constitui em ameaça, as Constituições sempre declararam que "todo o poder emana do povo" e não da nação, do Estado ou das unidades constitutivas da Federação, como ocorre em muitos países federais, sinalizando que o sistema federativo brasileiro está assentado no princípio do individualismo e não das instituições coletivas. Nesse sentido, o constitucionalismo brasileiro aproxima-se da tradição norte-americana, na qual, baseada na concepção lockiana, os direitos fundamentais têm sua origem nos indivíduos, distanciando-se da tradição da Europa continental, onde o Estado é a fonte dos direitos fundamentais.[4]

A Federação foi criada a partir das 20 províncias herdadas do sistema unitário, contando hoje com 26 estados, o Distrito Federal e 5.562 municípios, distribuídos em cinco regiões. Existe um consenso de que as heterogeneidades econômicas entre as regiões, que também se manifestam entre os estados e municípios, constituem o principal problema do federalismo brasileiro, e os dados mostram que a concentração econômica regional aumentou nos anos 1990, após leve declínio registrado durante o regime militar. Tal declínio não deve ser creditado, todavia, à centralização fiscal daquele regime, nem à sua característica autoritária, mas sim às altas taxas de crescimento econômico registradas por quase uma década, de cerca de 10% ao ano, as quais permitiram aos formuladores de políticas públicas a adoção de políticas voltadas para a atenuação do desequilíbrio econômico entre as regiões. Apesar de as desigualdades regionais serem apontadas como o principal problema do fede-

[4] Sobre as diferenças entre o constitucionalismo da Europa continental e dos Estados Unidos, ver Rosenfeld, 2000.

ralismo brasileiro, outras questões também podem ser consideradas problemáticas, como um sistema de relações intergovernamentais incompleto ou restrito a poucas políticas públicas.

Este capítulo busca suprir a lacuna da ainda escassa atenção concedida nas pesquisas acadêmicas da área da ciência política ao desenho constitucional do federalismo brasileiro e seu impacto nas relações intergovernamentais, principalmente no que se refere aos municípios. Nesse sentido, procura conciliar a análise sobre como o federalismo brasileiro funciona na prática com os dispositivos constitucionais que a ele se aplicam, apesar do alerta de Riker (1975) de que, para se entender o funcionamento dos sistemas federais não é necessário compreender a estrutura constitucional e, sim, as forças reais do sistema político, os sistemas de partidos nacionais, as práticas políticas e as estruturas do poder econômico. Contudo, dada a carência de trabalhos na área de ciência política preocupados em "trazer a Constituição de volta" e embora concordando com Riker que a estrutura constitucional não prediz, por si só, o impacto causal das instituições federais ou a dinâmica política interna das federações, a descrição e a análise da estrutura constitucional pode ajudar a compreender melhor como o federalismo opera, principalmente em um país como o Brasil, que possui uma história constitucional complexa e onde as instituições relacionadas com o federalismo sempre tiveram realce nos dispositivos constitucionais.

O capítulo focaliza o desenho constitucional da Federação brasileira após a Constituição de 1988 e suas emendas. Argumento, em consonância com Riker, que os principais constrangimentos enfrentados hoje pelo federalismo brasileiro decorrem, em parte, mais da dificuldade dos governos de redirecionar o rumo de certas políticas públicas, de lidar com questões macroeconômicas não antecipadas pelos constituintes de 1988 e de regulamentar as relações intergovernamentais do que de problemas resultantes do desenho constitucional. Isso mostra que existe uma distância entre os dispositivos constitucionais e as circunstâncias políticas e econômicas, com as últimas prevalecendo sobre os mandamentos constitucionais.

O capítulo está dividido em cinco seções. Primeiro, descreve os dispositivos constitucionais sobre a Federação inscritos na Constituição de 1988, depois passa à análise dos princípios constitucionais da Federação. Em seguida, trata da estrutura e do funcionamento do sistema federativo, detalhando suas principais instituições do ponto de vista constitucional, e do financiamento das instâncias federativas, passando, então, a uma breve discussão das principais mudanças constitucionais que afetam as esferas de governo. A última seção apresenta algumas conclusões.

A Constituição de 1988

A redemocratização trouxe como uma de suas principais bandeiras a "restauração" do federalismo e a descentralização, mediante a elaboração de uma nova Constituição. Esse compromisso fazia parte do Manifesto à Nação divulgado pelos partidos que compunham a chamada Aliança Democrática, constituída em torno da candidatura de Tancredo Neves. O compromisso de elaborar uma nova Carta Constitucional gerou entusiasmo e otimismo quanto ao futuro do país, e durante 20 meses o Congresso e Brasília foram o centro da vida política brasileira, promovendo um visível exercício de participação política.

As regras de funcionamento da Assembléia Nacional Constituinte já sinalizavam que a elaboração da Constituição seria um processo altamente descentralizado, dado que não haveria apenas uma comissão para propor uma primeira versão da Constituição, mas 24 subcomissões, que mais tarde constituiriam oito comissões, seguidas de uma comissão de sistematização, integrada por 97 parlamentares, e sessões plenárias com duas rodadas de votações nominais. Outras inovações foram a permissão para o recebimento de propostas de fora do Congresso, caso contassem com a assinatura de 30 mil eleitores, e o envio de sugestões pelo correio.[5]

A Constituição de 1988 foi a mais detalhada de todas as Constituições brasileiras. Quando aprovada, continha 245 artigos, e mais 70 no Capítulo sobre as Disposições Constitucionais Transitórias. Com as emendas constitucionais posteriores, o Texto Constitucional foi expandido para 250 artigos no corpo constitucional e 94 nas disposições constitucionais transitórias, número semelhante aos das Constituições da Índia e da África do Sul. A tendência à constitucionalização de questões consideradas importantes pode ser, portanto, parcialmente creditada às incertezas decorrentes das mudanças de regime

[5] Para mais detalhes sobre esse processo, ver Souza, 1997 e 2001.

político ocorridas nesses três países. No caso do Brasil, também parece refletir uma reação ao descaso do regime anterior pelos dispositivos e constrangimentos constitucionais.[6] Dessa tendência à constitucionalização resultou uma Constituição que regula não só princípios, regras e direitos — individuais, coletivos, sociais e políticos —, mas também um amplo leque de políticas públicas, com impacto, portanto, sobre as relações intergovernamentais, devido à tendência à descentralização de algumas políticas públicas.

A questão sobre a divisão "ótima" entre o que deve ou não ser constitucionalizado é matéria de amplo debate, principalmente entre juristas e economistas da área fiscal.[7] O debate é importante porque envolve a decisão sobre que matérias ficam excluídas do processo político (as cláusulas pétreas das Constituições), que matérias devem ser objeto de quórum qualificado ou de supermaiorias (emendas constitucionais), e quais ficam submetidas às decisões majoritárias, ou seja, devem ser objeto de leis ordinárias. Além disso, o tema da constitucionalização remete também à capacidade do governo de implementar os dispositivos constitucionais e a como proceder quando as circunstâncias mudam.

A Constituição de 1988 apresenta algumas peculiaridades em relação às Constituições anteriores. A primeira é que não foi produto de um texto desenhado por especialistas, especialmente juristas, como aconteceu em 1891 e em 1934, nem se espelhou em Constituições anteriores, como em 1946. A segunda é que as Constituições anteriores foram resultado de um processo de ruptura política que já havia ocorrido, ao passo que, em 1988, a elaboração da Constituição ocorreu ainda como parte do processo de transição democrática.[8] A terceira, e mais diretamente relacionada com o federalismo, é que aos constituintes foi permitido decidir sobre a manutenção ou não do sistema federativo, tema proibido na convocação das constituintes anteriores.

Embora a Constituição de 1988 não tenha sido precedida de debates sistemáticos como nos EUA, reunidos em ensaios que ficaram conhecidos como

---

[6] Esse argumento é do ex-senador Waldek Ornelas, desenvolvido no *workshop* sobre federalismo realizado na USP em novembro de 2002.

[7] Sobre esse debate entre juristas norte-americanos, ver Valente et al., 2001.

[8] Vianna et al., 1999.

O federalista,[9] houve ampla divulgação de sua pauta e do trabalho da Comissão Afonso Arinos, que a precedeu. Ademais, suas regras foram capazes de conciliar os interesses de novos e velhos atores políticos e de grupos de interesse. Essa opção pela conciliação pode ser também um dos fatores explicativos de a Constituição ter-se tornado tão detalhada e conter muitos dispositivos que requerem regulamentação posterior, apesar de seu alto nível de detalhe, alguns exigindo leis complementares e outros leis ordinárias.[10] O consenso foi o caminho possível pela ausência de uma clara maioria partidária ou ideológica.

Pelas razões já expostas, os constituintes tiveram vários incentivos para desenhar uma Federação onde o poder governamental fosse descentralizado e no qual vários centros de poder, embora assimétricos, devessem ser legitimados para tomar parte no processo decisório.

Em algumas questões, a Constituição de 1988 contrastou com as anteriores, principalmente nos seguintes aspectos: a) na provisão de mais recursos para as esferas subnacionais; b) na expansão dos controles institucionais e societais sobre os três níveis de governo, pelo aumento das competências do Legislativo e do Judiciário e pelo reconhecimento dos movimentos sociais e de organismos não-governamentais como atores legítimos de controle dos governos; c) pela universalização de alguns serviços sociais, em particular a saúde pública, antes restrita aos trabalhadores do mercado formal, e tendo como princípio diretivo a descentralização e a participação dos usuários.

No entanto, a Constituição de 1988 conservou certas características das Constituições anteriores, tais como: a) a tendência à constitucionalização de muitas questões, a qual vem sendo também mantida nas emendas constitucionais aprovadas posteriormente; b) o fortalecimento dos governos locais *vis-à-vis* os estados; c) a tendência à adoção de regras uniformes para as esferas subnacionais, em especial as instâncias estaduais, dificultando a adoção de políticas próximas de suas prioridades; d) a impossibilidade de avançar em políticas voltadas para a diminuição dos desequilíbrios regionais, apesar da existência de mecanismos constitucionais que ou não foram operacionalizados ou são insuficientes para uma efetiva política de equalização fiscal.

[9] Sobre esse ponto, ver, na literatura brasileira, Limongi, 1989.

[10] Segundo levantamento de Rosenn (1990:778), a Constituição, quando promulgada, requeria a elaboração de 285 leis ordinárias e 41 complementares.

Princípios constitucionais da Federação

Federalismo[11]

Diferentemente de muitas federações, a brasileira, assim como a belga, é um sistema de três níveis (triplo federalismo) porque incorporou, em 1988, os municípios, junto com os estados, como partes integrantes da Federação, refletindo uma longa tradição de autonomia municipal e de escasso controle dos estados sobre as questões locais.

Como se sabe, os três níveis de governo têm legislativos próprios, e o federal e o estadual têm seus próprios judiciários. Os estados são representados no Senado, mas não no Executivo, embora informalmente mantenha-se a tradição de assegurar a representação dos interesses de vários estados no Executivo federal mediante a indicação para cargos, os quais combinam, em geral, filiação partidária com os interesses das lideranças estaduais que integram a coalizão de apoio ao Executivo federal.

Apesar de a Constituição de 1988 ter reduzido o número de casos em que o governo federal pode intervir nos estados, e os estados nos municípios, o instituto da intervenção ainda vigora, embora sujeito à aprovação legislativa. Pressões pela presença do Exército nas grandes cidades por força de questões como o aumento da violência e greves das polícias militares estaduais têm reacendido o debate sobre a intervenção, que, no caso brasileiro, inclui um dispositivo que desestimula seu uso, dado que emendas constitucionais são proibidas na vigência da intervenção.

Desde a promulgação da Constituição de 1988 e de suas emendas, outorgar o rótulo de centralizado ou descentralizado ao federalismo brasileiro parece não dar conta da sua atual complexidade. A Federação tem sido marcada por políticas públicas federais que se impõem às instâncias subnacionais, mas que são aprovadas pelo Congresso, e por limitações na capacidade dos entes subnacionais de legislar sobre políticas próprias, esta última também constrangida por decisões do Judiciário. Além do mais, poucas competências constitucionais exclusivas são alocadas aos estados e municípios, como tam-

[11] Para uma visão das principais características institucionais dos países federais, ver Griffiths, 2002.

bém ocorre em outros países em desenvolvimento e em processo de consolidação de seus sistemas democráticos, como México e África do Sul. Por outro lado, estados e municípios possuem autonomia administrativa considerável, responsabilidades pela implementação de políticas aprovadas na esfera federal, inclusive muitas por emendas constitucionais, e uma parcela dos recursos públicos poucas vezes concedida pelas Constituições anteriores, em particular para os municípios, e superior a outros países em desenvolvimento.[12]

Status dos entes constitutivos

Do ponto de vista constitucional, todas as unidades constitutivas possuem poderes e competências iguais, tal como ocorre nos EUA e no México. Nesse sentido, o Brasil adotou um modelo de federalismo simétrico em uma Federação assimétrica. Dois fatores fortalecem ainda mais esse modelo simétrico. O primeiro é que as regras sobre as competências, recursos e políticas públicas das entidades subnacionais são capítulos detalhados da Constituição, deixando pouca margem de manobra para iniciativas específicas. O segundo é que o Supremo Tribunal Federal (STF) vem decidindo sistematicamente que as Constituições e as leis estaduais reflitam os dispositivos federais, o que impõe uma hierarquia das normas constitucionais e legais, apesar de a Constituição não explicitar tal princípio. Como argumentam Oscar Vilhena e Werneck Vianna,[13] todo direito relevante é um direito federal.[14] Os estados acabam sendo quase que apenas entes gestores do direito federal.

Diferentemente de federações como Austrália, Índia, México, Suíça e EUA, onde emendas à Constituição Federal devem ser ratificadas pelas assembléias estaduais ou por referendo, essa exigência não existe no Brasil, onde se assume que os representantes dos estados no Senado são os guardiões dos interesses estaduais.

Apesar de os estados terem Constituições próprias, todas aprovadas em 1989, e apesar de as regras constitucionais federais estabelecerem que essas

---

[12] Ver Souza, 2002.

[13] Ver Vianna et al., 1999.

[14] O argumento de Oscar Vilhena foi desenvolvido em um *workshop* sobre federalismo ocorrido na USP em novembro de 2002.

Constituições deveriam "obedecer aos princípios" da Constituição Federal, a maioria das Constituições estaduais é uma mera repetição dos mandamentos federais. As poucas tentativas de criar regras não explicitamente especificadas pela Constituição Federal, mas não proibidas, foram declaradas inconstitucionais pelo STF. Isso se deve menos ao fato de a Constituição de 1988 ser extremamente detalhada e mais à interpretação do STF, já referida, de que as Constituições e as leis estaduais devem ser subsumidas pelo que dispõe a legislação federal.

Distribuição de competências entre os entes constitutivos

As Constituições brasileiras sempre detalharam as competências dos três níveis de governo, embora a de 1988 supere nesse ponto as demais. A União detém o maior e o mais importante leque de competências exclusivas. Apesar de a competência residual ser dos estados, tal como nos EUA, na Austrália e no México, o alto nível de detalhe da Constituição de 1988 deixa pouco espaço para o exercício da competência residual.

No que se refere às competências concorrentes (ou comuns aos três níveis de governo), que são, em princípio, as principais geradoras das relações intergovernamentais, os constituintes de 1988 fizeram uma clara opção pelo princípio de que a responsabilidade pela provisão da maioria dos serviços públicos, em especial os sociais, é comum aos três níveis, como mostra o quadro.[15] Isso gera debates acalorados sobre que nível é responsável por qual política ou serviço público. Tal debate, que resulta muitas vezes em trocas de acusações entre governantes, desconsidera que os constituintes optaram por uma divisão institucional de trabalho entre os entes federativos claramente compartilhada, o que geraria um amplo e complexo sistema de relações intergovernamentais. A vasta lista de competências concorrentes indicaria que o

[15] A existência de grande número de competências partilhadas entre diferentes níveis de governo é uma tendência relativamente antiga nos países federais. Pesquisa realizada pela Universidade Pompeu Fabru, de Barcelona, identificou que a jurisdição sobre programas sociais é altamente compartilhada entre a esfera federal, os estados e os municípios, principalmente na Alemanha, Canadá, Austrália, Suíça e EUA (Agranoff, 2003). De acordo com essa pesquisa, Brasil e Argentina seriam os países federais onde as relações intergovernamentais são mais escassas.

federalismo brasileiro teria um caráter mais cooperativo do que dual ou competitivo. No entanto, e apesar do grande número de competências concorrentes, na prática existem grandes distâncias entre o que prevê a Constituição e sua aplicação. O objetivo do federalismo cooperativo está longe de ser alcançado por duas razões principais. A primeira tem a ver com as diferentes capacidades dos governos subnacionais de implementarem políticas públicas, dadas as enormes desigualdades financeiras, técnicas e de gestão existentes. A segunda é a ausência de mecanismos constitucionais ou institucionais que regulem as relações intergovernamentais e que estimulem a cooperação, tornando o sistema altamente competitivo.

Competências concorrentes

Esfera de governo	Serviço/atividade
Federal, estadual e local (competências partilhadas)	❑ Saúde e assistência pública ❑ Assistência aos portadores de deficiência ❑ Preservação do patrimônio histórico, artístico, cultural, paisagens naturais notáveis e sítios arqueológicos ❑ Proteção do meio ambiente e dos recursos naturais ❑ Cultura, educação e ciência ❑ Preservação das florestas, da fauna e da flora ❑ Agropecuária e abastecimento alimentar ❑ Habitação e saneamento ❑ Combate à pobreza e aos fatores de marginalização social ❑ Exploração das atividades hídricas e minerais ❑ Segurança do trânsito ❑ Políticas para pequenas empresas ❑ Turismo e lazer

Diante do exposto, pode-se afirmar que a lógica que rege a distribuição de competências entre os entes constitutivos da Federação é paradoxal. Por um lado, os constituintes decidiram reduzir os recursos financeiros federais *vis-à-vis* os outros dois níveis de governo, situação que foi relativamente revertida ao longo dos últimos anos. Por outro lado, os constituintes aumentaram as competências legislativas e de jurisdição do governo federal, ao mesmo tempo em que aumentavam o leque das competências concorrentes sem a adoção de mecanismos mais abrangentes de relações intergovernamentais.

Nenhum mecanismo ou instituição que regule as relações intergovernamentais está previsto na Constituição de 1988. O parágrafo único do art. 23 estabelece que "lei complementar fixará normas para a cooperação entre a União e os Estados, Distrito Federal e os Municípios, tendo em vista o equilíbrio do desenvolvimento e do bem-estar em âmbito nacional". No entanto, tal lei nunca foi proposta pelo Executivo ao Congresso e não existem sinais de que esteja na agenda dos entes governamentais. Isso não significa, todavia, que inexistam relações intergovernamentais. Os governos subnacionais partilham recursos federais, os municípios partilham parcelas de impostos estaduais e existem várias políticas sociais, particularmente nas áreas de saúde e educação fundamental, que contam com diretrizes e recursos federais mas são implementadas principalmente pelos municípios.[16] No entanto, com exceção das áreas referidas, as relações intergovernamentais são altamente competitivas, tanto vertical quanto horizontalmente, e marcadas pelo conflito. Mecanismos cooperativos tendem a depender de iniciativas federais. Apesar de a Constituição prover vários mecanismos que sinalizam no sentido do federalismo cooperativo, como as competências concorrentes, o federalismo brasileiro tende a ser altamente competitivo e sem canais institucionais de intermediação de interesses e de negociação de conflitos.

Aliado ao sistema federativo de governo, sempre mais descentralizado do que o sistema unitário, existe grande autonomia dos municípios *vis-à-vis* os estados, o que acirra conflitos principalmente entre os que governam as grandes cidades e os que governam o estado. O federalismo por si só e enquanto instituição não é responsável pelo acirramento de conflitos intergovernamentais. Contudo, no caso do Brasil, os conflitos inerentes ao formato federativo de governo não contam com canais de intermediação de interesses ou com mecanismos de relações intergovernamentais formais ou informais indutores do diálogo e da cooperação entre os entes federados.

[16] Outro exemplo, além do da política de saúde e de educação fundamental, é o da gestão de bacias hidrográficas, que conta com a participação de todas as esferas de governo por exigência de legislação federal.

Já que nosso sistema federativo é altamente competitivo, como são resolvidos os conflitos entre esferas de governo? Cabe ao STF esse papel pela sua competência de controle da constitucionalidade, através das ações diretas de inconstitucionalidade (ADIns). A lista de instituições que podem propor ADIns foi consideravelmente ampliada pela Constituição de 1988: presidente da República; mesas do Senado, da Câmara e das assembléias legislativas; governadores; procurador-geral da República; Conselho Federal da Ordem dos Advogados do Brasil; partido político com representação no Congresso e confederação sindical ou entidade de classe de âmbito nacional. Os governadores são, até agora, os mais ativos proponentes de ADIns, mas grande parte das ações ocorreu em 1990, após a promulgação das Constituições estaduais.[17] Paradoxalmente, essas ações não objetivavam defender a autonomia dos estados ante a legislação federal, mas pedir o reconhecimento judicial da inconstitucionalidade de decisões tomadas pelas assembléias constituintes estaduais.[18]

Estrutura e funcionamento da Federação

Instituições gerais

O sistema presidencial sempre foi a opção preferencial dos constituintes brasileiros, exceto por 14 meses, entre 1961 e 1963. Várias tentativas foram feitas a favor do sistema parlamentarista, inclusive durante a Constituinte e em 1990, quando os eleitores foram convocados para decidir, por plebiscito, sobre a mudança do sistema, mas a opção pelo presidencialismo sempre foi vitoriosa.

Exceto durante os períodos autoritários, a separação entre os poderes da República foram princípios proeminentes das Constituições. Todavia, e como se dá na maioria dos sistemas presidencialistas, o Poder Executivo tem sido o principal iniciador de legislação.

[17] Entre 1988 e 2004, foram propostas 3.120 ADIns, 26% das quais pelos governadores, seguidos pelas confederações sindicais ou entidades de classe, com 25%. Disponível em: www.stf.gov.br>.

[18] Sobre esse ponto, ver o detalhado trabalho de Vianna et al., 1999.

Diferentemente do que ocorre entre os entes governamentais, nas relações entre os poderes da República prevalece um sistema de freios e contrapesos complexo. O STF pode declarar a inconstitucionalidade de lei aprovada pelos Executivos federal e estaduais e anular decisões tomadas pelo Congresso. Os recursos do Poder Judiciário provêem do orçamento federal aprovado pelo Congresso. Medidas que podem ser iniciadas apenas pelo Executivo têm que ser submetidas ao Congresso. A Câmara pode instaurar processo contra o presidente da República, cujo julgamento cabe ao Senado. Este, por sua vez, é a instituição que mais detém competências no sistema de freios e contrapesos, sendo responsável pelo julgamento de membros do STF, pela ratificação de nomes indicados pelo presidente da República para vários cargos no Executivo e pela decisão sobre pedidos de empréstimos internos e externos dos três níveis de governo.

Executivo federal

Composto do presidente e dos ministros, o Poder Executivo possui o maior número de competências exclusivas, compreendendo 25 itens do art. 21. Essas competências vão desde aquelas comuns aos sistemas presidencialistas, como relações exteriores, defesa nacional e política monetária, até várias áreas específicas de políticas públicas, sobre as quais o Executivo tem a competência de aprovar diretrizes, direcionando, portanto, as políticas públicas. Como mencionado, não existem dispositivos constitucionais que regulem a cooperação ou a consulta entre a União e os estados.

Apesar de a Constituição de 1988 ter aumentado o número daqueles que podem iniciar proposta de legislação — parlamentares federais, presidente da República, membros do STF e dos tribunais superiores, procurador-geral da República e cidadãos, estes com a assinatura de pelo menos 1% do eleitorado distribuído entre pelo menos cinco estados —, somente a União pode propor legislação sobre os 29 itens que estão detalhados no art. 22. Também cabe exclusivamente à União propor legislação sobre questões listadas como concorrentes entre os três níveis de governo — por exemplo, energia elétrica, trânsito, transporte, mineração e educação. Essa aparente contradição mostra, mais uma vez, a tendência à uniformização já mencionada, mas também a necessidade de se implantar padrões nacionais para várias políticas públicas. Matérias de legislação concorrente entre a União e os estados, excluídos os municípios, estão listadas no art. 24, embora vários itens integrem as competências concorrentes entre os três níveis de governo.

Judiciário federal

As Constituições brasileiras sempre refletiram a tradição jurídica do direito romano-germânico ou direito continental e não a do direito consuetudinário (*common law*), assim como sempre preservaram a separação entre as instâncias judiciais federais e estaduais.

O sistema federal é integrado por várias instâncias: o STF, o Superior Tribunal de Justiça (STJ), os tribunais regionais federais, a Justiça do Trabalho, a Justiça Eleitoral e a Justiça Militar. O STF é a mais alta corte da Federação e, desde 1988, combina as competências de uma típica corte constitucional com a de julgamento de certos tipos de recursos. Do ponto de vista federativo, suas competências incluem o controle da constitucionalidade de leis e normas federais e estaduais, o julgamento de conflitos entre o governo federal e os governos estaduais, entre dois ou mais governos estaduais e entre os governos estaduais e suas assembléias legislativas, assim como a constitucionalidade de leis municipais. Isso significa que o STF pode anular leis federais, estaduais e municipais interpretadas por seus membros como inconstitucionais. O STJ tem a competência de julgar conflitos administrativos entre dois ou mais estados.

Instituições estaduais

As instituições políticas estaduais guardam grande semelhança com as federais, com exceção do bicameralismo. O número de deputados estaduais e os critérios para sua remuneração são determinados pela Constituição de 1988. Apesar de os estados possuírem relativamente escassa capacidade legislativa, eles: a) coletam o maior imposto em termos de volume de arrecadação — o imposto sobre circulação de mercadorias e prestação de serviços de transporte interestadual e intermunicipal e de comunicação (ICMS) —, que, diferentemente de muitas federações, é de competência estadual, assim como determinavam livremente, até a Emenda Constitucional nº 42/2003, suas alíquotas;[19] b) administram mais recursos do que no regime anterior, embora sua participação na receita pública total tenha declinado nos últimos anos; c) possuem efetiva autonomia administrativa. No entanto, a capacidade decisória, financeira e administrativa dos estados é desigual, devido às diferenças econômicas entre eles.

Assim como acontece na relação entre a União e os estados, inexistem provisões constitucionais regulando as relações entre os estados. Diferentemente de federações como Austrália, Bélgica, Alemanha, EUA, México e África do Sul, não existem conselhos intergovernamentais envolvendo os estados. As exceções são o Confaz, que reúne os secretários das Finanças dos estados, mas que não é previsto na Constituição, e a participação de governadores de estados economicamente menos desenvolvidos em conselhos deliberativos de agências federais de desenvolvimento regional. Alguns programas federais são desenhados para contar com a participação de representantes dos estados, mas tais estruturas só se materializam por iniciativa do governo federal e quando estão envolvidas transferências de recursos federais.

Instituições municipais

As regras que regem o governo municipal estão escritas na Constituição Federal, inclusive seus recursos. Assim como acontece com os estados, a capacidade dos governos locais de implementar políticas e de arrecadar recursos próprios é altamente diferenciada. Também como ocorre com os estados, o número de vereadores e critérios para sua remuneração são determinados por legislação federal. Com a Constituição de 1988, os municípios passaram a ser regidos por leis orgânicas próprias, elaboradas por seus respectivos legislativos.

Em meados dos anos 1990, os governos locais passaram a ser os principais provedores dos serviços de saúde e de educação fundamental, a partir de regras e de recursos federais, os quais visam garantir aos cidadãos locais padrões mínimos de atendimento. A adesão dos municípios a essa transferência tem sido avaliada como um sucesso em termos quantitativos, principalmente

[19] Passado mais de um ano da promulgação da Emenda Constitucional nº 42/2003, a uniformização das diferentes alíquotas do ICMS ainda não entrou em vigor.

no que se refere à saúde. Tal sucesso tem sido creditado a uma política concebida como um sistema complexo de relações intergovernamentais que combina incentivos e sanções aos entes subnacionais.[20] Essa transferência pela responsabilidade de implementação é avaliada como tendo reduzido os conflitos entre os governos locais pela disputa por recursos federais. Por outro lado, e dado que as políticas de saúde e de educação foram basicamente municipalizadas, as relações intergovernamentais que se estabeleceram são muito mais freqüentes entre a União e os municípios, com participação limitada dos governos estaduais.

Diferentemente do que ocorre nos estados e nos grandes municípios, as relações intermunicipais vêm ocorrendo de forma cada vez mais crescente, através da constituição de inúmeros consórcios, principalmente nas áreas de saúde, proteção ambiental e desenvolvimento econômico. Todavia, os consórcios intermunicipais são ainda restritos aos municípios que não integram as regiões metropolitanas.[21] Nestes últimos, a competição por recursos públicos e investimentos públicos e privados tem sido acirrada.[22]

[20] Ver, entre outros, Arretche, 2000; e Souza, 2004.

[21] O exemplo da participação do município de São Paulo em consórcios intermunicipais é paradigmático: de uma lista de 14 serviços/atividades, São Paulo só participava de um consórcio intermunicipal — tratamento e disposição final de lixo —, de acordo com a Pesquisa de Informações Básicas Municipais do IBGE, de 2001. O município participa formalmente de dois consórcios — água e esgotamento sanitário —, que decorrem de concessão de serviços públicos e são de execução estadual, sem participação das prefeituras nas suas decisões ou na sua gestão. Outro exemplo da falta de cooperação, ou de políticas públicas negociadas, entre os municípios que integram regiões metropolitanas também é encontrado na Região Metropolitana de São Paulo: o nível de vulnerabilidade social dos que vivem nos limites municipais são mais altos do que nos demais distritos pobres da cidade, segundo dados do CEM-Cebrap. Disponível em: www.centrodametropole.org.br>. A partir dos exemplos de São Paulo, pode-se inferir que as demais capitais brasileiras também apresentam características semelhantes no que se refere à participação em consórcios e à vulnerabilidade social dos moradores das suas fronteiras municipais.

[22] A regulamentação dos consórcios entre diferentes entes federativos está sendo proposta pelo governo federal e tem se constituído em objeto de debates e controvérsias, principalmente entre o governo federal e os estados governados por partidos de oposição à coalizão que governa o país. O objetivo seria regulamentar o art. 241 da Constituição Federal, cuja redação foi reformulada pela Emenda Constitucional nº 19/98. De acordo com a emenda, "os entes federados disciplinarão, por meio de lei, os consórcios públicos e os convênios de cooperação entre os entes federados, autorizando a gestão associada de serviços públicos,

A municipalização não tem se restringido aos governos como provedores de políticas sociais, mas também às comunidades locais. Vários programas federais e outros financiados com recursos de agências multilaterais exigem a constituição de conselhos comunitários para o repasse de recursos. A Constituição de 1988 abriu o caminho para essa participação e para a municipalização por ter incorporado o princípio que se aplica à maioria das políticas sociais de que elas deveriam ser descentralizadas e participativas.

Sistema fiscal

Sistema tributário

A Constituição assegura capacidade de tributar aos três níveis de governo. Alguns impostos e contribuições são exclusivos da esfera que os arrecada, outros são coletados pela União e partilhados com estados e municípios, outros ainda são coletados pelos estados e partilhados com os municípios. A Constituição não autoriza qualquer nível de governo a criar novos impostos sem emendas à Constituição, embora existam duas exceções que se aplicam à União: em caso de iminência de guerra ou para financiar o sistema de seguridade social, embora a última requeira a aprovação do Congresso, mas sem o quórum de supermaioria requerido pelas emendas constitucionais. As regras e mesmo as alíquotas de alguns impostos, inclusive estaduais e municipais, são determinadas pela instância federal.

Um princípio constitucional merece registro por seu caráter federativo. Trata-se da proibição imposta a qualquer nível de governo de cobrar imposto sobre o patrimônio, renda ou serviços uns dos outros, garantindo-se, assim, imunidade intergovernamental do ponto de vista da taxação.

A distribuição dos recursos tributários, apesar de hoje muito mais concentrada na União do que quando da promulgação da Constituição de 1988, assegura às esferas subnacionais cerca de 32% de todos os impostos coletados no país. Com as transferências, elas recebem 43% das receitas totais. Do lado

bem como a transferência total ou parcial de encargos, serviços, pessoal e bens essenciais à continuidade dos serviços transferidos". De acordo com a proposta, podem ser criados consórcios quando existir "interesse comum" dos participantes governamentais.

das despesas, os governos subnacionais são responsáveis por 70% (10,1% do PIB) da despesa com pessoal e por 80% da formação bruta de capital fixo (2,2% do PIB).[23]

Alocação de recursos

A despeito dos esforços dos constituintes, a concentração de recursos na União retornou a antigos patamares, assim como a concentração de atividades econômicas em algumas regiões e espaços territoriais. Isso não significa que um sistema de melhor equalização fiscal não tenha sido tentado nas Constituições anteriores. A de 1988, por exemplo, aprofundou o complexo sistema de transferências intergovernamentais de recursos com objetivos redistributivos. Por um dispositivo introduzido pelos militares e ampliado pela Constituição de 1988, parcelas de dois impostos federais, o IR (imposto sobre a renda e proventos de qualquer natureza) e o IPI (imposto sobre produtos industrializados), são transferidas através de fundos de participação, com o objetivo de diminuir as diferenças econômicas entre as regiões. Os estados recebem 21,5% dessas transferências, sendo 85% destinados às regiões Norte, Nordeste e Centro-Oeste e os restantes 15% às regiões Sul e Sudeste. A fórmula para determinar a cota de cada estado leva em consideração o tamanho da população e o inverso da renda *per capita*. Os municípios recebem 22,5%, destinando-se 10% às capitais. A distribuição dos restantes 90% também leva em conta a população e o inverso da renda *per capita*. Apesar de visarem melhor equalização fiscal, essas transferências estão longe de se aproximar dos sistemas de equalização vigentes em países como Canadá, Alemanha e Suíça.

Existem também outros mecanismos de transferências federais para as esferas subnacionais. Aprovadas por emendas constitucionais promulgadas em 1996 e em 2000, essas transferências são vinculadas às políticas nacionais de educação fundamental e saúde. Transferências negociadas também são realizadas entre o governo federal e as esferas subnacionais e entre os estados e seus municípios. No entanto, a política de ajuste fiscal vem reduzindo a importância relativa e absoluta dessas transferências.

[23] Afonso, 2004:5.

Outros dispositivos constitucionais também buscam enfrentar as desigualdades regionais, tais como: a) a determinação de aplicação de um percentual das transferências federais nas regiões Norte, Nordeste e Centro-Oeste; b) a regionalização do orçamento federal, a fim de dar transparência aos gastos federais em cada região. Todas essas iniciativas, todavia, não são ainda suficientes para diminuir os desequilíbrios horizontais, tanto em termos absolutos quanto relativos.

A ausência de um sistema tributário voltado para uma melhor equalização fiscal entre os estados e os municípios estimula o acirramento da competição. Exemplo dessa competição na esfera dos municípios foi a recente guerra fiscal entre municípios das regiões metropolitanas brasileiras em torno das alíquotas do ISS (imposto sobre serviços), com os municípios próximos às capitais cobrando alíquotas mais baixas de ISS para atrair prestadores de serviços. O conflito só foi resolvido por pressão dos prefeitos das capitais, que induziram o Executivo federal a encaminhar um projeto de emenda constitucional e de lei complementar ao Congresso.[24] A emenda foi aprovada em 2002 e sua lei complementar em 2003. A lei complementar determinou que o ISS passaria a ter alíquotas entre 2% e 5%, em contraposição às alíquotas anteriores, que podiam variar entre 1% e 10%. Para compensar a redução das alíquotas, sempre mais altas nas capitais do que nos municípios vizinhos, a lista de serviços passíveis de pagamento do ISS foi expandida de cerca de 100 para 180, aumentando, portanto, a base tributária das cidades economicamente mais desenvolvidas.

Mudanças constitucionais[25]

Desde a promulgação da Constituição de 1988, sua reforma esteve na agenda de vários organismos públicos, privados e multilaterais, inclusive os governos, tornando-a a mais emendada Constituição brasileira. A Constitui-

[24] Foi promulgada a Emenda Constitucional nº 37/2002, que avocou ao Executivo federal a competência para, através de lei complementar, fixar alíquotas máximas e mínimas para o ISS e para "regular a forma e as condições como isenções, incentivos e benefícios fiscais serão concedidos e revogados". A Lei Complementar nº 116 foi promulgada em 31 de julho de 2003.

[25] Para uma análise sobre as principais reformas constitucionais, ver Couto e Abrantes, 2003; e Melo, 2002.

ção de 1988 contava, em fevereiro de 2005, com 45 emendas, mais seis de revisão, estas aprovadas por maioria simples porque realizadas em 1994, durante o período constitucionalmente previsto para a revisão da Constituição. Embora o número de votos requerido para a aprovação de emendas seja baixo em comparação com outros países — três quintos —, exigem-se votações nominais em dois turnos.

Devido ao fato de os constituintes terem concentrado seus esforços na criação de regras capazes de legitimar o novo regime democrático, com escassa preocupação com questões de natureza macroeconômica, a maioria das emendas, em especial as de mais difícil negociação, foi dedicada a reformulações para atender aos novos objetivos da política macroeconômica. As regras relativas ao federalismo também foram afetadas pelas mudanças que ocorreram na agenda política do país com a abertura da economia.

As emendas constitucionais que afetam as relações entre governos promoveram mudanças no que foi desenhado originariamente. Essas mudanças a) impuseram limites à liberdade das instâncias subnacionais para aplicar recursos próprios, como resultado da política de ajuste fiscal; b) vincularam parcela das receitas subnacionais à aplicação em serviços de saúde e educação fundamental; c) reduziram os recursos federais sem vinculações transferidos para estados e municípios. Emendas e outras leis infraconstitucionais também criaram novas contribuições e aumentaram as alíquotas de algumas já existentes, mas que não são partilhadas com as esferas subnacionais, reduzindo a participação dos recursos à disposição dos entes subnacionais *vis-à-vis* a esfera federal.

As emendas aprovadas a partir de meados dos anos 1990 buscaram adaptar o país a questões que não estavam na agenda nem dos constituintes nem da transição democrática, tais como a globalização e o ajuste fiscal.

Comentários finais

A experiência brasileira de sete Constituições em pouco menos de um século demonstra as dificuldades do país para sustentar a governança constitucional, ameaçada quando o ambiente político e econômico é reestruturado ou quando o sistema político torna-se incapaz de encaminhar alternativas para grandes crises ou realinhamentos. Apesar da constitucionalização de número significativo de questões limitar o espaço de manobra dos grupos políticos e dos governos, o constitucionalismo brasileiro não foi capaz de sustentar, muitas vezes, o regime democrático, nem tampouco de encaminhar soluções para um dos problemas cruciais da prática do federalismo no Brasil, que são as desigualdades econômicas entre as regiões, os estados e os municípios.

Apesar dessas limitações, a Federação foi fortalecida com a Constituição de 1988 por ter promovido maior equilíbrio entre seus entes constitutivos. No entanto, as regras constitucionais continuam submetidas a dois tipos de tensão. A primeira provém das novas demandas macroeconômicas trazidas pelas mudanças no ambiente internacional e que exigem, entre outras medidas, rígido controle fiscal e superávits primários. Tal tensão limita, obviamente, os recursos governamentais a serem usados em políticas de correção das desigualdades regionais, estaduais e municipais, elevando a tensão entre a demanda macroeconômica por controle fiscal *versus* a demanda federativa por menor desigualdade entre os entes constitutivos da Federação. A segunda advém do fato de o alto grau de constitucionalização contradizer o *timing* requerido pela nova agenda macroeconômica. Isso porque mudanças nas regras constitucionais que afetam o *status quo* requerem longas negociações com o Congresso. No entanto, tais negociações têm sido, em geral, favoráveis ao Executivo federal.[26] Essas mudanças, todavia, ainda são submetidas ao julgamento de constitucionalidade do STF.

Além das tensões referidas, os problemas atuais do federalismo e do constitucionalismo no Brasil apontam para três questões. A primeira, e mais importante, é que a Federação está assentada em alto grau de desigualdade entre as regiões, entre os estados e entre os municípios, a despeito das medidas constitucionais que buscam diminuí-la. Tal desigualdade é histórica e parece que soluções para minimizá-la vão requerer prolongadas negociações e longo tempo para que seus efeitos sejam sentidos, isso se e quando entrarem na agenda política e não apenas durante a elaboração de novas regras constitucionais. Ainda relacionada a essa questão, a abertura da economia brasileira também tende a aumentar a distância econômica entre os estados.

A segunda relaciona-se com a tendência ao tratamento uniforme das esferas subnacionais, em particular os estados, associada à maior redução relati-

[26] Sobre este ponto, ver Figueiredo e Limongi, 1999.

va de suas receitas, inclusive pelo pagamento de suas dívidas com a União, federalizadas no final dos anos 1990. Paralelamente, existem hoje relações diretas entre o governo federal e os municípios decorrentes da descentralização das políticas sociais. Esses fatores limitam a capacidade de iniciativa dos governos estaduais, inclusive no que se refere a novos investimentos tanto em infra-estrutura quanto nas áreas sociais.

A terceira questão é a escassa existência de mecanismos de coordenação e cooperação intergovernamentais, tanto verticais quanto horizontais, coibindo a criação de canais de negociação que diminuam a competição entre os entes federados.

A síntese que pode ser feita é a de que a minimização dos principais problemas que afetam o federalismo brasileiro depende menos de como o federalismo está hoje desenhado na Constituição e das instituições que o modelam do que: a) do encaminhamento de conflitos políticos mais amplos, onde o das desigualdades entre regiões, estados e municípios se inscreve; b) da redefinição de prioridades governamentais, tema, portanto, do território das políticas públicas e não da Constituição; e c) da criação de mecanismos de relações intergovernamentais capazes de reduzir a competição entre estados, entre estes e os municípios e entre os municípios, assim como de promover canais mais sistemáticos de intermediação de interesses entre as esferas subnacionais e nacional.

Bibliografia

AFONSO, José Roberto. Brasil, um caso à parte. In: REGIONAL SEMINAR OF FISCAL POLICY, 16., Santiago. *Proceedings*... Santiago: Cepal/Ilpes, 2004.

AGRANOFF, Robert. Intergovernmental policy management. In: INTERNATIONAL CONFERENCE WHICH FEDERALISM? *Proceedings*... Savelletri, Itália, 2003.

ALMEIDA, M. Hermínia T. de. Federalismo, democracia e governo no Brasil: idéias, hipóteses, evidências. *BIB — Revista Brasileira de Informação Bibliográfica em Ciências Sociais*, n. 51, p. 13-34, 2001.

ARRETCHE, Marta. *Estado federativo e políticas sociais:* determinantes da descentralização. Rio de Janeiro: Revan, 2000.

COUTO, Cláudio G.; ABRANTES, Rogério B. ¿Constitución o políticas públicas? Una evaluación de los años FHC. In: PALERMO, V. (Comp.). *Política brasileña contemporánea:* de Collor a Lula en años de transformación. Buenos Aires: Siglo XXI, 2003.

EVANS, Mark. Studying the new constitutionalism: bringing political science back in. *British Journal of Politics and International Relations*, v. 3, n. 3, p. 413-426, 2001.

FIGUEIREDO, Argelina; LIMONGI, Fernando. *Executivo e Legislativo na nova ordem constitucional*. Rio de Janeiro: FGV, 1999.

GIBSON, Edward. Federalism and democracy: theoretical connections and cautionary insights. In: ———. (Ed.). *Federalism and democracy in Latin America*. Baltimore: Johns Hopkins University Press, 2004.

GRIFFITHS, Ann L. *Handbook of federal countries 2002*. Montreal: Forum of Federations e McGill-Queens University Press, 2002.

LIMONGI, Fernando. "O Federalista": remédios republicanos para males republicanos. In: WEFFORT, Francisco (org.). *Os clássicos da política:* Maquiavel, Hobbes, Locke, Montesquieu, Rousseau, "O Federalista". São Paulo: Ática, 1989.

MELO, Marcus André. *Reformas constitucionais no Brasil:* instituições políticas e processo decisório. Rio de Janeiro: Revan, 2002.

RIKER, William. Federalism. In: GREENSTEIN, F.; POLSBY, N. (Eds.). *Handbook of political science*. Reading: Addison-Wesley, 1975.

ROSENFELD, Michel. American constitutionalism confronts Denniger's new constitutional paradigm. *Constellations*, v. 7, n. 4, p. 529-548, 2000.

ROSENN, K. Brazil's new Constitution: an exercise in transient constitutionalism for a transitional society. *The American Journal of Comparative Law*, v. 38, p. 773-802, 1990.

SOUZA, Celina. *Constitutional engineering in Brazil:* the politics of federalism and decentralization. London: Macmillan; New York: St. Martin's Press, 1997.

———. Federalismo e descentralização na Constituição de 1988: processo decisório, conflitos e alianças. *Dados — Revista de Ciências Sociais*, v. 44, n. 3, p. 513-560, 2001.

———. Brazil: the prospects of a center-constraining Federation in a fragmented polity. *Publius: the Journal of Federalism*, v. 32, n. 2, p. 23-48, 2002.

———. Governos locais e gestão de políticas sociais universais. *São Paulo em Perspectiva*, v. 18, n. 2, p. 27-41, 2004.

VALENTE, William et al. *Cases and materials on state and local government law*. St. Paul: West Group, 2001.

VIANNA, Luiz Werneck et al. (Orgs.). *A judicialização da política e das relações sociais no Brasil*. Rio de Janeiro: Revan, 1999.

5

AS COMUNIDADES AUTÔNOMAS E A POLÍTICA DE DESCENTRALIZAÇÃO NA ESPANHA DEMOCRÁTICA

*Jacint Jordana**

Introdução

A partir da morte do ditador Francisco Franco em 1975, abriu-se na Espanha o processo de transição à democracia. Muito rapidamente, este começou a dar frutos. Em junho de 1977, realizaram-se as primeiras eleições livres e, no outono do mesmo ano, foi obtido um acordo socioeconômico entre todos os atores políticos. Ao longo do ano de 1978, redigiu-se uma nova Constituição, que, finalmente, foi aprovada em referendo em dezembro de 1978. Paralelamente à construção das novas instituições democráticas, nesses mesmos anos ocorreu uma explosão de reivindicações populares na maior parte das regiões espanholas e, de forma especialmente intensa, naquelas onde existiam identidades nacionais próprias, com o objetivo de reclamar maior participação. A extensa ditadura franquista, resultado de sua vitória militar em uma cruel guerra civil (1936-39), exerceu o poder de forma bastante centralizada, reprimindo qualquer expressão de diversidade nacional que houvesse tentado

* Catedrático de ciência política e da administração; licenciado em ciências econômicas empresariais pela Universitat de Barcelona; doutor em ciências econômicas pela Universitat de Barcelona. Sua área de pesquisa concentra-se na análise das políticas públicas, com atenção especial às políticas de regulação e suas instituições específicas.

manifestar-se naqueles anos. Produto dessas reivindicações, na Constituição de 1978 introduziu-se um complexo desenho para a descentralização do Estado, tanto em seus aspectos políticos como administrativos, que implicava a incorporação de um novo nível intermediário que devia ir-se desdobrando, de forma gradual, nos anos seguintes, como ocorreu.

Passados mais de 25 anos, ninguém discute que o modelo fundamentado nos três níveis de governo se consolidou de forma indubitável na Espanha, e que o nível intermediário, a partir da criação das chamadas comunidades autônomas (nome com o qual se denominam, na Espanha, as entidades políticas de nível intermediário), tem protagonizado uma das transformações políticas e administrativas mais importantes do recente período democrático. Atualmente, 17 comunidades autônomas abrangem todo o território espanhol, gerindo mais de um terço de todo o gasto público, com quase 700 mil funcionários públicos sob sua responsabilidade, e com capacidade legislativa significativa, uma vez que seus parlamentos regionais elaboraram, em conjunto, mais de 2 mil leis.

Figura 1
Divisão territorial das comunidades autônomas

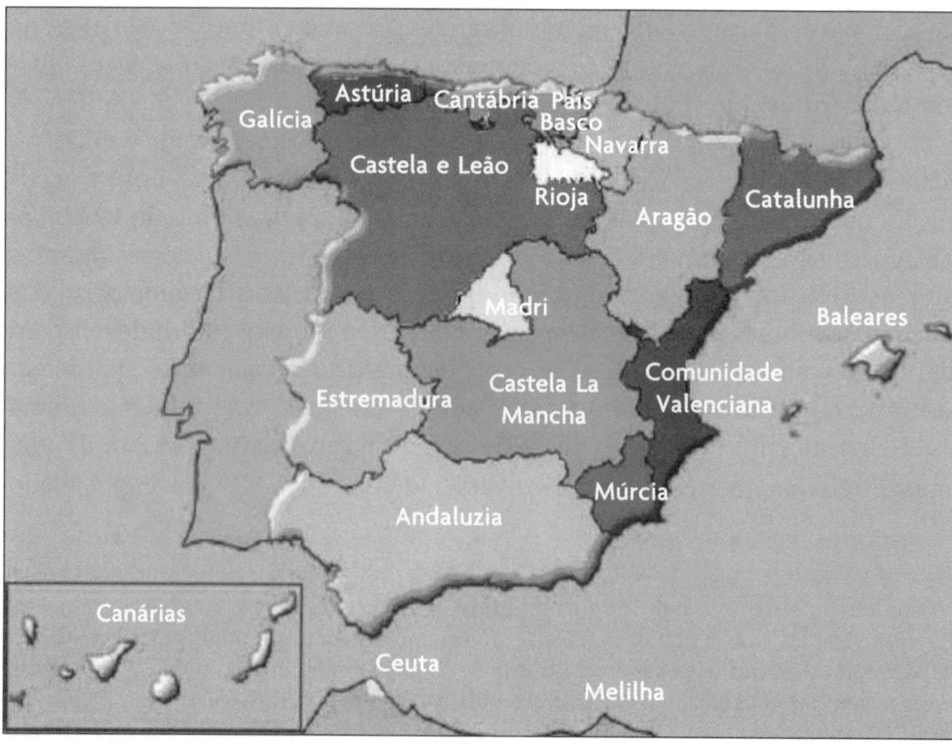

Nestas páginas, apresentam-se os eixos primordiais que têm caracterizado o processo de descentralização na Espanha ao longo do último quarto de século, até chegar à situação atual. Em primeiro lugar, examinam-se os principais traços do desenho institucional da descentralização delineados pela Constituição de 1978, destacando-se também os elementos do contexto da transição política que influíram na definição do mencionado desenho. Na continuação, revisam-se alguns momentos-chave do processo de descentralização durante as décadas de 1980 e 1990, desde os primeiros regimes de autonomia temporários até os debates sobre o aumento dos poderes e responsabilidades para todas as comunidades autônomas quando estas já haviam assumido um grande protagonismo na política espanhola atual. Finalmente, a terceira parte está dedicada a discutir a proposta atual de estruturação do Estado espanhol, como, por exemplo, sua possível transformação em um modelo federal, as relações entre os diferentes níveis de governo, ou a persistência das reivindicações nacionalistas e independentistas em alguns territórios.

O desenho institucional básico (1978)

O modelo de Estado descentralizado proposto pela Constituição de 1978 foi o resultado de diversos equilíbrios, entre tendências contrapostas, que se encontravam presentes na política espanhola daqueles anos. Por um lado, setores dos novos partidos políticos nacionais, da própria burocracia da administração central e, de uma forma muito radicalizada, o próprio Exército expressavam seu temor de que o processo de descentralização conduzisse a uma excessiva fragmentação do Estado, com uma explosão de identidades e símbolos distintos, o que inclusive poderia conduzir a processos de caráter independentista. Dada a forte tradição centralista do Estado espanhol, até mesmo as novas elites políticas eram um pouco reticentes em impulsionar um forte processo de descentralização de forma rápida. Por outro lado, naqueles anos, emergiram, por todo o Estado espanhol, numerosos movimentos políticos que reivindicavam a identidade nacional ou regional de seus territórios (desde sua história particular até a reivindicação da língua própria — nos casos do euscaro, catalão e galego —, passando também pela bandeira e outros símbolos políticos e culturais), movimentos esses que também influíram nos ramos regionais da maior parte dos partidos de âmbito nacional. Esses movimentos foram especialmente intensos onde já havia fortes sentimentos de autonomia anteriores à ditadura franquista, e que haviam desfrutado de regimes especiais de autonomia durante a Segunda República, entre 1931 e 1939 (Catalunha, País Basco e Galícia, ainda que nesta última não tenha chegado a efetivar-se). Assim, nesses casos se configuraram fortes partidos de orientação nacionalista, como Convergència Democrática de Catalunya (CDC), na Catalunha, ou Partido Nacionalista Vasco (PNV), no País Basco. Esses partidos, junto a algum outro caso similar, obtiveram uma significativa representação política já nas primeiras eleições democráticas, quando se elegeu a Câmara de Deputados que redigiu e aprovou a Constituição de 1978. Nesse contexto, cabe destacar que esses movimentos, em sua dimensão "regionalista", se estenderam amplamente por todo o Estado espanhol naqueles momentos, e por todo o território chegaram a se constituir regimes temporários de "pré-autonomias" (temporários, enquanto se desenvolviam os preceitos constitucionais). Essas "pré-autonomias" se formaram a partir das assembléias dos parlamentares eleitos ao Congresso de Deputados pertencentes a uma região determinada, as quais nomeavam um governo regional temporário, ainda que sua capacidade efetiva fosse mais simbólica do que outra coisa, já que apenas lhes cabiam recursos e responsabilidades formais.

A redação da Constituição

Para superar as tensões entre as tendências autonomistas e centralistas, a redação da nova Constituição foi bastante genérica em alguns pontos concretos sobre o processo de descentralização, e muito mais ambígua sobre o modelo final da descentralização que se propunha construir. Em compensação, a Constituição estabelecia, com muito cuidado, os procedimentos a fim de que avançassem em sua institucionalização os territórios que quisessem constituir-se em comunidades autônomas. A Constituição também definia com detalhes os limites máximos que poderia alcançar o processo, especialmente em relação aos poderes que as novas instituições políticas poderiam conseguir, assim como sobre a capacidade de controle que manteriam sobre ele distintas instituições do poder central (Parlamento, Tribunal Constitucional, governo etc.).

Em conjunto, a Constituição abordou a descentralização como um pacto territorial de mínimos, incorporando somente aquilo que era aceitável por ambas as partes, e deixando proposto de forma ambígua aquilo que não alcançava consenso. Existia a convicção, especialmente por parte do conjunto das novas elites políticas, tanto nacionais quanto regionais, de que era necessário avançar na estabilidade política, e que os detalhes do modelo poderiam ser concretizados posteriormente. Assim, a Constituição não estabeleceu os limites territoriais das comunidades autônomas, e somente definiu um procedimento para que, por solicitação dos municípios e províncias, se configurassem distintos agrupamentos territoriais e que estes propusessem logo sua organização em comunidade autônoma, mediante uma lei orgânica chamada Estatuto de Autonomia. Isso também contribuiu para que no referendo sobre a Constituição não recebessem votos de rejeição, devido a polêmicas sobre possíveis limites territoriais.

Apesar de as expectativas de autogoverno se encontrarem muito propagadas, a intensidade das aspirações de autonomia política e descentralização dos distintos territórios que formavam a Espanha era muito desigual, o que levou a Constituição a prever diferentes vias para iniciar os processos de descentralização. De um lado, estabeleceu-se uma via rápida de devolução de poderes às comunidades autônomas que haviam mostrado com mais força suas reivindicações, e, de outro lado, uma via lenta, para aquelas comunidades autônomas com menor interesse. Essas duas vias ficaram conhecidas com o nome dos artigos que as regulavam. Assim, a via lenta, definida pelo art. 143, estabelecia que o Estatuto de Autonomia fora aprovado como uma lei das Cortes Nacionais, e limitava bastante os poderes a serem assumidos em um primeiro período transitório. A via rápida, regulada pelo art. 151, foi concebida basicamente para os casos de Catalunha, País Basco e Galícia, ainda que, finalmente, tenha sido utilizada também para Andaluzia. O processo de aprovação do Estatuto de Autonomia, nesse caso, era mais complexo, fundamentado em uma filosofia de pacto entre as Cortes Nacionais e as assembléias de parlamentares de um território, incluindo a obrigação de um referendo popular. Uma vez aceita, essa via permitia acesso mais rápido e extenso a um amplo conjunto de poderes.

Diferenças iniciais no processo de descentralização

Nos primeiros anos da descentralização, começou-se a pôr em prática a devolução de poderes, e cada comunidade autônoma, dentro dos limites definidos pela via constitucional que havia adotado, assumiu algumas competências e responsabilidades iniciais, as quais, ainda que bastante similares dentro de cada um dos dois grupos, não foram exatamente iguais em nenhum dos casos. A negociação contínua, sempre de forma bilateral, caracterizou os conteúdos das políticas transferidas de forma distinta em cada caso, assim como a velocidade das "transferências" de competências, que expressavam de forma clara as particularidades sobre as quais cada território mostrava maior intensidade de preferências. Tudo isso conduziu a uma distribuição plural de responsabilidades e poderes, com fortes traços assimétricos. Essa situação foi motivo de numerosas discussões nos anos posteriores, devido às dificuldades de gestão que ocasionava, e somente na década de 1990 foi parcialmente amenizada, em virtude de uma generalização, para todas as comunidades autônomas, de alguns dos poderes que estavam só parcialmente descentralizados até então. Se, de um lado encontramos fortes diferenças na distribuição dos poderes transferidos a distintas comunidades autônomas ao longo da descentralização, de outro, verifica-se maior homogeneidade em outros aspectos. Assim, a estrutura institucional e administrativa de todas as comunidades autônomas é muito similar. Reproduz-se a divisão de poderes do nível central, com uma assembléia legislativa (com certa capacidade normativa, nem sempre igual em todos os casos), que elege o presidente da comunidade (seguindo o mesmo sistema parlamentar), o qual, por sua vez, nomeia o governo regional (chamado governo autônomo). O governo regional é formado por conselheiros (ministros), e estes são os representantes máximos responsáveis pelos diferentes departamentos em que se divide a administração pública regional. Por outro lado, existe um Tribunal Superior de Justiça em cada comunidade autônoma, que constitui o máximo poder judicial no território, e que faz parte da organização da administração da Justiça do Estado (figura 2). Diferentemente, as comunidades autônomas reguladas pelo art. 151 têm um maior número de poderes reguladores, e seus presidentes dispõem também da capacidade de dissolver seus parlamentos e convocar eleições antecipadas.

Figura 2

Organograma institucional das comunidades autônomas

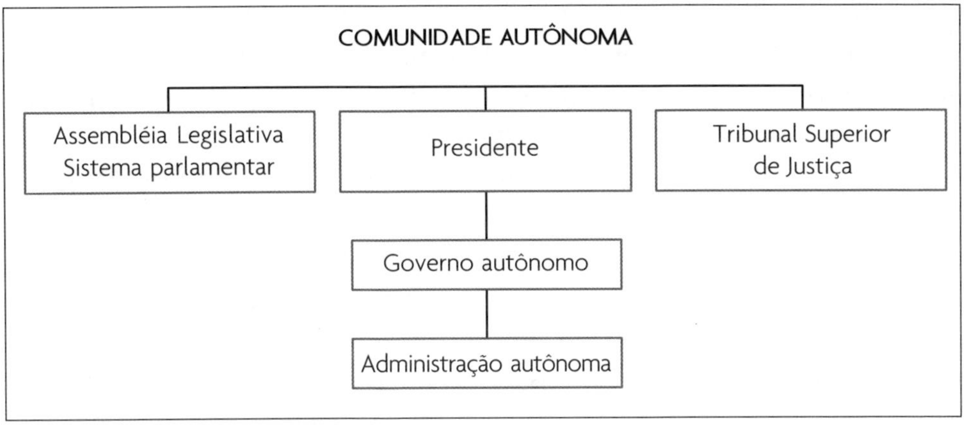

Como assinalávamos, a estrutura da administração pública regional é muito similar em todos os seus aspectos entre as diferentes comunidades autônomas, assim como no que se refere à administração central do Estado. Formalmente, o tema não está regulamentado, e cada comunidade teve em suas mãos a possibilidade de desenhar sua própria estrutura administrativa, porém, ao longo do processo de descentralização, produziu-se um certo mimetismo organizacional, devido à própria natureza das transferências de poderes (que implicava transferir também, em muitas ocasiões, responsabilidades sobre as unidades administrativas desestruturadas). Dentro de cada departamento ou *consejería*, encontramos diversas direções gerais, assim como uma secretaria geral, encarregada dos temas horizontais. Assim, o mais fácil para as recentes instituições regionais era adotar os modelos organizacionais já conhecidos, a partir dos quais se tornou mais cômodo ajustar as administrações transferidas, sobretudo nos momentos de impulso inicial e forte crescimento, nos quais realizar experimentos poderia conduzir a numerosos problemas, adicionais aos já existentes.

Outro tema que ajudou a estabelecer um marco homogêneo para a descentralização foi a detalhada regulamentação do sistema de distribuição de responsabilidades e poderes entre os distintos níveis de governos, assim como a definição dos procedimentos para regular os conflitos que se pudessem produzir sobre a elaboração, interpretação ou aplicação das normas entre instituições de diferentes níveis. Foram estabelecidas, na Constituição, até cinco modalidades distintas de distribuição formal de poderes, que iam desde a exclusividade normativa e executiva para os órgãos centrais do Estado, até a mesma exclusividade para as comunidades autônomas, passando por diferentes situações intermediárias de co-responsabilidade, nas quais os poderes seriam compartilhados (quadro).

A partir dessas distinções, regulou-se, na própria Constituição ou em leis básicas de desenvolvimento constitucional, que tipo de distribuição de poderes seria aplicável em cada matéria e âmbito de políticas públicas. No que se refere à regulação de conflitos, a Constituição foi bastante explícita e a criação antecipada de um Tribunal Constitucional, com a atribuição explícita de ocupar-se dos conflitos entre níveis territoriais por mandado da própria Constituição, ajudou a resolver boa parte das tensões políticas que se produziram ao longo do processo de descentralização, arbitrando entre distintas visões e modelos que disputavam a orientação deste. Entretanto, como veremos mais adiante, o Tribunal Constitucional atuou mais no sentido de amenizar os conflitos do que de resolvê-los com soluções definitivas, já que estas requeriam necessariamente acordos políticos.

Possibilidades de distribuição de poderes entre os níveis de governo estabelecidas pela Constituição de 1978

- Inexistência de competências executivas e legislativas para a comunidade autônoma (exclusividades para os órgãos centrais do Estado).
- Somente competências de execução para a comunidade autônoma (exclusividade de legislação para os órgãos centrais do Estado).
- Competência de execução e desenvolvimento legislativo para a comunidade autônoma, a partir da aplicação da legislação básica estabelecida pelos órgãos centrais do Estado.
- Competência exclusiva de execução e legislação para a comunidade autônoma, observadas as restrições constitucionais.
- Competência exclusiva de legislação e execução para as comunidades autônomas.

O processo de descentralização (1979-2004)

Podemos distinguir três grandes períodos na evolução do processo de descentralização na Espanha. Um primeiro momento consistiu na definição do mapa territorial, com a realização de eleições para as assembléias regionais, a formação dos primeiros governos autônomos e a aprovação de seu arcabouço institucional básico. Tudo isso se produziu de forma bastante rápida, dado que desde o ano de 1984, com poucas exceções, já se havia atingido a extensão do modelo de autonomias territoriais para todo o conjunto espanhol. Uma segunda etapa do processo de descentralização pode ser identificada pelo intenso debate entre os diferentes atores sobre a distribuição das tarefas e responsabilidades que corresponderiam a cada nível de governo. Especialmente entre 1985 e 1992, ocorreram numerosos enfrentamentos e tensões para definir com detalhe — a partir do estabelecido na Constituição — o alcance dos diferentes poderes territoriais. Finalmente, uma terceira etapa se situa nos últimos anos, durante a década de 1990 e inícios de 2000, quando se reduzem bastante as tensões quanto a responsabilidades e âmbitos de competência — em alguns casos se obtêm acordos políticos com maior facilidade —, porém ressurgem com força aspectos que haviam permanecido arrefecidos anteriormente, como o debate sobre a forma de financiamento das comunidades autônomas, ou a gestão dos símbolos e referenciais de identidades territoriais, especialmente nos territórios com uma tradição nacionalista mais intensa.

Definição do mapa: 1979-84

Os primeiros Estatutos de Autonomia aprovados foram os do País Basco e da Catalunha, mediante o procedimento do art. 151, durante o ano de 1979, pouco depois de promulgada a Constituição. O forte sentimento nacionalista, amplamente difundido em ambos os territórios, unido à existência de parlamentares pertencentes a partidos nacionalistas bascos e catalães nas Cortes Gerais, foram elementos de pressão que aceleraram a tramitação dos novos marcos reguladores para o autogoverno, nesses casos. Entretanto, também outros territórios se movimentaram para obter suas instituições de governo autônomo e, desde 1980, tiveram início, nas Cortes, novas aprovações dos Estatutos de Autonomia, fazendo com que, em poucos anos, o modelo das comunidades autônomas se generalizasse completamente. Foi importante para esse processo a mudança de governo ocorrida em fins de 1982, quando o PSOE (partido socialista), dirigido por Felipe González, alcançou o poder, desbancando a UCD, o partido de centro-direita criado por Adolfo Suárez que havia liderado a transição política, já bastante debilitado por diversas tensões políticas. A existência de um partido forte no poder forneceu impulso definitivo à generalização da descentralização. Entretanto, nesses anos, entre 1981 e 1983, ocorreu também um intenso debate sobre as características do modelo de descentralização. Uma tentativa frustrada de golpe de Estado, em fevereiro de 1981, converteu-se em um sinal de alarme para as resistências de alguns setores do Exército à aceleração da dinâmica descentralizadora. Como reação a essa situação, mas correspondendo também ao sentimento de diferentes setores sociais e políticos que representavam a tradição centrista do país, os grandes partidos de âmbito nacional concordaram em desenvolver um modelo de descentralização mais homogêneo, limitando de forma muito restrita os poderes dos governos intermediários. Para tal, criou-se uma lei orgânica de harmonização do processo de autonomia (Loapa), que foi aprovada pelas Cortes Gerais, depois de um amplo e tenso debate durante 1982. Entretanto, a lei foi denunciada ao Tribunal Constitucional pelos governos basco e catalão, já em exercício, com o argumento de que muitos de seus artigos eram contrários às possibilidades estabelecidas pela Constituição sobre o desenvolvimento da descentralização. Finalmente, passado mais de um ano e já sob o governo do PSOE, o Tribunal Constitucional, majoritariamente, deu razão aos que argumentaram a inconstitucionalidade da nova lei, em função do que as Cortes tiveram de revisar a fundo a Loapa, redigindo uma nova lei de conteúdo político muito menor.

Nesses anos iniciais, os conflitos entre o governo central e os novos governos autônomos, especialmente em relação aos casos basco e catalão, foram bastante intensos. A definição dos traços fundamentais da descentralização, a interpretação dos temas territoriais da Constituição num sentido mais ou menos restrito, a própria necessidade de consolidação das identidades políticas nacionais, foram, em conjunto, elementos que se combinaram para produzir uma mistura bastante explosiva. O processo de consolidação dos partidos nacionalistas, como o PNV e o CDC, implicava a identificação dos partidos nacionais como oponentes, como o PSOE e a UCD, que, por sua vez, compartilhavam uma visão bastante homogeneizadora do território com a maior parte das elites administrativas e empresariais do país.

Tudo isso conduziu, nesses anos, ao surgimento de numerosas dificuldades políticas, com impasses sobre decisões importantes, além da inexistência de coordenação efetiva para a gestão das políticas públicas que começavam a ser transferidas do governo central aos novos governos descentralizados. Por isso, nesses anos, como havíamos assinalado antes, as soluções para os mencionados problemas consistiam muitas vezes mais em resoluções do Tribunal Constitucional, do que em acordos de caráter político entre os partidos políticos, dadas as diferenças insolúveis que enfrentavam os distintos grupos naqueles momentos. Essa situação, que impulsionou um grande protagonismo por parte do Tribunal Constitucional, conduziu a uma certa "judicialização" do processo de descentralização, com muitos ajustes de detalhe, mas sem que se formulassem claramente quais deveriam ser os grandes princípios articuladores do novo modelo de Estado.

Ao final dessa primeira etapa, a situação do processo de descentralização havia avançado muito, mas este se encontrava bastante diversificado em seus resultados, com regimes e níveis de competências distintos de acordo com cada território. Em termos gerais, entretanto, podemos distinguir três modalidades básicas de regime autônomo, segundo o grau de descentralização alcançado. Em primeiro lugar, encontramos as comunidades autônomas com reduzido nível de competências, que haviam seguido a via do art. 143 da Constituição, com responsabilidades nos setores de agricultura, cultura, serviços sociais, turismo, urbanismo, esporte, comunicação, saúde pública etc.; em segundo lugar, temos as comunidades com um alto nível de competências, seguindo o art. 151, onde, além de todas as competências mencionadas anteriormente, deveríamos adicionar as importantes responsabilidades de educação e saúde pública. Finalmente, podemos mencionar também a existência de uma categoria especial, que inclui somente dois casos, País Basco e Navarra, e que incorpora, junto a todas as responsabilidades das comunidades autônomas com elevado nível de competências, uma importante capacidade de autonomia fiscal (incluindo a arrecadação de todos os impostos, com a posterior transferência de uma quota ao governo central).

Consolidação das posições (1985-92)

Em decorrência das dificuldades para se estabelecer um modelo global do processo de descentralização, acordado entre todos os atores políticos, naqueles anos a descentralização foi avançando com base em acordos pontuais quanto a distintos aspectos das políticas que se estavam descentralizando, produto de longas deliberações, que, às vezes, podiam durar anos. Ao mesmo tempo, manteve-se, e até aumentou, a elevada conflituosidade jurídica sobre a forma de interpretação das normas constitucionais relativas ao novo modelo de Estado descentralizado. Os acordos, chamados de "transferências", realizavam-se separadamente entre o governo central e cada comunidade autônoma. Raramente se realizaram acordos conjuntos nesse período, mas se estabeleceram mesas de negociação separadas, para cada tema e comunidade, onde os valores econômicos das transferências, as mudanças na vinculação de funcionários etc. podiam variar segundo a capacidade negociadora e a relevância de cada tema para uma comunidade autônoma. Esse sistema, em boa parte fruto da incapacidade de articular um modelo global ordenador do processo naqueles anos, produziu alguns efeitos positivos, como um melhor ajuste das preferências de cada território, com relação às matérias a serem descentralizadas de forma prioritária, ou a capacidade de ir ajustando ritmos específicos de transferências para cada caso, de acordo com as diferenças de interesse e capacidade existentes. Assim, por exemplo, comunidades autônomas como Catalunha e o País Basco se encontravam sempre na primeira linha de negociações, abrindo os temas e introduzindo os critérios para as transferências, enquanto outras comunidades, como Valência ou Canárias, que se encontravam numa segunda linha, iam absorvendo responsabilidades num ritmo um pouco mais lento. Finalmente ainda, outras comunidades como Múrcia ou Madri, pertencentes à via lenta, mostravam um ritmo mais vagaroso e, em determinadas ocasiões, a iniciativa da transferência se originava mais do governo central, por seu interesse em homogeneizar o nível de descentralização de algumas áreas, do que da demanda das próprias comunidades autônomas. Assim, resumindo, em meados dos anos 1980 já era evidente que se havia configurado um modelo de descentralização dual, que se distinguia, paralelamente a outras matérias já mencionadas, pela existência de algumas comunidades autônomas que geriam automaticamente as políticas de saúde e educação, o que implicava mais de dois terços de seus orçamentos, e o resto das comunidades, que geriam somente pequenas áreas de política, com um orçamento muito menor.

Tabela 1

Transferências aprovadas para as comunidades autônomas e as cidades de Ceuta e Melilha — 1978 a 2004

(Última atualização: 18 de fevereiro de 2004. Incluídas as aprovações sem publicação no B.O.E.)

Comunidades autônomas (CA)	1978	1979	1980	1981	1982	1983	1984	1985	1986	1987	1988	1989	1990	1991	1992	1993	1994	1995	1996	1997	1998	1999	2000	2001	2002	2003	2004	*Total*
Andaluzia		2		8	10	28	22	10	5	2			7		4			10	1	3		3				1		116
Canárias		1		13	4	21	15	17	5	1	1		7			2	5	12	8		7	2		2				113
Catalunha	5	2	3	21	12	11	7	8	3	5		6	1	5	4		6	10	2	8	8	4	4	6	2	1		154
Galícia		2	1	1	20	18	17	13	3	4	2	8	1		2		7	9	11	6	5	8			1		3	142
Navarra								16	16	1	3		4							10		7	2	1				60
País Basco	2	1	15	19	6	2		21		7							9		6		2	1						91
Comunidade Valenciana		3	1	3	14	21	14	19	4	5		6			2			7	7	3	4	6	5		1			125
Aragão		3		4	9	14	16	5	2	1					3	4	7	14	1	2	6	4		1	1			97
Astúrias		1		3	12	17	12	8	2	1		3					5	15				11	4	1				95
Baleares		2	1	3	9	14	13	6	3	1					1	7		19	5	3	2	7		5				101
Cantábria					16	19	9	6	2										25		6	3		2				88
Castela La mancha		1		3	11	20	11	8		2		3				2		14	5		2	3		2	2			89
Castela e Leão				6	10	14	14	9	1	4		3				3	7	9	7		4	5	3	2	2	3		106
Estremadura		1		3	10	17	13	5	1			4				1	6	16		3		5		4		2		91
Madri						4	19	13	3			6				1	6	12	6	2	3	6	1	1	6	3		92
Múrcia			1	2	11	18	13	7	2	2		2		1		2	7	19		2	2	5		5	2	1		104
La Rioja						15	9	8	1	2		2					8	3	8	2	5		6	2	1			72
Total das CA	**7**	**19**	**32**	**79**	**154**	**253**	**204**	**179**	**53**	**38**	**6**	**43**	**20**	**6**	**16**	**22**	**73**	**169**	**92**	**44**	**56**	**80**	**25**	**34**	**18**	**11**	**3**	**1.736**
Cidade de Ceuta*																			15		5							20
Cidade de Melilha																	1	15	5								21	
Total das cidades																		**1**	**30**	**5**	**5**							**41**
Total	**7**	**19**	**32**	**79**	**154**	**253**	**204**	**179**	**53**	**38**	**6**	**43**	**20**	**6**	**16**	**22**	**73**	**170**	**122**	**49**	**61**	**80**	**25**	**34**	**18**	**11**	**3**	**1.777**

Fonte: Ministério das Administrações Públicas. Disponível em: <www.map.es>.

*O Estatuto de Autonomia foi publicado no ano de 1995.

Analisando-se o número de transferências de competências efetuadas, é possível observar, claramente, ritmos distintos no processo de descentralização. A tabela 1 indica, ano a ano, e para cada uma das comunidades autônomas, os acordos de transferência efetuados com o governo central. É impressionante o número total de acordos que chegou a ser realizado, especialmente nos primeiros anos. Assim, a partir de 1985 o número de "transferências" foi diminuindo e, entre 1987 e 1992, foi significativamente reduzido. Os impasses políticos mencionados anteriormente, junto ao esgotamento da primeira onda de matérias descentralizadas — as que geravam menos conflitos de interpretação — e o ajuste de temas pendentes pela via jurídica, através do Tribunal Constitucional, são alguns dos fatores que explicam essa redução na intensidade do processo de descentralização. Por exemplo, entre 1984 e 1987, apresentaram-se 429 conflitos de competências, e o Tribunal Constitucional proferiu 100 sentenças, acumulando-se numerosos processos, que ameaçavam provocar um colapso nas tarefas do próprio tribunal.

Outro elemento importante a se considerar é o caráter partidário que consiste na existência, durante esses anos, de maiorias absolutas do PSOE nas Cortes, em virtude do que o partido no governo não estava obrigado a formar coalizões ou buscar acordos de colaboração com outros partidos, especialmente os partidos nacionalistas basco e catalão, fórmula que se sustentou, dados os resultados eleitorais, até o ano de 1982 e a partir de 1993. Nesse sentido, sem um modelo de referência pactuado sobre a forma de interpretação da Constituição e sem poder definir um marco consolidado de descentralização, nesses anos o PSOE adotou um estilo de negociação que freava o desenvolvimento da descentralização, fundamentado na sua convicção de que permitir um maior grau de diversidade poderia ameaçar a governabilidade do Estado. Por outro lado, nesses anos, deu-se na Espanha a consolidação de um sistema bastante complexo, que já havia emergido com a transição, com alguns partidos presentes em todo o território nacional (PSOE, Partido Popular, Izquierda Unida) e, além disso, com seu âmbito de atuação restrito a uma comunidade autônoma. O caso mais destacável consiste no do País Basco, onde se configuram quatro partidos nacionalistas de âmbito subnacional com representação parlamentar (Partido Nacionalista Vasco, Eusko Alkartasuna, Euskadiko Eskerra, Herri Batasuna), assim como na Catalunha surgiram três partidos nacionalistas importantes (Convergència Democrática de Catalunya, Unió Democrática de Catalunya, Esquerra Republicana de Catalunya). Em outras comunidades autônomas, como Galícia, Canárias ou Valência, também apareceram partidos políticos de caráter subnacional, alguns dos quais de tendência nacionalista, enquanto outros mostravam apenas um caráter exclusivamente regionalista. Ainda que alguns desses partidos tenham alcançado responsabilidades de governo, mediante coalizões com outros partidos, os casos do País Basco e da Catalunha merecem ser destacados, uma vez que os partidos nacionalistas, isoladamente ou em coalizão com outros partidos, têm permanecido no poder nos governos de suas respectivas comunidades autônomas, desde as primeiras eleições em 1980 até a atualidade, e têm negociado continuamente com os sucessivos governos centrais o desenvolvimento da descentralização em seus respectivos casos.

A situação explica, em parte, a complexidade do processo de descentralização na Espanha, já que se produziu a partir de diversos núcleos autônomos de poder, o que gerava sofisticadas relações entre o centro e a periferia. Nessa situação, os partidos combinavam, freqüentemente de forma estratégica, as relações de conflito e colaboração que se produziam em cada um dos diferentes níveis de governo e também aproveitavam as interdependências entre eles. Cabe destacar, como exemplo, a Catalunha, onde atualmente CDC e UDC podem governar graças ao apoio dos representantes do PP na assembléia regional; em troca, os deputados do CDC e UDC fornecem freqüentemente apoio ao PP nas Cortes Gerais, para a aprovação dos projetos de lei que este apresenta.

Esses sistemas de partidos regionais, que se inserem no sistema de partidos nacionais na política de âmbito nacional, estão presentes de forma importante somente em algumas das comunidades autônomas, em virtude do que os partidos nacionais, PP e PSOE, continuam predominantes na maior parte das comunidades autônomas, onde, de forma alternativa, de acordo com os resultados eleitorais, ocupam o governo das instituições regionais. Isso permite a esses partidos manter certa capacidade de coordenação das políticas quando estão no governo, utilizando a via partidária, por existir geralmente um núcleo de comunidades autônomas menos conflituosas com o governo central, e reduz a mecânica das possíveis coalizões e apoios em alguns casos.

Aperfeiçoamento do modelo (1992-2004)

Durante a década de 1990, o processo de descentralização experimentou um novo impulso, depois dos anos de assentamento e conflitos que paralisaram quase completamente um maior desdobramento do modelo nos anos anteriores. O problema de fundo era definir se se deveria proceder a uma uniformização das responsabilidades e poderes de todas as comunidades autônomas "por cima" (a Loapa, em 1982, havia sido uma tentativa falida de homogeneizar "por baixo"), ou se seria melhor consolidar um modelo com distintas situações e graus de descentralização, assim como havia sido estabelecido nos anos 1980, a partir das diferentes vias propostas pela Constituição. Além disso, também era preciso definir qual deveria ser o novo papel da administração central, isto é, se ela iria transferir a todas as comunidades autônomas os poderes de que já dispunham as sete comunidades que haviam avançado pela via "rápida": Deveria converter-se a administração central numa instância concentrada na planificação e coordenação? No fundo, o problema era que continuava a inexistir um consenso básico sobre o modelo de Estado que se queria desenvolver a longo prazo, e as reações que ocorriam eram geralmente motivadas pelas considerações políticas de curto prazo, ou ainda por resistências organizacionais.

Em princípios dos anos 1990, com o PSOE ainda no poder, porém com crescentes problemas de legitimação, e o Partido Popular ganhando posições no governo das comunidades autônomas, o marco político para abordar os problemas apresentados começou a mudar. Assim, em 1992, realizou-se um pacto entre o PSOE e o PP no qual se estabeleciam alguns elementos básicos para desenvolver o modelo de autonomia, no sentido de aumentar as responsabilidades das comunidades autônomas que haviam adotado a via lenta, até estas chegarem a igualar completamente as comunidades autônomas que haviam seguido a via "rápida", com a exceção dos assuntos de saúde, que continuariam geridos pelo governo central nas comunidades autônomas que haviam seguido a via do art. 143 da Constituição. A partir de então, iniciou-se uma nova onda de transferências, especialmente importante no âmbito da educação, em boa parte concentradas nas comunidades autônomas com menor desenvolvimento prévio da descentralização. Essa homogeneização não agradou em nada às comunidades autônomas mais descentralizadas, como a Catalunha e o País Basco, uma vez que estas consideravam ainda haver muitos temas pendentes que as afetavam e que não haviam sido resolvidos. Entretanto, não se opuseram de forma muito intensa. Pelo contrário, dado que a partir de 1993 o partido que estava no governo central (primeiro o PSOE, até 1996, e em seguida o PP, até 2000) não dispunha de maioria absoluta e requeria os votos de partidos minoritários para aprovar leis nas Cortes Gerais, instaurou-se um período de pactos e acordos políticos muito mais fluido do que na fase anterior, diminuindo muito o número de conflitos apresentados ao Tribunal Constitucional. Assim, muitos dos temas que haviam provocado graves impasses nos anos anteriores foram abordados, geralmente de forma bilateral, sendo pactuadas novas transferências que completaram o desdobramento da descentralização nas comunidades autônomas que haviam seguido a via "rápida" desde o início.

No mencionado contexto, ocorreram também, a partir de 1993, três reformas importantes sobre o modelo de autonomia, de caráter geral, que afetavam o financiamento, o Senado e a participação das comunidades autônomas na União Européia. Em conjunto, essas reformas, ainda que bastante tímidas, apontavam para uma estrutura "federalizante" do Estado espanhol, ao buscar fórmulas de participação dos níveis de governo intermediário nos assuntos gerais do Estado. No entanto, essa dinâmica foi encerrada no ano 2000, quando a maioria absoluta do Partido Popular nas Cortes Gerais até 2004 permitiu realizar uma mudança importante na política de autonomia, abandonando a flexibilidade para avançar em direção a estruturas de cunho "federalizante". Podemos observar, então, que o número de transferências volta a ser extremamente reduzido para todas as comunidades autônomas. Mesmo que o esgotamento das áreas a serem descentralizadas, sem dúvida, implicasse a redução do número de transferências, sua queda é demasiada e em poucos anos, como ocorreu em princípios dos anos 1990.

Em relação aos gastos e ingressos fiscais, até as mencionadas reformas, o financiamento das comunidades autônomas era baseado em transferências (a maior parte não vinculadas, exceto na saúde) e impostos próprios (com um limitado peso efetivo), sendo a maior parte das transferências calculada sobre a base dos custos dos serviços que foram descentralizados, de acordo com a valoração pactuada no momento da transferência, e ajustando-se posteriormente o custo histórico de acordo com a variação da inflação. Com o paulatino aumento das competências transferidas às comunidades autônomas, seus gastos foram aumentando muito, crescendo também as transferências do governo central, sem que as comunidades autônomas tivessem maior capacidade impositiva, uma vez que os ingressos fiscais se mantinham concentrados no nível central (tabela 2).

Tabela 2
Gastos por nível de governo, 1982-2002

Nível	1982	1988	1992	1998	2002
Supranacional	0	2,61	2,27	2,1	1,9
Central	85,26	74,10	64,24	65,1	55,1
Das comunidades autônomas	3,64	11,76	20,90	21,3	30,4
Local	11,10	11,53	12,59	11,5	12,6

Essa situação gerava numerosos problemas — e freqüentes déficits — em algumas comunidades autônomas, em virtude do que, depois de um intenso debate político, que durou mais de dois anos, em 1993 se adotou uma primeira reforma do sistema de financiamento. Essa reforma não teve grandes efeitos imediatos, mas introduziu um novo princípio sobre a fórmula de financiamento, já que estabelecia a recepção por parte das comunidades autônomas de 15% do imposto sobre a renda das pessoas físicas (IRPF), que até então se encontrava exclusivamente em mãos do poder central. Somente anos mais tarde, e como condição para o apoio dos nacionalistas catalães ao governo do PP, produziu-se um aprofundamento desse sistema, aumentando o percentual do IRPF à disposição das comunidades autônomas para 30%, e lhes concedendo a capacidade normativa dos impostos cedidos. Entretanto, o financiamento da descentralização continua sendo motivo de grandes polêmicas de forma recorrente, e se apresenta como um tema de forte disputa em face da discussão da reforma do sistema atual de financiamento, uma vez que ainda ocorrem numerosos desajustes.

O problema de uma crescente divergência entre regiões, como produto da descentralização, apresentou-se desde o início do processo, nos anos 1970, como um dos perigos mais importantes que poderiam surgir nessa transformação política. Por isso, já na Constituição se estabeleceu um elemento de correção das diferenças entre as comunidades autônomas, que consiste no Fundo de Compensação Interterritorial, e que deveria dirigir recursos para as regiões mais pobres, desfavorecidas pelo processo de descentralização. No entanto, esse fundo foi dotado de recursos limitados, uma vez que as regiões mais influentes politicamente estavam pouco interessadas nele, e sua efetividade foi reduzida ao longo de quase todo o período. Muito mais efetivos, nesse mesmo sentido, foram os fundos de desenvolvimento regional europeus — o Fundo de Coesão e os Fundos Estruturais — que chegaram a algumas regiões espanholas a partir da entrada da Espanha na União Européia, em 1986. As importantes quantias aplicadas, assim como os procedimentos de alocação de recursos, constituíram um forte estímulo de reequilíbrio para o país, além de um fator de inovação política e administrativa, especialmente na década de 1990.

A incorporação da Espanha à União Européia implicou a reversão de algumas competências descentralizadas, como no caso da política agrária, por ser uma área de forte intervenção das instituições européias. Para compensar essa situação, começou-se a arbitrar procedimentos de participação das comunidades autônomas nas instâncias decisórias da União Européia. O estabelecimento de uma Conferência para Assuntos Relacionados com a União Européia, integrada por representantes de todas as comunidades autônomas e do governo central, assim como o acordo da própria conferência para as comunidades autônomas participarem das negociações entre o Estado espanhol e a União Européia nos temas que as afetassem foram alguns dos novos elementos institucionais criados para enfrentar a nova situação. De outro lado, no Tratado de Maastricht (1992), a própria União Européia estabeleceu um novo Comitê das Regiões, de caráter consultivo, correspondendo a 21 representantes para a Espanha. A divisão desses postos priorizou claramente as comunidades autônomas (outorgando-lhes um representante para cada uma das 17 comunidades), e o restante (quatro) foi destinado à representação dos entes locais.

A reforma do Senado foi outro elemento significativo dos debates nos anos 1990 para garantir o modelo de Estado descentralizado. Depois de muitas discussões sobre se era conveniente ou não reformar a Constituição, optou-se por modificar somente o regulamento da Câmara, criando uma Comissão Geral das Comunidades Autônomas, integrada por um número de senadores duas vezes maior do que o das demais comissões, com traços organizacionais próprios, permitindo a assistência dos presidentes das comunidades a seus planos. Entretanto, a reforma, que pretendia estabelecer a instância central do

Estado com maior representação das autonomias, mostrou-se demasiado tímida, dado que os poderes que a Constituição outorga ao Senado são muito limitados, e a nova comissão não conseguiu alcançar uma nova legitimidade, além de alguns elementos simbólicos novos.

Diversidade e homogeneidade: a articulação do governo em níveis múltiplos na Espanha

Passados mais de 25 anos desde o início do processo, a situação da descentralização na Espanha avançou muitíssimo. As grandes políticas sociais (educação, pobreza, serviços sociais, saúde etc.) estão completamente descentralizadas e finalmente, no ano de 2001, se completou a descentralização da saúde em todas as comunidades autônomas (que inicialmente foi transferida, durante os anos 1980, a sete comunidades autônomas, com 60% da população). Tudo isso fez com que os orçamentos e a folha de salário das comunidades autônomas crescessem muito, e que, portanto, o peso político dos governos intermediários também se tenha consolidado. Em termos gerais, as comunidades autônomas desempenham um papel de muito destaque em alguns dos grandes setores de políticas públicas, especialmente em todas aquelas políticas vinculadas ao estabelecimento e desenvolvimento do Estado de bem-estar (saúde, educação, proteção social, habitação) que requerem uma gestão muito complexa e próxima ao cidadão. De forma contrária, no âmbito das políticas econômicas e reguladoras (fiscal, monetária, industrial, trabalhista), o sistema político administrativo espanhol segue mostrando traços bastante centralizados, com uma participação muito limitada das comunidades autônomas.

Entretanto, ainda não se alcançou uma situação de estabilidade na reestruturação do Estado e na definição dos distintos papéis e funções do governo em níveis múltiplos. Talvez qualquer sistema descentralizado, independentemente do país, nunca se encontre em uma situação de estabilidade absoluta. Sempre existem tensões entre os distintos níveis de governo e sempre se produzem novas configurações de interesses, o que conduz a lutas polêmicas sobre os espaços de poder e controle entre os diferentes níveis. No caso espanhol, ainda que a descentralização de competências se encontre já bastante desenvolvida, e seja difícil pensar que se possa aprofundar muito mais pela parte do gasto (permaneceriam alguns temas de grandes infra-estruturas), existem outros aspectos que seguem gerando profundos debates. Na última parte deste estudo, revisamos alguns desses debates, concentrando-nos especialmente nas transformações da administração central e nas discussões sobre como acomodar a diversidade das diferentes identidades nacionais dentro do Estado espanhol.

O novo papel da administração central

No contexto de elevada descentralização que se configura a partir de meados dos anos 1990, a administração central do Estado continua dispondo de importantes recursos e capacidade de controle, mas seu papel na formulação e na produção das políticas públicas está experimentando um processo paulatino de mudança. Em vez de dedicar seus esforços a produzir serviços públicos para os cidadãos, o governo central orientou suas atividades para tarefas reguladoras e de controle, evidentemente mantendo também bens públicos, como a defesa e as relações exteriores, além de se concentrar em tarefas de coordenação e orientação de políticas públicas entre as comunidades autônomas, assim como com a União Européia e os níveis territoriais de governo. Para isso, novas habilidades se foram impondo na administração central, como a avaliação e a análise de políticas, a gestão de redes intergovernamentais, a definição de objetivos, as técnicas de negociação etc. O processo não tem sido nada simples e ainda se encontra muito distante de se completar.

Durante os anos 1980, a reduzida definição de suas novas tarefas e as resistências em adotar um papel diferente geraram numerosas dificuldades, chegando a paralisar, em determinados momentos, a descentralização de algumas políticas; porém, de forma lenta e progressiva, ao longo dos anos 1990, já avançado o início da descentralização, vão se desenvolvendo mais as unidades organizacionais que cumpriam novas funções, e apareciam também numerosos comitês e comissões de coordenação, enquanto as unidades mais tradicionais, gestoras de serviços públicos, não puderam manter por muito tempo as duplicações desnecessárias, reduzindo-se ou redefinindo suas tarefas. Tudo isso tem conduzido a um forte aumento do número de funcionários públicos subordinados às comunidades autônomas, enquanto permanece estável o número de funcionários subordinados ao governo central. A representação de interesses globais do Estado e o abandono da produção de políticas têm sido os critérios que vêm orientando tais transformações.

Tabela 3
Distribuição de funcionários públicos por níveis de governo

	1985	1990	1995	2000
Governo central	571,2	555,2	570,4	505,6
Seguridade social (inclusive serviços de saúde)	241,7	307,2	328,9	134,1
Comunidades autônomas	321,2	448,5	519,5	688,7
Autoridades locais	304,6	389,2	377,0	504,0
Total da administração	1.438,7	1.700,1	1.795,8	1.832,4
Empresas públicas	395,9	417,4	332,5	nd
Outros	41,0	4,2	5,4	
Total do setor público	1.875,6	2.121,7	2.133,7	

	1985 (%)	1990 (%)	1995 (%)	2000 (%)
Governo central	39,7	32,7	31,8	27,6
Seguridade social (inclusive serviços de saúde)	16,8	18,1	18,3	7,3
Comunidades autônomas	22,3	26,4	28,9	37,5
Autoridades locais	21,2	22,9	21,0	27,6
Total da administração	100,0	100,0	100,0	100,0
Total da administração	76,7	80,1	84,2	
Empresas públicas	21,1	19,7	15,6	
Total do setor público	100,0	100,0	100,0	

Fontes: Jódar, Jordana e Alós (1999:169); e Jordana e Ramió (2005).

Os benefícios da descentralização

Seguramente, as indefinições da Constituição sobre a estrutura da descentralização se converteram em uma vantagem de longo alcance, para ajustar lentamente o modelo, no decurso das duas décadas seguintes. Entretanto, isso não foi um ato intencional: a cada momento, foram as correlações de força entre os partidos políticos a determinar o que era possível e o que não era. Um fator sem dúvida importante foi a existência de fortes contrapesos políticos no nível intermediário, especialmente no caso basco e catalão, o que estabeleceu um certo equilíbrio — mais estável em uns períodos do que em outros — entre o centro e a periferia. Essa situação gerou muitas tensões e conflitos, mas também facilitou o avanço generalizado da descentralização, e contribuiu para que não houvesse falta excessiva de recursos para o financiamento dos serviços descentralizados, ou que se gerassem enormes déficits econômicos, evitando os conseqüentes problemas de instabilidade macroeconômica.

Outro aspecto a ressaltar consiste na crescente legitimação do nível regional como novo âmbito de governo. Em algumas pesquisas realizadas, 70% da população e cerca de 95% das elites sociais e políticas do país opinam, atualmente, que foram acertados a instauração e o desenvolvimento desse nível de governo. A maior proximidade ao cidadão, especialmente no âmbito das políticas sociais, tem contribuído em boa parte para esse resultado. Além disso, a emergência dos governos regionais tem instaurado um novo policentrismo na política espanhola, que se apresenta como importante contrapeso ao centralismo político do país. Os atores políticos regionais desempenham atualmente um importante protagonismo na política nacional, tanto nos cargos públicos quanto como responsáveis pelos partidos políticos. Nesse sentido, é freqüente que nas carreiras haja saltos de um nível a outro, transferindo experiências, o que conduz a visões plurais nas equipes de governo. Nesse sentido, a política tem se tornado mais complexa, sem esquecer o nível local, e tudo isso tem contribuído, sem dúvida, para articular de forma mais equilibrada o conjunto de interesses sociais, setoriais e territoriais, que se encontram presentes no país.

As dificuldades da descentralização

Avançou-se muito no processo de descentralização e o modelo atual, baseado em ceder grandes responsabilidades aos níveis intermediários, já se encontra amplamente aceito. Também é aceita uma certa diferenciação nas características e nos poderes das distintas comunidades autônomas, ainda que continue existindo um intenso debate sobre a orientação final que deve tomar o Estado descentralizado. Ante a visão mais homogeneizadora do modelo de Estado defendido pelos partidos de âmbito nacional, alguns setores de opinião assinalam a necessidade de avançar em direção a um modelo decididamente federal, que possa incluir de forma mais ativa a participação das comunidades autônomas nas decisões políticas dos órgãos centrais do Estado, por meio de um desenvolvimento institucional específico, e não como ocorre atualmente, quando se depende quase exclusivamente das coalizões políticas estabelecidas e da política interna dos partidos políticos.

Outros setores políticos e sociais, especialmente nas comunidades históricas que têm línguas próprias (Catalunha, País Basco e Galícia), exigem um modelo de autonomia mais profundo, que destaque mais claramente os símbolos e as identidades próprias de cada território. Assim, embaralham-se idéias como uma estrutura federal de tipo assimétrico, o reconhecimento ao direito de autodeterminação, ou o estabelecimento de fórmulas de associação nacional. No fundo, a discussão sobre a natureza nacional ou plurinacional do Estado espanhol se encontra em debate, e seguramente as implicações que deste resultarão terão uma forte influência na forma de evolução da estrutura do Estado nos próximos anos.

Num terreno mais operacional, também é necessário destacar que o processo de descentralização na Espanha tem gerado alguns problemas, com novos desequilíbrios, que no momento não parecem encontrar solução. Já mencionamos os problemas de financiamento do gasto descentralizado, ainda à espera de fórmula que satisfaça mais a maior parte das comunidades autônomas. Por outro lado, também é necessário reconhecer que as comunidades autônomas têm adotado um novo papel centralista para com os municípios, tutelando-os e assumindo também diretamente muitas funções que, em alguns casos, poderiam ser geridas diretamente pelos governos locais. Assim, os governos locais não têm assumido um papel relevante no sistema de governo em níveis múltiplos configurado na Espanha com a democracia, em parte sufocados pela emergência e forte crescimento do nível intermediário. Somente os municípios de maior tamanho, ao dispor de competências específicas e maiores recursos, têm conseguido alcançar certa visibilidade no contexto político e impulsionar algumas políticas específicas.

Outro elemento a destacar consiste no pouco relevo que têm assumido as assembléias regionais. Uma vez redigidas e aprovadas as leis referentes às políticas descentralizadas, sua atividade tem decaído, restando-lhes como função principal a eleição do presidente da comunidade autônoma. Mesmo fora do período de nossa análise, cabe mencionar que a revisão dos estatutos de autonomia em diversas comunidades autônomas durante o ano de 2005 está oferecendo novos espaços de debate para uma nova revisão, a fundo, do modelo de Estado descentralizado impulsionado desde os anos da transição à democracia.

Abre-se, sem dúvida, uma nova etapa, na qual as diferenças entre as distintas regiões têm aumentado nesses anos, dado que o dinamismo econômico e social de algumas comunidades autônomas tem crescido de forma notável, enquanto, em outros casos, tem-se verificado certa estagnação. Como já mencionamos, os fundos europeus têm corrigido em parte essa tendência, impulsionando programas sociais e a construção de infra-estruturas em áreas mais empobrecidas. Entretanto, as diferenças na capacidade de gestão e na iniciativa das diferentes comunidades permanecem importantes, e os mecanismos de correção dessas situações não têm sido suficientemente desenvolvidos.

Todas essas questões levam a pensar que os próximos anos serão, sem dúvida, muito relevantes para avançar na resolução dos problemas pendentes da descentralização na Espanha — sem esquecer o tema da violência no País Basco —, mesmo que tampouco se possam esperar soluções definitivas para as relações entre os níveis de governo. Por outro lado, a inexistência de soluções permanentes não deixa de ser algo normal, uma vez que, em todos os países com sistemas complexos de governo em níveis múltiplos, continuamente se propõem novas revisões e ajustes. Pelos motivos assinalados e pela crescente convivência com a mudança, é possível que ocorram — ou, pelo menos, se tentem — novas transformações institucionais na Espanha, assim como redefinições nas fórmulas atuais de alocação de recursos e gestão das políticas públicas.

Bibliografia

AGRANOFF, Robert; RAMOS GALLARÍN, Juan Antonio. Toward federal democracy in Spain: examination of intergovernmental relations. *Publius*, v. 27, n. 4, 1997.

AJA, Eliseo. *El Estado autonómico*: federalismo y hechos diferenciales. Madrid: Alianza, 1999.

BAÑON, Rafael; TAMAYO, Manuel. The transformation of the central administration in Spanish intergovernmental relations. *Publius*, v. 27, n. 4, 1997.

BRAÑA PIÑO, Francisco Javier; SERNA DE LOS MOZOS, Víctor Manuel. La descentralización de las competencias de gasto público: un análisis del caso español, 1979-1994. *Hacienda Pública Española*, v. 148, 1999.

GALLASTEGUI, Maria Carmen. The decentralization of the public sector in Spain: the case of the Basque Country. *Revue d'Économie Politique*, v. 106, n. 1, 1996.

JÓDAR, Pere; JORDANA, Jacint; ALÓS, Ramón. Spain: public service employment relations since the transition to democracy. In: BACH, S.; BORDOGNA, L.; DELLA ROCCA, G.; WINCHESTER, D. *Public service employment relations in Europe*. London: Routledge, 1999.

JORDANA, Jacint; RAMIÓ, Carles. Gobierno y administración. In: CARRERAS, A.; TAFUNELL, X. *Estadísticas históricas de España, 1800-2000*. Madrid: Fundación BVVA, 2005.

MORATA, Francesc. El estado de las autonomías. In: ALCÁNTARA, M.; MARTÍNEZ, E. (Eds.). *Política y gobierno en España*. Valencia: Tirant lo Blanch, 1997.

MORENO, Luis. *La federalización de España*. Madrid: Siglo XXI, 1997.

OCDE. *Managing across levels of government*: Spain. 1997. Disponível em: <www.oecd.org/dataoecd/9/33/1902255.pdf>.

PALLARÈS, Francesc; MONTERO, José Ramon; LLERA, Francisco José. No State-wide parties in Spain: an attitudinal study of nationalism and regionalism. *Publius*, v. 27, n. 4, 1997.

RAMIÓ, Carles. Las comunidades autónomas: la evaluación en España del rendimiento de una experiencia singular de descentralización. *Agenda, Revista de Gobierno y Políticas Públicas*, v. 1, 1998.

REQUEJO, Ferran. *Federalisme, per a què?* València: Tres i Quatre, 1998.

SOLOZABAL, J. J. *Las bases constitucionales del Estado autonómico*. Madrid: McGraw-Hill, 1998.

SUBIRATS, Joan; GOMÀ, Ricard. *Políticas públicas en España*. Barcelona: Ariel, 1998.

VIVER PI-SUNYER, Carles. *Las autonomías políticas*. Madrid: IEE, 1994.

6

O PROCESSO DE DESCENTRALIZAÇÃO REGIONAL NA ESPANHA E AS DIFICULDADES PARA INOVAÇÃO INSTITUCIONAL DAS NOVAS ADMINISTRAÇÕES PÚBLICAS

*Carles Ramió**

*Miquel Salvador***

Introdução

Uma das mudanças mais importantes associadas à descentralização territorial do poder na Espanha foi o surgimento das comunidades autônomas e de suas administrações públicas.

Este capítulo apresenta uma descrição analítica da configuração dos modelos organizacionais das administrações das comunidades autônomas da Espanha, a partir da consideração conjunta de suas estruturas orgânicas e de

* Doutor em ciências políticas e da administração pela Universidade Autônoma de Barcelona; licenciado em ciências políticas e sociologia pela Universidade Complutense de Madri; professor de ciência política e de administração, e vice-reitor de programação, docência e avaliação na Universidade Pompeu Fabra (Barcelona, Espanha). Suas áreas de interesse são teorias da organização e da gestão aplicadas à administração pública.

** Professor do Departamento de Ciência Política e da Administração da Universidade Pompeu Fabra (Barcelona, Espanha); doutorando em teoria política e social pela mesma universidade; mestre em gestão pública; licenciado em ciências políticas e da administração pela Universidade Autônoma de Barcelona.

seus recursos humanos, apontando diversos argumentos explicativos sobre seu processo de configuração e desenvolvimento.

Atualmente, 25 anos depois do processo e depois de efetuadas as transferências em matéria de saúde e educação à totalidade das comunidades autônomas, pode-se considerar consolidado o processo, ainda que permaneçam abertas diferentes reivindicações por parte de algumas dessas comunidades. A mudança resultou ser a transformação mais relevante da administração pública na Espanha nas últimas décadas. Essas mudanças tão significativas não se refletiram, todavia, em grandes inovações nos âmbitos da organização e da gestão dos recursos humanos das administrações públicas das comunidades autônomas, que tenderam a replicar, com diferentes particularidades, porém de forma mais ou menos mimética, o modelo da administração geral do Estado (Villoria, 1999).

Uma revisão da configuração e do desenvolvimento das administrações das comunidades autônomas a partir da perspectiva neo-institucionalista permite oferecer algumas chaves explicativas desse resultado e refletir sobre a avaliação de outros processos de descentralização do Estado.

O estado autônomo espanhol e as administrações das comunidades autônomas

A formação do Estado espanhol moderno se origina no século XIX, a partir da morte de Fernando VII em 1833, como uma clara cópia do modelo francês. O modelo baseou-se num sistema administrativo onde coexistiam de maneira desigual dois níveis administrativos: a administração do Estado, ou a administração central, e as administrações locais. Tratava-se de um modelo administrativo no qual a administração central assumia a maior parte do poder, operando em sua órbita uma administração local com escassa autonomia. Esse desenho centralizador nunca resultou em sintonia completa em um país tão plural, do ponto de vista histórico-cultural e socioeconômico (Ramió, 2001).

As tentativas de suavizar a clara orientação centralista foram numerosas e pouco exitosas,[1] até a promulgação da Constituição espanhola, vigente des-

[1] As tentativas de descentralização mais ou menos ambiciosas da I República espanhola (1873/74), o surgimento das *mancomunidads* na Restauração (1874-1902) e a Segunda República espanhola (1931-39) são os exemplos mais relevantes.

de 1978. Na Constituição de 1978, reconheceram-se os direitos das nacionalidades e regiões da Espanha a se constituir em comunidades autônomas, isto é, em um nível intermediário de governo entre a administração central e a administração local. Com isso, buscava-se um mecanismo de consenso para articular o centro e a periferia na governabilidade do Estado. Buscava-se um modelo que permitisse transferir autonomia a uma parte do território, mas sem molestar outras partes deste ou determinadas correntes de opinião. O resultado é um modelo original, apesar das tentativas de identificá-lo com uma mescla do federalismo alemão com o pouco ambicioso regionalismo italiano (Colomer, 1998; Keating, 1998).

A Constituição e os Estatutos de Autonomia (as leis básicas que regulam a organização institucional e as competências das comunidades autônomas) estabelecem um sistema de geometria variável, baseado, fundamentalmente, em duas vias de acesso à autonomia (Morata, 1997). A primeira via (art. 151 da Constituição) aplica-se a três nacionalidades históricas (Catalunha, País Basco e Galícia) e à Andaluzia e concede o máximo nível de competências. A segunda via (arts. 143 e 144 da Constituição para o caso de Madri), inicialmente aplicada a 12 regiões, prevê um grau de autonomia mais restrito, embora com caráter transitório já que, no prazo de cinco anos após a publicação dos Estatutos de Autonomia, as respectivas assembléias solicitaram sua revisão e incrementaram seu nível de competências, equiparando-o ao das comunidades do primeiro grupo. Além disso, as Cortes Gerais (o Legislativo no nível do Estado) podem transferir ou delegar competências legislativas às comunidades autônomas sem necessidade de revisão estatutária (art. 150.2 da Constituição), via que se aplicou às comunidades Valenciana e das ilhas Canárias, equiparando seu nível de competências com o daquelas que gozam de autonomia com plenas competências. Finalmente, há uma via especial para Navarra, mediante o reconhecimento de seus foros históricos (Disposição Adicional primeira da Constituição), que desfruta de uma autonomia superior inclusive à das comunidades do primeiro grupo.

No processo de desenvolvimento das comunidades autônomas ao longo desses quase 25 anos, podem distinguir-se até cinco etapas de evolução (Ramió e Subirats, 1996; Ramió e Salvador, 2002). Um primeiro período (1980-87) corresponderia à fase de criação, fundação e institucionalização.

O segundo período (1988-92) caracteriza-se como a fase de consolidação e expansão de algumas autonomias que já executavam um importante número de competências. O terceiro período (1993-96) identifica-se com um primeiro final do ciclo, no qual se esgotaram as premissas de crescimento sustentado nos recursos que haviam caracterizado os períodos anteriores. No quarto período (1997-2000), renovam-se certos processos modernizadores. estabelece-se a revisão do modelo de autonomia e iniciam-se processos reivindicadores por parte de diferentes comunidades autônomas. No quinto período (2001-04), torna-se efetiva a última grande transferência de competências, igualando-se os níveis destas, enquanto se aguçam as reivindicações de diferenciação através das quais distintas comunidades autônomas buscam uma posição própria.

Dinâmicas institucionais nas administrações das comunidades autônomas: evolução das normas e dos contingentes de pessoal

A análise dessa evolução a partir da perspectiva neo-institucionalista permite identificar algumas das dinâmicas que motivaram a configuração posterior das administrações das comunidades autônomas. Essa configuração baseia-se na interpretação de um conjunto de dispositivos organizacionais, desde as estruturas orgânicas até os sistemas de gestão de recursos humanos, como uma base institucional que favorece certos comportamentos e permite o surgimento de iniciativas de mudanças em determinadas direções e não em outras, com uma clara vocação de continuidade (DiMaggio e Powell, 1991; Scott, 1995; Peters, 1999).

Seguindo esse argumento, as tensões e incertezas em torno do processo de criação do Estado autônomo colocaram em um plano bastante secundário o problema da construção dos sistemas administrativos das novas organizações. O resultado foi que, ao mesmo tempo em que se estabilizava a estrutura autônoma no âmbito político, o âmbito administrativo se consolidava a partir de inércias originadas no processo de transferência de competências, estruturas e recursos humanos. Obviamente, este incidiu de forma determinante na configuração de uma cultura política e administrativa próxima aos referenciais da administração geral do Estado.

Os Estatutos de Autonomia e as leis autônomas de função pública

A título de ilustração do tipo de ações empreendidas nessa fase inicial de desenvolvimento das comunidades autônomas, são apresentadas as datas de aprovação dos Estatutos de Autonomia, as normas básicas que deviam regular o marco institucional de cada um dos novos governos. De forma complementar, incluem-se as datas de aprovação das normas de autonomia de função pública — a legislação de referência para a gestão de recursos humanos das administrações das comunidades autônomas — como elemento-chave para configurar o modelo diferenciado de gestão.

Tabela 1
Estatutos de Autonomia e leis de função pública das comunidades autônomas

Comunidades autônomas	Estatuto	Leis de função pública
Catalunha	18-12-1979	23-7-1985
País Basco	18-12-1979	6-7-1989
Galícia	6-4-1981	26-5-1988
Cantábria	30-12-1981	7-7-1986
Astúrias	30-12-1981	26-12-1985
Andaluzia	30-12-1981	28-11-1985
La Rioja	9-6-1982	29-6-1990
Múrcia	9-6-1982	19-3-1986
Comunidade Valenciana	1-7-1982	24-10-1985
Navarra	10-8-1982	24-3-1988
Canárias	10-8-1982	30-3-1987
Aragão	10-8-1982	20-2-1986
Castela La Mancha	10-8-1982	26-6-1985
Estremadura	25-2-1983	23-5-1986
Madri	25-2-1983	10-4-1986
Castela e Leão	25-2-1983	27-12-1985
Ilhas Baleares	25-2-1983	22-2-1989
Amplitude da diferença (em anos)	**3,2**	**4,0**

Fonte: Elaboração própria.

A proximidade entre as datas de aprovação dos Estatutos de Autonomia (em 3,2 anos foi aprovada a totalidade) e o elevado grau de semelhança em seus conteúdos permitem apontar a existência de dinâmicas de isomorfismo institucional (DiMaggio e Powell, 1991). Nesse processo de reprodução mimética, as referências à administração são relativamente imprecisas e, na maior parte dos casos, recorria-se a um tratamento continuísta da ordenação estatal, abandonando-se as possibilidades de inovação em benefício da consolidação do espaço político dos novos entes (Villoria, 1999).

Três pressões do contexto favoreciam a linha continuísta na construção dos sistemas administrativos autônomos (Ramió e Salvador, 2002). Em primeiro lugar, o contexto de urgência política, que favoreceu dinâmicas expansivas concretizadas na criação indiscriminada de novos serviços públicos, despreocupando-se com as questões vinculadas ao modelo de gestão. Em segundo lugar, o processo de transferências favoreceu a reprodução das estruturas e normas de funcionamento da administração geral do Estado, posto que, na medida em que se mantinham as dinâmicas da administração de origem, se facilitava o processo de recepção de recursos e competências, principal prioridade das autonomias emergentes.

Em terceiro lugar, a falta de definição de uma base normativa clara por parte do Estado e a interpretação extensiva das competências da administração geral do Estado contribuíram para limitar a margem de manobra das autonomias no âmbito de sua auto-organização. Assim, como indica Echevarría (1995:4):

> em nome de princípios como a igualdade, a unidade ou a solidariedade, porém sem suporte algum que demonstre sua garantia através de estruturas uniformes, tem-se limitado a capacidade de auto-organização das comunidades autônomas e, com ela, as possibilidades de inovação administrativa e de adaptação às necessidades locais.

Este último elemento ocorreu de forma mais significativa na regulação básica do âmbito da gestão dos recursos humanos. Ainda que inicialmente não existisse uma importante estrutura normativa estatal, a opção seguida por parte da totalidade das comunidades autônomas foi a de estender a elas os preceitos da administração geral do Estado. Seguindo a divisão de competências estabelecida na Constituição, o surgimento da normativa autonômica da função pública ocorreu depois da aprovação da lei de bases na matéria por parte da administração geral do Estado.[2] A "cascata" de leis autonômicas nessa matéria (com uma diferença de pouco mais de quatro anos entre a primeira e a última), assim como suas importantes semelhanças tanto com a norma estatal quanto entre si, aponta, de novo, a existência de dinâmicas de isomorfismo institucional.

Assim, a tradução prática da distribuição de competências entre Estado e as comunidades autônomas concretizou-se na fixação dos traços básicos do modelo que se impulsionava, ainda que com tal detalhe tenha determinado em boa medida a configuração da função pública autonômica (Castells Arteche, 1987). Esse fato, unido a sua interpretação extensiva, estabeleceu "regras do jogo" caracterizadas pela desconfiança em relação às emergentes administrações autônomas. Configura-se, assim, uma estrutura institucional que limitava as opções de inovação e a seleção de alternativas por parte das autonomias, impelidas a reproduzir os esquemas da administração geral do Estado.

As normas autonômicas da função pública caracterizaram-se pelo alto grau de consenso na sua aprovação. Além dos argumentos clássicos para explicar o reduzido nível de confrontação partidária sobre o tema (como seu distanciamento do debate público, ou sua avaliação como tema "técnico" reservado a especialistas), o grau de acordo nessa etapa também se explicava por serem consideradas normas com feição provisória. Como indica Ballesteros (1989:224), "a justificativa que se encontrava para o improviso era que as medidas adotadas para enfrentar as necessidades eram de caráter provisório (...), no entanto, como o tempo se encarregou de afirmá-las, aquelas medidas condicionaram, necessariamente, o futuro". Na explicação neo-institucionalista, as normas autonômicas, ao seguir um modelo externo "legitimado", conseguiram ser facilmente aceitas pela classe política, independentemente de suas conseqüências quanto ao modelo de gestão que supunham e que tendiam a consolidar (March e Olsen, 1996).

Com esses condicionantes, assentavam-se as bases normativas dos novos sistemas públicos autonômicos, crescendo em competências e recursos, ganhando um espaço próprio entre a administração central e a local, ainda que sem considerar de forma substancial nem as estruturas recebidas, nem a clas-

[2] Lei nº 30, de 2 de agosto de 1984, de Medidas para a Reforma da Função Pública.

sificação dos recursos humanos, nem as diretrizes de funcionamento e a cultura organizacional associadas.

A evolução da folha de pessoal das administrações das comunidades autônomas

A partir da estrutura normativa inicial, um elemento essencial para analisar a configuração dos sistemas de gestão de recursos humanos das administrações das comunidades autônomas é a evolução de seus contingentes de pessoal. As figuras 1 e 2 apresentam as trajetórias de crescimento seguidas pelos grupos das comunidades autônomas, segundo seu nível de competências.

Figura 1

Evolução dos contingentes de funcionários públicos das comunidades autônomas com elevado nível de competências (1990-2003)

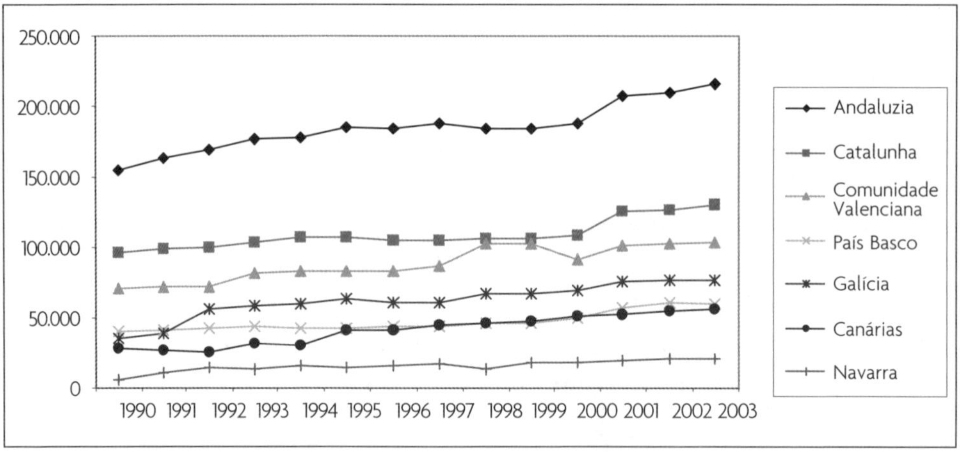

Fonte: Elaboração própria, a partir dos dados do *Boletim Estatístico do Registro Central de Pessoal* do Ministério de Administrações Públicas.

As transferências de competências foram acompanhadas de importantes dotações de pessoal que, junto com as dinâmicas de contratação direta por parte das administrações autônomas, levaram a um importante crescimento inicial do volume de funcionários públicos que elas deviam administrar. Essas exigências condicionaram as margens de manobra das unidades de pessoal das comunidades autônomas para gerar modelos de gestão alternativos.

Figura 2

Evolução dos contingentes de funcionários públicos das comunidades autônomas com reduzido nível de competências (1990-2003)

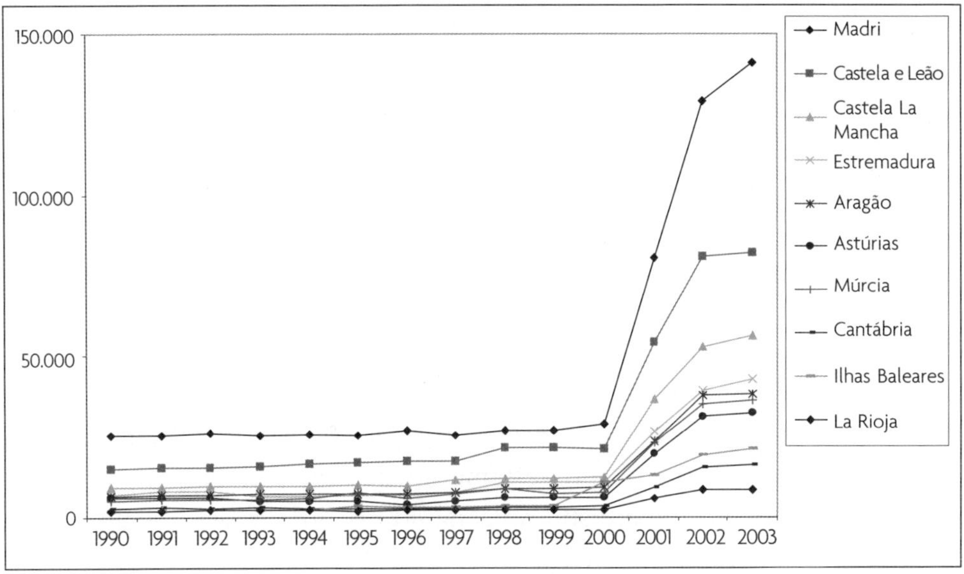

Fonte: Elaboração própria, a partir dos dados do *Boletim Estatístico do Registro Central de Pessoal* do Ministério de Administrações Públicas.

No contexto descrito e da perspectiva neo-institucionalista, um elemento essencial a considerar para definir o tipo de respostas que foram dadas são as dinâmicas de aprendizagem organizacional, entendidas como processos que seguem as organizações para gerar novas rotinas de funcionamento quando as atuais não respondem às aspirações sobre a função que devem cumprir (Levitt e March, 1990).

Como organizações criadas *ex novo*, as comunidades autônomas encontraram-se diante do dilema de apostar em dois processos de aprendizagem institucional contrapostos: a exploração de novas alternativas ou o aproveitamento das instituições vigentes incorporadas, nem sempre explicitamente, com a transposição de estruturas e recursos humanos das administrações de origem (habitualmente a administração geral do Estado, mas também algumas administrações supramunicipais, como as *diputaciones* provinciais).

Se a exploração de novas estruturas requer que os atores dirijam uma grande parte de seus esforços à investigação ativa, o aproveitamento das estruturas já criadas, pelo contrário, se caracteriza pela refinação e aperfeiçoamento das rotinas e estruturas já disponíveis. Contrapõem-se, assim, uma atitude de experimentação, propensão ao risco, inventiva e disponibilidade para enfrentar a incerteza, e uma atitude mais conservadora, com aversão ao risco e à tomada de decisões-chave (Lanzara, 1999).

Ambas as estratégias devem ser contextualizadas no arcabouço institucional no qual foram geradas (Scott, 1995; Meyer e Scott, 1992). No caso das comunidades autônomas, as margens iniciais de atuação estabelecidas explicitamente pela normativa estatal e implicitamente pela cultura organizacional e as rotinas de funcionamento das incipientes administrações autonômicas contribuíram para delimitar as estratégias mais prováveis no que se refere à aprendizagem institucional. Essas restrições, combinadas à existência de uma pluralidade de atores com distintos interesses e horizontes temporais a partir dos quais se definem seus investimentos e estratégias (Tsebelis, 2002), favoreciam a aposta majoritária pelo aproveitamento das instituições vigentes (as transferidas a partir da administração geral do Estado) em detrimento da opção de explorar instituições alternativas.

Além de incidir sobre os processos de aprendizagem, o contexto institucional que caracterizava as interações entre o conjunto de atores envolvidos também influi na definição dos níveis de satisfação com os resultados obtidos e nas aspirações sobre seu rendimento potencial. Dessa forma, as instituições, concretizadas na interação de normas, valores, regras e processos, geram uma espécie de "lógica do apropriado" (March e Olsen, 1989 e 1996), que estabelece os parâmetros da atividade dos distintos agentes envolvidos. O conjunto de elementos que compõem a instituição ajuda os atores a interpretar as situações que se apresentam, incidindo na definição que estes produzem de seus próprios interesses e expectativas, a partir de suas responsabilidades institucionais e relacionais com o restante dos atores, isto é, aquilo que se espera, como apropriado, de seu papel (Lindenberg, 1998).

Com a materialização das transferências às comunidades autônomas de menor nível de competências a partir do ano 2000, com o conseqüente impacto nos contingentes de funcionários públicos dessas administrações autônomas (figura 2 e tabela 2), produziu-se uma nova oportunidade de mudança, na forma de *critical juncture* (Collier e Collier, 2002), mas que resultou na manutenção das dinâmicas prévias, sem alterações significativas no modelo de gestão vigente.

Tabela 2

Habitante por funcionário público da administração das comunidades autônomas, 1991 e 2001: o impacto da ampliação de competências

Comunidades autônomas	1991	2001
Andaluzia	43,2	35,5
Navarra	47,9	27,8
País Basco	50,4	36,7
Comunidade Valenciana	54,4	41,4
Canárias	60,0	32,3
Catalunha	61,6	50,5
Galícia	70,7	35,8
Média das comunidades com elevado nível de competências	**55,5**	**37,1**
La Rioja	130,0	48,2
Estremadura	132,2	39,6
Castela e Leão	166,6	45,1
Cantábria	170,9	57,1
Aragão	172,7	51,4
Astúrias	176,7	54,3
Castela La Mancha	177,8	48,0
Múrcia	195,9	51,8
Madri	196,3	67,3
Ilhas Baleares	355,0	65,0
Média das comunidades com reduzido nível de competências	**168,8***	**51,4**

Fonte: Elaboração própria, a partir dos dados do *Boletim Estatístico do Registro Central de Pessoal* do Ministério de Administrações Públicas, e dos censos populacionais de 1991 e 2001. Disponível em: <www.ine.es>.

* Para o cálculo da média das comunidades com reduzido nível de competências, não se considerou o valor das ilhas Baleares, devido a seu caráter especial que distorceria a média.

O colapso das unidades encarregadas da recepção e gestão das novas competências e contingentes de pessoal se soma às dinâmicas consolidadas de *path dependence* que se haviam gerado nas administrações das comunidades autônomas. Essas dinâmicas explicam a manutenção dessa linha de continuidade no modelo de gestão, tanto em suas estruturas orgânicas como na composição de seus recursos humanos. Com a idéia de *path dependence* (Krasner, 1984; Pierson, 1996 e 2000; Levi, 1997), destaca-se o fato de que uma determinada "lógica do apropriado" que conseguiu institucionalizar-se tende a estender sua influência além do contexto que originou seu surgimento, incidindo nas decisões tomadas posteriormente. Nesse sentido, adquirem especial relevância os estágios iniciais de configuração das administrações autônomas, assim como a seqüência temporal seguida em cada caso (Mahoney, 2000; Thelen, 1999).

Situados em tal cenário, os atores tenderam a aplicar soluções ou respostas já comprovadas no passado pela mesma organização ou por outras organizações presentes no ambiente de referência, desenvolvendo dinâmicas de isomorfismo institucional (DiMaggio e Powell, 1991). Meyer e Rowan (1991:41) apontam a respeito que "as organizações tendem a incorporar práticas e processos definidos pelos conceitos racionalizados predominantes no âmbito organizacional e institucionalizados".

Em contextos como o descrito para as comunidades autônomas, caracterizados por certa ambigüidade na definição dos objetivos das organizações e pela ausência de indicadores efetivos para avaliar sua atividade, o isomorfismo institucional contribui para legitimar a organização (Meyer e Scott, 1992). Dessa maneira, com a reprodução dos mecanismos de estruturação e atuação aceitos pelo ambiente, a organização tende a ganhar legitimidade e aumentar sua capacidade de sobrevivência, pois sua avaliação social se realiza nesses termos e não em função dos resultados de sua atividade concreta em termos de eficácia ou eficiência.

Respostas desse tipo resultavam em maior sintonia com o contexto de incerteza política e administrativa que caracterizou as etapas iniciais da evolução da configuração das administrações das comunidades autônomas, assim como com as dinâmicas institucionais instauradas a partir de sua evolução posterior, inclusive no contexto de rápido crescimento que se verificou a partir da ampliação de competências em inícios da década de 2000.

De forma complementar à análise diacrônica da configuração das administrações das comunidades autônomas, uma análise sobre os modelos organizacionais e a composição de seus contingentes de funcionários públicos permite espelhar as dinâmicas institucionais desenvolvidas.

Dinâmicas institucionais nas administrações das comunidades autônomas: modelos organizacionais e recursos humanos

A análise da configuração concreta das administrações das comunidades autônomas realiza-se a partir dos dados obtidos no ano 2000, no marco de uma investigação sobre o rendimento das autonomias.[3] A caracterização das administrações autonômicas se realiza considerando tanto suas estruturas orgânicas e os modelos organizacionais que refletem quanto a composição de seus contingentes de pessoal. Ambos os conjuntos de dados são interpretados como o resultado das dinâmicas institucionais apresentadas no período anterior, porém oferecem evidências que permitem apontar hipóteses explicativas sobre sua configuração.

Modelos organizacionais e estrutura orgânica

O modelo de estrutura das administrações das comunidades autônomas baseia-se nas *consejerías* (ou departamentos) que integram distintas unidades agrupadas em duas categorias hierárquicas, os órgãos superiores e os órgãos ativos.

Os responsáveis pelos órgãos superiores, da mesma forma que o conselheiro, possuem uma dimensão política: formalmente nomeados por decreto do Conselho Executivo e materialmente escolhidos por critérios de confiança política. Os órgãos superiores mais freqüentes são a secretaria geral e as direções gerais. Na maioria dos casos, as diferenças entre a estrutura dos departamentos ou *consejerías* das 17 comunidades autônomas são mais de nuance do que substanciais. Distinguem-se três modelos de organização departamental, a partir dos órgãos superiores.

O primeiro modelo de organização departamental, que denominamos "modelo majoritário", é o seguido por 11 das 17 administrações das comunidades autônomas (figura 3). Corresponde ao modelo geral onde se combina a figura do conselheiro e as direções gerais, que cuidam de âmbitos setoriais de gestão, com uma secretaria geral (ou secretaria geral técnica), que se encarrega da gestão dos serviços comuns (gestão de pessoal, gestão econômico-orçamentária, informática, assuntos jurídicos) e ocupa uma posição intermediária entre o conselheiro e as direções gerais.

[3] O título do projeto é "O estado das autonomias: balanço do rendimento das instituições autonômicas, Espanha, 1980-2000" — CICYT (SEC-98-0512) — e foi desenvolvido por uma equipe interuniversitária, dirigida pelo prof. Joan Subirats. Os principais resultados foram publicados em Subirats e Gallego (2002).

Esse modelo foi inicialmente desenvolvido pela quase totalidade das administrações autônomas, na forma de uma versão simplificada do modelo da administração geral do Estado. Esse referencial consolidou-se na maior parte dos órgãos públicos autônomos, estabelecendo uma trilha da qual poucos casos se afastaram, limitando-se a mudar denominações ou desdobramentos, mas sem alterar de forma substantiva o modelo.

Figura 3
Modelo departamental majoritário*

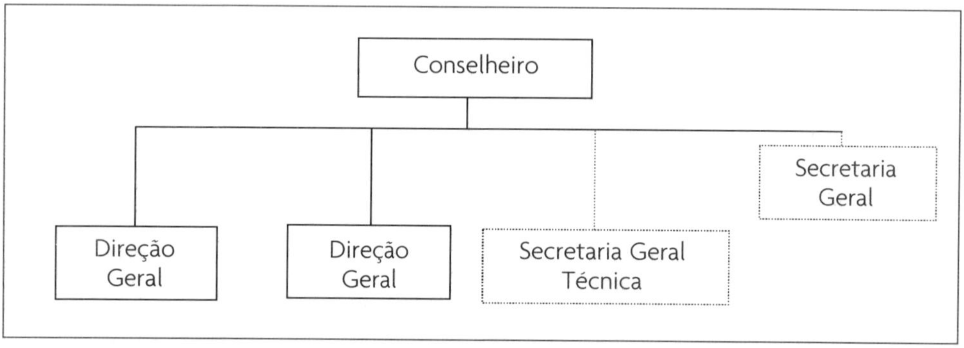

Fonte: Elaboração própria.
* Modelo departamental de 11 comunidades autônomas: Catalunha, Galícia, Comunidade Valenciana, Castela e Leão, Múrcia, Cantábria, Estremadura, Aragão, Baleares, Castela La Mancha e La Rioja.

Uma segunda opção, o "modelo de *vice-consejerías* e secretarias gerais", aparece nas administrações gerais das comunidades autônomas de Canárias, Astúrias, Madri e Andaluzia. Além do conselheiro e das direções gerais, surgem algumas *vice-consejerías* e secretarias gerais. As *vice-consejerías* estão situadas hierarquicamente abaixo do conselheiro, configurando-se como as segundas instâncias político-administrativas do departamento. Encarregam-se de coordenar um número variável de direções gerais, replicando as funções das secretarias gerais da administração geral do Estado. As secretarias gerais desse modelo encarregam-se também dos serviços comuns, com traços similares ao modelo anterior.

Uma terceira opção consiste nos "modelos jurisdicionais", que ocorrem em duas administrações autônomas, as do País Basco e de Navarra. Nesses casos, os processos de isomorfismo institucional têm alterado o referencial, substituindo o modelo de administração geral do Estado pelas administrações forais, com amplo enraizamento, tradição e legitimidade em ambas as comunidades autônomas, devido ao seu destacado papel no sistema de financiamento e gestão da autonomia. No caso basco, entretanto, verifica-se a tendência ao aparecimento de particularismos que podem se associar à própria dinâmica política (governos de coalizão), assim como o desdobramento de diversos programas de modernização da administração pública.

Figura 4

Modelo de *vice-consejerías* e secretarias gerais*

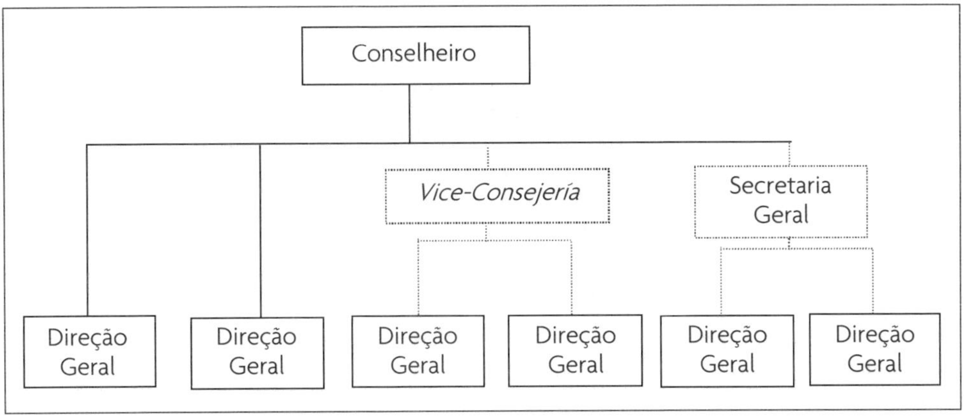

Fonte: Elaboração própria.
* Modelo departamental de quatro comunidades autônomas: Canárias, Astúrias, Madri e Andaluzia.

O nível orgânico seguinte é constituído pelos denominados órgãos ativos das *consejerías*, que estendem a estrutura de comando das secretarias gerais e das direções gerais, vinculando estes órgãos superiores com os postos de trabalho de base.

Novamente, a maior parte dos órgãos ativos apresenta denominações semelhantes em todas as administrações autônomas: subdireções gerais, serviço, seções e repartições. Esses órgãos são ocupados por pessoal profissional (funcionários de carreira), atendendo a critérios de livre designação (de confiança política) para as subdireções gerais e, em alguns casos pontuais, para os serviços. As chefias de serviços, seções e repartições são, na maioria, ocupadas por funcionários segundo critérios de mérito profissional. Ainda que novamente apareçam diferenças de nuance (basicamente a presença ou não de subdireções gerais), a quase totalidade das comunidades autônomas apresenta essa estrutura de órgãos ativos que vêm a reproduzir, de forma mimética, a estrutura básica da administração geral do Estado (com importantes semelhanças em relação ao modelo das *diputaciones* provinciais).

Com essas configurações de órgãos superiores e ativos, o traço mais significativo dos diferentes modelos de desdobramento orgânico das administrações das comunidades autônomas consiste em sua norma comum, que tende a reproduzir de forma continuísta o modelo da administração geral do Estado. Desse esquema compartilhado somente se afastam, ainda que de forma não radical, as Comunidades Jurisdicionais do País Basco e de Navarra.

Essa evidência, contrastada com o contexto descrito no item da evolução, permite alegar o predomínio das dinâmicas de aproveitamento das instituições vigentes no referencial da administração geral do Estado, como estratégia de aprendizagem. A isso cabe adicionar as dificuldades para desenvolver dinâmicas de exploração de instituições alternativas, especialmente em um contexto político altamente instável, que não favoreceu uma orientação para a experimentação, o risco ou o investimento a médio e longo prazos.

As causas que geram esse mimetismo e a leve diferenciação não parecem ser defensáveis somente com base nas diferenças que se produzem entre as diversas comunidades autônomas, quanto ao nível de competências ou quanto ao tamanho (população e território).

A explicação parece encontrar-se na cultura organizacional própria dos serviços da administração geral do Estado, que se incorporou às administrações autônomas através do processo de transferência de competências. O fato de a maior parte das comunidades autônomas não ter proposto a geração de um modelo organizacional próprio facilitou a sobrevivência do modelo transferido e da cultura e instituições associadas.

Um elemento-chave nesse processo são as tipologias desenhadas pelos órgãos administrativos das comunidades autônomas. As emergentes administrações autônomas configuraram-se em torno de três tipos de grupos de empregados públicos:

- novos empregados públicos que não possuíam *apriorismos* institucionais e que, portanto, buscavam um modelo que oferecesse determinada certeza a seus processos de trabalho;
- grupos de funcionários especializados (como professores e médicos) transferidos pela administração geral do Estado, que possuíam um senso insti-

tucional muito concreto, associado a normas corporativas e à administração de esferas particulares da gestão pública (como centros educativos ou sanitários);

- grupos de funcionários transferidos da administração geral do Estado e das *diputaciones* provinciais que pertenciam aos corpos das administrações gerais e que, por suas funções de gestão, se comportaram conforme seus respectivos modelos organizacionais de origem nos quais haviam sido formados e socializados.

O desenho organizacional das administrações das comunidades autônomas foi desenvolvido fundamentalmente por funcionários altamente qualificados, procedentes da administração geral do Estado, isto é, por pessoal pertencente ao grupo de nível superior (bacharéis universitários) e ao corpo da administração geral (ao qual correspondem as funções de gestão interna). A interpretação desse processo a partir da perspectiva neo-institucionalista coloca a ênfase no marco cognitivo desses profissionais (Peters, 1999; March e Olsen, 1996; Lindenberg, 1998). Assim, esses grupos de funcionários públicos transferidos desenharam um modelo de organização a partir dos referenciais que tinham interiorizado e que consideravam legitimados e úteis em um contexto de incerteza. Dessa forma, tenderam a reproduzir os sistemas de trabalho, a cultura e as instituições próprias da administração geral do Estado.

A partir dessa perspectiva, tanto as alternativas a considerar como as estratégias que se julgam apropriadas vêm determinadas pelo conjunto de regras, processos, rotinas e símbolos que determinados grupos interiorizaram por meio dos processos de socialização que receberam em suas administrações de origem (Meyer e Scott, 1992; Lanzara, 1999). Na ausência de uma clara liderança transformadora ou uma clara pressão para introduzir mudanças substantivas, as dinâmicas de isomorfismo baseadas nesses delineamentos tendem a se impor, gerando modelos de idêntico arcabouço institucional.

Assim, apesar da prerrogativa de auto-organização de que dispunham as comunidades autônomas para criar sua própria estrutura orgânica, a segurança resultante de se recorrer a um referencial já avaliado e legitimado favoreceu o predomínio das dinâmicas de isomorfismo institucional. Quanto ao tipo de isomorfismo institucional (DiMaggio e Powell, 1991), os dados oferecidos apontam mais para um processo de isomorfismo mimético, combinado com um isomorfismo por pressão normativa, do que as dinâmicas de isomorfismo coercitivo. Em outros termos, o processo de reprodução do modelo estatal deveu-se mais à combinação de processos de imitação de um referencial e ao impacto de determinados grupos profissionais, do que à existência de pressões por parte da administração geral do Estado.

A configuração da função pública das administrações das comunidades autônomas

O primeiro passo para analisar a configuração dos contingentes de funcionários públicos das administrações autônomas é definir que grupos de pessoal se incluem sob esta denominação. Considerando a composição do emprego público na Espanha, na análise tratada foram incluídas as duas vinculações trabalhistas mais importantes, o pessoal com vinculação funcional — regido por uma legislação trabalhista específica do setor público — e o pessoal com vinculação trabalhista — regido pela legislação própria do direito privado (Baena del Alcázar, 2000; Álvarez Rico e González-Haba Guisado, 1992). Ainda que se tenha considerado verificar o volume total de pessoal das autonomias, os grupos sanitário e docente foram excluídos da análise da composição do emprego público das administrações das comunidades autônomas, tanto pelo fato de não aparecerem na totalidade das comunidades quando foram realizadas as análises (ano 2000) como por seus traços diferenciais no que se refere à gestão de pessoal (a maioria se rege por estatutos e normas trabalhistas próprias).

A primeira variável a considerar para caracterizar o emprego público das autonomias consiste no vínculo empregatício dos funcionários públicos das administrações das comunidades autônomas. Esse indicador torna-se especialmente relevante na medida em que os direitos e obrigações relativos a cada um desses grupos são diferentes e geram muitos problemas de gestão e administração aos departamentos de pessoal das comunidades autônomas (Ballart e Ramió, 1996).

A partir dos dados recolhidos para 14 das 17 comunidades autônomas, a distribuição média em percentagem entre os dois grandes vínculos trabalhistas é de 60% de funcionários públicos contra 40% de pessoal com vinculação trabalhista, com diferenças consideráveis entre as comunidades autônomas.

Tabela 3
Vínculos jurídicos dos empregados públicos das comunidades autônomas

Comunidades autônomas	Pessoal com vínculo funcional (%)	Pessoal com vínculo trabalhista (%)
Andaluzia	44	56
Astúrias	45	55
Baleares	61	39
Canárias	37	63
Castela La Mancha	58	42
Catalunha	68	32
Comunidade Valenciana	66	34
Estremadura	49	51
Galícia	68	32
La Rioja	69	31
Madri	27	73
Múrcia	80	20
Navarra	94	6
País Basco	77	23

Fonte: Elaboração própria.

As diferenças registradas não podem ser explicadas nem pelo volume de pessoal transferido nem pelo nível de competências das comunidades autônomas. Pelo contrário, a variável que parece despontar com maior potencial explicativo é a periodicidade na criação e desenvolvimento dos órgãos administrativos autônomos. Esse processo vem condicionado pela própria dimensão da comunidade autônoma no sentido de que uma administração de dimensões reduzidas tardará menos a se configurar completamente (ou em sua maior parte) do que outra de maiores dimensões, que demandará mais tempo para completar seu desdobramento administrativo.

Dessa forma, a variável temporal agrupa, de um lado, as comunidades autônomas que impulsionaram em primeiro lugar o processo de constituição de sua função pública (País Basco, Catalunha, Navarra, Galícia e Andaluzia) e, de outro, as administrações que o fizeram em um momento posterior ou receberam ampliações de competências de forma tardia, por meio do art. 150.2 da Constituição (Comunidade Valenciana, Canárias e Madri seriam os casos mais claros). Combinando as variáveis tempo (as administrações que se desenvolvem numa primeira fase e as que o fazem numa segunda fase) e tamanho (administrações pequenas, que podem completar sua configuração com maior rapidez, e administrações grandes, que requerem mais tempo para completar seu desdobramento), surge a classificação apresentada no quadro 4.

Tabela 4
Ordem das comunidades autônomas analisadas, em função do momento de desenho de sua administração e do tamanho

Ordem	Administração autônoma	Ordem	Administração autônoma
1	Navarra	8	Catalunha
2	País Basco	9	Andaluzia
3	La Rioja	10	Estremadura
4	Múrcia	11	Castela La Mancha
5	Baleares	12	Canárias
6	Astúrias	13	Comunidade Valenciana
7	Galícia	14	Madri

Fonte: Elaboração própria.

Como conseqüência dessa ordem, a variável explicativa mais relevante consiste no impacto que possuem as fases de incorporação dos contingentes mais importantes de pessoal. De acordo com o modelo de contratação vigente, em cada fase se configuram distintos modelos de função pública que tendem a estender sua influência no tempo, seguindo dinâmicas de *path dependence* a partir dos rendimentos crescentes associados a sua composição inicial (Pierson, 2000; Mahoney, 2000). Os custos de alterar o modelo desenvolvido na fase inicial facilitam a manutenção do arcabouço institucional vigente, a menos que pressões externas obriguem a um novo delineamento em maior profundidade (Levi, 1997; Thelen, 1999).

Considerando as fases referidas anteriormente (e que atingiam até a observação realizada no ano 2000), podemos identificar distintas tendências nas políticas de contratação de pessoal.

- *Período de criação, fundação e institucionalização (1980-87)*: caracteriza-se pelo interesse das administrações públicas em criar sua própria função pública e corresponde a um momento de "funcionarização"[4] — as comunida-

[4] O termo *funcionarização* refere-se à contratação de pessoal pela administração pública em regime jurídico regido pelas normas trabalhistas próprias do setor público, caracterizando vínculo funcional com o Estado. (N. do T.)

des autônomas que chegam à autonomia pela via do art. 151 da Constituição ou pela via especial (Navarra) contratam um elevado número de funcionários. As comunidades pequenas (Navarra, País Basco) quase finalizam nessa fase o processo de pessoal, enquanto as comunidades de maiores dimensões prolongam seu processo de contratação até o período seguinte. As comunidades autônomas que chegam mais tarde pela via do art. 143 da Constituição (ou 144, como é o caso de Madri) contratam somente uma parte de seu pessoal nesse período.

- *Período de consolidação e expansão (1988-92)*: momento de crise no sistema de contratação de funcionários devido ao qual as administrações autônomas temem pela suposta falta de flexibilidade do estatuto dos servidores públicos e iniciam uma tendência a *laboralizar*[5] as novas entradas de pessoal. Isso afeta as comunidades históricas de grandes dimensões (como Andaluzia e Catalunha), que congelam os concursos para funcionários públicos e optam por contratos trabalhistas. Também afeta as comunidades autônomas mais tardias cujo desenvolvimento mais importante acontece nesse período (Madri) ou as que vêem ampliadas consideravelmente suas competências (Comunidade Valenciana e Canárias).
- *Final de ciclo (1993-96)*: o modelo de *laboralização* entra também em crise, já que não se percebem com clareza suas vantagens e são expostos publicamente os inconvenientes de se possuir dois grupos de pessoal com diferentes direitos e obrigações. A essa circunstância há que se adicionar algumas sentenças dos tribunais e uma nova legislação que põe em questão a utilização maciça dessa modalidade de contratação. É um momento de confusão onde se regressa, sem muita convicção, a uma certa *funcionarização* dos empregados públicos. No entanto, o impacto real desse período é muito limitado, uma vez que as contratações de pessoal mais importantes já haviam ocorrido nos períodos anteriores.
- *Revisão parcial do modelo (1997-2000)*: novos processos de incorporação de pessoal, de alcance limitado, que optam pelo vínculo funcional por meio da

[5] De acordo com o exposto pelos autores, o termo *laboralizar* refere-se à contratação de pessoal pela administração pública mediante regime jurídico regido por legislação própria do direito privado, ou seja, não se insere no conjunto de pessoal com vínculo funcional tipicamente estatal, regido por normas específicas do setor público. (N. do T.)

realização de concursos, com certa pressão por parte do pessoal temporário que se incorporou à organização em etapas anteriores. Manutenção dos sistemas clássicos de seleção, com ligeiras modificações, como a inclusão de temas de gestão pública nos programas de concursos.

A tabela 5 relaciona a ordem das administrações autônomas segundo seu tamanho e o período de criação, com a percentagem que representa o quadro funcional sobre o total de seus empregados públicos. Os resultados obtidos apóiam o argumento de que quanto mais rápido se formou a administração autônoma (por data de início e por tamanho), maior é o nível de *funcionarização*, em termos gerais. Do mesmo modo, confirma-se a tendência inversa: quanto mais demorado o processo de institucionalização (por data de início e por tamanho), mais elevado é o índice de *laboralização*. Aparecem, entretanto, três comunidades autônomas que não seguem a hipótese estabelecida: Astúrias, Castela La Mancha e Comunidade Valenciana.

Tabela 5

Relação entre ordem das administrações autônomas analisadas segundo data de início e tamanho e segundo a percentagem de pessoal com vínculo funcional*

Ordem	Administração autônoma	Vínculo funcional (%)	Ordem	Administração autônoma	Vínculo funcional (%)
1	Navarra	94,5	8	Catalunha	67,6
2	País Basco	77,3	9	Andaluzia	43,6
3	La Rioja	68,6	10	Estremadura	48,7
4	Múrcia	79,9	11	Castela La Mancha	**58,1**
5	Baleares	60,9	12	Canárias	37,2
6	Astúrias	**44,6**	13	Comun. Valenciana	**65,8**
7	Galícia	67,8	14	Madri	26,9

Fonte: Elaboração própria.
* Os dados em **negrito** não seguem as hipóteses estabelecidas.

Recuperando as fases de desenvolvimento das comunidades autônomas, cabe apontar que esses dados de composição do emprego das autonomias têm sofrido variações significativas a partir da combinação de dois fatores. Em primeiro lugar, como resultado de diversas normas estatais e, especialmente, a partir de diversas sentenças do Tribunal Constitucional em favor do vínculo funcional, tiveram início os denominados processos de funcionarização de pessoal. Com esses processos, são habilitados sistemas seletivos internos para facilitar a mudança de vinculação trabalhista para vinculação funcional. Em segundo lugar, a transferência efetiva de novas competências (saúde e educação, na totalidade das comunidades autônomas, e outras como justiça) intensivas em pessoal tem produzido modificações na composição do quadro de empregados públicos das autonomias.

Essas variações não ocultam, entretanto, uma trajetória prévia que tende a se reproduzir no âmbito informal, na forma de *decoupling* (Meyer e Rowan, 1991), e que permite ajustar-se aos requerimentos formais sem alterar, de forma significativa, as instituições vigentes. A alteração dos vínculos empregatícios combina-se com um peso maior das organizações sindicais que marcam o tipo de gestão de pessoal desenvolvido. Em todo caso, o peso das instituições vai além das imagens oferecidas por certos indicadores externos e tem muito a ver com o *path* (Mahoney, 2000; Levi, 1997) estabelecido nas etapas iniciais de configuração da administração autônoma.

Conclusões

Nos processos de descentralização do Estado em países com baixa institucionalidade (como os da área latino-americana ou os da Europa do Leste), presta-se relativamente pouca atenção à configuração dos sistemas administrativos dos entes subnacionais (Ramió e Salvador, 2004). A concretização desses processos depende em boa medida tanto de fatores externos, como o momento sociopolítico em que ocorre ou o próprio alcance da descentralização (Jordana, 2002 e 2001), quanto de fatores internos vinculados à própria tradição administrativa (Pollit e Bouckaert, 2000), além da sistemática por meio da qual se concretiza a criação das novas administrações.

A análise do processo de descentralização política na Espanha mostra como as comunidades autônomas não têm feito muito uso de sua capacidade de autogoverno para configurar um modelo organizacional próprio e diferenciado.

Essa aparente falta de interesse em se proporcionar uma organização diferenciada e conforme às competências a assumir e às novas demandas da sociedade pode ser explicada mediante a convergência de distintas circunstâncias. Foi relevante o papel de determinados quadros de empregados públicos transferidos da administração geral do Estado, que ocuparam as posições estratégicas para configurar as novas administrações autônomas e tenderam a reproduzir o modelo de origem. A rápida implantação do Estado autônomo supunha certa improvisação em matéria organizacional, uma vez que as comunidades autônomas prestavam mais atenção à recepção de novas competências do que refletiam sobre como geri-las de um modo diferente daquele praticado pela administração geral do Estado. O papel da rede de atores vinculados ao âmbito da gestão pública e o contexto inicial de instabilidade facilitaram o predomínio de dinâmicas de isomorfismo institucional com base no aproveitamento das instituições existentes, em detrimento de dinâmicas de aprendizagem fundamentadas na exploração de instituições alternativas para a gestão de estruturas e recursos humanos.

As variáveis relacionadas ao processo de transição política, de que forma se transferem recursos e pessoal para criar as novas administrações regionais, que prioridade política se outorga ao âmbito da gestão pública e os referenciais considerados para gerar novas respostas para um novo contexto, explicam a maior parte da configuração atual das administrações das comunidades autônomas. A partir dessa análise, assinala-se que, no processo de criação e desenvolvimento das comunidades autônomas, não se proporcionou pelo menos a oportunidade de mudar e inovar em relação ao modelo de administração pública vigente.

Bibliografia

ÁLVAREZ RICO, M.; GONZÁLEZ-HABA GUISADO, V. *Administración y función pública en España*. Madrid: Libertarias, 1992.

BAENA DEL ALCÁZAR, M. *Curso de ciencia de la administración*. 4. ed. Madrid: Tecnos, 2000.

BALLART, X.; RAMIÓ, C. Indicadores para el control de la gestión de personal. *Gestión y Análisis de Políticas Públicas*, v. 5, n. 6, p. 101-111, 1996.

BALLESTEROS, A. La función pública de las comunidades autónomas. In: MARTÍN RETORTILLO, S. *Pasado, presente y futuro de las comunidades autónomas*. Madrid: Instituto de Estudios Económicos, 1989.

CASTELLS ARTECHE, J. M. *Proceso de construcción y desarrollo de la función pública autónoma*. Madrid: Instituto Nacional de Administración Pública, 1987.

COLLIER, R. B.; COLLIER, D. *Shaping the political arena*: critical junctures, the labour movement and regime dynamics in Latin America. Notre Dame, Indiana: University of Notre Dame, 2002.

COLOMER, J. The Spanish "state of autonomies": non-institutional federalism. *West European Politics*, v. 21, n. 4, p. 40-52, 1998.

DiMAGGIO, P.; POWELL, W. *The new institutionalism in organizational analysis*. Chicago: Chicago University Press, 1991.

ECHEVARRÍA, K. *La paradoja de la reforma administrativa de las comunidades autónomas*. Barcelona: Instituto de Dirección y Gestión Pública de Esade. 1995. (Papers Esade, 135).

JORDANA, J. *Relaciones intergubernamentales y descentralización en América Latina*: una perspectiva institucional. Washington: Banco Interamericano de Desarrollo, 2001. 149 p. (Documento de trabajo, Indes I-22UE).

______. *Relaciones intergubernamentales y descentralización en América Latina*: los casos de Argentina y Bolivia. Washington: Banco Interamericano de Desarrollo, 2002. 89 p. (Documento de trabajo, Indes I-38UE).

KEATING, M. *The new regionalism in Western Europe*: territorial restructuring and political change. Northampton: Edward Elgar, 1998.

KRASNER, S. Approaches to the state: alternative conceptions and historical dynamics. *Comparative Politics*, v. 16, p. 123-145, 1984.

LANZARA, G. F. Por que es tan difícil construir las instituciones. *Desarrollo Económico*, v. 38, n. 152, p. 925-953, 1999.

LEVI, M. A model, a method, and a map: rational choice in comparative and historical analysis. In: LICHBACH, M. I.; ZUCKERMAN, A. S. *Comparative politics*: rationality, culture, and structure. Cambridge: Cambridge University Press, 1997.

LEVITT, B.; MARCH, J. G. Chester A. Barnard and the intelligence of learning. In: WILLIAMSON, O. *Organisational theory*: from Chester Barnard to the present and beyond. New York: Oxford University Press, 1990. p. 11-55.

LINDENBERG, S. The cognitive turn in institutional analysis: beyond NIE and NIS? *Journal of Institutional and Theoretical Economics*, v. 154, n. 4, p. 174-186, 1998.

MAHONEY, J. Path dependence in historical sociology. *Theory and Society*, v. 29, n. 4, p. 507-548, 2000.

MARCH, J. G.; OLSEN, J. P. *Rediscovering institutions*. New York: Free Press, 1989.

______; ______. Institutional perspectives on political institutions. *Governance*, n. 9, 1996.

MEYER, J. W.; ROWAN, B. Institutionalized organizations: formal structure as a myth and ceremony. In: DIMAGGIO, P.; POWELL, W. *The new institutionalism in organizational analysis*. Chicago: Chicago University Press, 1991. p. 41-63.

______; SCOTT, W. Richard. *Organizational environments*: ritual and rationality. London: Sage, 1992.

MORATA, F. Institucionalización y rendimiento político del estado autonómico. *Revista de Estudios Políticos*, n. 76, 1992.

PETERS, B. G. *Institutional theory in political science*: the “new institutionalism”. London: Painter, 1999.

PIERSON, P. *Dismantling the welfare state?* Reagan, Thatcher and the politics of retrenchment. Cambridge: Cambridge University Press, 1996.

______. Increasing returns, path dependence, and the study of politics. *American Political Science Review*, v. 94, n. 2, p. 179-194, 2000.

POLLIT, Christopher; BOUCKAERT, Geert. *Public management reform*: a comparative analysis. Oxford: Oxford University Press, 2000.

RAMIÓ, C. *Conceptos y metodología para la evaluación de los procesos de descentralización político-administrativa*: la evaluación del rendimiento institucional de las comunidades autónomas de España. In: CONGRESO INTERNACIONAL DEL CLAD SOBRE REFORMA DEL ESTADO Y DE LA ADMINISTRACIÓN PÚBLICA, 6., 2001, Buenos Aires. *Anales*...

______; SALVADOR, M. La configuración de las administraciones de las comunidades autónomas: entre la inercia y la innovación institucional. In: SUBIRATS, J.; GALLEGO,

R. *Veinte años de autonomías en España*: leyes, políticas públicas, instituciones y opinión pública. Madrid: CIS, 2002.

______; ______. Administrative reforms in a globalized world: human resource management in Latin America's public administration. In: LEVI-FAUR, D.; VIGODA, E. (Eds.). *International public policy and management policy*: learning beyond regional, cultural, and political boundaries. New York: Marcel Dekker, 2004.

______; SUBIRATS, J. Los aparatos administrativos de las comunidades autónomas (1980-1995): entre el mimetismo y la diferenciación. *Revista Vasca de Administración Pública*, n. 45, 1996.

SCOTT, W. R. *Institutions and organizations*. Thousand Oaks: Sage, 1995.

SUBIRATS, J.; GALLEGO, R. *Veinte años de autonomías en España*: leyes, políticas públicas, instituciones y opinión pública. Madrid: CIS, 2002.

THELEN, K. Historical institutionalism in comparative politics. *Annual Review of Political Science*, v. 2, 1999.

TOLBERT, Pamela S.; ZUCKER, Lynne G. The institutionalization of institutional theory. In: CLEGG, Steward R.; HARDY, Cynthia; NORD, Walter R. (Eds.). *Handbook of organization studies*. London: Sage, 1996. p. 179-192.

TSEBELIS, G. *Veto players*: how political institutions work. Princeton, NJ: Princeton University Press, 2002.

VILLORIA, M. El papel de la burocracia en la transición y consolidación de la democracia española: primera aproximación. *Revista Española de Ciencia Política,* v. 1, n. 1, p. 97-127, 1999.

WEAVER, R. K.; ROCKMAN, B. A. (Eds.). *Do institutions matter?* Government capabilities in the United States and abroad. Washington: Brookings Institution, 1993.

7

DEMOCRACIA, DESCENTRALIZAÇÃO E PLURALISMO CULTURAL: O CASO DO "ESTADO DAS AUTONOMIAS" ESPANHOLAS

*Ferran Requejo**

As instituições políticas costumam perseguir uma série de objetivos que refletem distintos valores e que, na prática, resultam muitas vezes contraditórios. Assim, por exemplo, uma descentralização política baseada em objetivos funcionais de eficiência propõe desafios diferentes dos de uma descentralização política concebida para facilitar a participação dos cidadãos, e ambos os tipos diferem, por sua vez, de uma descentralização estabelecida com o fim de obter uma acomodação política entre coletividades culturais diferenciadas. Neste estudo, oferecem-se elementos para a análise dos Estados descentralizados em contextos de pluralismo cultural. Na primeira seção, de conteúdo teórico e formativo, discute-se a revisão de alguns valores das democracias liberais em sociedades culturalmente diversificadas, a partir do debate dos últimos anos sobre o liberalismo político em contextos de pluralismo cultural. A segunda

* Catedrático de ciência política na Universidad Pompeu Fabra (Barcelona), onde dirigiu o programa de Doutorado em Ciências Políticas e Sociais, pelo Grup de Recerca en Teoria Política (GRTP). Seus principais campos de investigação são as teorias de democracia, o liberalismo político, a socialdemocracia e o federalismo em contextos plurinacionais.

seção sintetiza os principais modelos de organização territorial nas democracias, enfatizando os diferentes modelos de caráter federal e alguns elementos de êxito de experiências de descentralização oferecidos pela política comparada. Finalmente, a terceira seção analisa o caso espanhol do "Estado das autonomias" e seu desenvolvimento nos últimos 25 anos, a partir dos elementos introduzidos nas primeiras seções. O capítulo conclui com algumas reflexões críticas em torno de dois de seus objetivos: a descentralização do Estado e a acomodação de seu pluralismo interno.

A revisão do liberalismo democrático em sociedades culturalmente diversificadas

Nos últimos 15 anos, os termos do debate sobre os direitos e as regras democráticas em contextos de pluralismo cultural têm variado substancialmente. Assim, uma pergunta geral (por exemplo: pode o federalismo, ou, em sentido amplo, a descentralização, vir a ser uma via justa e estável de acomodação política para sociedades culturalmente diversificadas?) recebe, na atualidade, respostas bem mais complexas e variadas do que as que costumavam oferecer, há poucos anos, o liberalismo e mesmo a tradição federal. Tal debate vem contribuindo para se alcançarem duas coisas:

- entender melhor os *limites culturais* da tradição política liberal-democrática, tanto na teoria normativa quanto, sobretudo, na prática institucional e nos processos decisórios das democracias;
- contribuir para uma "melhor realização" ética e funcional dos valores do liberalismo democrático — liberdade, igualdade, justiça e pluralismo —, que se situe além dos vieses culturais introduzidos na prática do constitucionalismo durante os últimos dois séculos.

Esses dois aspectos corrigem a tendência da tradição liberal-democrática de tratar as diferenças culturais internas aos Estados, sobretudo as de caráter territorial — minorias nacionais, coletividades indígenas —, em termos de desvios particularistas em relação a um pretendido "interesse comum" a todos os cidadãos de um Estado. No âmbito empírico, as minorias culturais têm sido pouco ou nada reconhecidas nos sistemas democráticos, devido a suas características específicas. Esse aspecto tem começado a mudar nos últimos anos.

Hoje sabemos que, de fato, as democracias têm sido construídas e concebidas fundamentalmente a partir dos Estados. Isto é, as teorias da democracia moderna têm sido, preferencialmente, *teorias do Estado* democrático. Trata-se de teorias que habitualmente se têm baseado em toda uma série de perguntas, conceitos e valores que arrastam pressupostos estatistas de caráter cultural — pressupostos esses que hoje são questionados tanto por parte da teoria liberal-democrática quanto por diversos movimentos práticos.[1] Assim, hoje, já há o reconhecimento por parte da maioria dos autores liberais de que todas as democracias têm defendido, e continuam defendendo na prática, particularismos de caráter cultural (lingüísticos, de reconstrução da própria história, de costumes e festas "nacionais" etc.) que se encontram além da anteriormente proclamada "neutralidade" liberal do Estado em matéria cultural.

Em termos gerais, pode-se dizer que o que o pluralismo cultural tem posto sobre a mesa do debate democrático consiste em uma nova "agenda" de temas que já não podem ser reduzidos à linguagem dos direitos individuais e da interpretação da liberdade, da igualdade, da dignidade, da justiça e do pluralismo estabelecida pelo liberalismo político e constitucionalismo tradicionais. Em relação a determinadas questões culturais referentes ao pluralismo de grupos culturais, muitas vezes o que parece cada vez mais insustentável não é o que o liberalismo democrático diz, mas o que faz e não diz, tomando como supostos uma série de pressupostos teóricos e de práticas que recorrem ao processo *nation-building* estatal, e que impregnam os símbolos, a língua, as instituições, os processos políticos de decisão coletiva, a divisão territorial de poderes etc., a partir das premissas culturais dos grupos hegemônicos desse Estado. Assim, em sociedades culturalmente diversificadas, o conceito de igualdade, por exemplo, torna-se muito mais complexo do que em sociedades homogêneas. Igualdade não se contrapõe conceitualmente apenas a *desigualdade*, mas também a *diferença*.

Em claro contraste com as versões clássicas que têm defendido um *laissez-faire* em questões culturais, a experiência indica que o Estado não foi, não é

[1] Uma tipologia dos diferentes tipos de diferentes movimentos de pluralismo cultural, a partir de cinco critérios discriminadores, pode ser encontrada em Requejo (2005, cap. 3). Ver, também, Maíz e Requejo (2005), Gagnon e Tully (2001), Parekh (2000), Kymlicka e Norman (2000).

nem pode ser "neutro" em relação a tais questões. Às vezes, o resultado prático do desenvolvimento de boa parte das democracias liberais tem sido o nivelamento e a marginalização de suas minorias culturais internas de caráter territorial, em nome de interpretações pretensamente "universalistas" da igualdade de cidadania, da "soberania popular" e da "não-discriminação". Trata-se, porém, de versões que, na prática, têm atuado de forma muito parcial em favor das características *particulares* dos grupos culturalmente hegemônicos ou majoritários do Estado (que nem sempre coincidem com os grupos hegemônicos no âmbito socioeconômico, ou que inclusive nem sempre são os grupos majoritários em termos demográficos).

Clamar por uma interpretação mais intercultural da normativa democrática não significa promover uma eqüidistância multicultural ou um relativismo moral, mas preconizar uma otimização mais justa entre os distintos "pólos" de caráter legitimador que convivem nas democracias empíricas.[2] Tão necessário é estabelecer quais particularismos e quais parcialidades aplicativas são ou não são legítimos a partir de algumas premissas liberais e democráticas sensíveis a um reconhecimento público da pluralidade cultural, como estabelecer os particularismos que se encontram ocultos ou assumidos acriticamente por detrás do véu supostamente universalista e imparcial que impregna os discursos legitimadores das instituições nacionais ocidentais. Hoje sabemos que as questões de "justiça cultural" são conceitual e empiricamente irredutíveis aos parâmetros mais clássicos da "justiça social". Considerações desse tipo conduzem ao rompimento entre, de um lado, as versões do liberalismo político tradicional, centrado nos direitos individuais e na tolerância passiva do pluralismo cultural interno do Estado na esfera privada (caracterizado habitualmente como *liberalismo 1*), e, de outro lado, um liberalismo político revisado nos termos sugeridos pelo pluralismo cultural e nacional, mais crítico que o anterior em relação à regulação constitucional dos pressupostos culturais implícitos nos sistemas políticos — que são sempre de caráter particular — e mais favorável à regulação de algumas garantias constitucionais ex-

[2] Sintetizei em nove pólos normativos o pluralismo moral, não sintetizável, das democracias liberais atuais. Ver Requejo (2005, cap. 1).

plícitas que propiciem a acomodação e a proteção, na esfera pública, do pluralismo cultural interno do Estado (*liberalismo* 2).[3]

Assim, o debate do liberalismo político sobre questões de pluralismo cultural tem incentivado uma "melhora" dos mesmos valores do liberalismo democrático, realçando seu caráter emancipador, ao combater a tendência de muitas sociedades a pensar que existe uma única maneira de ser racional ou de ser moral, ou no momento de estabelecer o que é politicamente mais conveniente para uma coletividade que já não pode ser encarada em termos uniformes. Isso leva à conveniência de prestar maior atenção aos componentes culturais da individualidade, entre outros os de caráter nacional e os associados às coletividades indígenas, que têm sido notoriamente desassistidos pelo liberalismo democrático tradicional. Um refinamento normativo e institucional das democracias liberais em sociedades culturalmente diversificadas significa assumir o pluralismo cultural como um valor a proteger, e não apenas como algo que se deva simplesmente conduzir da forma menos traumática possível. A política do reconhecimento das minorias culturais e dos direitos coletivos ao autogoverno são dois dos âmbitos mais importantes realçados pelo debate atual. E ambos incidem na disputa sobre questões territoriais — no federalismo e nos processos de descentralização política.

No caso de sociedades culturalmente diversificadas, a perspectiva do liberalismo 1 de filtrar aqueles particularismos culturais que resultam incompatíveis com o universalismo de "lealdade à humanidade" (Rorty, 1997) deverá completar-se com a perspectiva do liberalismo 2, com o propósito de "desparticularizar" os vieses não eqüitativos nos pressupostos estatistas que os grupos culturais hegemônicos têm imposto a todos os cidadãos de um Estado particular, sob uma concepção homogeneizadora da cidadania democrática. Nesse sentido, os Estados plurinacionais, por exemplo, mostram algumas formas de identidade nacional de caráter plural que se encontram relacionadas com a dignidade e com a auto-estima dos indivíduos que se identificam como membros das minorias nacionais. Diferentemente do que ocorre em Estados uninacionais, torna-se praticamente impossível que a legitimação democrática

[3] Caracterização estabelecida por Ch. Taylor e M. Walzer em princípios dos anos 1990. Ver Taylor (1992).

possa realizar-se plenamente a partir, simplesmente, da combinação habitual entre a linguagem universalista tradicional e a linguagem do nacionalismo estatal particular, característicos do liberalismo clássico. A autonomia moral, segundo o liberalismo 2, não pode resultar alheia à auto-identidade individual empírica. E, nesta última, os componentes nacionais e culturais próprios desempenham um papel decisivo. Dessa maneira, em estados plurinacionais, a regulação constitucional dos direitos individuais e dos direitos coletivos ao autogoverno consistem em uma exigência da mesma normatividade liberal-democrática. Tudo isso tem repercussões institucionais no âmbito da descentralização e do federalismo.

Descentralização e federalismo: os diferentes tipos de acordos federais

O federalismo é uma referência obrigatória para os processos de descentralização, ainda que não esgote as possibilidades normativas e institucionais destes últimos. Em termos gerais, o federalismo é um princípio de organização do poder político que busca conservar as vantagens da unidade e da diversidade, a partir da articulação entre as esferas de governo que combinam o "autogoverno" de algumas entidades com um "governo compartilhado". Isso se estabelece por meio de um pacto ou acordo, seja de caráter explícito ou implícito, entre diferentes coletividades — o termo federal deriva da palavra latina *foedus*, que significa pacto. Desse modo, o federalismo se associa a uma concepção policêntrica do poder político. Através de um acordo normativo de caráter plural e estabelecido em pé de igualdade formal entre uma série de unidades que são geralmente de caráter territorial, as partes mantêm sua identidade ao mesmo tempo em que criam uma entidade geral, dotada também de sua própria identidade, para o desempenho de valores, funções e objetivos coletivos. O estabelecimento desse acordo, que em princípio pode ser permanente, implica regular um conjunto de direitos individuais e coletivos, de instituições, de divisão territorial do poder, e de algumas regras para a tomada de decisões coletivas.

Na época contemporânea, somente após o êxito da federação dos "Estados Unidos" (1787) — constituída depois de uma guerra que presumia um processo de secessão — a forma federal se estenderá aos cinco continentes, especialmente durante o século XX. Enquanto no século XIX somente uns poucos Estados eram federais (EUA, Suíça, Canadá, Alemanha e alguns Estados latino-americanos), na atualidade aproximadamente 40% da população mundial vivem sob sistemas federais ou quase federais.

O federalismo tornou-se um princípio particularmente bem-sucedido quando combinado com a democracia liberal. No entanto, sua história também inclui alguns fracassos, além dos casos citados habitualmente de alguns Estados socialistas, como a União Soviética ou a antiga Iugoslávia. Assim, na África, por exemplo, ao lado de experiências bem-sucedidas como a África do Sul, encontramos outras falidas (Senegâmbia) ou que apresentam problemas de consolidação (Nigéria, Comores), ao lado de casos recentes que ainda não permitem uma avaliação temporal (Etiópia). No continente americano, o federalismo apresenta casos muito diferenciados, desde federações descentralizadas (EUA, Canadá) e centralizadas (México), a outras que apresentam variações internas (Argentina, Brasil) e, finalmente, outras nas quais a lógica federal permaneceu na prática muito diluída (Venezuela). Na Ásia, os casos mais destacados são os da Índia, Malásia e Paquistão — este último muito centralizado e quase sem efeitos federais —, enquanto na Oceania se destacam os casos da Austrália e dos estados federados da Micronésia.

A partir do ponto de vista de seu funcionamento, as estruturas e os processos federais e de descentralização interagem na prática com toda uma outra série de aspectos da vida política. Isso adquire uma relevância especial quando o federalismo ou a descentralização se articula, como afirmamos, com a democracia liberal. Entre tais aspectos, que às vezes reúnem demandas parcialmente contraditórias que os modelos territoriais devem cobrir e que interagem com tais modelos, cabe destacar os seguintes:

- o grau de desenvolvimento econômico;
- o caráter uninacional ou plurinacional das sociedades federais (existência ou não de pluralismo nacional);
- a forma de governo parlamentar ou presidencialista;
- os sistemas eleitorais e os sistemas partidários;
- o caráter simétrico ou assimétrico da Federação;
- a existência de pluralismo cultural (étnico, religioso, lingüístico);
- o grau de descentralização (ou de não-centralização);

- a interação com os processos de globalização e a emergência de organizações supranacionais (União Européia, Mercosul etc.);
- o tipo de relações intergovernamentais (competitivas/cooperativas, formais/informais, de confiança/desconfiança);
- as relações econômicas e fiscais (estabelecimento de condições de vida "homogêneas" — Alemanha —, ou "básicas" mas não iguais — Suíça). A análise das implicações normativas — políticas e morais — e da interação entre estes aspectos conforma a teoria política e a política comparada do federalismo atual.

Ainda que as diversas teorias políticas tenham interpretado o federalismo e a descentralização de forma distinta — concebendo-o em algumas vezes como uma finalidade em si mesmo, e em outras como um meio para alcançar outras finalidades como a paz, a limitação do poder político, ou a eficiência geral do sistema, ou seja, priorizando a união entre as unidades federadas e o autogoverno destas últimas —, na atualidade, a maioria dos analistas coincide na conveniência de distinguir entre o *federalismo*, enquanto princípio normativo geral, os diversos tipos de *acordos federais* que se têm apresentado na política comparada, e as *Federações* ou Estados federais estritos. O grupo dos acordos federais é bem mais amplo que o das Federações. Assim, entre os diversos tipos de acordos federais da política comparada atual, tomados em sentido amplo, destacam-se os apresentados a seguir.[4]

As federações. Ainda que não exista uma lista "universal" de características institucionais que se repitam em todas as federações, na atualidade se costuma admitir que estas compreendem cinco características gerais: um duplo nível de governo, no qual cada nível dispõe de poderes legislativos, executivos, judiciais e fiscais (diferentemente dos estados regionais, o território da Federação equivale aqui à soma dos territórios das unidades federadas); a existência de procedimentos de participação das partes federadas no nível federal (por exemplo, através de uma segunda Câmara territorial e/ou de relações intergovernamentais); um árbitro institucional que resolva os conflitos (geralmente, um tribunal supremo ou constitucional); a reforma constitucional re-

[4] Neste item, sigo basicamente os estudos de Elazar (1994 e 1987) e Watts (1999). Ver também Griffiths e Neremberg (2002 e 2005).

quer o consentimento tanto das instituições da Federação quanto da maioria das entidades federadas; a existência de alguns procedimentos de coordenação e cooperação entre o nível federal e as entidades federadas (competências compartilhadas). Tanto a Federação como as unidades federadas exercem seus poderes legislativos, executivos, judiciais e fiscais diretamente sobre os cidadãos, cada uma em seu âmbito de competências. De acordo com as relações entre o poder federal e as distintas unidades federadas, as federações serão simétricas ou assimétricas.

- Nas *federações simétricas*, a simetria consiste em as relações entre as unidades federadas e a Federação serem similares em todos os casos, com independência das características sociais, demográficas ou culturais daquelas unidades. Estados Unidos e Austrália são exemplos de federações com um elevado grau de simetria.
- Nas *federações assimétricas*, as relações entre as unidades federadas e o poder central não são homogêneas. A Constituição Federal estabelece diferentes relações para algumas daquelas unidades, que se refletem em diversos níveis de competência, em aspectos do arcabouço institucional, na política fiscal etc. Os motivos que induzem a uma regulação de assimetrias legais e constitucionais são diversos, porém todos estão baseados nas *assimetrias de fato* existentes entre as distintas unidades federadas (diferenças culturais, geográficas, históricas etc.). A Bélgica consiste em um exemplo recente de Federação assimétrica (1993). É importante compreender que a assimetria não conduz necessariamente a um elevado grau de autogoverno por parte das unidades federadas assimétricas (Malásia). E, vice-versa, a simetria é compatível com entidades subnacionais com uma grande capacidade de decisão e autogoverno (EUA). Finalmente, o par simetria-assimetria também deve distinguir-se do caráter uninacional ou plurinacional de uma federação. Alemanha e Austrália são federações basicamente uninacionais (ainda que a última com um contingente de população aborígine), enquanto Canadá e Bélgica são federações plurinacionais. As federações plurinacionais costumam conservar algum grau de assimetria entre os territórios federados.[5]

[5] Ver Stepan (1999).

As *FEDERACIES* E OS ESTADOS ASSOCIADOS. As primeiras consistem num acordo federal estabelecido entre uma unidade maior e outra ou outras unidades muito menores (geralmente ilhas), segundo o qual estas últimas retêm um grau muito elevado de autogoverno ao mesmo tempo que exercem um papel mínimo nas decisões da unidade maior. Tal acordo não pode ser rompido unilateralmente pelos elementos da unidade, mas somente por meio de um ajuste de ambas as partes. As ilhas Faroe em relação à Dinamarca constituem um exemplo de *federacy*. Os Estados associados são semelhantes às *federacies*, porém, neste caso, o acordo pode ser rescindido de forma unilateral por algumas das unidades, segundo normas preestabelecidas. É o caso, por exemplo, das ilhas Cook em relação à Nova Zelândia.

AS CONFEDERAÇÕES. Historicamente, consistem em acordos entre diferentes Estados com a finalidade de estabelecer ou desenvolver objetivos específicos de maneira comum (basicamente defesa, política exterior e/ou economia). O "governo" surgido de tais acordos depende dos Estados da confederação. Trata-se, por assim dizer, de um governo de "delegados" das unidades confederadas, as quais sempre poderão dar o acordo por finalizado. Os exemplos tradicionais de confederações históricas consistem nos casos da Suíça (entre 1291 e 1798, e entre 1815 e 1848), dos Países Baixos (entre 1579 e 1795), dos acordos entre as ex-colônias britânicas na América (entre 1781 e 1789), ou entre os Estados alemães (entre 1815 e 1866). Todos esses casos, exceto o dos Paises Baixos, deram lugar, posteriormente, a federações. Outros exemplos mais atuais de confederações consistem na Comunidade do Caribe, na Comunidade dos Estados Independentes, ou em alguns aspectos da própria União Européia. Diferentemente das federações estritas, as instituições confederativas são de caráter intergovernamental, não sendo responsáveis perante os cidadãos de forma direta, mas através das instituições de seus Estados respectivos. Outra diferença reside na inexistência de uma "constituição" comum dos Estados confederados. O acordo entre estes dá lugar a um tratado que não supõe a criação de uma nova entidade estatal (nacional), e que tampouco questiona a capacidade de decisão última dos Estados.

Existem casos empíricos de combinação de elementos de diferentes tipos de acordos federais (por exemplo, a União Européia), que apresentam elementos confederativos, federais simétricos (política agrária comum) e federais assimétricos (moeda). Por outro lado, além dos quatro tipos básicos, existem outros tipos de acordos federais que se distanciam, no entanto, do federalismo estrito.

Os Estados regionais. Trata-se de Estados nos quais se estabelece duplo nível de governo por meio de um processo de descentralização política, garantido pela própria constituição do Estado. De forma diferente das várias federações históricas (EUA, Suíça, Alemanha etc.), cujo duplo nível de governo está vinculado a um processo de centralização a partir de unidades prévias e independentes, neste caso o que existe previamente é um centro único de decisão política que se descentraliza a partir de um momento determinado. Essa transferência "devolutiva" de competências políticas, costuma ser, na prática, estabelecida somente para algumas regiões do Estado (Reino Unido). De outro lado, o poder judicial, as regulações econômicas e as finanças costumam permanecer nas instituições do poder central, enquanto no processo de reforma constitucional o papel das instituições "regionais" resulta marginal, ou mesmo inexistente. A Itália, depois da II Guerra Mundial, constitui um caso prototípico de Estado regional.

As ligas. Trata-se de acordos entre diferentes Estados para a realização de objetivos específicos, porém, diferentemente das confederações, não estabelecem qualquer "governo" comum, a não ser um secretariado do qual os Estados também podem desvincular-se a qualquer momento. São exemplos a Liga Árabe, Asean, Otan, Conselho Nórdico etc.

Os condomínios. Nestes, determinados territórios encontram-se sob o governo conjunto de outros Estados, ainda que existem mecanismos de autogoverno em algumas questões internas (Andorra até 1993).

As uniões. Trata-se de Estados nos quais as unidades constituintes mantêm-se por meio de órgãos comuns das instituições gerais. É o caso da Bélgica antes de se converter em federação, em 1993.

As autoridades funcionais compartilhadas. Agências criadas para a implementação de objetivos específicos por parte de vários Estados. São exemplos a Agência Internacional de Energia Atômica, a Organização Internacional do Trabalho, a Organização Mundial do Comércio etc.

Por outro lado, de acordo com a concepção federal na qual nos situemos, obteremos conclusões diferentes em todas as esferas da acomodação territorial. Isso também tem sido exposto abertamente, sobretudo no debate acerca das democracias em contextos presididos por um forte pluralismo nacional (Bélgica, Canadá, Grã-Bretanha, Espanha). Assim, a interpretação dos valores de liberdade, igualdade e pluralismo é facilmente divisível segundo se trate de democracias uninacionais ou plurinacionais, especialmente em relação aos direitos e liberdades coletivos, os sujeitos da igualdade e o tipo de pluralismo que se deve proteger e garantir. Tomemos, por exemplo, o caso da igualdade. As perguntas clássicas sobre a igualdade de quê, ou quem são os iguais, tenderão a oferecer respostas diferentes, segundo nos situemos na tradição althussiana ou madisoniana do federalismo,[6] e segundo nos situemos nas concepções mencionadas de liberalismo 1 e liberalismo 2.

Por sua vez, os estudos empíricos de caráter comparado sobre as democracias mostram que os conflitos territoriais, longe de desaparecer — como pretendiam algumas teorias da modernização de base liberal ou marxista —, experimentam o fenômeno contrário. Afinal, a partir de determinado nível, o desenvolvimento socioeconômico de uma democracia não se torna um fator de previsão de seu maior ou menor grau de êxito na acomodação política de suas realidades internas. Pelo contrário, tais estudos mostram que existem fatores que se mostram mais decisivos nessa previsão.[7] Entre esses fatores, cabe destacar os seguintes:

- a história concreta da interação dos grupos afetados;
- a existência ou não de determinadas instituições, tais como o federalismo e as cláusulas consociadoras (instituições compartilhadas entre os diferentes grupos territoriais na composição dos governos, dos tribunais etc.), ou de sistemas eleitorais proporcionais, direitos de veto, procedimentos de alerta (*timbres d'alarma*)[8] entre os principais grupos da Federação;
- o grau de consenso ou de coação das federações ;
- o estabelecimento ou não de uma esfera ampla e protegida de autogoverno político por parte das minorias;
- a possibilidade ou não de estabelecer instituições que coordenem as políticas e estratégias das unidades federadas ante o poder central (federal);

[6] Ver Karmis e Norman (2005).

[7] Ver Amoretti e Bermeo (2004), Diamond (2003), Wallersteen e Sollenberg (2001), Jordana (2001), Przeworski (2000) e Watts (1999).

[8] O procedimento de *timbre d'alarma* se refere a um mecanismo associativo utilizado quando um grupo político de caráter lingüístico julga que uma proposta fere seus interesses e o comunica como se tivesse feito soar um sinal de alarme buscando paralisar a proposta. Trata-se de um mecanismo associativo de proteção das minorias.

- a existência ou não de uma "cultura federal" nas interações entre os principais atores políticos;
- a heterogeneidade ou não dos sistemas de partidos das unidades federadas e da Federação;
- a congruência ou não entre os executivos dos dois níveis de governo (quanto maior a congruência, menor o desenvolvimento federal);
- nos sistemas parlamentares, a dificuldade maior ou menor de se estabelecerem maiorias absolutas no Parlamento central;
- o grau de independência política dos tribunais supremos ou constitucionais;
- a existência ou não de um sistema efetivo de federalismo fiscal.

Tanto a linguagem como mesmo o conceito de pluralismo proposto pelo federalismo liberal tradicional têm estado pouco conectados com o pluralismo de caráter cultural e nacional. Ambos os elementos induzem a uma reconsideração do que significam ou podem significar os acordos federais nas sociedades culturalmente diversificadas. A potencial acomodação "federal" de vários demos nacionais ou culturais que convivem no mesmo Estado é, de fato, um dos desafios mais importantes que o federalismo tem apresentado no início do século XXI.[9]

O processo de descentralização e de acomodação "federal" do pluralismo nacional: o caso espanhol

O modelo da Constituição de 1978: o "Estado das autonomias"

Ao longo da história contemporânea, o Estado espanhol esteve basicamente organizado a partir das premissas do modelo francês: existência de apenas dois níveis administrativos, o poder central e um poder municipal muito reduzido politicamente, articulados ambos a partir de uma concepção centralizada do Estado. Todas as tentativas de articular o Estado a partir de premissas

---

[9] Os dois casos mais relevantes de federações plurinacionais são o Canadá e a Bélgica. Ver um panorama geral do caso espanhol, relacionado com o federalismo assimétrico, em Fossas e Requejo (1999).

"regionalizadoras" — algumas muito moderadas — fracassaram por diferentes razões. Foi o caso da I República (1873), das *mancomunidads* do período da Restauração (princípios do século XX) e do "Estado integral" da II República (1931-39). De fato, o próprio termo "federal" ainda levanta hoje posições frontais na Espanha por parte de algumas forças políticas — em nome do unitarismo nacional tradicionalmente associado à tradição católica e à Coroa por parte da direita, ou em nome do unitarismo homogeneizador do jacobinismo por parte do liberalismo e de certas tendências da esquerda.

Depois da guerra civil (1936-39) e no prolongado período posterior da ditadura franquista (1939-75), o modelo territorial estabelecido com a Constituição de 1978 tem evoluído em paralelo a algumas condições de contexto muito diferentes das que existiram em períodos históricos anteriores: a transição inequívoca de um Estado autoritário a uma democracia liberal (por meio de um acordo marcado pela firme vontade das forças políticas de estabelecer algumas regras baseadas no consenso que as dotara de estabilidade e legitimidade); a construção de um Estado de bem-estar; o processo de integração européia e internacional do Estado.[10] Ao lado desses objetivos, aparecia o de estabelecer um sistema territorial que integrasse politicamente, de uma forma estável e definitiva, fundamentalmente as nações minoritárias da Catalunha e do País Basco, e em menor medida a Galícia (e suas forças nacionalistas respectivas), no sistema político nacional, algo não alcançado ao longo da história contemporânea.[11] Em contraste com outras polêmicas históricas hoje mais ou menos superadas — o par monarquia/república, a questão religiosa, o desenvolvimento econômico e social —, um quarto de século depois do restabelecimento

[10] O gasto público passou de 23% a 48% no período de 1972-2004. A Espanha integrou-se à Comunidade Econômica Européia (depois à atual União Européia) em 1986.

[11] Nessas três nações minoritárias internas existem sistemas de partidos diferenciados (mais pluralistas, sobretudo na Catalunha e no País Basco) em relação ao sistema de partidos nacionais. Nas três existem, além disso, partidos independentistas com uma força eleitoral situada entre 10% e 20% do eleitorado (de acordo com a comunidade e o tipo de eleições). Cabe destacar a influência do sistema eleitoral sobre o sistema político: apesar de as eleições para o Congresso espanhol estarem reguladas por uma fórmula formalmente proporcional, o sistema tem efeitos majoritários devido ao fato de cada circunscrição eleitoral ter um reduzido número de cadeiras a preencher. O terceiro partido do Estado (Izquierda Unida) é o grande prejudicado pelo sistema eleitoral vigente. As eleições aos parlamentos das comunidades autônomas oferecem resultados muito mais proporcionais.

da democracia, o único tema politicamente não resolvido continua sendo a polêmica "histórica" do modelo territorial. E podemos perguntar-nos o porquê disso.

A partir dos acordos federais assinalados na seção anterior, é fácil comprovar como o "Estado das autonomias" espanhol supõe uma configuração atípica e um tanto eclética no âmbito da política comparada. Entre os princípios explicitamente reconhecidos no Título Preliminar da Constituição de 1978, encontram-se os da unidade, autonomia e solidariedade. O resultado tem sido o estabelecimento de um Estado descentralizado — chamado habitualmente "Estado das autonomias" — que compartilha com as federações sobretudo dois elementos comuns:

- a descentralização está desenhada para todas as subunidades territoriais, e não apenas para algumas delas. Isto é, a soma dos territórios dotados de uma autonomia política constitucionalmente garantida — na atualidade, 17 "comunidades autônomas", mais duas cidades do norte da África, Ceuta e Melilha (cidades autônomas) — equivale ao conjunto do território do Estado;
- a existência de um Tribunal Constitucional como árbitro supremo da constitucionalidade das leis e dos conflitos de competências entre as instituições do Estado (as comunidades autônomas não intervêm, entretanto, na nomeação de seus 12 magistrados).[12]

Podem ser assinalados, no entanto, outros elementos que afastam o caso espanhol das federações liberal-democráticas dos países desenvolvidos.

AS UNIDADES CONSTITUINTES. As comunidades autônomas não são unidades constituintes. A Constituição de 1978 estabelece que o "povo espanhol" é o único sujeito da soberania nacional (art. 1º.2), uma vez que proclama uma desejada "indissolúvel unidade da nação espanhola" (art. 2º). As comunidades

[12] Os 12 magistrados, escolhidos para um período de nove anos e renovados em um terço a cada três anos, são eleitos da seguinte forma: quatro por indicação do Congresso dos Deputados, por maioria qualificada de três quintos (Câmara Baixa do Parlamento central ou Cortes Gerais); quatro por indicação do Senado (Câmara Alta do Parlamento central), também por três quintos da Câmara; dois por indicação do governo central; e dois indicados pelo Conselho Geral do Poder Judiciário (órgão de governo dos juízes). Nenhuma dessas instituições está atualmente relacionada com o modelo territorial das autonomias. Para uma abordagem do Estado das autonomias concebido como uma variedade de caráter federal, ver Aja (1999) e Moreno (1997).

autônomas não possuem um poder constituinte exclusivo para reformar seus Estatutos de Autonomia (que são normas pactuadas entre as comunidades autônomas e o Estado).

A DIVISÃO DE PODERES. O poder central mantém sua hegemonia a partir: das denominadas "leis de bases", de aplicação em todo o Estado e cujo conteúdo não está definido (indeterminação que impede um controle jurisdicional eficiente); das disposições transversais de competência da União (ordenação geral da economia, condições básicas do exercício das competências; da invocação aos efeitos supraterritoriais do exercício das competências; e das reservas de leis que incluem as "leis orgânicas" relacionadas com os direitos constitucionais (que incluem a educação).

O PODER JUDICIÁRIO. Em contraste com os poderes Legislativo e Executivo, o Estado das autonomias não possui praticamente incidência sobre a estrutura e as funções do Poder Judiciário. Este último segue basicamente os parâmetros de um Estado unitário (apesar da existência dos "Tribunais Superiores de Justiça" nas comunidades autônomas, em posição subordinada ao Tribunal Supremo). O Poder Judiciário não tem seguido os parâmetros do processo de descentralização do Estado.

O SENADO. A Câmara Alta não está vinculada às comunidades autônomas. Ao contrário do que dispõe a Constituição, o Senado atual não pode ser considerado uma "Câmara de representação territorial". A maioria dos senadores é eleita pelas "províncias", divisões administrativas que datam do século XIX, com pouca identidade política.[13]

AS FINANÇAS. O "Estado das autonomias" encontra-se muito distante de qualquer modelo de federalismo fiscal. A quase totalidade dos impostos é estabelecida e recolhida pelo poder central. A exceção consiste nas comunidades autônomas do País Basco e de Navarra, por contarem com um acordo fiscal assimétrico (acordo econômico), fundamentado em alguns "direitos históricos" pré-constitucionais (foros). Tal acordo assimétrico obedece inclusive a uma lógica de caráter mais confederativo do que federal.

---

[13] A reforma do Senado é um dos quatro pontos anunciados pelo governo central para uma próxima reforma constitucional (junto à referência à União Européia — a Espanha não integrava as comunidades européias quando se aprovou a Constituição de 1978 —, a inclusão do nome das comunidades autônomas, e a reforma do preceito que estabelece a prioridade dos homens sobre as mulheres na sucessão da Coroa).

A POLÍTICA EUROPÉIA. As comunidades autônomas não são consideradas atores políticos com relação às instituições da União Européia, em contraste com o regulamentado por algumas federações européias (Alemanha, Bélgica).

A REFORMA CONSTITUCIONAL. As comunidades autônomas não participam no processo da reforma. Esta se mantém unilateralmente nas mãos do Parlamento central (Cortes Gerais) e, neste caso, do conjunto dos cidadãos do Estado por meio do referendo.

A conclusão é que o "Estado das autonomias", no seu atual desenvolvimento, dificilmente pode ser considerado uma Federação em termos estritos. Apesar do fato de as comunidades autônomas estarem dotadas de um alto grau formal de autonomia em algumas áreas, as características do modelo estão predominantemente baseadas em uma lógica regionalizadora muito distante da lógica do federalismo. O sistema constitucional estabelece competências importantes para o poder central (art. 149), assim como alguns princípios que permitem a este último intervir em nome da "coerência" e da "solidariedade" do sistema (arts. 138 e 139), junto com regulações em favor da autonomia — reconhecendo capacidade legislativa às comunidades autônomas e controle exclusivamente jurisdicional — que são potencialmente assimétricas — o art. 2º da Constituição distingue entre "nacionalidades e regiões", ainda que, em termos gerais, tal distinção não tenha sido desenvolvida posteriormente. De outro lado, o Estado das autonomias não instituiu mecanismo de coordenação ou cooperação entre os níveis de governo (relações intergovernamentais estáveis, segunda Câmara "federal", participação na política européia, possibilidade de estabelecer relações horizontais entre as comunidades autônomas, cooperação com o Tribunal Constitucional, a Agência Tributária, o Conselho Geral do Poder Judiciário etc.).

A questão política mais decisiva do sistema espanhol, entretanto, e que, como assinalamos, se encontra, de fato, ainda por ser resolvida, é de um aspecto distinto ao da descentralização: a acomodação política do pluralismo nacional (e lingüístico) existente no Estado.[14] Pode-se dizer que o maior defeito do desenho constitucional atual do Estado das autonomias é que este pretende

[14] Para uma abordagem da acomodação de sociedades de pluralismo nacional a partir da perspectiva da teoria política, ver Requejo (2001a); também McGarry (2002); e Kymlicka (2001).

solucionar, de uma vez, duas questões distintas por meio das mesmas técnicas de ordenação territorial: a descentralização de um Estado, e a articulação de sua plurinacionalidade. Essa mistura de perspectivas rege as limitações do modelo atual, e se justapõe à confusão, inclusive terminológica do texto constitucional, entre o Estado e alguns de seus poderes territoriais: o poder central.

Descentralização e plurinacionalidade: as fases do desenvolvimento constitucional

A Constituição estabeleceu duas vias de acesso ao autogoverno — uma mais rápida (art. 151) e outra mais lenta (art. 143) —, segundo as "comunidades" já tivessem ou não possuído autonomia política em períodos históricos anteriores (Segunda República, 1931-39). Estabelece-se, assim, uma assimetria de caráter transitório no acesso ao nível máximo de autogoverno por parte da comunidade autônoma. Entretanto, o desenho de distribuição de competência final se conformou com caracteres potencialmente simétricos, no caso de as comunidades autônomas que chegaram à autonomia política pela via lenta mostrarem — como era esperado e assim tem sido desde a década de 1990 — a vontade de chegar ao máximo nível de autogoverno. A exceção são os freqüentemente denominados "fatos diferenciais", um conjunto heterogêneo de questões não necessariamente vinculadas ao caráter plurinacional do Estado, que requerem um tratamento específico (línguas próprias, insularidade, direito civil, jurisprudência etc.). Em nível institucional, a autonomia política das comunidades é visualizada através de três instituições de governo vinculadas ao sufrágio dos cidadãos: o Parlamento, o governo e o presidente da comunidade autônoma. A complexidade do desenho constitucional admite ainda a possibilidade de o poder central delegar matérias de sua competência a determinadas comunidades autônomas (art. 150.2). De outro lado, a característica legal mais assimétrica consiste no mencionado acordo econômico que abrange o País Basco e Navarra, em função de "direitos históricos dos territórios jurisdicionais" (disposição adicional 1ª da Constituição).[15]

[15] Ver Herrero de Miñón (1998).

No desenvolvimento prático do modelo espanhol das autonomias, além das disposições constitucionais, podemos considerar a existência de cinco fases diferenciadas entre 1978 e o ano de 2005.

Fase constituinte (1978-81). Corresponde à negociação do Texto Constitucional e dos "Estatutos de Autonomia" com governos em minoria da UCD.[16] Os estatutos foram aprovados em um período relativamente curto — quatro anos — e os primeiros foram os do País Basco e da Catalunha (ambos aprovados com amplo consenso, em 1979). Nessa fase, nem o modelo de descentralização efetivo nem a articulação da plurinacionalidade do Estado se plasmam em uma "solução constitucional" por não terem sido estes temas resolvidos durante a transição política (recorde-se que uma das condições políticas do contexto desse período era a ameaça latente de golpes de Estado por parte de um exército vinculado à guerra civil e à etapa franquista, ameaça finalmente concretizada em tentativa fracassada em fevereiro de 1981).[17] O resultado dessa fase pode ser caracterizado como um marco de procedimento para a descentralização política, suscetível de vários desenvolvimentos a partir dos princípios de unidade, autonomia e solidariedade que remetem a uma posterior solução legislativa. Tal evolução tem sido condicionada pelo elevado número de algumas autonomias políticas que não estão designadas nem definidas especificamente na Constituição e que diferem, em boa medida, em termos demográficos, territoriais e culturais.

Fase dos acordos autônomos de 1981 e 1982. Período presidido pelos governos da UCD em 1981/82 e de maioria absoluta do Partido Socialista — formal ou em termos práticos, entre 1982 e 1993 —, durante o qual se estabeleceram alguns pactos em matéria de autonomia entre os dois maiores partidos de âmbito nacional (UCD e PSOE, em 1981; PSOE e PP, em 1992). No pacto de 1981, além de se ratificar a generalização do processo a partir das "pré-autonomias" estabelecidas antes da Constituição, impulsionou-se uma leitura cen-

[16] UCD: Unión del Centro Democrático. Organização protagonista da transição à democracia, presidida por Adolfo Suárez — líder oriundo do regime franquista —, que agrupava múltiplas organizações políticas de diferentes tendências (democrata-cristãs, socialdemocratas, vinculadas ao regime anterior etc.) e que desapareceu, após uma crise interna em 1982.

[17] Outros elementos do contexto da transição política na Espanha, na segunda metade dos anos 1970, foram a direção do processo por elites surgidas no sistema franquista e uma debilidade das forças da oposição (socialistas, comunistas e forças nacionalistas da minoria).

tralizadora do desenvolvimento das autonomias a partir da aprovação da célebre Loapa (lei de harmonização do processo autonômico, posteriormente declarada em boa parte inconstitucional pelo Tribunal Constitucional, em 1983), assim como de algumas "leis de base" — cujo conteúdo não está constitucionalmente delimitado — por parte das instituições centrais (universidades, funções públicas, governo local etc.). Durante os anos 1980, estabeleceu-se a separação entre os tipos de comunidades autônomas: as que acabam ostentando maior nível de autonomia, em alguns casos depois de um complicado processo. Além de Catalunha e País Basco, estas incluem a Galícia, Andaluzia, Canárias, Navarra e Comunidade Valenciana. As outras 10 comunidades autônomas terão, por enquanto, um nível inferior de autogoverno. Em contraste com uma primeira interpretação das "bases" como meros princípios não aplicáveis diretamente, durante os anos 1980 se desenvolveu sua interpretação como acordos legislativos plenos que estabelecem regulações detalhadas. Uma das conseqüências disso foi o crescente processo de judicialização do desenvolvimento das autonomias durante essa década, que implicou uma intensa e sólida intervenção por parte do Tribunal Constitucional. Com o pacto de 1992 entre o PSOE e o PP, decidiu-se estender a todas as comunidades autônomas o nível de autogoverno já detido pelas sete que alcançaram maior nível de autogoverno, através das leis de transferência e da reforma dos respectivos Estatutos de Autonomia (tendência em direção à simetria do sistema). A perspectiva da plurinacionalidade permaneceu ausente nos desenvolvimentos constitucionais desse período. O resultado final dessa fase foi o estabelecimento de um modelo de descentralização política limitada, inspirada em parte no modelo alemão, com a introdução da lógica das assimetrias dos "fatos diferenciais", dentro de uma lógica potencialmente simétrica para todas as comunidades autônomas.

Fase de acordos parlamentares com partidos nacionalistas de minorias nacionais (PNV, CiU), 1993-2000.[18] É o período vinculado às transferências men-

[18] PNV: Partido Nacionalista Vasco (partido nacionalista de centro-direita); CiU: Convergència i Unió (coalizão de dois partidos nacionalistas catalães de centro-direita: Convergència Democràtica de Catalunya y Unió Democràtica de Catalunya). Tanto o PNV quanto o CiU têm sido partidos de governo nas respectivas comunidades autônomas, entre 1980 e 2003 no caso do CiU, e ininterruptamente desde 1980 até a atualidade no caso do PNV, por meio de diferentes coalizões, seja com o Partido Socialista, seja com o EA (Eusko Alkartasuna, cisão do PNV nos anos 1980, de caráter independentista) ou com o Ezquerra Batua.

cionadas às 10 comunidades autônomas que tinham um nível menor de autogoverno no período anterior, e à falta de maioria absoluta por parte da primeira força nacional (PSOE, entre 1993 e 1996; PP, entre 1996 e o ano de 2000), que requereu apoios parlamentares na Câmara Baixa do Parlamento central para garantir a estabilidade do governo (governabilidade). Trata-se, pois, de uma fase presidida por acordos parlamentares bilaterais (não de governo) entre os dois principais nacionalismos subnacionais, o basco e o catalão, e o primeiro partido de âmbito espanhol que governa em minoria (primeiro, PSOE e, posteriormente, PP). Nessa fase, completam-se as transferências de educação universitária (1999) a todas as comunidades autônomas. Em 1998, a organização armada basca ETA declarou uma trégua, que coincidiu com o denominado "pacto de Lizarra" entre as forças nacionalistas do País Basco, cuja potencial idoneidade para encerrar a questão da violência permaneceu obstruída pela retomada de atentados um ano depois. Nessa fase, visualiza-se que o funcionamento prático do Estado das autonomias depende do fato conjuntural dos resultados produzidos nas eleições ao Parlamento central — e, dentro dele, dos resultados no Congresso —, e não dos mecanismos constitucionais estáveis. De outro lado, também fica evidente a precária defesa do autogoverno das comunidades autônomas perante o Tribunal Constitucional — por estar a distribuição de competências materiais em boa parte "desconstitucionalizada" e os estatutos de competências das comunidades autônomas estabelecidos em termos genéricos (sem concretização em submatérias específicas).

Fase da maioria absoluta do Partido Popular (2000-04). Período em que, além de completar-se a transferência da saúde a todas as comunidades autônomas (2001), o governo do PP estabelece uma série de pactos em algumas matérias de Estado com o principal partido da oposição (PSOE). Entre tais matérias, encontra-se a reforma do sistema de financiamento das comunidades autônomas chamadas de "regime comum" (todas, menos o País Basco e Navarra), assim como a política antiterrorista. Em relação à política territorial, essa fase esteve marcada pelas tentativas de recentralização de algumas matérias (educação, língua, universidades), articuladas com uma linguagem neonacionalista espanhola de caráter reformador que provocou tensões importantes entre o governo central do PP e as instituições das nações minoritárias.

No País Basco, ocorreu, além disso, um rompimento político e social que marcou as polarizadas eleições ao Parlamento local em 2001. Estas últimas foram realizadas com uma participação muito elevada (aproximadamente 80%), saindo fortalecida a aliança nacionalista PNV-EA, que passou a governar dirigida pelo *lehendakari Ibarretxe* (presidente de governo basco), em coalizão com o minoritário partido EB (Ezquerra Batua, partido federalista associado à organização espanhola Izquierda Unida). A reforma da lei dos partidos, por parte do governo central em acordo com o PSOE, permite a declaração de ilegalidade do Batasuna, partido considerado o braço político do ETA, que conta com representação parlamentar. Essa declaração de ilegalidade impede o Batasuna de se apresentar nas eleições municipais de 2003, nas eleições gerais espanholas de 2004 e nas eleições ao Parlamento basco de 2005.[19] A proposta política, conhecida como Plano Ibarretxe, de iniciar um processo de "livre associação" com a Espanha, a partir do marco existente, conduz à consolidação dos dois blocos entre partidos e organizações sociais do País Basco. Após ser aprovada por maioria absoluta do Parlamento basco (dezembro de 2004), essa proposta foi impugnada pelo Congresso espanhol, em uma única sessão, por ser considerada inconstitucional (março de 2005). Na Catalunha, o governo minoritário do CiU estabelece um pacto parlamentar com o PP (1999-2003), que lhe assegurou estabilidade parlamentar, ainda que não significasse o reconhecimento da plurinacionalidade nem no nível de autogoverno catalão. No final de 2003, as eleições ao Parlamento da Catalunha terminaram com a formação de um novo governo de coalizão entre o Partido Socialista de Catalunha (PSC), Iniciativa per Catalunya-Verds (IC-V) e Esquerra Republicana de Catalunya (ERC), depois de 23 anos de governo do CiU, presidido por Jordi Pujol.[20]

Fase de maioria relativa do PSOE (a partir de 2004). Período iniciado com a comoção política causada pelo atentado perpetrado pelo terrorismo islâmico

[19] Nas eleições bascas de 2005, o Batasuna recomendou o voto no até então marginal Partido Comunista de las Tierras Vascas, que obteve aproximadamente 150 mil votos e nove deputados.

[20] O CiU continua sendo, não obstante, a força política com mais parlamentares (46), à frente do PSC (42), ERC (23), PP (15) e ICV (9), apesar de o PSC haver obtido alguns votos a mais do que o CiU (algo que também se verificou em 1999). A reforma prevista da lei eleitoral catalã é um dos pontos em que se torna mais difícil chegar a um consenso entre as forças políticas.

do 11—M (11 de março), que influiu no resultado final das eleições gerais, realizadas três dias depois e favoráveis ao Partido Socialista. Trata-se de uma fase ainda incipiente, conduzida por uma política de pactos parlamentares entre o Partido Socialista e outros partidos de esquerda (IU, IC-V, ERC),[21] assim como pelo anúncio de reformas do modelo de financiamento das comunidades autônomas, dos estatutos de algumas autonomias e da própria Constituição, embora a reforma desta última que foi anunciada seja muito limitada: parece que afetará apenas os quatro aspectos mencionados anteriormente.[22] Após a recusa do Plano Ibarretxe pelo Congresso espanhol e as eleições ao Parlamento basco (abril de 1995), que refletem o empate entre as forças nacionalistas democráticas e as espanholas,[23] o período de reformas é protagonizado, em uma primeira fase, pela discussão de novos estatutos de autonomia em vários parlamentos regionais. O mais decisivo, por sua previsível exemplaridade, é o da Catalunha. O segundo elemento de reforma consiste no sistema de financiamento das comunidades autônomas em um sentido federativo.[24] O caráter de processo em marcha impede que se realize uma avaliação dos resultados dessa fase de desenvolvimento do modelo territorial de autonomia. Entretanto, estão previstas as mudanças na divisão de poderes em um sentido descentralizador e no sistema de financiamento, provavelmente no sentido de aumentar a co-responsabilidade fiscal nos ingressos e gastos, assim como os recursos de algumas autonomias que não têm sido tratadas eqüitativamente em períodos anteriores.

Depois das quatro primeiras fases, a conclusão genérica é que, obviamente, o atual Estado das autonomias representa um avanço em termos relati-

[21] IU: Izquierda Unida; ICV: Iniciativa per Catalunya-Verds; ERC: Esquerra Republicana de Catalunya.

[22] Ver nota 12.

[23] A coalizão PNV-EA passa de 33 a 29 deputados, enquanto a soma dos partidos nacionais (PSOE e PP) passa de 32 a 33. O restante das bancadas reparte-se entre os nove representantes do Partido Comunista de las Tierras Vascas (partido minoritário em que o ilegal Batasuna recomendou votar), os três da Ezquerra Batua, e um da Aralar (cisão de Batasunaque, que rechaça a violência do ETA). O Batasuna tinha sete deputados no Parlamento anterior.

[24] O Parlamento da Catalunha está atualmente discutindo um novo sistema de financiamento de corte federal, a partir das propostas elaboradas pelo governo catalão (formado por PSC, ERC e IC, o chamado "tripartite catalão") e pelo principal partido da oposição (CiU, Convergència i Unió).

vos, isto é, em relação às regulações constitucionais da história contemporânea da Espanha. Pode-se dizer que o Estado das autonomias estabeleceu um sistema descentralizado — mesmo que o poder central mantenha uma posição hegemônica em todas as políticas e matérias de maior importância política e socioeconômica e possa intervir em praticamente todos os âmbitos, em contraste com a menor capacidade das comunidades autônomas para mudar a realidade social e política de suas respectivas coletividades. Porém, também pode-se afirmar que se trata de um modelo que apresenta deficiências estruturais tanto em relação aos mecanismos de coordenação e participação das comunidades autônomas na política nacional,[25] como em relação ao reconhecimento e à acomodação do pluralismo nacional do Estado — tanto nos aspectos simbólicos quanto nos financeiros e de autogoverno.[26] O poder central mantém, até mesmo de forma exclusiva, a iniciativa e a capacidade de decisão no processo de reforma constitucional (no qual não intervêm as comunidades autônomas), assim com a exclusividade na intervenção em caso de situações de crise (art. 155) ou de adaptação a novas necessidades, incluídas as que poderiam aprofundar o processo de autonomia (art. 150).

À guisa de conclusão crítica: o Estado das autonomias, 25 anos depois

A Constituição espanhola de 1978, como afirmamos, nasceu com a vontade, entre outras, de estabelecer um modelo territorial que conduzisse a um

[25] Não existem mecanismos eficientes de caráter intergovernamental em nível vertical (entre o poder central e as comunidades autônomas), e o modelo constitucional resiste a admitir a existência de relações horizontais entre as comunidades autônomas. Além disso, tal como ocorre em algumas federações, a lógica política é, às vezes, presidida mais pela confrontação entre os dois principais partidos do Estado do que pela lógica institucional, exceto na Catalunha e no País Basco, onde existem sistemas de partidos diferenciados — mais plurais (maior índice de "partidos efetivos") — em relação ao sistema de partidos do Estado.

[26] Há mais de meio século, Azaña, presidente da II República, já defendia que "(...) para resolver isto, não nos basta só variar o sistema político, mas também temos de variar a política do sistema (...) o último estado peninsular procedente da antiga monarquia católica que sucumbiu ao peso da Coroa despótica e absolutista foi a Catalunha, e o defensor das liberdades catalãs pode dizer, com razão, que era o último defensor das liberdades espanholas (...) a política assimilacionista do Estado espanhol se inaugura propriamente no século XIX. Não era assimilacionista a política dos reis da casa da Áustria; mas sim a política liberal, parlamentar e burguesa do século XIX".

processo de descentralização por meio do estabelecimento de autogovernos, historicamente reivindicados, sobretudo na Catalunha e no País Basco — enquanto realidades nacionais minoritárias que não haviam sido integradas no sistema geral do Estado. Obviamente, hoje sabemos muito mais sobre as luzes e as sombras que esse modelo territorial oferece do que quando se aprovaram a Constituição e os Estatutos de Autonomia, há um quarto de século.

De início, uma avaliação positiva e uma constatação um tanto paradoxal. Por mais que se tenha repetido, não custa começar assinalando o avanço histórico que significa o atual Estado das autonomias — e a Constituição que o define — em um Estado que mostra um balanço bastante triste em termos liberais, democráticos e de autogoverno durante quase toda a época contemporânea. Trata-se de um modelo que permitiu sair, inequivocamente, de um Estado autoritário e muito centralizado.

No entanto, isso não impede que também se constate que, depois de mais de 25 anos de existência, é precisamente na Catalunha e no País Basco — isto é, aquelas nacionalidades que, em primeira instância, se queria acomodar politicamente durante a transição — onde surgem mais vozes de insatisfação e decepção com o resultado prático do sistema de autonomia.

Nas análises de política comparada referentes às democracias plurinacionais ou plurilingüísticas de estrutura federal — como Canadá, Bélgica ou Suíça —, costuma-se considerar três objetivos a cumprir por parte de seus modelos territoriais:

- um explícito *reconhecimento político e constitucional* dos traços nacionais, lingüísticos, culturais etc. das coletividades do Estado;
- a regulação de um amplo *nível de autogoverno* que permita estabelecer nas instituições das entidades subnacionais, especialmente daquelas dotadas de características nacionais, algumas *políticas próprias e diferenciadas* em áreas-chave (educação, saúde, bem-estar, universidade, cultura, regime local, função pública, pesquisa, finanças, projeção exterior de seu autogoverno etc.);
- garantir às unidades subnacionais *recursos econômicos* suficientes para poder levar a cabo os dois objetivos anteriores.

Após quase um quarto de século de existência, pode-se constatar que, no caso da Catalunha, o desenvolvimento prático do estado autonômico tem se mostrado deficiente nos três aspectos anteriores, enquanto o caso basco (e de Navarra), como assinalamos, goza de uma regulação econômica muito satisfatória para os interesses dessas coletividades, através da fórmula do acordo econômico. Mencionemos algumas causas das insatisfações com o modelo econômico.

O RECONHECIMENTO DA PLURINACIONALIDADE. Em termos gerais, pode-se afirmar que o objetivo de acomodar o pluralismo nacional do Estado espanhol — sua plurinacionalidade interna — mostra importantes deficiências. Trata-se de um Estado cujo poder central não tem promovido seu pluralismo, isto é, não tem estabelecido políticas que definam o pluralismo nacional (e lingüístico) interno.[27] Assim, não surpreende que segmentos importantes da cidadania da Catalunha e do País Basco (e, em menor medida, na Galícia) mostrem, de diversas formas, seu desapego a um Estado que não remete, em suas atuações, ao pluralismo nacional interno. De outro lado, a aspiração legítima dessas coletividades de gozar do máximo nível de competências, compatível com o funcionamento eficaz e solidário do Estado, também está distante de ser alcançado. Assim, mantêm-se as duas perspectivas básicas mencionadas anteriormente — que marcam tensões territoriais insolúveis — na consideração do modelo de autonomia por parte dos diversos atores políticos.

- *Perspectiva da descentralização.* A Espanha é concebida como uma realidade nacional única, articulada em 17 comunidades autônomas, que, além disso, permite uma regulação de alguns "fatos diferenciais" por meio de um sistema de divisão territorial de poder pouco preciso em termos constitucionais. Nesse caso, afirma-se que o mais adequado é recorrer àquelas técnicas que se mostrem mais eficazes para o funcionamento de uma organização política e administrativa composta, porém de base homogênea (à exceção do financiamento das comunidades basca e navarra). A uniformidade e a simetria seriam aqui os procedimentos adequados, ambos legitimados a partir das premissas de uma concepção homogeneizadora da "igualdade" e da "ci-

[27] Recentemente (dezembro de 2004), o governo central deu passos para o reconhecimento formal das línguas espanholas distintas do castelhano na União Européia (uma realidade amplamente plurilingüística). De outro lado, está em discussão o uso que tais línguas devem ter em instituições do Estado (principalmente nas Cortes), já que até agora, em termos gerais, não é permitido seu uso, ainda que até o momento não se tenha nenhuma decisão a respeito, e são constatáveis as resistências por parte dos maiores partidos (PSOE e PP).

dadania" democráticas, características do liberalismo democrático tradicional (não necessariamente federal).

- *Perspectiva da plurinacionalidade*. A Espanha é concebida como uma realidade plurinacional, formada por diversas nações que devem ser constitucionalmente reconhecidas e acomodadas politicamente entre si, em termos de um autogoverno efetivo das minorias nacionais. Aqui a adequação política passa por fórmulas capazes de articular de maneira diferenciada a diversidade de características nacionais e culturais existentes no Estado. De acordo com os modelos que oferece a política comparada, isto parece tornar conveniente a introdução de assimetrias legais ou de acordos de caráter confederativo nos âmbitos simbólicos, institucionais, e de competências das distintas realidades nacionais do Estado, assim como uma consideração mais plural dos conceitos de igualdade e cidadania que os propiciados pelas concepções homogeneizadoras do liberalismo democrático tradicional.

O AUTOGOVERNO. Os critérios utilizados na Constituição de 1978 para a distribuição de competências entre o Estado e as comunidades autônomas mostram-se muito indeterminados. Isso tem acarretado que o autogoverno destas últimas esteja em boa medida "desconstitucionalizado", isto é, que se encontre submetido ao vaivém das maiorias resultantes das eleições ao Parlamento central, e que conte com uma precária proteção jurídica no Tribunal Constitucional. Essas duas características são já, por si mesmas, um indicador de que algo fundamental se acha mal resolvido no modelo de autonomia espanhol. Trata-se de um modelo que, na prática, tem permitido outorgar quase um "cheque em branco" ao poder central na interpretação de questões fundamentais para o autogoverno das autonomias durante os últimos 25 anos.[28] Assim, tal poder tem disposto de autoridade para estabelecer de forma unilateral:

- até onde chegam suas competências (em algumas matérias, tem-se aplicado o princípio de "divide e vencerás", fragmentando aspectos de competências que eram de caráter exclusivo das autonomias);

[28] Esse reduzido nível de autogoverno efetivo decorre de as autonomias gerirem aproximadamente 35% do gasto público global (os municípios gerem aproximadamente 14%) e abrangerem em torno de dois terços do pessoal das administrações públicas.

- até onde chegam os limites da legislação básica (que, às vezes, inclui regulações detalhadas e algumas matérias — como a função pública, o regime local, as universidades etc. — que esvaziam o conteúdo do posterior "desenvolvimento" legislativo por parte das comunidades autônomas);
- uma interpretação uniformizadora das condições de garantia dos direitos dos cidadãos e do conteúdo das leis orgânicas;
- uma interpretação expansiva das funções administrativas ou de execução.

Dessa maneira, na prática, o autogoverno permanece às vezes reduzido a âmbitos meramente intersticiais e marginais. O modelo de autonomia tem se mostrado uniformista em praticamente todos os âmbitos relevantes do autogoverno (educação, saúde, função pública, regime local, universidades, pesquisa, comércio etc.). Essa questão é especialmente grave no caso da Catalunha e do País Basco, considerando a clara vontade que boa parte dos cidadãos dessas coletividades manifestou, e continua manifestando, de dispor de um amplo governo que abranja, inclusive, questões surgidas após a aprovação da Constituição, como a participação na regulação da imigração ou nas instituições européias. Não é algo politicamente irrelevante que o próprio Tribunal Constitucional tenha recordado, em várias ocasiões, que a imprecisão constitucional não permite declarar inconstitucional boa parte das decisões do poder central, apesar de seu caráter notoriamente expansivo.

De outro lado, e ao contrário do que às vezes se admite, o Estado das autonomias não se encontra entre os Estados mais descentralizados. Ele assim o é, tendo em conta: o nível de competências das autonomias e, portanto, a capacidade de levar a cabo políticas próprias diferenciadas e com recursos econômicos suficientes; a capacidade de participar no "governo compartilhado" do Estado (não existem, no caso espanhol, os mecanismos que encontramos usualmente em algumas federações, como um senado territorial, comissões intergovernamentais etc.); as garantias de defesa jurídica do autogoverno. De fato, o Estado das autonomias não tem reunido de maneira eficaz nem os padrões fortemente assimétricos das federações plurinacionais (Canadá, Bélgica), nem os padrões do federalismo anglo-saxão — que tende a atribuir as funções legislativas e executivas de uma mesma matéria ao mesmo nível de governo (Austrália, Canadá) —, nem os mecanismos de cooperação e de execução desenvolvidos no federalismo centro-europeu (Alemanha, Áustria).

O MODELO DE FINANCIAMENTO. A autonomia econômica supõe ser uma condição iniludível de autonomia política. Neste terreno, e falando do caso catalão, encontramo-nos diante de um "déficit fiscal" que chama a atenção pela dimensão de sua cifra em termos de política comparada (aproximadamente 18% do PIB). A autonomia econômica e fiscal de estados federados similares à Catalunha apresenta cifras significativamente inferiores. Além disso, tal déficit poderia aumentar nos próximos anos se mantido o atual sistema de financiamento, ou se reformulado somente de forma superficial. Trata-se de um modelo questionável tanto a partir da perspectiva da eficiência econômica como a partir de considerações morais de eqüidade, e que adiciona claras dificuldades à realização prática do autogoverno em um contexto europeu e mundial cada vez mais competitivos.

Sem dúvida, mesmo significando um avanço em termos históricos, o Estado das autonomias apresenta limites de concepção e, sobretudo, de desenvolvimento prático. Tudo isso supõe certa perversão do espírito com o qual se elaborou a Constituição de 1978, assim como certo fracasso, em termos democráticos, da acomodação do pluralismo nacional interno ao Estado. Uma situação que as anunciadas reformas estatutárias e do sistema de financiamento poderiam contribuir para corrigir, especialmente caso colocassem as bases e os consensos necessários para proceder a uma interpretação mais "federal" e "plurinacional" do desenvolvimento constitucional do que a realizada durante as últimas três décadas.

Pode-se dizer que, assim, o Estado das autonomias funcionou de forma relativamente aceitável no momento de descentralizar o Estado unitário anterior — incluídas as autonomias que não haviam jamais reivindicado possuir um autogoverno próprio —, propiciando a modernização do país, assim como a emergência de determinadas regiões como atores específicos, aos quais se possibilitou a saída de sua tradicional prostração política e econômica. O modelo de autonomias tem permitido, além disso, maior eqüidade entre as rendas médias dos diferentes territórios do Estado.[29] Porém, com a mesma clareza também se pode dizer que é um modelo que apresenta deficiências estruturais

[29] Uma questão distinta da evolução das desigualdades dentro de cada comunidade autônoma.

em relação ao reconhecimento à acomodação da plurinacionalidade do Estado, especialmente em relação à Catalunha e ao País Basco. Uma regulação adequada dessa acomodação torna-se contraditória ao tratar dos demos nacionais em termos de "regiões autônomas espanholas".[30] Diluir o pluralismo nacional na noção mais ampla de "fatos diferenciais" não é precisamente uma ajuda no momento de situar a questão. O Estado plurinacional não é a soma de uma série de fatos diferenciais de caráter lingüístico, geográfico, de tradição jurídico-civil etc. A conclusão é que, neste tema, continua existindo algo mal resolvido, de caráter substancial, e não apenas procedimental, no atual sistema político espanhol, relacionado com a falta de clareza na divisão territorial de poderes em que se baseia a descentralização, e com a falta de uma proposta explícita de técnicas que permitam um país nacional diversificado. Alguns déficits que as reformas em curso poderiam ajudar a mitigar, ainda que os limites constitucionais impeçam uma solução profunda e estável tanto da descentralização como da acomodação política do pluralismo interno do Estado.

Bibliografia

AJA, E. *El Estado autonómico*: federalismo y hechos diferenciales. Madrid: Alianza, 1999.

AMORETTI, U.; BERMEO, N. (Eds.). *Federalism and territorial cleavages*. Baltimore: Johns Hopkins University Press, 2004.

DIAMOND, L. ¿Puede el mundo entero ser democrático? Democracia, desarrollo y factores internacionales. *Revista Española de Ciencia Política*, n. 9, p. 9-38, 2003.

ELAZAR, D. *Exploring federalism*. Tuscaloosa: University of Alabama Press, 1987.

______. *Federal systems of the world*. 2. ed. Essex: Longman, 1994.

FOSSAS, E.; REQUEJO, F. (Eds.). *Asimetría federal y Estado plurinacional*: el debate sobre la acomodación de la diversidad en Canadá, Bélgica y España. Madrid: Trotta, 1999.

[30] No anexo a este capítulo, são estabelecidas as bases de um modelo territorial alternativo que denominei federalismo plurinacional. Desenvolvi este ponto em Requejo (2005, caps. 5 e 6).

GAGNON, A.; TULLY, J. (Eds.). *Multinational democracies*. Cambridge: Cambridge University Press, 2001.

GRIFFITHS, A.; NEREMBERG, K. (Eds.). *Handbook of federal countries*. Montreal: Forum of Federations, McGill-Queen's University Press, 2002, 2005.

HERRERO DE MIÑÓN, M. *Derechos históricos y Constitución*. Madrid: Taurus, 1998.

JORDANA, J. *Relaciones intergubernamentales y descentralización en América Latina*: una perspectiva institucional. Washington: Banco Interamericano de Desarrollo, 2001.

KARMIS, D.; NORMAN, W. *Theories of federalism*: a reader. Palgrave: Macmillan, 2005.

KYMLICKA, W. (Ed.). *Politics in the vernacular*. Oxford: Oxford University Press, 2001.

______; NORMAN, W. (Ed.). *Citizenship in diverse societies*. Oxford: Oxford University Press, 2000.

MAÍZ, R.; REQUEJO, F. (Eds.). *Democracy, nationalism and multiculturalism*. London: Routledge, 2005.

McGARRY, J. Federal political systems and the accommodation of national minorities. In: GRIFFITHS, A.; NEREMBERG, K. (Eds.). *Handbook of federal countries*. Montreal: Forum of Federations, McGill-Queen's University Press, 2002. p. 416-447.

MORENO, L. *La federalización de España*: poder político y territorio. Madrid: Siglo XXI, 1997.

PAREKH, B. *Rethinking multiculturalism*. London: Macmillan, 2000.

PRZEWORSKI, A. et al. *Democracy and development*: political institutions and well-being in the world, 1950-1990. Cambridge: Cambridge University Press, 2000.

REQUEJO, F. Cultural pluralism, nationalism and federalism: a revision of democratic citizenship in plurinational states. *European Journal of Political Research*, v. 35, p. 255-286, 1999.

______. (Ed.). *Democracy and national pluralism*. London: Routledge, 2001a. Versión española: *Democracia y pluralismo nacional*. Barcelona: Ariel, 2002.

______. National pluralism and federalism: four potential scenarios for Spanish plurinational democracy. *Perspectives on European Politics and Society*, v. 2, n. 2, p. 305-327, Aug. 2001b.

______. *Multinational federalism and value pluralism*: the Spanish case. London: Routledge, 2005.

RORTY, R. Justice as larger loyalty. In: BONTEKOE, Stepaniants (Ed.). *Justice and democracy*: cross-cultural perspectives. University of Hawaii Press, 1997.

STEPAN, A. Federalism and democracy: beyond the U.S. model. *Journal of Democracy*, v. 10, n. 4, p. 19-34, 1999.

TAYLOR, Ch. The politics of recognition. In: *Multiculturalism and the "politics of recognition"*. Princeton, NJ: Princeton University Press, 1992.

TULLY, J. (Ed.). *Strange multiplicity*: constitutionalism in an age of pluralism. Cambridge: Cambridge University Press, 1994.

WALLERSTEEN, P.; SOLLENBERG, M. Armed conflict, 1989-2000. *Journal of Peace Research*, v. 38, n. 5, p. 629-644, 2001.

WATTS, R. *Comparing federal systems in the 1990s*. Kingston: Institute of Intergovernmental Relations, Queen's University, McGill-Queen's University Press, 1999.

Anexo

O federalismo plurinacional: três tipos de acordo federal para cinco âmbitos de regulação

A história do federalismo, ou, mais propriamente, a história das federações, tem sido caracterizada principalmente pelo desenvolvimento de modelos "simétricos". Entretanto, na atualidade existem outros modelos federais na política comparada que, em princípio, parecem mais adequados a realidades plurinacionais como o Canadá, Bélgica ou Espanha. A razão básica dessa maior adequação reside no fato de os modelos simétricos mostrarem grandes dificuldades no momento de tratar de acomodar diferentes realidades nacionais, de caráter heterogêneo entre si, nas regras do jogo liberal-democrático. Tais modelos não se mostram uma via muito promissora quando coexistem ou se justapõem vários processos de *nation-building* em uma mesma *polity*. A assimetria estimula a uniformidade nas "regras de entrada" do sistema político territorial, questão que torna difícil a acomodação quando o que se propõe, a partir do pluralismo das minorias nacionais, é, precisamente, que se regule um reconhecimento do pluralismo nacional do Estado em tais regras, assim como um autogoverno fundamentado em tal reconhecimento, ambos estabelecidos com base em algumas premissas diferenciadas.

Mais do que uma busca de posições "comuns" a partir de instituições, processos de decisão, ou princípios "democráticos" que uniformizem os cidadãos do Estado independentemente de qual seja sua auto-identidade nacional primária,[30] aqui se trata principalmente de estabelecer instituições, processos e princípios "liberais" que salvaguardem os demos nacionais minoritários das decisões das maiorias. Também no âmbito cultural, a "tirania da maioria" tem mostrado seus efeitos perversos na evolução do liberalismo tradicional, especialmente em relação à falta de reconhecimento do pluralismo existente no Estado.[31] Mais do que nos restringirmos apenas aos princípios universais de caráter "moral", o que se torna aqui conveniente é também encontrar princípi-

[30] Para a distinção entre as noções primária e secundária da expressão "nação espanhola", assim como os possíveis cenários de futuro do Estado das autonomias, ver Requejo (2005, caps. 5 e 6; 2001b, respectivamente).

[31] As regulações intergrupais de um Estado plurinacional requerem algumas garantias constitucionais de "liberdade negativa" liberal em nível coletivo. Os direitos e os valores coletivos das minorias nacionais devem ser reconhecidos no mesmo nível que os direitos e valores coletivos das maiorias habitualmente reunidas no constitucionalismo tradicional. Nesse sentido, o estabelecimento de acordos de *modus vivendi* entre as diferentes coletividades nacionais não se torna apenas inevitável a médio prazo, mas também normativamente inconveniente em termos de um liberalismo muito menos homogeneizador. Ou, em termos rawlsianos: os "véus de ignorância" apresentam-se em muitas formas e cores, mas não existe nenhum "metavéu" para decidir a partir do exterior qual se torna mais conveniente com a independência da dimensão "ética" da racionalidade prática. Os "bens primários" não parecem poder ser independentes do contexto. Afinal, o "equilíbrio reflexivo" sempre remete a contextos produtores de véus de ignorância e de negociações sobre quais são os bens primários a considerar. As instituições morais tornam-se, quando menos em parte, construídas e reconstruídas. Num Estado plurinacional, a cultura e a história são em parte compartilhadas. No entanto, compartilhá-las não significa automaticamente que as coletividades nacionais reconstruam de forma idêntica a narrativa sobre sua posição nessa cultura e nessa história. As "identidades" coletivas têm a ver com essas "narrações" que, apesar de serem sempre mutáveis, são também sempre particulares. Mais do que fazer teoria, muitas vezes se constata que o que se faz em relação a algumas "identidades" nacionais, que em parte nos identificam, em parte nos distinguem e que raramente elegemos, é teorizar, racionalizar a prática. E, nessa racionalização, intervêm elementos racionais e sentimentais a partir dos quais realizamos a passagem do eu até os distintos nós, com base nos quais construímos nossa identidade. Algumas auto-identidades contextualizam nossa "autono-

os de caráter organizacional que garantam a salvaguarda da "eticidade" plurinacional nas regras constitucionais do Estado. Os esquemas uniformizadores das federações uninacionais e a reserva dos direitos coletivos apenas ao "demos nacional" não parecem aqui os princípios mais indicados para uma acomodação justa e estável das realidades plurinacionais.

No caso espanhol, acha-se em falta, além disso, a existência de uma *cultura política federal* em termos liberal-democráticos, assim como a existência de uma *sociedade civil federal*. Ambos os aspectos reforçam a conveniência do modelo proposto para a continuidade.[32] Um modelo que, mesmo se situando em alguns pontos além do desenho constitucional de 1978, se torna desenvolvível a partir de um processo controlado de reforma e da introdução de algumas mudanças no desenvolvimento constitucional implementado durante as três últimas décadas (leis de base, desenvolvimento da política européia e internacional, política plurilingüística da "federação", regulação de uma Câmara de autêntica representação territorial que reúna as assimetrias nacionais, desenvolvimento pluricultural dos currículos educativos, modelos potencialmente diferenciados em matéria européia, comunicações, imigração, universidades, poder local, função pública, finanças etc.).

É nesse sentido que proponho o modelo de *federalismo plurinacional* para proceder a uma acomodação política e constitucional do caso espanhol. Trata-se de um modelo institucional baseado na perspectiva da revisão liberal-democrática mencionada anteriormente (liberalismo 2), e que articula diferentes tipos de

---

mia moral". Isto é, Kant no interior de Hegel. Nesse sentido, creio que vale a pena reter a reflexão de R. Rorty sobre a ruptura de uma contraposição "forte" entre as lógicas da razão e do sentimento: "ser racional e adquirir uma lealdade mais ampla são duas formas de descrever a mesma atividade (...) fornecer sentido a uma negociação das diferenças que nos permita conseguir viver em paz e nos sentirmos todos vinculados ao acordo assim obtido". Ver Rorty (1997).

[32] Para a realização de uma acomodação constitucional estável em contextos plurinacionais, torna-se conveniente, de um lado, proceder a um reconhecimento constitucional explícito dessa plurinacionalidade e, de outro lado, pensar o governo a partir das realidades nacionais, isto é, pensar quais competências específicas devem regular o poder central em relação a essas realidades (defesa, alguns aspectos da política exterior, ou da política econômica ou fiscal etc.), e não o contrário, como costuma ocorrer nos processos de descentralização ou federais "devolutivos". Do contrário, não se superará a tensão entre a lógica descentralizadora uninacional e a lógica de acomodação plurinacional que percorre o marco constitucional atual. Para a distinção entre os casos de "multiculturalismo tênue" (*thin*) e de "multiculturalismo intenso" (*thick*) de M. Walzer, ou o conceito de "diversidade profunda" proposto por Ch. Taylor, ver Fossas e Requejo (1999).

regulações relacionadas com a "política liberal do reconhecimento" e com o autogoverno de sociedades nacionalmente diversificadas. Basicamente, o federalismo plurinacional estabelece três tipos fundamentais de acordos federais:[33]

- um explícito e satisfatório reconhecimento constitucional e político do pluralismo nacional da Federação, que seja aceitável pelos principais atores políticos que expressam tal pluralismo;
- o estabelecimento de uma série de acordos federais de caráter preferencialmente assimétrico ou confederativo quando houver mais unidades federadas na Federação que nações minoritárias, que permitam um alto grau de autogoverno das entidades nacionais minoritárias. O objetivo de tais acordos é a defesa e o desenvolvimento de tais entidades, tanto em relação ao Estado, quanto em relação à cena internacional;
- regulações que reúnam a pluralidade do Estado no "governo compartilhado" da Federação (pluralismo lingüístico nas instituições do Estado — Parlamento, Tribunal Constitucional, direitos de veto parlamentar, participação na política européia etc.).

O primeiro tipo de acordo está mais centrado na perspectiva do reconhecimento constitucional do pluralismo nacional, enquanto os outros dois o estão na perspectiva do *autogoverno* das entidades federadas. O objetivo básico do federalismo plural é o de regular diferentes tipos de acordo federal segundo o âmbito funcional a regular e as características das unidades federadas.

A concretização dos três tipos de acordo do federalismo plural percorre cinco âmbitos básicos de aplicação: o simbolismo lingüístico, o institucional, o de competências, o fiscal-financeiro e o europeu-internacional. Dessa maneira, a inter-relação dos três tipos de acordo com esses cinco âmbitos fornece 15 interseções possíveis. Em outros trabalhos, estabeleci exemplos indicativos dessas inter-relações. Assim, no âmbito simbólico lingüístico, por exemplo, os dois primeiros tipos de acordo incluem questões como a regulação do plurilingüismo: inclusão das quatro línguas oficiais na mesma denominação do Estado, na moeda (o euro), nos documentos de "identidade" (DNI, passaporte etc.); a representação internacional de seleções nacionais; o conteúdo e o uso diferenciado de bandeiras, hinos etc. nos diferentes territórios; a regulação lingüística nos registros civil, de propriedade e mercantil etc. Tudo isso é fácil

[33] Desenvolvi este ponto em Requejo (2005, cap. 4).

de regular em termos práticos — na maioria das regulações existem múltiplos casos na política comparada — e representaria, inclusive, a visualização simbólica de uma renovada noção liberal-democrática de cidadania em sua vertente de identidade nacional, assim como de um sentido efetivamente *pluralista* de nação espanhola.[34]

Outras interseções entre os tipos de acordo do federalismo plural e os âmbitos de regulação seriam as regulações assimétricas no âmbito institucional e no europeu-internacional. Aqui caberia regular questões concretas como a representação diferenciada com a União Européia, Conselho da Europa, Unesco etc., das nações não-estáveis; a regulação do Senado a partir dos princípios de eleições de segunda ordem, direito de veto em determinadas matérias por parte dos senadores das nações minoritárias, e o bicameralismo especializado e simétrico; a composição do Tribunal Constitucional, do Conselho Geral do Poder Judiciário ou do Tribunal de Contas; o estabelecimento de uma estrutura federal na administração da Justiça com tribunais próprios e com tribunais superiores das nações minoritárias como última corte de apelação; a regulação das nações minoritárias como circunscrições eleitorais nas eleições européias, espanholas ou regionais; a supressão da administração periférica do Estado etc.[35] No âmbito das finanças, por outro lado, seria possível estabelecer acordos de um caráter muito mais simétrico e tradicional em termos federais, sempre que se proceda, claro está, a uma regulação propriamente dita de "federalismo fiscal".[36]

---

[34] Em termos mais jurídicos, isso se encontra na linha da "opinião" do tribunal supremo canadense em relação à secessão de Quebec (Secessão Referente 1998, 25506), quando estabelece que os princípios democráticos devem articular-se e ponderar-se com outros princípios: o federalismo, o respeito pela *rule of law* (constitucionalismo) e o respeito às minorias.

[35] Retenha-se que essas mudanças não afetam em nada a instituição da monarquia. A Espanha poderia constituir-se, assim, como a segunda democracia ocidental, depois da Bélgica, a combinar federalismo e monarquia (além dos atípicos casos procedentes do "federalismo imperial" vinculados ao antigo império britânico: Áustria e Canadá). Para outras aplicações do federalismo plural proposto, remeto às referências das notas anteriores.

[36] A crescente complexidade de um mundo cada vez mais globalizado e cada vez mais plural no interior dos Estados requer também maior complexidade tanto nos acordos que se podem estabelecer entre alguns Estados, como nos acordos internos destes. Uma das vantagens "históricas" mostrada por boa parte dos distintos tipos de acordos federais é a sua potencial flexibilidade e adaptação às realidades específicas nas quais haverão de atuar.

Parte II

EIXO ECONÔMICO-SOCIAL

8

REFORMA TRIBUTÁRIA: ABRINDO CAMINHOS PARA O CRESCIMENTO E O FORTALECIMENTO DA FEDERAÇÃO*

*Fabrício Augusto de Oliveira***

Desde 1995 vem se tentando sem sucesso, no Brasil, realizar uma reforma mais ampla do sistema de impostos do país, com o objetivo de corrigir suas imperfeições e resgatá-lo como instrumento efetivo de governo para a implementação de políticas essenciais ao desenvolvimento. Resistências, ora do próprio governo federal às propostas de reforma apresentadas, pelo temor de perder receitas num contexto de crise fiscal, ora dos governos subnacionais, por estas não contemplarem adequadamente uma revisão do modelo federativo, têm abortado essas iniciativas e reforçado seu papel de mero instrumento de arrecadação. Isso porque, a cada rodada de negociação em torno dessas propostas, tem-se procurado garantir, na ausência de consenso sobre as mudanças indispensáveis à modernização do sistema, aumentos no nível da carga tributária para atender à necessidade de recursos desses distintos níveis de governo

* O autor agradece a Fernando Rezende, com quem tem debatido e desenvolvido trabalhos sobre este tema.
** Doutor em economia pela Universidade Estadual de Campinas (Unicamp), coordenador do Centro de Estudos de Conjuntura do Departamento de Economia da Universidade Federal do Espírito Santo (Ufes) e professor do curso de mestrado da Fundação João Pinheiro.

e também para viabilizar seus compromissos com a implementação de programas de ajuste fiscal. Em conseqüência, ampliam-se as distorções do sistema, reforçando seu papel de instrumento prejudicial ao crescimento e debilitador da Federação.

Neste capítulo, procuro fazer um balanço da situação do sistema tributário no Brasil, com o objetivo de identificar as causas que deram origem às dificuldades financeiras e fiscais atuais do Estado, e como o sistema, ao ser ajustado para dar respostas a essas dificuldades, terminou vendo amplificadas suas distorções, envolvendo o Estado numa *camisa-de-força* que inibe sua ação para fortalecer os caminhos da descentralização, as bases da Federação e o crescimento econômico.

Para tanto, o capítulo está organizado em três seções, além deste texto introdutório. A primeira apresenta uma fotografia dos principais problemas do sistema tributário brasileiro e faz um balanço da dimensão dos atuais desequilíbrios federativos, que dificultam a criação de mecanismos de cooperação entre os entes da Federação para a oferta de políticas públicas. A segunda examina a origem desses desequilíbrios, tomando como referência as mudanças introduzidas pela Constituição de 1988, bem como o padrão de ajuste adotado pelo governo federal para compensar as perdas de receita que lhe foram inicialmente impostas. Analisa ainda como a manutenção desse padrão de ajuste, após a implementação do Plano Real, em 1994, até os dias atuais, aumentou as distorções do sistema e cerceou os caminhos do crescimento econômico e o avanço do processo de descentralização. A terceira avalia as iniciativas das principais propostas de reforma tributária apresentadas ao Congresso para discussão, procurando identificar as causas de seu insucesso, e apresenta os pontos a serem considerados na realização de uma reforma tributária — dando ênfase à revisão do modelo de federalismo fiscal — e que podem contribuir para remover as algemas que aprisionam e limitam o Estado no cumprimento de suas novas responsabilidades na etapa atual do desenvolvimento econômico.

As distorções do sistema tributário: uma fotografia

No atual contexto de desenvolvimento da economia nacional e de exigências do processo de globalização, de abertura das economias e de integração dos mercados financeiros e de produtos, os instrumentos de política econômica devem estar ou ser ajustados para permitir ao Estado responder aos desafios dessa nova realidade. Trata-se basicamente, nesse caso, de combinar políticas de austeridade fiscal com eficiência macroeconômica, sem comprometer o papel do Estado de provedor de políticas essenciais ao desenvolvimento.

Em países organizados como federações, esse desafio é maior porque as dimensões da política fiscal devem também ser conciliadas com o objetivo do equilíbrio federativo, o que impõe a necessidade de combinar, nesse processo, a autonomia dos entes federados com a descentralização das políticas públicas e, ao mesmo tempo, garantir a harmonização de sua estrutura tributária com a dos países que com ele se relacionam.

Visto por essa ótica, o sistema tributário brasileiro se encontra longe de atender, na atualidade, a essas exigências. Apesar de sua capacidade de gerar uma elevada carga tributária (cerca de 35% do PIB), sua estrutura destoa dos princípios caros às finanças públicas no atual estágio de desenvolvimento, como competitividade, eqüidade, simplicidade e equilíbrio federativo. Na contramão da modernidade da tributação, o sistema tributário brasileiro assenta-se, assim, em uma estrutura que:

- funciona como fator de desestímulo ao crescimento econômico, seja por contribuir de modo importante para o aumento do "custo Brasil", ao reduzir a competitividade da produção nacional, seja por inibir a expansão do mercado interno, ao gravar, com maior ônus, as camadas da sociedade de menor renda, o que contribui para aumentar a concentração de renda;
- conta com um imposto incidente sobre o valor agregado, o ICMS, de competência dos governos estaduais, que desfrutam de autonomia para definir suas alíquotas e conceder incentivos desse imposto, o que torna extremamente complexa sua legislação e o transforma em fonte de conflitos federativos e em barreira para se avançar na harmonização da estrutura tributária;
- preserva um sistema distorcido de partilha de recursos entre os entes da Federação que mais contribui para aumentar do que para reduzir as desigualdades verticais e horizontais existentes entre eles no tocante a sua capacidade de gasto orçamentário.

O mais grave é que, apesar da elevada carga tributária cobrada da sociedade, essa tem-se revelado insuficiente para que o Estado atenda aos compromissos assumidos com a política de austeridade fiscal sem prejuízo das políticas necessárias para promover e sustentar o crescimento econômico, como, entre outras, as que se destinam ao fortalecimento da infra-estrutura econômica e urbana.

Os dados contidos na tabela 1 mostram como o sistema tributário se desfigurou progressivamente após a Constituição de 1988. Como se percebe, sem a realização de nenhuma grande reforma nesse período, a carga tributária saltou de 25% do PIB, em 1991, para 29,7%, em 1998, e para 35% em 2003, registrando um crescimento de 10 pontos percentuais em apenas 12 anos. Esse aumento, por si só, já seria suficiente para intensificar as forças contrárias ao crescimento, por elevar o custo da produção nacional e reduzir a renda da sociedade. Mas, tal como sua dimensão, também sua composição se alterou significativamente com o aumento da participação de impostos indiretos e contribuições sociais em sua estrutura, tributos que são, pelas características de sua incidência, prejudiciais à competitividade da produção nacional e a uma melhor distribuição do ônus tributário entre os membros da sociedade.

Como mostram os números da tabela, o aumento da carga tributária nesse período deveu-se ao avanço das contribuições sociais destinadas ao financiamento da seguridade social (+5,1% do PIB), de outras contribuições econômicas e sociais (+0,91%), da arrecadação do ICMS (+1%) e do ISS (+0,25%), tendo os tributos tradicionais — imposto de renda e outros dos governos estaduais e municipais — contribuído liquidamente com um aumento de 2% do PIB para essa expansão.

Dadas a sistemática de incidência em cascata das contribuições sociais, do ISS e até mesmo de parte do ICMS, e as dificuldades de aproveitamento de seus créditos pelos exportadores, essa evolução constitui uma prova inequívoca de que o sistema tributário brasileiro tem caminhado na contramão das exigências da ordem econômica mundial atual. Considerando-se apenas as contribuições que financiam a seguridade social e as demais contribuições cobradas pela União — FGTS, Cide-combustíveis, salário-educação —, a participação deste grupo de impostos na carga tributária saltou de 40%, em 1991, para 45% em 2003, *um indicador do acentuado grau de cumulatividade do sistema tributário brasileiro.* Mesmo com a extinção parcial da cumulatividade do PIS, a partir de 2003, e da Cofins, desde 2004, essa distorção foi apenas reduzida, mantendo-se ainda como uma questão pendente a ser resolvida.

Tabela 1
Composição da carga tributária brasileira, 1991-2003
(% do PIB)

Esferas de governo/tributos	1991	1995	1998	1999	2000	2002	2003
União	**16,72**	**20,01**	**20,41**	**22,14**	**22,47**	**24,84**	**24,21**
Orçamento Fiscal	**6,99**	**8,24**	**8,15**	**8,71**	**8,23**	**9,11**	**8,51**
❑ IR	3,64	4,82	5,22	5,67	5,43	6,72	6,41
❑ IPI	2,23	2,08	1,76	1,67	1,70	1,46	1,26
❑ Outros	1,12	1,34	1,17	1,37	1,10	0,93	0,84
Orçamento Seguridade	**7,88**	**9,45**	**9,78**	**10,97**	**11,96**	**12,88**	**12,95**
❑ Contribuição previdenciária	4,71	4,98	5,10	4,87	5,06	5,28	5,19
❑ Cofins	1,35	2,27	1,93	3,17	3,50	3,77	3,74
❑ CPMF	—	—	0,89	0,82	1,31	1,51	1,48
❑ CSLL	0,29	0,87	0,72	0,69	0,79	0,92	1,04
❑ PIS	1,07	0,91	0,78	0,97	0,87	0,83	0,94
❑ Outras	0,46	0,42	0,36	0,45	0,43	0,57	0,56
Outros tributos	**1,84**	**2,32**	**2,47**	**2,46**	**2,28**	**2,85**	**2,75**
❑ FGTS	1,34	1,51	1,84	1,79	1,70	1,67	1,60
❑ Cide-combustíveis	—	—	0,00	0,00	0,00	0,56	0,54
❑ Outros	0,50	0,81	0,63	0,67	0,58	0,52	0,61
Estados	**7,29**	**8,32**	**7,78**	**8,06**	**8,56**	**9,19**	**9,14**
❑ ICMS	6,87	7,31	6,66	6,97	7,47	7,83	7,73
❑ Outros	0,42	1,01	1,12	1,09	1,09	1,36	1,41
Municípios	**1,21**	**1,43**	**1,55**	**1,54**	**1,47**	**1,50**	**1,53**
❑ ISS	0,34	0,52	0,58	0,60	0,55	0,59	0,59
❑ IPTU	0,46	0,43	0,46	0,43	0,41	0,48	0,50
❑ Outros	0,41	0,48	0,51	0,51	0,51	0,43	0,41
Total	**25,21**	**29,76**	**29,74**	**31,74**	**32,49**	**35,53**	**34,88**

Fonte: Brasil, Secretaria da Receita Federal, dez. 2004 (*Estudos Tributários*, 11 e 13).

O avanço mais rápido das contribuições e dos impostos indiretos nessa estrutura contribuíram também para manter o sistema iníquo do ponto de vista da distribuição de seu ônus entre os membros da sociedade. Em 2003, enquanto os impostos indiretos (incluídas as contribuições), que são caracteristicamente regressivos, responderam por cerca de 80% da arrecadação, aos impostos diretos (renda e patrimônio) coube a participação de apenas 20% em sua geração. Dada essa composição, fica evidente que o sistema tributário brasileiro continua operando como um poderoso instrumento de concentração da renda e da riqueza no país.

Nesse processo, a Federação foi também afetada. O aumento da carga tributária abasteceu mais os cofres da União do que os dos governos estaduais e municipais, modificando a equação da distribuição do bolo tributário que brotou da Constituição de 1988. Em 1991, como resultado das mudanças introduzidas no capítulo tributário da Constituição, 66% da carga tributária extraída da sociedade foram arrecadados pela União, 29% pelos estados e cerca de 5% pelos municípios. Em 2003, a União viu aumentada sua participação para 70%, caindo a dos estados para 26% e a dos municípios para pouco mais de 4%. Em relação aos recursos efetivamente disponíveis, isto é, descontadas as transferências intergovernamentais, a participação da União evoluiu de 55,4% para 57,5% nesse período, enquanto a dos estados caiu de 28,2% para 25,5% e a dos municípios aumentou de 16,4% para 17,2%, conforme se constata na tabela 2.

Tabela 2

Carga tributária bruta: participação percentual por esfera de governo em anos selecionados

		Participação na arrecadação (%)			Participação no total (%)		
Ano	Carga tributária	União	Estados	Municípios	União	Estados	Municípios
1988	22,4	71,7	25,6	2,7	60,1	26,6	13,3
1989	24,1	67,5	29,9	2,7	61,1	25,0	13,9
1990	30,5	67,3	29,0	3,1	57,1	28,0	14,9
1991	25,2	66,3	29,0	4,7	55,4	28,2	16,4
1995	29,7	67,3	28,0	4,7	56,4	27,6	16,0
2000	32,5	69,2	26,3	4,5	55,5	25,6	17,8
2001	33,9	68,9	26,6	4,5	56,5	25,7	17,8
2002	35,5	69,9	25,9	4,2	57,1	25,5	17,4
2003	34,9	69,4	26,2	4,4	57,5	25,5	17,2

Fontes: 1988/89: Varsano et al., 1998; 1990-2003: Brasil, Secretaria da Receita Federal, dez. 2004, (*Estudos Tributários*, vários números).

Além da reconcentração de recursos na esfera federal, o sistema continuou — e continua — apoiado em critérios de partilha de recursos entre os entes da Federação que mais contribuem para aumentar do que para reduzir as diferenças existentes na capacidade de gasto orçamentário dos governos subnacionais.

Trabalho de Prado (2003) sobre o sistema de transferências de impostos no Brasil constata que, apesar do forte poder redistributivo do Fundo de Participação dos Estados (FPE) em prol das regiões e estados mais pobres, ele contribui para aumentar as desigualdades horizontais, isto é, entre os estados da mesma região. No caso dos municípios, o perfil da distribuição das receitas tributárias por habitante revela que os municípios com até 5 mil habitantes obtêm receita *per capita* superior à dos municípios que são capitais, onde são maiores as pressões e as demandas por políticas públicas. E ainda que o conjunto de municípios com até 10 mil habitantes registra receitas *per capita* superiores às do conjunto de médio porte (até 100 mil habitantes).

Essa reconcentração de recursos na órbita federal, juntamente com a preservação de um distorcido e inconsistente sistema de partilha de receitas tributárias, se deram num período em que aumentaram consideravelmente os encargos e as responsabilidades dos governos subnacionais, como resultado das novas funções que lhes foram atribuídas pela Constituição de 1988 e do processo de descentralização que se aprofundou nos anos 1990 em algumas áreas, como educação e saúde. Com suas finanças também prejudicadas pelo pouco crescimento da economia e pela implementação de uma política econômica que manteve permanentemente elevadas as taxas de juros, esses governos viram sua situação piorar progressivamente, comprometendo sua capacidade tanto de cumprir as novas responsabilidades quanto de dar prosseguimento ao desejável processo de descentralização das políticas públicas. A situação de endividamento de alguns dos principais estados da Federação, retratada na tabela 3, revela por que esses governos, mesmo com a saída gradual de cena do governo federal da provisão de algumas políticas públicas, têm encontrado dificuldades não só para cumprir suas atribuições mas também para com ele cooperar na implementação das políticas indispensáveis ao desenvolvimento.

É necessário conhecer as causas que levaram a essa situação e transformaram o sistema tributário num instrumento que prejudica o crescimento e mantém enfraquecida a Federação para identificar as dificuldades a serem enfrentadas para corrigir as imperfeições desse sistema, a fim de que este possa contribuir para que o Estado cumpra suas responsabilidades e, ao mesmo tempo, a Federação se fortaleça.

Tabela 3

Dívida consolidada líquida e receita corrente líquida, dez. 2003

(em bilhões de R$)

Estados	Dívida consolidada líquida	Limite do Senado Federal	Receita corrente líquida	DCL/RCL (%)
São Paulo	97,8	87,3	43,7	224,0
Minas Gerais	34,7	28,8	14,3	242,8
Rio Grande do Sul	35,4	23,6	9,7	262,9
Rio de Janeiro	38,9	42,3	19,2	203,2

Fonte: STN/Ministério da Fazenda.

Origem e causas das distorções do sistema tributário

A origem das dificuldades que o Estado enfrenta para implementar políticas essenciais ao desenvolvimento e que conduziram à progressiva deterioração do sistema tributário e ao enfraquecimento da Federação encontra-se nas mudanças introduzidas pela Carta Constitucional de 1988, nos capítulos tributário e dos direitos sociais, que ampliaram suas responsabilidades quanto aos direitos de cidadania.

Fruto de um Congresso Constituinte ávido por dar respostas às demandas da sociedade por mais descentralização e políticas sociais, após mais de 20 anos de autoritarismo, esse arranjo estabelecido pela Constituição, que procurou combinar o fortalecimento da Federação com a ampliação dos direitos dos cidadãos, enfrentou dificuldades para ser bem-sucedido, devido aos efeitos deletérios, sobre suas bases de financiamento, da crise econômica que se seguiu a sua promulgação e à distribuição inadequada de receitas e encargos entre os entes federativos que dela brotou.

De acordo com os objetivos que nortearam a elaboração da Constituição de 1988, a descentralização tributária (competências mais transferências) deveria prover os estados e municípios de recursos para fazerem frente às novas responsabilidades criadas pela universalização dos direitos sociais (educação, saúde, transportes etc.). Por seu turno, o financiamento dessa universalização de direitos — inclusive os previdenciários, de responsabilidade exclusiva da União — seria garantido pela diversificação das bases de financiamento com as novas contribuições previstas no art. 195 da Constituição. A ampliação dos direitos deveria ser, assim, sustentada pelo orçamento da seguridade social, criado pela Constituição, que reuniria os recursos provenientes das contribuições à seguridade e contaria também com dotações dos orçamentos estaduais e municipais, fortalecidos com os ganhos da descentralização tributária.

Não resta dúvida que a Constituição de 1988 foi pródiga na promoção de uma profunda descentralização tributária, que favoreceu fiscal e financeiramente estados e municípios em detrimento da União. A ampliação dos campos de competência tributária desses governos, acompanhada de um expressivo aumento das transferências constitucionais de receitas para eles realizadas, garantiu, por um lado, um aumento significativo de sua participação no bolo tributário. Entretanto, por não se ter aprovado um projeto negociado de distribuição de responsabilidades entre os entes federativos, visando adequá-los à nova realidade, o que ficou conhecido como *processo de descentralização manca* acarretou o enfraquecimento do orçamento federal. Esse *desequilíbrio* entre recursos e encargos, apesar de favorável aos governos subnacionais num primeiro momento, prenunciou problemas sérios não só para o equilíbrio federativo, mas também para o próprio atendimento das demandas da sociedade por bens públicos.

Isto porque o enfraquecimento do orçamento federal veio acompanhado da criação e ampliação dos direitos sociais e, portanto, de um aumento das responsabilidades na provisão de políticas públicas. No capítulo da seguridade social, que resultou da fusão dos benefícios concedidos pelo Estado nas áreas da assistência social, da saúde e da previdência, foi ampliado consideravelmente o número dos beneficiários, principalmente na área da assistência social, e introduzidas novas regras de aposentadoria que, por estabelecerem a migração do regime geral da Previdência Social (RGPS) para o regime estatutário, aumentaram bastante os encargos dos governos em geral com sua cobertura. Todavia, não vingou a proposta de que a ampliação desses direitos fosse sustentada pelo orçamento da seguridade social, criado pela Constituição, composto de recursos provenientes tanto das contribuições destinadas à seguridade quanto dos contemplados, para essa finalidade, nos orçamentos estaduais e municipais. Por um lado, a crise econômica dos anos 1990 impediu que os ganhos da descentralização tributária fossem apropriados como o previsto; por outro, o predomínio dos direitos individuais (previdenciários) sobre os coletivos (saúde e assistência) rompeu com o princípio de solidariedade que inspirou a diversificação das fontes de financiamento da seguridade à medida que a crise da economia aumentava o déficit previdenciário, o que levou também ao rompimento do conceito de seguridade (em 1993, lei federal determinara a exclusividade das contribuições sobre os salários no financiamento da previdência).

O *desequilíbrio* potencial entre receitas e encargos instituído pela Constituição de 1988, principalmente para o governo federal, conduziu-o, num primeiro momento, a adotar várias iniciativas que inaugurariam o que se pode chamar de *fase de desconstrução do federalismo* no país — que se prolonga até os dias atuais —, ao mesmo tempo que se mostrou perverso para a qualidade do sistema tributário, para o crescimento econômico e para a oferta de políticas sociais, que passaram a ser marcadas por grande incerteza.

O fato é que o governo federal, visando recuperar receitas e capacitar-se a atender às novas responsabilidades que lhe foram atribuídas, procurou promover um processo de "descentralização forçada", com a redução, em seu orçamento, das chamadas transferências voluntárias e de despesas antes financiadas por impostos de sua competência e que haviam sido transferidos para as esferas dos estados, caso dos impostos únicos (energia elétrica, minerais, combustíveis e lubrificantes) e especiais (telecomunicações, transportes rodoviários) e dar ênfase à exploração de tributos/contribuições não compartilhados com estados e municípios, com o objetivo de recuperar sua participação no "bolo tributário".

Esse movimento posto em marcha pelo governo federal acarretaria incertezas para as políticas públicas, já que a simples *renúncia* do governo federal em ofertá-las, com cortes no orçamento, não significava que os governos subnacionais as assumiriam, já que não existiam responsabilidades legalmente definidas nesse sentido; superposições na oferta de algumas políticas entre os distintos governos, com *desperdícios* de recursos públicos, uma vez que não se negociara a distribuição dessas responsabilidades; maior esforço fiscal-financeiro dos governos subnacionais, minando os ganhos obtidos com o novo capítulo da Constituição, na medida em que o governo federal se retirava unilateralmente de cena e piora da qualidade do sistema tributário, com o aumento progressivo, em sua estrutura, da participação das contribuições sociais, tributos com incidência em cascata desfavoráveis em termos de competitividade, neutralidade e eqüidade.

A crise em que mergulhou a economia brasileira nos primeiros anos da década de 1990, como resultado da implementação do Plano Collor, se encarregaria de fazer avançar esse processo de *enfraquecimento da Federação*. Por um lado, a recessão/estagnação da economia nesse período reduziu substancialmente as receitas dos governos estaduais e municipais, vinculadas ao movimento econômico (ICMS, ISS) e às transferências constitucionais do governo federal para os subnacionais (FPE e FPM), que dependem precipuamente da atividade produtiva, esvaziando parte dos ganhos obtidos com a Constituição. Por outro, a "descentralização forçada" de encargos realizada pelo governo federal para esses governos caminhou na contramão do comportamento das receitas, acentuando seus desequilíbrios. Por último, a política econômica restritiva implementada pelo governo federal, especialmente com a crise do Plano Collor, a partir de 1991, assentada em elevadas taxas de juros, aumentou consideravelmente os encargos financeiros da dívida, principalmente dos governos que já contavam com elevados níveis de endividamento mobiliário, casos mais notórios dos estados de São Paulo, Rio de Janeiro, Minas Gerais e Rio Grande do Sul. Em conjunto, essas forças explicam por que, mal revigorada com as mudanças introduzidas pela Constituição de 1988, a Federação brasileira entrou muito rapidamente num processo de enfraquecimento.

Com o fracasso do Plano Collor na luta antiinflacionária e o retorno de elevadas taxas de inflação durante o governo Itamar Franco, instalado após a conclusão do processo de *impeachment* de Collor em 1992, a preocupação com a estabilização voltou a se tornar dominante. Para alcançá-la, o governo lançaria, em 1º de julho de 1994, o Plano Real, um engenhoso programa de estabilização implementado em três etapas, que incluiu entre as precondições necessárias ao seu êxito, a construção de uma *âncora fiscal*. Dada a situação da economia e os acentuados desequilíbrios do setor público — aí incluído o segmento dos governos subnacionais —, o ajuste fiscal em que se apoiou o plano nos seus primeiros anos, além de precário, apenas deu continuidade ao padrão de ajuste predominante nos anos que se seguiram à promulgação da Constituição.

O governo federal, com mais ênfase, continuou se valendo, para garantir o fortalecimento de suas receitas, principalmente de uma maior exploração das contribuições sociais, cuja participação na geração de receitas aumentou ainda mais com a instituição, em 1994, do imposto provisório sobre movimentação financeira (IPMF), uma das principais peças incluídas no Fundo Social de Emergência (FSE), atual DRU, criado para garantir, ainda que precariamente, o ajuste fiscal que viabilizaria o Plano Real. A natureza desse ajuste inicial, cujas características se mantêm até hoje, produziu uma progressiva piora na qualidade do sistema tributário, com implicações deletérias para a competitividade da produção nacional, o crescimento econômico e a eqüidade.

Já no caso dos governos subnacionais, notadamente dos governos dos estados, os principais responsáveis pelos acentuados desequilíbrios do setor público, o governo federal, além de passar a envolvê-los compulsoriamente nos esforços de estabilização, procurou "fechar" os canais por onde, segundo sua análise, se esvaíam os recursos públicos. Com isso, acentuou-se o processo de enfraquecimento de suas receitas, ao mesmo tempo em que se ampliavam suas responsabilidades na oferta de políticas públicas, com o avanço mais coordenado do processo de descentralização, e se limitavam suas alternativas de financiamento, com a adoção de medidas impeditivas de geração de déficits públicos e de utilização da dívida, por esses governos, para tal finalidade. Entre as medidas adotadas que afetariam a situação dos governos subnacionais, cabe destacar:

- a criação do Fundo Social de Emergência (FSE) em 1994, posteriormente transformado em Fundo de Estabilização Fiscal (FEF), a atual Desvinculação de Receitas da União (DRU), com o objetivo de garantir recursos para a União e promover um ajuste fiscal provisório para o lançamento do Plano Real, que terminou impondo perdas de receitas a estados e municípios por um bom período;
- a edição da Lei Complementar nº 87/96 (Lei Kandir), que desonerou do ICMS as exportações de produtos agrícolas primários e semi-elaborados, bem como a aquisição de bens de capital, e que se traduziu também em perdas de receita para os governos subnacionais, já que o mecanismo de ressarcimento nela contemplado (o seguro-receita) revelou-se insuficiente para garantir sua compensação;

- o contrato de renegociação da dívida dos estados — e de alguns municípios-capitais — com a União, concluído em 1998, que, entre outras condições, estabeleceu o pagamento de encargos financeiros de até 13% da receita líquida real (RLR) da unidade federada, compromisso que assumiu o *status* de despesa obrigatória no orçamento, aumentando seu grau de rigidez; a proibição de contratação de novas dívidas, pela administração que fez a renegociação, até que sua RLR se equiparasse ao seu nível de endividamento e o compromisso de realização de um ajuste fiscal estrutural e a proibição de geração de déficits orçamentários;
- a aprovação da Lei de Responsabilidade Fiscal (Lei nº 101, de 4 de maio de 2000), que normatizou e legalizou várias matérias previstas no contrato da dívida acima referido, introduziu novas matérias de disciplina e responsabilidade fiscal dos governos em seus vários níveis, e estabeleceu instrumentos de punição — prisionais e administrativos — para os governantes e administradores que desrespeitassem seus termos;
- a aprovação, em setembro de 2000, da Emenda Constitucional da Saúde (EC nº 29/2000), que determinou a destinação de recursos dos estados e municípios, correspondentes, respectivamente, a 12% e 15% de suas receitas (impostos e transferências constitucionais), para o financiamento da saúde, aumentando seus compromissos e o grau de rigidez de seus orçamentos.

O legado da Constituição de 1988, aliado à situação da economia e à premência de criação de uma âncora fiscal para garantir o sucesso da estabilização condicionaram um tipo de ajuste fiscal de má qualidade, que tem se revelado altamente perverso, entre outras questões para o equilíbrio federativo no país, na medida em que não se procurou enfrentar, de forma consistente, a revisão do modelo vigente, redefinindo competências, responsabilidades e o sistema de partilha entre os entes federativos e adequando-os à sua nova realidade financeiro-fiscal.

Essa situação agravar-se-ia ainda mais a partir de 1999, quando o Brasil, por força do acordo assinado com o FMI para o triênio 1999-2001, se comprometeu a gerar elevados e crescentes superávits primários (inicialmente em torno de 3% do PIB) para o setor público consolidado — governo federal, empresas estatais, estados e municípios —, com o objetivo de impedir o crescimento descontrolado da dívida pública, superávits que adquiririam *status* de despesa obrigatória no orçamento. Do lado dos governos subnacionais, sua contribuição nesse processo foi garantida principalmente por meio do compromisso de pagamento dos encargos da dívida renegociada com a União e dos acordos firmados para o ajuste estrutural de suas contas. Do lado do governo federal, com a elevação sistemática da carga tributária e a redução dos investimentos públicos e das despesas não protegidas, no orçamento, por algum dispositivo legal constitucional, as chamadas *despesas discricionárias*. Tornados sagrados no orçamento desses distintos níveis de governo, os superávits primários assumiram a feição de *restrição orçamentária absoluta*, já que os demais gastos passaram a ser manejados como variável de ajuste para garantir o atingimento da meta para eles estabelecida.

A tabela 4 fornece uma boa visão da importância assumida pelo aumento da carga tributária, que saltou de 29,7% para 34,9% do PIB entre 1998 e 2003, a fim de garantir a geração de superávits primários destinados a conter e controlar o crescimento da dívida líquida do setor público (DLSP), como proporção do PIB, a partir de 1999. Excluída a contribuição das empresas estatais na sua geração, já que essas se valem, diferentemente do governo federal e dos estados e municípios, das receitas operacionais de suas atividades para obter os referidos superávits, o aumento da carga tributária foi, ano a ano, comparado ao seu nível registrado em 1998, superior — à exceção apenas do ano de 1999 — às metas atingidas. Isso significa que o ajuste fiscal que vem sendo realizado, como exigência do acordo firmado com o FMI, tem-se apoiado predominantemente no aumento das receitas tributárias, o que também tem contribuído para cobrir o aumento dos gastos obrigatórios do governo federal, juntamente com a redução dos gastos de caráter discricionário.

Apesar desse esforço, a relação dívida/PIB, contaminada pela trajetória desfavorável de outras variáveis que a influenciam — taxa interna de juros, câmbio e desempenho do produto interno bruto (PIB) — tem se mantido em expansão, como mostra a tabela 4. Em 2004, beneficiada principalmente pela maior tranqüilidade verificada no cenário externo, pelo crescimento real de 5,2% do PIB, pela obtenção de um superávit primário fiscal recorde de 4,62% do PIB e pela valorização do real frente ao dólar, conseguiu-se reduzi-la para 51,8% do PIB. Um cenário favorável, que, se não tiver continuidade, poderá exigir esforços adicionais em termos de geração de superávits ainda mais elevados.

Tabela 4
Variação anual da carga tributária em relação a 1998, superávits primários fiscais anuais e dívida líquida do setor público
(em % do PIB)

	Carga tributária bruta		Resultados primários anuais*		
Anos	% do PIB	Variação em relação a 1998	Com empresas estatais	Sem empresas estatais	DLSP/PIB
1998	29,7	—	—	—	—
1999	31,7	2,0	−3,2	−2,5	49,1
2000	32,5	2,8	−3,3	−2,2	48,8
2001	33,9	4,2	−3,5	−2,6	52,6
2002	35,5	5,8	−3,9	−3,2	55,5
2003**	34,9	5,2	−4,1	−3,5	57,2
2004	ND	—	−4,6	−4,0	51,8

Fonte: Banco Central do Brasil.
* (−) = superávit.
** Percentuais revistos em função do novo cálculo do PIB realizado pelo IBGE para o ano de 2003.

A verdade, porém, é que a natureza desse ajuste tem-se revelado altamente problemática para remover os principais óbices que têm travado a possibilidade de ingresso da economia brasileira numa nova etapa de desenvolvimento. Isto porque: a) a necessidade de garantir receitas para a geração do superávit primário tem impedido reformas mais profundas no sistema tributário, visando remover suas distorções e adequar sua estrutura às novas exigências do processo de globalização, ao redesenho de um novo modelo federativo e à questão da eqüidade; b) a exigência de geração de superávits restringiu a capacidade do setor público de realizar os investimentos necessários para garantir a infra-estrutura econômica e social e a alavancagem de investimentos privados necessários a uma nova etapa de desenvolvimento; c) a crescente inflexibilidade orçamentária limitou a capacidade dos governos, de maneira geral, de alocarem recursos, redefinirem prioridades e contribuírem para a criação das condições necessárias para a superação das dificuldades atuais; d) combinadas, a elevada carga tributária, a insuficiência de investimentos públicos e a incapacidade dos entes federativos de fazer avançar o processo de descentralização, garantindo a oferta de políticas públicas adequadas a essa nova etapa, inibem a possibilidade de superação dos constrangimentos enfrentados pela economia brasileira e, portanto, as perspectivas de retomada do crescimento de forma sustentada.

Além de perverso do ponto de vista dessas questões, esse ajuste começa a esbarrar (ou já esbarra) em limites evidentes: a) o nível da carga tributária, que se aproxima de 36-37% do PIB, indica o esgotamento dessa alternativa, principalmente se continuarem crescentes as necessidades de geração de maiores superávits; b) o estreitamento das despesas discricionárias no orçamento federal — atualmente reduzidas a menos de 10% — indica ser pequena a margem de manobra para o ajustamento dos gastos passíveis de contingenciamento e de cortes para garantir metas mais elevadas; c) as dificuldades financeiras em que se encontram mergulhados os governos subnacionais revelam atrofia da capacidade de oferta de políticas públicas essenciais a uma nova etapa de desenvolvimento.

Nesse quadro, não há como discordar de que o padrão de ajuste adotado, apesar dos resultados obtidos no controle das contas públicas, envolveu o governo numa *armadilha* que o impede de avançar na construção das bases essenciais ao desenvolvimento sustentado. Isto porque: a) com o ajuste, visa-se criar condições fiscais sustentáveis para o crescimento sustentado; b) contudo, para não perder receita e com isso comprometer as metas de geração de superávit federal, o governo federal tem evitado discutir e redesenhar um novo modelo de Federação, com redefinição de competências, responsabilidades, mudanças no sistema de partilha etc., que poderia abrir espaços para a recriação e/ou a ampliação de mecanismos de cooperação intergovernamental indispensáveis para garantir as condições de infra-estrutura econômica e social para uma nova etapa de desenvolvimento econômico e social e para aumentar a capacidade de implementação de políticas sociais do setor público; c) sem avançar na construção desse novo modelo, não se obtêm recursos para financiar uma nova etapa de desenvolvimento do país, ou realizar uma reforma tributária de profundidade, voltada para a remoção dos obstáculos que o sistema impõe a esse crescimento, porque mudanças dessa natureza afetam o contrato federativo; d) com isso, o ajuste termina atuando como uma permanente força anticrescimento e, mais grave, sem que se vislumbre solução para o desequilíbrio existente; e) sem crescimento, o país não consegue sanar seus problemas e dificuldades.

A superação desse quadro parece indicar que novas alternativas devem ser buscadas. Para isso, é indispensável criar condições que viabilizem um novo ajuste fiscal, divorciado das condições atuais que travam a retomada do crescimento e o avanço do processo de descentralização. Entre outras alternativas que se encontram em curso e em debate — parcerias público-privadas (PPPs), melhoria da gestão orçamentária, reestruturação/contenção do gasto público etc. —, a revisão do modelo de Federação, com a redefinição de competências, responsabilidades e adequação do sistema de partilha de recursos entre os entes federativos, uma questão até o momento ignorada nas propostas de reforma tributária, pode dar uma importante contribuição não só para recuperar a capacidade do poder público tanto de financiar investimentos quanto de implementar políticas públicas essenciais ao desenvolvimento, mas também para viabilizar a tão almejada reforma mais ampla e abrangente do sistema tributário.

Reforma tributária: caminhos do crescimento e da descentralização

Oportunidades e mudanças

Depois de 1993 foram várias as oportunidades perdidas para corrigir as distorções do sistema tributário e reequilibrar a equação da repartição de competências e encargos entre os entes federativos. Seja por problemas conjunturais, seja porque a política macroeconômica passou a ser orientada por objetivos de curto prazo, o fato é que não só se deixou de avançar nessa direção como esses problemas foram se intensificando e reforçando o papel do sistema como instrumento que limita a ação do Estado na implementação de políticas prioritárias ao desenvolvimento.

Em 1993, ano em que deveria ter início o processo da revisão da Constituição de 1988, consoante determinação nela estabelecida, uma alegada inexistência de um projeto mais consensual sobre seu conteúdo terminou adiando a discussão para 1994. Nesse ano, sob o argumento de ser grande o risco de que a estrutura tributária que poderia surgir da revisão prevista não atendesse às necessidades do programa de governo que assumiria o comando do país a partir de 1995, os candidatos à presidência da República e os partidos políticos acertaram um novo adiamento para 1995. Embora o presidente eleito,

Fernando Henrique Cardoso, tenha encaminhado ao Congresso Nacional uma proposta de reforma do sistema tributário, mediante a Proposta de Emenda Constitucional nº 175, o próprio governo federal tornou-se, rapidamente, o principal adversário do substitutivo apresentado por seu relator, deputado Mussa Demes (PFL-PI), pelo temor de perdas de receita num quadro de fortes desequilíbrios fiscais. Aprovado na Comissão de Reforma Tributária do Congresso Nacional no final de 1999, o substitutivo Mussa Demes ali permaneceu *adormecido* até o início do atual governo de Luiz Inácio Lula da Silva, que encaminhou nova proposta ao Congresso, na qual se descartava qualquer possibilidade de revisão do modelo de federalismo fiscal. Novamente focada no ajuste fiscal de curto prazo, essa proposta, que terminou sendo aprovada no final de 2003, na forma da Emenda Constitucional nº 42/03, limitou-se a garantir a prorrogação de instrumentos considerados vitais à preservação do ajuste e a aprovar a distribuição de maiores recursos para estados e municípios, via Cide-combustíveis e Fundo de Compensação às Exportações, visando obter o apoio de governadores e prefeitos. No mais, preservou-se, embora com algumas mudanças realizadas por meio de legislação infraconstitucional, praticamente intacta a mesma estrutura do sistema.

Se várias oportunidades foram perdidas para uma reforma mais abrangente do sistema, algumas mudanças nele foram introduzidas, ora para garantir a obtenção de recursos adicionais para o cumprimento de compromissos assumidos com a melhoria da situação das contas públicas, ora para mitigar os efeitos nocivos provocados pelo sistema de impostos sobre a produção, os investimentos e a competitividade das exportações brasileiras. No conjunto, as principais mudanças efetuadas, que se encontram retratadas no quadro a seguir, embora em alguns casos tenham contribuído para reduzir essas distorções, foram insuficientes para isso ou mais do que compensadas por outras que avançaram em sentido contrário. As dificuldades e resistências encontradas para aprovar melhorias mais profundas no sistema, ainda que restritas a objetivos como a redução do "custo Brasil" e a simplificação de sua legislação, explicam-se, em boa medida, por não se ter contemplado, nessa discussão, qualquer preocupação com a revisão do modelo federativo, o que poderia ter aberto caminhos para uma reforma mais abrangente e, com o fortalecimento da Federação, reforçado o papel do Estado na oferta das políticas públicas necessárias ao desenvolvimento.

Principais mudanças no sistema tributário após a Constituição de 1988

Anos	Fatos
1988	❑ A Constituição prevê, no art. 195, a criação de novas contribuições para o financiamento da seguridade social. ❑ Criação da Contribuição Social sobre o Lucro Líquido (CSLL), de acordo com a Lei nº 7.689/88.
1990	❑ Aumento da alíquota do Finsocial/Cofins para 2% e mudanças na forma de cobrança do PIS.
1991	❑ Criação da Cofins em substituição ao Finsocial.
1994	❑ Criação do Fundo Social de Emergência (FSE) e do imposto provisório sobre movimentação financeira (IPMF).
1995	❑ Reforma do imposto de renda das pessoas jurídicas (IRPJ).
1996	❑ Criação da contribuição provisória sobre movimentação financeira (CPMF) para o financiamento da saúde. ❑ Instituição de ressarcimento aos exportadores da cobrança do PIS e da Cofins, por meio de compensação do IPI. ❑ Criação de regime tributário para micro e pequenas empresas, o Simples. ❑ Aprovação da Lei Complementar nº 87/96 (Lei Kandir), por meio da qual foram desoneradas da incidência do ICMS as exportações de produtos primários, semi-elaborados, e a aquisição de bens de capital.
2002	❑ Criação da Cide-combustíveis.
2003	❑ Extinção parcial da cumulatividade do PIS e aumento da alíquota de 0,65 para 1,65%.
2004	❑ Extinção parcial da cumulatividade da Cofins e aumento da alíquota de 3% para 7,6%.

Os caminhos da reforma

Até o momento, as propostas de reforma tributária têm evitado enfrentar o desafio da construção de um novo modelo de federalismo fiscal no país. Com isso, têm inviabilizado as alterações necessárias para sintonizá-lo com as exigências do processo de globalização e de abertura da economia e para resgatá-lo como instrumento favorável ao crescimento econômico. Mudanças na área tributária afetam o contrato federativo e, na ausência de um projeto negociado sobre essa questão, tornam-se naturais as resistências a elas. Antes, contudo, de ser considerada um obstáculo à modernização do sistema, a revisão do modelo de federalismo deve ser vista como parte integrante e necessária para a solução desse problema, capaz de abrir perspectivas mais favoráveis para que o Brasil supere suas dificuldades. Para tanto, é necessário que a visão estreita dos compromissos assumidos com o ajuste fiscal de curto prazo, que tem obstado avanços nessa direção, seja substituída por uma visão estratégica de mais longo prazo, capaz de contribuir para a construção mais efetiva de fundamentos mais sólidos para o crescimento da economia e o fortalecimento da Federação.

Rezende (2003 e 2004) chama a atenção para o fato de que uma reforma abrangente do sistema tributário exige que sejam conciliadas quatro dimensões relevantes da política fiscal, de acordo com as argumentações anteriormente apresentadas: a) a austeridade fiscal, que atualmente vem sendo assegurada pela geração de superávits fiscais primários destinados a controlar o crescimento da dívida; b) a eficiência microeconômica, que se encontra comprometida, no Brasil, pela fragmentação das bases impositivas e pela existência de tributos que depõem contra a competitividade e prejudicam o processo de integração regional; c) o equilíbrio federativo, também prejudicado com o padrão de ajuste fiscal adotado pelo governo federal após a Constituição de 1988, combinado com a preservação de um distorcido e inconsistente sistema de partilha de recursos entre os entes da Federação *vis-à-vis* seus encargos; d) a capacidade do Estado de atender às demandas por políticas de desenvolvimento sustentável, o que exige o fortalecimento do processo de descentralização e a criação de mecanismos de cooperação intergovernamental, num quadro em que o papel regulatório do poder central vai se tornando dominante.

Sem descurar, portanto, dos compromissos com a disciplina fiscal, uma reforma mais abrangente do sistema tributário deve incluir objetivos como o de harmonização da estrutura tributária, revisão do modelo federativo e criação/fortalecimento dos mecanismos de cooperação intergovernamental.

Rezende (2003:17) lembra que o modelo tributário que brotou da reforma de 1966/67, ainda que refletindo outro contexto econômico, fornece exemplos importantes para as mudanças hoje necessárias, desde que adaptados à "nova realidade da globalização financeira, da abertura econômica e da integração continental". Naquela época, para enfrentar o problema da crise fiscal em que o Estado se encontrava mergulhado e capacitá-lo a contribuir para a promoção do desenvolvimento econômico, o sistema foi profundamente reformulado. Foram extintas figuras tributárias com incidência em cascata e criados mecanismos que permitiram equilibrar os interesses da Federação, reduzir disparidades regionais e locais e garantir ações públicas na modernização da infra-estrutura e no esforço de desenvolvimento, por meio da criação de instrumentos de cooperação financeira intergovernamental, sustentados pela arrecadação de impostos destinados a essa finalidade, como os incidentes sobre combustíveis, energia, minerais, transportes e comunicações.

Ainda que centralizador — o governo federal detinha controle total sobre a política tributária e sobre boa parte das decisões de gastos dos governos subnacionais —, o sistema que brotou da reforma revelou-se *funcional* para os objetivos pretendidos e para manter soldados os interesses da Federação: canalizou incentivos para os setores considerados prioritários para a acumulação; manteve um fluxo contínuo de recursos para a modernização da infra-estrutura, com a participação dos governos subnacionais; destinou recursos tributários para a redução das disparidades regionais de renda, e redistribuiu melhor o bolo tributário entre os entes que compõem a Federação.[1]

A crise fiscal e econômica que se instalou no Brasil no final dos anos 1970 e início dos 80 se encarregou, contudo, de minar as bases desse modelo. A substituição do governo militar por um governo civil, que se seguiu a esse processo, conduziu à elaboração de uma nova Carta Magna, de acordo com os ideais que presidiram a luta pela redemocratização no país. Na sua elaboração, orientadas pela *lógica da descentralização, as mudanças no capítulo tributário favoreceram estados e municípios*. Por outro lado, visando atender a demandas reprimidas por políticas sociais, os constituintes procuraram, no capítulo da seguridade social, garantir a ampliação de sua oferta para a população. Transferiu-se, contudo, a responsabilidade de definir a distribuição dos encargos que caberiam a cada ente federativo e a criação dos mecanismos de cooperação para o atendimento dessas demandas para lei complementar, o que acabou não ocorrendo. Em conseqüência, a reação do governo federal que se seguiu a esse arranjo, juntamente com a crise econômica que se instalou na economia brasileira na década de 1990 e com as exigências que surgiram com a implementação do Plano Real conduziram à degenerescência do sistema tributário, à implosão do conceito de seguridade social, para usar uma expressão de Rezende (2004) e ao enfraquecimento do federalismo e do processo de descentralização das políticas públicas.

[1] Para algumas dessas questões, ver Oliveira, 1991.

Para superar esse quadro, torna-se necessário, portanto, rever a estratégia que vem sendo adotada para reformar o sistema tributário. A reconstrução do modelo de federalismo não pode, nessa perspectiva, estar dissociada das mudanças necessárias para adequar o sistema às exigências colocadas pela realidade econômica atual, devendo-se procurar conciliar as várias dimensões da política fiscal anteriormente apontadas.

Além das melhorias que podem ser introduzidas no sistema para tornar a tributação direta (renda e patrimônio) mais justa, concluir o processo, iniciado com o PIS e a Cofins, de extinção dos impostos cumulativos na estrutura tributária brasileira e substituir o conjunto de impostos e atuais contribuições incidentes sobre o consumo de bens e serviços por um imposto sobre o valor agregado, de base ampla, cujos recursos seriam repartidos entre governo federal, estados e municípios, é uma exigência para se garantir a harmonização da estrutura tributária e dela remover as distorções que afetam negativamente a competitividade do país. Embora os critérios dessa repartição favoreçam estados e localidades mais desenvolvidos, já que o fato gerador desse imposto decorre do movimento econômico, o estabelecimento da sistemática de sua cobrança pelo princípio do destino (ou seja, do consumo) favoreceria estados e localidades menos desenvolvidos, com o sistema dotando-se, endogenamente, de mecanismos que contribuem para reduzir as disparidades existentes entre suas bases econômicas e tributárias.

Isso, entretanto, como aponta Rezende (2004), não seria suficiente para compensar as profundas disparidades existentes no país. Por isso, além das mudanças sugeridas no campo da tributação indireta, a reforma deve contemplar a estruturação de um sistema de transferências compensatórias, visando assegurar um padrão mínimo de capacidade de gasto orçamentário para que os entes da Federação se capacitem a atender às demandas da população por políticas públicas em condições menos desiguais. Uma profunda revisão do sistema de partilha das receitas tributárias, que tem o FPM como principal instrumento de suas distorções, aparece como um desafio que também deve ser enfrentado.

A reforma seria complementada com mais duas mudanças, para que o sistema gerasse forças para o desenvolvimento, contribuindo para superar as atuais dificuldades que limitam a ação do Estado e fortalecer os instrumentos manejados para se alcançar um melhor equilíbrio na Federação: uma mudança estabeleceria legalmente mecanismos de cooperação entre os entes da Federação para garantir a oferta de políticas públicas, com clara definição da contribuição e da participação de cada esfera, inclusive financeira, no processo; e outra estaria voltada para assegurar ações públicas direcionadas à redução dos desequilíbrios econômicos regionais.

Na primeira, é importante que sejam desenhadas políticas nacionais abrangentes, à semelhança do que foi feito no ensino fundamental, com o Fundo de Desenvolvimento do Ensino Fundamental (Fundef), e com o projeto em curso de sua extensão para a educação básica — o Fundo de Desenvolvimento da Educação Básica (Fundeb) — para áreas vitais ao desenvolvimento sustentável, como as da segurança, saneamento, meio ambiente, entre outras, dando condições ao Estado de cumprir suas novas responsabilidades. Isso implica a rediscussão e a redefinição do conceito de seguridade social, atualmente restrita às áreas da previdência, saúde e assistência, e também de suas bases de financiamento. Na segunda, seriam criados novos instrumentos para que a política de desenvolvimento regional voltasse a ser tratada como uma questão nacional, com o Estado reassumindo sua responsabilidade na sua implementação, por meio de investimentos nas áreas de infra-estrutura econômica, qualificação de recursos humanos e desenvolvimento tecnológico, por exemplo, visando reduzir os desequilíbrios econômicos inter-regionais e contribuir para o fortalecimento da Federação.

Sabe-se que não são pequenas as dificuldades para uma mudança dessa envergadura e que será necessário quebrar resistências e equacionar conflitos para a sua materialização. Mas sabe-se também que apenas com o enfrentamento dessas questões, o que, como já colocado, exige uma mudança de estratégia focada nos objetivos de curto prazo para uma visão transformadora de longo prazo, é que o Estado conseguirá se capacitar para o cumprimento de suas responsabilidades na etapa atual do desenvolvimento econômico e para reorientar e ajustar seus instrumentos nessa direção.

Biliografia

BRASIL. Secretaria da Receita Federal. *Carga tributária no Brasil 2003*. Brasília: Receita Federal/Coordenação Geral de Política Tributária, dez. 2004. (*Estudos Tributários*, 11 e 13).

OLIVEIRA, F. A. de. *A reforma tributária de 1966 e a acumulação de capital no Brasil*. 2. ed. Belo Horizonte: Oficina de Livro, 1991.

———. *Crise, reforma e desordem do sistema tributário nacional*. Campinas: Unicamp, 1992.

———. Fundef e saúde: duas experiências (virtuosas?) de descentralização. In: REZENDE, F.; OLIVEIRA, F. A. de. *Descentralização e federalismo fiscal no Brasil:* desafios da reforma tributária. Rio de Janeiro: Konrad Adenauer, 2003.

PIANCASTELLI, M.; PEROBELLI, F. *ICMS:* evolução recente e guerra fiscal. Brasília: Ipea, 1996. (Texto para Discussão, 402).

PRADO, S. Distribuição intergovernamental de recursos na Federação brasileira. In: REZENDE, F.; OLIVEIRA, F. A. de. *Descentralização e federalismo fiscal no Brasil:* desafios da reforma tributária. Rio de Janeiro: Konrad Adenauer, 2003.

REZENDE, Fernando. Modernização tributária e federalismo fiscal. In: ———.; OLIVEIRA, F. A. de. *Descentralização e federalismo fiscal no Brasil:* desafios da reforma tributária. Rio de Janeiro: Konrad Adenauer, 2003.

———. *Reforma tributária, federalismo fiscal e desenvolvimento regional*. Brasília, 2004. ms.

———; CUNHA, A. (Coords.). *Contribuintes e cidadãos:* compreendendo o orçamento federal. Rio de Janeiro: FGV, 2002.

———; ——— (Coords.). *O orçamento público e a transição de poder*. Rio de Janeiro: FGV, 2003.

VARSANO, R. et al. *Uma análise da carga tributária no Brasil*. Brasília: Ipea, 1998. (Texto para Discussão, 583).

9

ARRANJOS PRODUTIVOS LOCAIS COMO ESTRATÉGIA DE INTERIORIZAÇÃO DA ATIVIDADE ECONÔMICA, COM DINAMISMO E REDUÇÃO DAS DESIGUALDADES

*José Cesar Castanhar**

Observou-se no Brasil, ao longo da última década, um crescimento econômico muito mais acentuado em regiões periféricas, como Norte, Centro-Oeste e Sul, do que na região economicamente mais importante do país, o Sudeste. Em conseqüência, diminuiu o peso do Sudeste no PIB do país, enquanto aumentava a participação daquelas regiões, caracterizando o que se poderia chamar de um processo de gradual interiorização da atividade econômica brasileira.

Esse processo resultou, por um lado, do dinamismo do agronegócio brasileiro, que incorporou novas fronteiras à produção ao longo das últimas duas décadas, principalmente na região Centro-Oeste e no sul da Região Norte. Por outro, esse deslocamento da atividade econômica para o interior do país esteve associado ao dinamismo de aglomerações de micro, pequenas e médias

* Professor da Escola Brasileira de Administração Pública e de Empresas da FGV, trabalhando em linha de pesquisa sobre empreendedores de pequenas e médias empresas no interior do país.

empresas. Essas aglomerações, quando apresentam um razoável grau de coordenação interior, envolvendo articulação entre as empresas e entre essas e outras instituições públicas ou privadas, são denominadas "arranjos produtivos locais" (APLs).

Este capítulo examinará a natureza e a dinâmica de formação desses arranjos, analisará o papel que estes tiveram nesse processo de interiorização da economia brasileira e discutirá as possibilidades de aprofundamento desse processo e as dificuldades associadas.

Para tanto, apresenta, em sua segunda seção, uma análise das evidências sobre o grau de interiorização da atividade econômica ao longo da última década. A seção seguinte discute o referencial analítico no qual se enquadra o estudo dos APLs, começando com as diferentes visões de aglomerações produtivas encontradas na literatura, passando em seguida a uma descrição das categorias ou dimensões analíticas geralmente associadas aos APLs, com ênfase na governança dos arranjos, e concluindo com a descrição de algumas estruturas de governança adotadas em APLs brasileiros.

Na quarta seção, procura-se quantificar a dimensão que os APLs já adquiriram na economia brasileira, bem como avaliar o potencial de criação de novos APLs no país. Argumenta-se que o desenvolvimento dos APLs existentes, com vistas ao aumento de sua competitividade e sustentabilidade, bem como o apoio à criação de novos APLs dependem crucialmente da existência de políticas públicas eficazes e específicas para esse fim. Busca-se então identificar as políticas públicas existentes, analisando suas possibilidades e limitações.

Na última seção são apresentadas algumas conclusões e conjecturas. Destaca-se entre estas que a disponibilidade de empreendedores com visão estratégica e inovadores, disseminados em todas as regiões do país, talvez seja a grande vantagem competitiva do país, mais até do que a vastidão dos seus recursos naturais. A integração dessas aptidões empreendedoras em agrupamentos articulados como os APLs pode ser um importante instrumento para que o país fortaleça seu vigor econômico e retome sua capacidade de crescimento, com redução das desigualdades. Para tanto, todavia, é essencial que as políticas públicas voltadas para esse tema sejam efetivamente tratadas como estratégicas e prioritárias, e recebam recursos à altura de sua missão.

Evidências da interiorização

A combinação de uma política econômica excessivamente dependente de recursos externos com uma sucessão impressionante de crises internacionais, que afetaram os chamados mercados emergentes (eufemismo para países em desenvolvimento), cobraram um alto preço do Brasil em termos de crescimento econômico na última década. Assim, o país, que havia liderado o crescimento mundial ao longo de praticamente um século até o início da década de 1980 e que já tivera essa própria década considerada perdida em termos de crescimento econômico, colheu também um crescimento modesto na década seguinte.[1]

A tabela 1 apresenta os dados sobre o crescimento anual do PIB brasileiro de 1995 a 2004, período que cobre todo o governo anterior e os primeiros dois anos do atual governo e que marca também a vigência do Plano Real.

Tabela 1
Crescimento real do PIB, 1995-2004

Anos	Taxa de crescimento (% ao ano)
1995	4,22
1996	2,66
1997	3,27
1998	0,13
1999	0,79
2000	4,36
2001	1,31
2002	1,93
2003	0,54
2004	5,18
Média 1995-2004	**2,43**

Fontes: Ipea, Ipea Data, contas nacionais.

Assim, observa-se que, no período examinado, o crescimento econômico obtido foi não só modesto, em face do padrão histórico brasileiro de cresci-

[1] Segundo Serra e Afonso (1999), "a economia brasileira registrou o maior crescimento entre todas as nações do mundo, dos anos setenta daquele século aos anos setenta do século XX".

mento e das necessidades de crescimento do país, como irregular, alternando anos de crescimento razoável, como 1995 e 2000, com anos de crescimento medíocre, nos quais a taxa obtida ficou abaixo do crescimento da população, como em 1998, 1999, 2001 e 2003.

Entretanto, se no que respeita ao agregado do país o desempenho foi modesto, para dizer o mínimo, foi bastante desigual em termos regionais. De fato, quando se desagrega o crescimento econômico do país no nível estadual, encontram-se resultados bastante distintos, como pode ser visto na tabela 2.

Embora os dados da tabela cubram apenas o período 1995-2002, já que não estão disponíveis os dados desagregados por estado para os três últimos anos, a tendência observada nesse período deve ter sido mantida ou aprofundada. Assim, observa-se que estados de regiões periféricas, como Norte e Centro-Oeste, apresentaram taxas de crescimento anual no período bastante superiores à média nacional, como Amazonas (9,04%), Amapá (4,24%), Roraima (4,13%) e Rondônia (4,11%), na Região Norte, e Goiás (3,77%), Tocantins (3,20%), Mato Grosso do Sul (3,78%) e Mato Grosso (6,35%), na Região Centro-Oeste.[2] Também na Região Sul, que, embora apresente maior densidade e peso econômico em comparação com as regiões Norte e Centro-Oeste, não integra o "centro gravitacional" da economia brasileira, constatou-se que dois dos três estados que a compõem apresentaram crescimento anual acima da média nacional do período (Paraná, com 3,56%, e Santa Catarina, com 3,67%). Mesmo no "centro gravitacional" do país, a Região Sudeste, constatou-se resultado bastante distinto, com os dois principais estados ficando no mesmo nível ou abaixo da média nacional (Rio de Janeiro, com 2,33%, e São Paulo, com 2,18%) e os outros dois estados que compõem a região e que têm uma posição que poderia ser considerada mais periférica em relação à própria região apresentando resultado superior à média nacional (Minas Gerais, com 2,76%, e Espírito Santo, com 3,34%).

[2] Para efeito deste capítulo denomino regiões periféricas todas as macrorregiões, à exceção da Sudeste. A justificativa dessa definição é óbvia e simples: a Região Sudeste concentra a maioria esmagadora da atividade econômica do país e foi historicamente o motor do dinamismo do Brasil, com as demais regiões sendo "puxadas" por esse dinamismo. Argumento aqui que esse movimento está gradualmente se alterando nos últimos anos.

Tabela 2

Crescimento real do PIB, Brasil e unidades da Federação, 1995-2002

(em %)

Estados	1995	1996	1997	1998	1999	2000	2001	2002	1995-2002 (acumulado no período)	Média anual
Acre	4,13	3,81	1,46	4,06	3,61	4,25	4,54	4,78	35,03	3,83
Alagoas	–1,74	1,29	5,19	2,66	–0,07	1,93	1,72	0,49	11,90	1,42
Amazonas	22,58	14,80	11,04	1,15	2,92	9,30	4,18	7,90	99,86	9,04
Amapá	4,52	5,02	5,41	–0,54	2,39	5,66	5,72	5,95	39,45	4,24
Bahia	1,02	2,68	6,56	1,69	2,18	3,89	0,99	0,99	21,69	2,48
Ceará	1,52	3,93	3,62	2,14	1,69	4,01	–1,10	2,74	20,01	2,31
DF	3,52	2,62	4,46	2,84	3,16	3,23	2,50	2,68	27,91	3,12
Espírito Santo	0,43	6,03	1,74	2,85	2,68	7,00	0,44	5,79	30,08	3,34
Goiás	1,84	3,67	5,27	2,19	3,17	5,11	4,32	4,67	34,48	3,77
Maranhão	1,55	4,60	2,05	–5,51	4,37	5,05	1,91	2,42	17,22	2,01
Minas Gerais	3,17	5,42	3,66	0,59	1,62	5,09	0,09	2,61	24,38	2,76
Mato Grosso do Sul	4,96	3,36	4,33	3,17	2,43	2,06	8,10	2,00	34,60	3,78
Mato Grosso	1,95	3,97	5,58	7,21	8,67	7,84	6,69	9,11	63,68	6,35
Pará	0,03	1,10	2,90	2,21	4,71	5,14	4,66	3,61	26,98	3,03
Paraíba	4,01	3,08	3,24	–3,42	5,37	6,70	0,60	4,52	26,38	2,97
Pernambuco	4,38	0,33	4,06	–0,50	1,55	5,04	1,81	3,73	22,15	2,53
Piauí	1,98	4,68	0,89	1,75	3,25	3,27	1,25	0,72	19,16	2,22
Paraná	1,78	7,24	0,89	5,30	2,32	5,06	4,59	1,46	32,28	3,56
Rio de Janeiro	2,54	2,03	1,08	2,52	1,76	2,89	1,23	4,67	20,28	2,33
Rio Grande do Norte	4,63	3,06	6,27	2,30	3,21	4,10	1,36	2,30	30,60	3,39
Rondônia	3,34	4,00	1,15	–0,75	5,46	4,30	6,54	9,13	37,98	4,11
Roraima	4,74	4,28	3,46	–0,43	4,80	4,49	5,87	5,95	38,21	4,13
Rio Grande do Sul	–5,01	0,47	6,06	–0,53	3,00	4,44	3,03	1,22	12,95	1,53
Santa Catarina	5,77	4,11	5,25	0,58	3,83	4,62	3,88	1,39	33,37	3,67
Sergipe	1,03	4,31	7,18	0,88	1,28	3,28	0,30	3,22	23,40	2,66
São Paulo	4,68	2,65	3,84	0,32	0,36	3,71	1,18	0,82	18,85	2,18
Tocantins	4,34	3,60	3,92	3,94	3,28	3,65	0,42	2,54	28,70	3,20
Brasil	**4,22**	**2,66**	**3,27**	**0,13**	**0,79**	**4,36**	**1,31**	**1,93**	**20,17**	**2,32**

Fontes: Ipea, Ipea Data, contas nacionais e regionais.

Esses números constituem sólida evidência de que houve no país, nesse período, um processo de interiorização da atividade econômica, no qual o dinamismo da economia está sendo gradualmente transferido do seu centro tradicional, a Região Sudeste, para novos centros, a saber: as regiões Norte, Centro-Oeste e Sul. Esses resultados também mostram que o dinamismo econômico desses novos pólos econômicos serviu para amortecer, em certa medida, os efeitos das crises que o país enfrentou na última década e que, sem o dinamismo dessas regiões, os efeitos dessas crises teriam sido devastadores para a economia do país, como de resto observou-se em outros países emergentes atingidos pelas mesmas crises.[3]

Cabe observar ainda que, mesmo na Região Nordeste, tradicionalmente de menor dinamismo econômico, o desempenho no período foi bastante desigual. Assim, enquanto alguns dos estados principais da região, como Bahia e Ceará, tiveram desempenho muito próximos da média nacional e outros, como Alagoas, Piauí e Maranhão, ficaram abaixo da média nacional, outros estados da região apresentaram taxa de crescimento anual bem acima da média do país e da própria região. É o caso, por exemplo, dos estados do Rio Grande do Norte (3,39%), Paraíba (2,97%), Sergipe (2,66%) e Pernambuco (2,53%).

É razoável supor que esse processo de interiorização deva ter ocorrido no interior dos próprios estados, especialmente naqueles com maior densidade econômica, como São Paulo, Rio de Janeiro e Rio Grande do Sul. No interior desses estados, cujo crescimento econômico no período ficou abaixo ou muito próximo da média nacional, é possível identificar o surgimento de novos pólos de expressivo dinamismo e que devem ter contribuído para atenuar a queda de crescimento econômico, em relação à média nacional, observada no período. O pólo de extração de petróleo de Campos e Macaé, no Rio de Janeiro, a retomada do dinamismo do setor agropecuário no interior do estado de São Paulo, o fortalecimento dos pólos industriais nos setores metal-mecâni-

[3] Apenas para registro e comparação, cabe lembrar que a vizinha Argentina, abatida pelas mesmas crises que atingiram o Brasil, mesmo com o crescimento expressivo dos dois últimos anos, ainda não recuperou o nível de atividade de 1997.

co, de móveis e de calçados, no interior do Rio Grande do Sul, são evidências visíveis desse movimento.

O processo de interiorização da economia também pode ser verificado mediante outros indicadores, como a geração de empregos e a criação de empresas. A tabela 3 mostra que a criação de empregos formais ocorreu num ritmo muito mais intenso nas regiões periféricas (ou seja, todas, à exceção da Região Sudeste) do que na média do país, e que, no Sudeste, justamente a região de maior importância econômica, esse crescimento foi inferior à média do país. As maiores taxas de aumento do emprego formal ocorreram nas regiões Norte e Centro-Oeste, seguindo-se as regiões Nordeste e Sul. A tabela 3 mostra também que o ritmo de criação de empregos é significativamente maior no segmento de micro e pequenas empresas do que nos segmentos de médias e grandes empresas.

Tabela 3
Crescimento do emprego formal, por região e porte de empresas, acumulado no período 1995-2002
(em %)

Região	Micro (até 19 empregados)	Pequenas (20-99 empregados)	Médias (100-499 empregados)	Grandes (500 empregados ou +)	Total
Brasil	**42,19**	**23,51**	**11,74**	**11,26**	**20,75**
Norte	91,92	48,29	46,72	22,31	42,46
Nordeste	63,57	32,48	17,66	13,82	26,08
Sudeste	**31,47**	**17,05**	**4,65**	**6,48**	**14,15**
Sul	44,29	24,46	13,27	12,65	23,78
Centro-Oeste	76,24	51,82	36,21	26,25	42,75

Fonte: Cadastro Geral de Empregados e Desempregados (Caged) do Ministério do Trabalho e Emprego, 1995 a 2002.

O fato de os dados apresentados se referirem à variação percentual em relação à base inicial do período pode sugerir uma distorção nas conclusões, já que se estaria partindo de bases iniciais bastante diferentes. Ou seja, poder-se-ia argumentar que o emprego nas regiões Norte ou Centro-Oeste (ou o próprio crescimento do PIB estadual mencionado anteriormente) aumentou numa taxa muito grande, porque partiu de uma base pequena, e inversamente para a Região Sudeste. Outras evidências podem ser apresentadas para comprovar que, mesmo em termos absolutos, a mudança foi expressiva. Assim, Costanzi (2004:10-11), analisando também os dados do Caged, porém para um período maior (1992-2003), conclui que a participação da Região Sudeste no total de trabalhadores com carteira de trabalho assinada foi reduzida de 56,58% em 1992 para 55,56% em 2003. O autor constata, ademais, que dos cerca de 1,3 milhão de empregos formais gerados nesse período, 513 mil postos foram criados na Região Sudeste e os demais 787 mil empregos formais, nas outras regiões.[4]

A tabela 4 fecha o nexo das evidências apresentadas. Mostrou-se que, mesmo num período marcado por crises, as regiões mais periféricas, ou o *interior do país*, apresentou um expressivo dinamismo, com o PIB crescendo a uma taxa superior à média do país e do seu principal eixo econômico, o Sudeste, o que gerou empregos formais também a uma taxa superior à média do país e à Região Sudeste. Se bem que seja verdade que parte desse crescimento econômico deveu-se ao desempenho espetacular do agronegócio nas novas fronteiras agrícolas do país, forçando assim a interiorização da economia, uma outra justificativa (e ao mesmo tempo instrumento) desse crescimento econômico destacado observado no interior é a iniciativa dos empreendedores locais. Esses empreendedores se mobilizam, seja para aproveitar as oportunidades do agronegócio diretamente, seja para aproveitar as oportunidades indiretas decorrentes do agronegócio (na indústria e no setor de comércio e serviços, principalmente), seja ainda identificando e aproveitando outras oportunidades de negócio, nas regiões em que o agronegócio não foi a força motriz do crescimento do período. Essa ação dos empreendedores pode ser captada nas estatísticas de criação de empresas, como mostra a tabela 4.

[4] Segundo Costanzi, o emprego nas demais regiões (aqui denominadas periféricas) foi gerado da seguinte maneira: 282 mil postos na Região Sul, 222 mil na Região Centro-Oeste, 209 mil na Região Nordeste e cerca de 97 mil na Região Norte.

Tabela 4
Criação de empresas, por região e porte de empresas, acumulado no período 1995-2002
(em %)

Região	Micro (até 19 empregados)	Pequenas (20-99 empregados)	Médias (100-499 empregados)	Grandes (500 empregados ou +)	Total
Brasil	**39,68**	**26,22**	**10,11**	**15,33**	**38,34**
Norte	95,81	52,99	42,75	27,73	90,13
Nordeste	66,70	36,03	15,48	30,18	63,16
Sudeste	**28,78**	**19,71**	**2,89**	**7,87**	**27,78**
Sul	40,69	25,84	13,76	12,12	39,49
Centro-Oeste	72,40	56,35	34,30	29,55	70,99

Fonte: Caged do Ministério do Trabalho e Emprego, 1995 a 2002.

Assim, também para essa variável, constata-se um dinamismo muito maior nas regiões aqui denominadas periféricas, tanto em relação à média do país, quanto em relação à Região Sudeste. As regiões Norte e Centro-Oeste, mais uma vez, apresentam as maiores taxas de crescimento do número de empresas no período considerado, com 90% e 71%, respectivamente. Observa-se ainda que as regiões Nordeste e Sul também apresentam taxas de crescimento do número de empresas superiores tanto à média do país quanto à Região Sudeste. Constata-se também que o crescimento do número de empresas é muito mais intenso no segmento das micro e pequenas empresas do que no das médias e grandes, o que confirma o papel estratégico desse segmento de empresas na criação de novos negócios e, conseqüentemente, no crescimento econômico e na geração de empregos.

Procurou-se, até aqui, reunir evidências de que o mapa econômico do país passa por importantes transformações caracterizadas pela transferência crescente para o interior do país de setores com maior vitalidade econômica e, ao mesmo tempo, com maior capacidade de geração de empregos. Um ator fundamental dessa mudança é a figura do empreendedor local, que identifica e aproveita oportunidades, seja valendo-se do impulso dos setores dinâmicos da economia (como o agronegócio), seja tirando proveito das vantagens comparativas locais (como no caso do turismo e do próprio agronegócio), seja aperfeiçoando competências e recursos disponíveis localmente, ainda que de forma incipiente, e muitas vezes despercebidas. Essas iniciativas de empreendedores locais podem ser fortemente impulsionadas e fortalecidas pela própria proximidade de outros empreendedores e empreendimentos que reforçam e ampliam essas iniciativas, criando novas oportunidades. O adensamento desse conjunto de empreendimentos pode formar, num dado momento, uma aglomeração de empresas, que passam a representar uma força dinâmica em si. Esses aglomerados podem, eventualmente, se transformar em arranjos produtivos locais, expressão consagrada pela literatura recente sobre o tema. A próxima seção procura apresentar o referencial analítico para o estudo desses arranjos, no qual se inclui, principalmente, a identificação de suas dimensões estratégicas.

APLs: referencial analítico

A análise econômica convencional estuda as empresas e a atividade empresarial a partir de categorias analíticas como setores, complexos industriais, cadeias industriais ou produtivas, considerando pouco relevante sua localização. Não obstante, Alfred Marshall, um dos mais importantes economistas do século XIX, já chamava a atenção para o fato de que determinadas regiões apresentavam forte aglomeração de empresas de um mesmo setor. Em sua análise das razões dessa aglomeração, embora reconhecendo a existência de múltiplos fatores que a justificassem, Marshall (1982:232) enfatiza fatores locacionais mais tradicionais, como condições físicas, clima, solo, disponibilidade de matérias-primas, facilidades de acesso e escoamento da produção, entre outros. Apesar dessa contribuição seminal de Marshall, Cassiolato e Lastres (2004) observam que a dimensão espacial foi praticamente esquecida, por quase um século, pelas teorias hegemônicas na análise das estratégias empresariais. Segundo Isard (1956), essa omissão é justificada pelo próprio modelo intrínseco da análise econômica tradicional, que assume a perfeição e a hegemonia dos mercados na orientação de todas as decisões empresariais, o que resulta na irrelevância da dimensão espacial.

A dimensão espacial voltou a despertar interesse nos últimos anos, a partir da tentativa de se entender as razões que levaram ao surgimento de aglomerados de MPEs eficientes e competitivas em certas localidades. Os casos que inicialmente despertaram o interesse de pesquisadores e estudiosos e que se transformaram em referência para toda uma vertente da economia voltada para o estudo do desenvolvimento regional foram os distritos industriais existentes no norte e no nordeste da Itália — a chamada Terceira Itália — e o aglomerado de empresas de alta tecnologia e software que se localizaram na região da Califórnia, nos EUA, que veio a ser conhecida como vale do Silício.

Assim, segundo Cassiolato e Lastres (2004):

> na busca de um melhor entendimento sobre os fatores subjacentes ao melhor desempenho competitivo das empresas, verifica-se uma crescente convergência de visões entre as diversas escolas de pensamento. O foco de análise deixa de centrar-se exclusivamente na empresa individual, e passa a incidir sobre as relações entre as empresas e entre estas e as demais instituições dentro de um espaço geograficamente definido, assim como a privilegiar o entendimento das características do ambiente onde estas se inserem.

As diferentes naturezas e estágios das aglomerações industriais

Parece evidente que existem diferentes tipos e estágios de aglomerações empresariais, em função de determinadas características e dimensões que predominam num determinado momento. Essas características incluem aspectos como grau de integração e interação entre as empresas que integram a aglomeração, complexidade do processo produtivo, divisão do trabalho, existência ou não de processos inovativos continuados, existência ou não de instituições privadas ou públicas coordenando iniciativas coletivas do interesse das empresas que compõem a aglomeração, destino da produção, entre outros.

Segundo Paiva (2002), a constituição e o desenvolvimento dessas aglomerações podem ser resumidos em três momentos:

> O primeiro momento é o da aglomeração. Uma vez constituída, ela tende a se desenvolver deixando de ser uma mera aglomeração, e passa a ser um Arranjo Produtivo. E quando o arranjo produtivo toma consciência de si e coordena racionalmente o seu desenvolvimento, ele se transforma em Sistema Local de Produção (SLP).

Amaral Filho e outros (2002) observam que a literatura que trata das aglomerações empresariais criou uma diversidade de nomenclaturas para denominar essas aglomerações. Na literatura internacional, essa diversidade convergiu para três categorias fundamentais: *distrito industriais*, *milieu inovateur* (ambiente inovador) e *cluster*.

Embora reconhecendo que qualquer definição de distrito industrial não estará livre de controvérsia, Pyke, Becattini e Sengenberger (1990) o definem como "um sistema produtivo local, caracterizado por um grande número de firmas que são envolvidas em vários estágios, e de várias formas, na produção de um bem ou serviço homogêneo". Ainda segundo os autores, uma característica importante desse sistema é que grande parcela das empresas envolvidas no processo produtivo é de pequeno ou médio porte. Os aglomerados produtivos da denominada Terceira Itália foram identificados como casos que apresentavam essas características.

Uma característica importante, identificada no estudo dos casos empíricos e incorporada nas análises teóricas, é a percepção de que os distritos industriais são um fenômeno econômico e social. Ou seja, identifica-se uma estreita relação entre as esferas social, política e econômica no interior do sistema produtivo. Assim, a maneira de organização e atuação de cada uma dessas esferas influencia o funcionamento e a organização das outras. Dessa forma, o sucesso dos distritos depende não só da dimensão econômica (organização da produção, tecnologia, mercados, produtividade etc.), mas, em larga medida, também das dimensões social e político-institucional.

Assim, por exemplo, nos distritos industriais italianos, uma importante característica identificada é a cooperação. De fato, os estudiosos dessas experiências atribuem à cooperação desenvolvida pelas empresas desses distritos parte dos enormes ganhos competitivos obtidos. Tais ganhos puderam ser constatados pela elevada taxa de crescimento das exportações e pela grande capacidade inovadora da Itália nos anos 1980 e 1990 e que se originou, em boa parte, nesses distritos.

Cabe notar que a cooperação nos distritos italianos não é uma conseqüência de determinado arranjo produtivo ou de divisão do trabalho. Trata-se de uma cooperação multilateral, que inclui pequenas ou médias empresas, que são ou poderiam ser concorrentes, mas que, em conjunto, apresentam uma importante participação em alguma parte da cadeia produtiva. Esse tipo de cooperação, para funcionar adequadamente, pode depender da proximidade local, de um alto nível de confiança entre os atores e de um elevado senso de comunidade. De fato, Putnam (1996) argumenta que a velocidade e a consistência do processo de desenvolvimento e consolidação de um distrito industrial dependem do grau de consolidação da "comunidade cívica". É desta que brota a possibilidade de se acumular "capital social" nos arranjos produtivos.[5]

Essas características dos distritos industriais permite, ademais, segundo Pyke, Becattini e Sengenberger (1990), que estes apresentem elevada adaptabilidade e capacidade de inovação, combinadas à capacidade de satisfazer rapidamente à demanda (agilidade e flexibilidade), já que faz parte de sua lógica a utilização de força de trabalho e de redes de produção flexíveis. Assim, em vez de estruturas verticais e hierarquizadas, tem-se uma rede de relações horizontais, por onde se processa a aprendizagem coletiva e o desenvolvimento de novos conhecimentos, mediante a combinação de concorrência e cooperação. A interdependência e as inter-relações que se estabelecem entre as empresas têm caráter orgânico (em oposição a hierárquico ou imposto), o que permite que o conjunto dessas empresas adquira economias de escala, algo que, em princípio, só seria possível para grandes corporações.

A análise de aglomerações produtivas segundo a abordagem do *milieu innovateur* (ambiente inovador) reflete uma preocupação em identificar os elementos que podem, por um lado, contribuir para a sustentabilidade dos distritos industriais e, por outro, fornecer elementos para que outras regiões e locais elaborem e implementem seus próprios projetos de desenvolvimento de forma planejada, inovadora e sustentável. Essa corrente dispensa atenção especial à tecnologia, por considerá-la essencial no processo de transformações das últimas décadas.[6] Assim, enquanto a abordagem do distrito industrial privilegia a visão da comunidade cívica e a construção do capital social, a abordagem do *milieu innovateur* atribui às inovações uma certa autonomia e um papel determinante. Não obstante, o *milieu innnovateur* também pressupõe o surgimento e a existência de micro e pequenas empresas, mas desde que sejam inovadoras.

[5] Haddad (2004) define capital social como o ativo (ou qualidade) que permite aos membros de uma comunidade confiar um no outro e cooperar na formação de novos grupos ou na realização de ações em comum.

[6] Aydalot, 1986, apud Amaral Filho et al., 2002.

A preocupação da corrente de defensores dos *milieux innovateurs* é evitar os efeitos perversos que as regiões periféricas podem sofrer com a desintegração de sistemas de produção baseados no modelo fordista. Esse modelo pressupõe a produção em massa, obtida principalmente através da verticalização do processo produtivo. O processo de globalização e as experiências de reengenharia pelas quais passaram (e muitas continuam a passar) as grandes empresas multinacionais com freqüência resultaram na fragmentação do processo de produção, mediante estratégias de terceirização, *outsourcing* etc. Esse processo pode vir também acompanhado de uma desintegração espacial da produção, resultando no deslocamento das firmas, ou de parte delas, à procura de regiões que apresentem vantagens locacionais.

Com freqüência, nesse processo de desintegração vertical, a empresa mantém um núcleo estratégico, encarregado de pesquisa e desenvolvimento tecnológico, marketing e financiamento, na sua região de origem e transfere para regiões periféricas as operações relacionadas com a montagem do produto. Um fator preponderante para a escolha da região que vai receber essa atividade é o custo da mão-de-obra, o que pode tornar ilusória a vantagem de ter "atraído" uma grande empresa, já que esta pode facilmente transferir a produção para outra região, quando (e se) cessarem as vantagens comparativas identificadas inicialmente.

Ora, o *milieu innovateur* pode ser uma estratégia eficaz para se evitar a formação de uma industrialização sem vínculos permanentes com a região e, portanto, mais vulnerável. Segundo Maillat (1995), a construção de um *milieu innovateur* requer um processo continuado de transformações e ajustamentos. Esses processos são acionados por uma dinâmica de aprendizagem fundamentada em processos de interação. A lógica da interação é determinada pela capacidade dos atores de cooperarem entre si em relações de interdependência, principalmente pelo sistema de redes de inovação. A dinâmica de aprendizagem, por sua vez, traduz a capacidade dos atores de modificar seu comportamento em função das transformações do meio ambiente que os cerca. Desse processo de aprendizagem nascem novos conhecimentos, novas tecnologias.

Segundo Amaral Filho e outros (2002), o Groupe de Recherche Européen (Gremi) considera que um *milieu* (ambiente) é mais ou menos conservador, ou mais ou menos inovador, segundo as práticas e os elementos que o regulam. Isso quer dizer que os atores locais podem se ater apenas às "vantagens adquiridas", ou seja, aquelas naturais de uma região, ou procurar a renovação dessas vantagens, bem como a criação de novos recursos. Segundo Maillat (1995), os locais e regiões que optarem apenas pela manutenção das "vantagens adquiridas" estarão se candidatando ao declínio econômico, enquanto aquelas que optarem pela conquista de novas vantagens estarão mais próximas do sucesso ou da sobrevivência. A chave estaria na capacidade dos atores de um determinado *milieu* de compreender as transformações que ocorrem a sua volta, no ambiente tecnológico e no mercado, com vistas a transformar o seu próprio ambiente, independentemente do tamanho das empresas. A fase seguinte seria construir a capacidade de resposta às mudanças de tecnologia e mercado, o que requer a mobilização de conhecimento e demais recursos para modernizar a estrutura produtiva. Nessa fase é essencial a presença de fatores como "capacidade de interação" entre os atores, segundo as regras de cooperação/competição e dinâmica de aprendizagem, utilizando sempre o estoque de experiências acumuladas, caracterizando o que a literatura denomina trajetória *path-dependent*.

A estratégia de aglomerações produtivas baseada no *cluster* é definida por Rosenfeld (1996) como "uma aglomeração de empresas interdependentes concentrada num território geográfico delimitado, empresas essas ligadas por meios ativos de transações comerciais, de diálogo e de comunicação, e que se beneficiam das mesmas oportunidades e enfrentam os mesmos problemas". Ainda segundo Amaral Filho e outros (2002), o autor de maior influência no desenvolvimento do conceito de *cluster* parece ter sido Michael Porter (1990), embora o termo não conste nos títulos de seus inúmeros artigos até 1998. Tudo indica, contudo, que a estrutura de um *cluster*, como é veiculado sobretudo pelas empresas internacionais de consultoria, guarda estreita relação com a ferramenta analítica denominada "diamante", desenvolvida por Porter.[7]

A estratégia do *cluster*, tal como vista pela corrente porteriana, toma emprestados os conceitos de "pólo de crescimento" e "efeitos concatenados",

[7] Essa ferramenta é um esquema gráfico desenhado por Porter na forma de um diamante lapidado, cujos vértices correspondem aos fatores responsáveis pela criação de vantagens competitivas para uma indústria, nação ou região, a saber: a) estratégia, estrutura e rivalidade da empresa; b) condições dos fatores; c) setores conexos e de apoio; d) condições da demanda.

de Perroux e Hirschman, respectivamente, presentes na idéia de indústria-chave ou indústria-motriz, conjugados com uma cadeia produtiva que tem como propósito adicionar o máximo de valor possível. A idéia central é constituir uma ou várias indústrias-chave em determinada região, transformá-las em líderes do seu mercado, se possível internacionalmente, e fazer dessas indústrias a força motriz do desenvolvimento dessa região, através de uma mobilização integrada e total dos agentes situados na região.

Amaral Filho e outros (2002) observam que a estratégia de *cluster* está muito mais próxima da grande produção flexível do que propriamente da pequena produção flexível, sem discriminar, no entanto, micro e pequenas empresas. Assim, a abordagem de *cluster* se diferencia tanto da visão fordista tradicional, identificada com a grande indústria de produção em massa, quanto da visão predominante nos distritos industriais, identificada com a pequena produção flexível. Além disso, a estratégia de *cluster* está mais próxima da idéia de "modelo" propriamente dita, dado que assume um caráter mais normativo, enquanto as demais estratégias mencionadas são mais intuitivas (ou espontâneas). A evidência mais clara desse aspecto é o fato de se encontrar com freqüência na literatura sobre *cluster* a solução do "diamante", proposta por Porter, certamente uma solução normativa. Por outro lado, o *cluster* tem a vantagem de assumir uma forma menos difusa do que outros conceitos e modelos de desenvolvimento regional e local.

No Brasil, um dos mais importantes e reconhecidos esforços de análise e pesquisa empírica sobre os "arranjos produtivos locais" foi desenvolvido pelo Instituto de Economia da Universidade Federal do Rio de Janeiro, no âmbito do programa Rede de Pesquisa em Sistemas Produtivos e Inovativos Locais (Redesist). Um fundamento valioso do programa é reconhecer a importância que as micro e pequenas empresas (MPEs) podem ter na reestruturação produtiva, assim como no desenvolvimento de regiões e países. Esse papel pode ser ampliado e potencializado, quando associado a alguns desdobramentos, como:

- o reconhecimento de que o aproveitamento das sinergias coletivas geradas pela *participação dinâmica em arranjos e cadeias produtivas locais* efetivamente aumenta as chances de sobrevivência e crescimento, particularmente das MPEs, constituindo-se em importante fonte geradora de vantagens competitivas duradouras;

- os processos de aprendizagem coletiva, cooperação e dinâmica inovativa desses conjuntos de empresas assumem importância ainda maior para o enfrentamento dos novos desafios colocados pela difusão da chamada sociedade da informação ou era do conhecimento, crescentemente globalizada;
- o entendimento desse conjunto de questões passou a constituir uma das principais preocupações e alvos das novas políticas de promoção do desenvolvimento tecnológico e industrial, com ênfase especial nas formas e instrumentos de promoção de MPEs.

A abordagem utilizada enfatiza tanto a importância da organização social e política dos atores e a interação e cooperação entre eles, presentes na definição de distritos industriais, quanto o papel central da inovação, destacada no conceito de *milieu innovateur*. Os pesquisadores da Redesist optaram por definir de forma distinta duas categorias analíticas: os "sistemas produtivos e inovativos locais" (Spils) e os "arranjos produtivos locais" (APLs).

Assim, segundo Cassiolato e Lastres (2004), a expressão "sistemas produtivos e inovativos locais" (Spils) designa conjuntos de agentes econômicos, políticos e sociais, que, localizados em um mesmo território, desenvolvem atividades econômicas correlatas e apresentam vínculos expressivos de interação, cooperação e aprendizagem. Os autores observam ainda que os Spils geralmente incluem empresas — produtoras de bens e serviços finais, fornecedoras de insumos e equipamentos, prestadoras de serviços, comercializadoras, clientes etc., cooperativas, associações e representações — e demais organizações voltadas para a formação e o treinamento de recursos humanos, informação, pesquisa, desenvolvimento e engenharia, promoção e financiamento. *Já a expressão "arranjos produtivos locais" designa aqueles casos de sistemas fragmentados e que não apresentam significativa articulação entre os agentes.*

Os autores defendem que, do ponto de vista metodológico, a análise baseada em noções como a de arranjos produtivos locais pode auxiliar na superação de problemas tratados por abordagens tradicionais, geralmente baseadas em análises setoriais, que têm se mostrado crescentemente insuficientes e até inadequadas. Assim, a abordagem baseada em arranjos produtivos locais permite:

- levar em conta as especificidades locais das diferentes atividades, o que é particularmente compreensível se lembrarmos que as dinâmicas dos produtores de couros e calçados, por exemplo, variam muito segundo sua localização (Sul, Sudeste, Nordeste; pequenos, médios ou grandes municípios etc.);

- reconhecer que a base de competitividade das empresas em qualquer arranjo produtivo não se restringe a um único setor, estando fortemente associada a atividades e capacitações "para a frente" e "para trás" ao longo da cadeia de produção. Incluem *design*, controle de qualidade e atividades relativas a marketing e comercialização, além de uma série de atividades ligadas a geração, aquisição e difusão de conhecimentos;
- beneficiar-se de maneira mais eficaz do fato de que a mudança técnica, num determinado setor, torna-se mais dependente de conhecimentos e capacitações de outros setores e de tecnologias-chave.

Essa crescente penetração das novas tecnologias, desde a pesquisa e desenvolvimento até as cadeias de produção e distribuição, tem implicado uma interdependência ainda maior das atividades. Assim, a crescente complexidade e o entrelaçamento das atividades produtivas vêm contribuindo para dificultar a demarcação de fronteiras setoriais, o que faz dos sistemas ou arranjos produtivos locais, uma categoria de análise e um objeto mais adequado e eficaz de políticas públicas.

Independentemente da diversidade de nomenclatura e das categorias analíticas associadas a aglomerações empresariais, o que há em comum entre elas é o reconhecimento de que essas aglomerações, como quer que sejam denominadas, são um poderoso e eficaz instrumento para impulsionar o desenvolvimento regional e nacional a partir de ações locais. E que, nessas aglomerações, as micro, pequenas e médias empresas exercem um papel central. Além disso, as políticas públicas voltadas tanto para o apoio ao desenvolvimento regional quanto para o desenvolvimento de ciência e tecnologia, como a própria política industrial, cada vez mais utilizam essas aglomerações empresariais como objeto (e instrumento), complementando e, eventualmente, até substituindo uma abordagem baseada em setores ou empresas individuais.

A terminologia que prevaleceu no Brasil para essas aglomerações foi *arranjos produtivos locais (APLs)*, presente nas análises teóricas, nos estudos empíricos e nas iniciativas de políticas públicas. Talvez a única distinção que valha a pena fazer, uma vez que pode ser importante tanto para a análise teórica quanto para os estudos empíricos e para o desenho das políticas públicas, seja a sugerida por Amaral Filho e outros (2002), que utilizam uma categoria mais simples, que denominam "núcleos produtivos locais" (NPLs), para se referirem apenas às aglomerações de micro e pequenas empresas, e reservam a classificação "arranjo produtivo local" para o núcleo produtivo ou aglomeração de empresas, no qual já estejam presentes atributos de organização social e institucional. Esses atributos, por seu turno, pressupõem a existência de, pelo menos, três elementos: capital social, organização produtiva e articulação político-institucional. É a presença desses atributos que, segundo os autores, possibilita a realização da produção social, transformando os núcleos produtivos menos estruturados em arranjos produtivos para assegurar a sustentabilidade e o desenvolvimento do arranjo. Os autores observam que a dinâmica do surgimento desses atributos deve ser específica a cada núcleo produtivo, porém evolucionária para todos os núcleos.

Na mesma linha de análise, Santos, Diniz e Barbosa (2004) destacam o papel que o apoio governamental, através de políticas públicas específicas de suporte aos APLs, pode e deve desempenhar no processo de transformação de aglomerados tradicionais.[8] Segundo esses autores, pode-se mesmo definir o processo de criação de APLs da seguinte maneira:

Aglomeração + representante legítimo + apoio público ➠ APL

No esquema, o conceito de aglomeração é análogo ao de núcleo produtivo local, e a representação legítima corresponderia à articulação político-institucional no esquema proposto por Amaral Filho e outros (2002).

Para concluir esta breve síntese do referencial teórico sobre o tema, vale a pena apresentar a definição de APLs adotada pelas diversas agências governamentais com políticas voltadas para o tema e que se tornou também uma definição de base no próprio meio acadêmico:

> "arranjos produtivos" são aglomerações de empresas localizadas em um mesmo território, que apresentam especialização produtiva e mantêm algum vínculo de articulação, interação, cooperação e aprendizagem entre si e com outros atores locais, tais como governo, associações empresariais, instituições de crédito, ensino e pesquisa.

[8] Os núcleos denominados arranjos produtivos locais por Amaral Filho et al., 2002.

Nas várias classificações, definições e modelos de aglomerações empresariais apresentados nesta seção até se chegar à denominação "arranjos produtivos locais", uma série de conceitos e categorias analíticas foram mencionados ou estiveram subjacentes, como: cooperação, interação, capital social, atores locais, articulação institucional, território e territorialidade, conhecimento tácito, aprendizagem, vantagens competitivas, sustentabilidade, entre outros. Essas dimensões ou categorias podem ser vistas como atributos, cuja presença em maior ou menor grau determina a natureza e a trajetória de determinado APL. Além disso, as análises com vistas à formulação de políticas públicas de apoio a APLs, pressupõem a possibilidade de interferir nos APLs existentes (ou potenciais), estimulando o surgimento ou o fortalecimento desses atributos e, conseqüentemente, o fortalecimento dos APLs. Logo, uma tarefa analítica importante é exatamente identificar e definir essas dimensões e categorias analíticas de maneira abrangente e sistemática, bem como analisar o papel de cada uma delas na criação e na trajetória dos arranjos. Este é o objetivo da próxima seção.

As dimensões analíticas que constituem atributos dos APLs

Na definição formal de APL apresentada anteriormente, o primeiro conceito que se destaca é o de *território*. Embora a definição desse conceito pareça óbvia à primeira vista, Tania Bacelar (2004) observa que a noção de território, quando associada a APLs, não se refere apenas à sua dimensão material (ou geográfica), incluindo também a noção de um campo de forças, uma teia ou rede de relações sociais que se organizam em determinado espaço.

Tentando dar à definição um cunho mais operacional, Gustavo Morelli (2004), define *território* como recortes do espaço geográfico que:

- possua sinais de identidade coletiva (culturais, econômicos etc.);
- mantenha ou tenha capacidade de promover convergência em termos de expectativas de desenvolvimento;
- promova ou seja passível de uma integração econômica e social no âmbito local;
- seja definido também pela existência e distribuição das redes de atores locais.

E apresenta como exemplos de territórios, a partir da definição anterior:

- rua 85, em Goiânia;
- APL de Móveis em Ubá, MG;
- Zona Leste de São Paulo;
- estrada Real (que cruza os estados de Minas Gerais e Rio de Janeiro);
- região do Cariri (Paraíba);
- região de Managé (que abrange os estados de Minas Gerais, Rio de Janeiro e Espírito Santo).

Uma categoria analítica relacionada a território, porém mais complexa, é apresentada por Cassiolato, Szapiro e Lastres (2004), citando M. Storper. Este autor propõe uma taxonomia de sistemas produtivos a partir da análise da *territorialidade* das atividades econômicas. A *territorialidade* está ligada a interdependências específicas da vida econômica e não pode ser definida meramente como localização da atividade econômica. Destaca-se, nessa abordagem, a dependência da atividade econômica de recursos territorialmente específicos. As relações de proximidade geográfica constituem, assim, ativos específicos valiosos, na medida em que são necessárias para a geração de externalidades positivas num sistema econômico. Assim, um arranjo produtivo é considerado totalmente territorializado quando sua viabilidade econômica está *enraizada* em ativos (que incluem práticas e relações) que não estão disponíveis em outros lugares e que não podem ser fácil ou rapidamente imitados ou criados em lugares que não os têm.

A definição de *sistema produtivo local* proposta pela Redesist, lembram Cassiolato, Szapiro e Lastres (2004), também destaca a importância do conceito de territorialidade, lembrando que esta é fundada em interdependências, específicas da vida econômica, de cunho local, em que trabalho e tecnologia ocupam papel estratégico. Na verdade, esses autores consideram que a capacidade de geração, aquisição e uso de conhecimentos é vital para o maior enraizamento das atividades produtivas e, conseqüentemente, para sua territorialidade. Argumentam também que as políticas nacionais de desenvolvimento científico e tecnológico têm um papel fundamental no enraizamento de atividades mais nobres. Observam que, na experiência internacional recente, a maior ou menor territorialização das atividades ao longo das cadeias globais tem sido condicionada pela maior ou menor capacidade dos diferentes governos de desenhar e implementar políticas pertinentes. Tais políticas, particularmente nos países em desenvolvimento, devem partir do pressuposto de que simplesmente possuir recursos naturais escassos não define territorialização no quadro atual do capitalismo.

Essa análise remete à discussão mais ampla sobre *a competitividade e a sustentabilidade* de arranjos produtivos locais. Segundo Crocco (2004), a sustentabilidade de um APL pode ser definida como sua capacidade de proporcionar desenvolvimento sustentado à região em que se situa. Embora o próprio conceito de desenvolvimento envolva alguma controvérsia, o autor sugere que este pode ser medido por:

- redução das desigualdades sociais e regionais;
- inovação tecnológica;
- expansão e modernização da base produtiva;
- crescimento do nível de emprego e renda;
- redução da taxa de mortalidade de micro e pequenas empresas;
- aumento da escolaridade e da capacitação;
- aumento da produtividade e da competitividade;
- aumento das exportações.

O autor propõe as seguintes questões: para proporcionar desenvolvimento sustentado, todo APL deve ser capaz de produzir todos esses efeitos, ou apenas alguns deles? Todos APLs, de diferentes setores, em diferentes regiões e com distintas capacitações, são capazes de gerar esses efeitos? Analisando e comparando os casos dos APLs calçadistas de Nova Serrana (MG) e Novo Hamburgo (RS), Crocco (2004) chega a conclusões interessantes.

O APL de Nova Serrana se desenvolveu ao longo de três décadas, com pouco ou nenhum apoio governamental, apresentando pequena cooperação entre as empresas do arranjo, pequena ou nula inovação tecnológica e forte dependência da informalidade. Ao longo desse período, o APL não se inseriu nos mercados globais, tendo toda a sua produção voltada para o mercado interno. Não obstante, observa o autor, a região de Nova Serrana apresentou uma significativa melhoria social no período, com a proporção de pobres caindo de 83,9% da população em 1970 para 12,2% em 2000, e o IDH do município evoluindo do 170º lugar em 1970 para 25º lugar em 2000, num universo de 431 cidades com população entre 30 mil e 50 mil habitantes em 2000.

O autor observa que o resgate dos elementos básicos da aglomeração, que esteve na base do crescimento do setor calçadista em Nova Serrana nesse período, permitiu ao APL ser *um* dos instrumentos de desenvolvimento, sem necessidade de ter inserção internacional e ser inovativo. O problema é que a sustentabilidade desse tipo de desenvolvimento pode ser ameaçada mais freqüentemente, e por fatores externos ao APL. Como exemplos, Crocco cita a competição externa, que pode ameaçar a viabilidade econômica do arranjo e os processos de migração interna, que provocam inchaço na periferia da cidade, deteriorando os indicadores sociais.

Em comparação, o APL de Novo Hamburgo se desenvolveu incorporando inovações tecnológicas, melhoria de produtos e de processos e com aumento da inserção internacional, o que resultou em maior competitividade. Essa característica do APL reduz, mas não elimina, sua vulnerabilidade a fatores externos e, portanto, a ameaça à sua sustentabilidade. O setor calçadista de Novo Hamburgo enfrenta atualmente problemas decorrentes da valorização da taxa de câmbio, que reduz a competitividade internacional de seus produtos.

O autor conclui que a competitividade é importante para a sustentabilidade de um APL, mas que esta não depende apenas de ações ou estratégias internas ao arranjo. De fato, o autor lembra que fatores externos ao APL, como existência e efetividade de um sistema nacional de inovação, ambiente macroeconômico e regime regulatório, velocidade de mudança na fronteira tecnológica e determinadas características setoriais, têm a mesma importância na determinação da competitividade de um APL do que fatores internos ao APL, *principalmente em países periféricos*.

Santos, Diniz e Barbosa (2004) classificam as vantagens competitivas dos APLs em duas categorias, conforme sua fonte. As mais evidentes, denominadas economias passivas, são aquelas em que os ganhos se originam de reduções nos custos do transporte, da proximidade de clientes ou fornecedores, de urbanização e da infra-estrutura gerada por esta última. Menos visíveis, mas talvez mais importantes, são aquelas denominadas economias ativas, e resultam, em geral, do *acúmulo e do intercâmbio de conhecimento tácito* ao longo do tempo, numa mesma localidade. Citando Garcez (2000), os autores mencionam que a formação de *redes de cooperação entre firmas* localizadas na mesma região tem forte influência na capacidade de aproveitamento do *conhecimento tácito*. A *interação* das empresas é considerada, então, uma forma de aquisição do conhecimento tácito visando à melhor adaptação ao mercado, mediante processos de *learning-by-doing*, *learning-by-using* e *learning-by-interacting*. A discussão sobre competitividade e vantagens competitivas introduz, como se vê, um novo conjunto de categorias analíticas, como *cooperação*, *redes e conhecimento tácito*.

Santos, Diniz e Barbosa (2004) observam que *cooperação* é um conceito que possui vários significados, sendo necessário diferenciar entre esses vários tipos para que se entenda o papel que podem desempenhar nos APLs. Em particular, é importante distinguir entre:

- a cooperação coordenada por uma instituição representativa de associação coletiva com autonomia decisória;
- a cooperação caracterizada pela colaboração feita para atender a objetivos específicos, na qual as partes não têm autonomia decisória fora do tema que é objeto da negociação.

Chama-se ao primeiro tipo de cooperação multilateral. Esse tipo pode ser exemplificado por um sindicato, uma associação de produtores, uma cooperativa de crédito, um consórcio de exportação, um centro de tecnologia ou de treinamento de mão-de-obra gerenciado em conjunto por várias empresas ou associações etc. O segundo tipo de cooperação é denominada bilateral e pode ser exemplificado como relações formais ou informais de troca de conhecimentos, compra de tecnologia, *joint ventures*, desenvolvimento conjunto, relações de longo prazo entre cliente-fornecedor.

No que diz respeito aos APLs, inspirados na experiência dos distritos industriais italianos, a cooperação não é uma conseqüência natural da estrutura produtiva e de mercado de um setor, pois se assenta sobre empresas que são ou poderiam ser concorrentes. Trata-se, em geral, de cooperação do tipo multilateral e que envolve, necessariamente, a presença de pequenas ou médias empresas, que, em conjunto, apresentem importante participação em alguma parte da cadeia produtiva. Esse tipo de cooperação, para funcionar adequadamente, pode depender muito da proximidade local, de um alto nível de confiança e de um elevado senso de comunidade.

Um elemento catalisador dessa cooperação pode ser a criação e o compartilhamento de *conhecimento tácito*. Esse tipo de conhecimento é assim definido em oposição ao conhecimento mais tradicional, que pode ser denominado "codificado". Trata-se de um conhecimento que pode beneficiar ao conjunto das empresas de um APL e que, ao mesmo tempo, não está presente em uma empresa específica. Está ligado, principalmente, a atividades criativas, artesanais, técnicas ou gerenciais e pode resultar em:

- rápida criação, difusão, comparação e teste de matrizes analógicas de gestão, comercialização, processos produtivos e de tendências de produto pelas empresas e pela mão-de-obra;
- acesso facilitado por cooperação ou relações de confiança ao conhecimento de empresas concorrentes ou não-concorrentes e que possuem conhecimento complementar;
- compartilhamento de experiências e conhecimentos pessoais pela proximidade de convívio;
- troca de informações e desenvolvimento de estratégias conjuntas no relacionamento com fornecedores e no acesso a mercados e clientes.

O efetivo exercício dessas interações pessoais, sociais e empresariais, que permite o compartilhamento desse conhecimento tácito, requer, por seu turno, a presença de determinadas condições e características sociais e culturais na comunidade, que constituem tipos de capitais intangíveis. Haddad (2004) apresenta uma lista desses capitais intangíveis que são importantes para o desenvolvimento e a consolidação de um APL, como mostra o quadro 1:

Quadro 1
Formas de capital tangível

Forma de capital intangível	Definição
1. Capital cívico	A tradução de práticas de políticas democráticas, de confiança nas instituições, de preocupação pessoal com os assuntos públicos, de associação entre as esferas públicas e privadas etc.
2. Capital social	O que permite aos membros de uma comunidade confiar um no outro e cooperar na formação de novos grupos ou realizar ações em comum.
3. Capital institucional	As instituições ou organizações públicas e privadas existentes na região: seu número, o clima das relações interinstitucionais (cooperação, conflito, neutralidade), seu grau de modernidade.
4. Capital sinergético	A capacidade real ou latente de toda a comunidade para articular democraticamente as diversas formas de capital intangível disponíveis nessa comunidade.

A *governança*, categoria analítica discutida a seguir, talvez seja a dimensão dos APLs que resuma e inclua todas as categorias e dimensões apresentadas anteriormente. Trata-se da maneira pela qual os diferentes atores que compõem o APL, incluindo empresas, organizações públicas e a comunidade local em seu conjunto, articulam seus interesses, definem objetivos e desenvolvem instrumentos de ação coletiva. Com freqüência, uma das dimensões utilizadas na classificação ou análise das características dos APLs é a forma e a eficácia de sua *governança*. Uma definição mais formal de governança em APLs é proposta por Suzigan (2004), como "a capacidade de comando ou coordenação que certos agentes (empresas, instituições, agente coordenador) exercem sobre as inter-relações produtivas, comerciais, tecnológicas e outras, influenciando decisivamente o desenvolvimento do sistema ou arranjo local". Um aspecto importante do estudo da governança dos APLs é que existem vários tipos ou estruturas de governança, que sua forma e sua própria existência dependem de um conjunto de fatores que caracterizam cada sistema ou arranjo, e que estruturas de governança nem sempre podem ser criadas, e muito menos impostas.

O desenvolvimento de determinada estrutura de governança resulta, como lembra Suzigan (2004), da presença e do grau de influência de um grande número de fatores, como:

- número e tamanho das empresas presentes no APL — predomínio de grande número de micro e pequenas empresas ou poucas grandes empresas dominantes;
- natureza do produto ou da atividade econômica do APL, bem como da respectiva tecnologia — possibilidade de divisão de trabalho; formação de rede de fornecedores especializados ou de cadeia produtiva; necessidade de cooperação em atividades estratégicas;
- forma de organização da produção — integração vertical; subcontratação ou terceirização; redes de produção com fornecedores especializados; grupos de empresas comandadas por empresa-líder; pequenas empresas autônomas;
- forma de inserção nos mercados — vendas diretas e redes próprias; subordinação a grandes varejistas nacionais ou internacionais ou a cadeias globais de suprimento;

- domínio de capacitações e ativos estratégicos de natureza tecnológica, comercial (marcas e canais de distribuição), produtiva ou financeira;
- instituições existentes no APL: densidade, grau de desenvolvimento, interação com o setor produtivo;
- contexto social, cultural e político predominante no APL, o qual condiciona a existência de solidariedade, coesão social, confiança e a emergência de lideranças locais.

A partir do tipo de fator presente no arranjo e da influência que exerce, é possível identificar algumas estruturas de governança típicas, como mostra o quadro 2.

Quadro 2
Estruturas de governança típicas

Categoria	Características principais	Exemplos típicos
All ring-no core	Não há líderes sistemáticos; não há assimetrias entre as firmas.	Distritos industriais italianos (modelo clássico de APLs).
Core-ring with coordinating firm	Algum grau de hierarquia e assimetrias; firmas líderes influenciam (mas não determinam) o comportamento dos produtores.	Redes coordenadas por empresas (como Benetton, Bosch e Nike).
Core-ring with lead firm	Assimetrias e hierarquias; a firma líder determina as estratégias dos produtores.	Cadeias industriais comandadas por grandes empresas (como GE, Westinghouse, Sony e Philips).
All core	Grande empresa verticalizada.	Firma integrada, na tradição fordista.

Fonte: Storper e Harrison (1991), apud Suzigan (2004).

Das quatro estruturas apresentadas no quadro 2, a primeira, caracterizada por uma governança em rede, não-hierarquizada, embora de operacionalização e administração mais difícil, tende a ser a mais encontrada e adequada aos APLs.

Para ilustrar os desafios, limitações e possibilidades associados ao desenvolvimento e à operação de estruturas de governança, a seção a seguir apresenta algumas experiências de arranjos produtivos brasileiros.

Análise das estruturas e das instituições de governança em alguns APLs brasileiros

A primeira experiência analisada refere-se ao APL para fabricação de calçados esportivos na cidade de Nova Serrana, Minas Gerais.[9]

O APL de Nova Serrana, o terceiro pólo calçadista do país em número de estabelecimentos, responde por 55% da produção nacional de tênis, por 37% dos estabelecimentos de calçados de todo o estado de Minas Gerais, e compreende 854 empresas, responsáveis pela geração de 70% dos empregos da cidade.

Caracteriza-se, portanto, por um grande número de empresas, sendo a maior parte delas de pequeno ou médio porte. O produto fabricado facilita a divisão de trabalho e a internalização parcial da cadeia produtiva, já que utiliza tecnologia de domínio público. Observa-se uma nítida divisão de trabalho entre fabricantes do produto final (tênis) e empresas especializadas na produção de solados e outros componentes. A estratégia de mercado baseia-se principalmente na competição, em função de custo e preço, porém observa-se alguma diferenciação em função de qualidade e modelagem (*design*). No que diz respeito à estratégia de comercialização, observa-se a predominância de vendas diretas e marcas próprias. Não há grandes empresas que dominem capacitações ou ativos estratégicos.

Ao longo das três décadas em que o APL se desenvolveu a partir de um pequeno aglomerado de pequenas fábricas e oficinas de reparo de sapatos, foram criadas instituições de apoio e associações de classe, entre as quais destacam-se o Sindicato da Indústria do Calçado de Nova Serrana (Sindinova) e a Cooperativa de Crédito de Nova Serrana (Credinova). Observa-se crescente interação das instituições públicas com o setor produtivo, embora ainda existam deficiências em áreas específicas, como ensino e pesquisa. Um aspecto importante dessa experiência é a existência de um contexto social, cultural e político marcado por solidariedade, ajuda mútua, apoio a novos empreendedores e lideranças locais.

---

[9] Os dados e informações utilizados foram extraídos de Suzigan (2004) e das apresentações do Sindinova e do Credinova no seminário APLs como Instrumento de Desenvolvimento, realizado no BNDES em 2004.

Como resultado dessa combinação de um contexto cultural, social e político favorável com o empreendedorismo de instituições representativas do setor produtivo, o arranjo tem mantido um elevado dinamismo e criou um modelo próprio de governança com liderança local e apoio de instituições das três esferas de governo e de entidades privadas. No âmbito desse modelo de governança foi criado o Centro de Desenvolvimento Empresarial, instituição comunitária que tem por missão desenvolver ações estratégicas para o benefício de todas as empresas do arranjo. Entre essas ações, vale a pena destacar:

- realização de planejamento estratégico e criação de grupos de trabalho (outubro de 2002);
- constituição de um grupo de mercado e imagem, responsável por ações como criação de logomarcas para o arranjo, participação conjunta em feiras, criação do guia de compras, elaborado para a Francal (Feira do Calçado de Franca-SP), em julho 2003, realização da II Febrac (Feira de Calçados e Componentes), II Censo Industrial, estruturação de uma central de compras, desenvolvimento de portal de negócios, realização de estudo de mercado, e realização de estudo para atração de fornecedores;
- constituição de um grupo de capacitação e RH, responsável pelas seguintes ações: Programa de Alfabetização — em parceira com a prefeitura e o Sesi —, que, até 2004, já tinha alfabetizado 80 trabalhadores, cerca de 80% da meta estabelecida; Oficina do *Design*, da qual participaram 10 empresas no primeiro grupo, havendo já um segundo grupo em formação composto de 15 empresas; Projeto Liderar, realizado em 2002, em parceria com o Sebrae, com a participação de 30 empresários; Curso de Planejamento e Controle da Produção, realizado em parceria com o Centro Tecnológico do Couro; Calçados e Afins (CTCCA), de Novo Hamburgo, RS, do qual participaram 29 empresas no primeiro grupo;
- constituição de um grupo de tecnologia, processo e gestão, responsável por ações como auxílio no diagnóstico metrológico, adequação de laboratório de ensaios, criação de selo de qualidade, em parceria com o CTCCA, o Senai-MG e o Senai-RS, implantação de sistemas de gestão de qualidade, e melhoria do processo produtivo — projeto com a participação de 30 empresas de consultoria e que conta com a parceira do Instituto Euvaldo Lodi, do MDIC e do Sindinova;

- criação de um grupo econômico-financeiro, encarregado das seguintes ações: elaboração de projetos para captação de recursos junto às entidades de fomento; projeto de pesquisa para a Fapemig, com vistas à obtenção de bolsa de pesquisa para monitoramento de demandas tecnológicas; divulgação das linhas de financiamento disponíveis; assessoria às empresas para elaboração de cadastro básico, visando captação de recursos; convênio com o Banco do Brasil com vistas à obtenção de linhas de crédito para investimento.

Os resultados dessas ações estratégicas — realizadas no âmbito de uma estrutura de governança fundada no capital social local — são marcantes, como mostra o quadro 3.

Quadro 3
Ações estratégicas e seus resultados

Iniciativa	Situação anterior à iniciativa	Situação posterior à iniciativa
Ampliação dos níveis de cooperação	Sete instituições trabalhavam de maneira isolada. Dez empresas participavam efetivamente do processo de governança.	Vinte instituições trabalham coordenadas pelo comitê gestor. Duzentas empresas se integraram ao processo de governança.
Mudança de imagem	O pólo era visto como copiador de *design*. O pólo tinha pouca representatividade junto às lideranças do setor.	O pólo começa a construir uma identidade para sua marca. Obteve duas diretorias da Abicalçados. O pólo tem seus líderes e avanços reconhecidos em fóruns do setor.
Desempenho em feiras	Em 1999, 17 empresas participaram da Francal, com a venda de 8 mil pares de sapatos. Em 2000, 26 empresas participaram da Couromoda, com a venda de 109 mil pares de sapatos.	Em 2004, 34 empresas participaram da Francal, com a venda de 1,2 milhão de pares de sapatos. Em 2004, 66 empresas participaram da Couromoda, com a venda de 1,04 milhão de pares de calçados.
Desempenho em exportações	Em 2002, 10% das vendas durante a Francal destinaram-se ao mercado externo.	Em 2003, 34% das vendas durante a Francal destinaram-se ao mercado externo. Retomada das exportações, com foco na América Latina.

Observa-se, então, que a combinação de uma estrutura de governança adequada e eficaz, lideranças com visão estratégica e um contexto regional que valoriza a cooperação e as ações coletivas pode ser uma forma eficaz de enfrentar e superar as ameaças ao sucesso e à sustentabilidade do arranjo, identificadas por Crocco (2004) na seção anterior.

Um contraponto interessante para a experiência de governança de Nova Serrana é o APL de Calçados Masculinos de Franca (SP), também estudado por Suzigan (2004). Da mesma maneira que o APL de Nova Serrana, o de Franca é constituído por um grande número de empresas, mas, ao contrário de Nova Serrana, em Franca existem algumas grandes empresas dominantes, inclusive do ponto de vista político.

O produto é ainda mais favorável à divisão de trabalho e apresenta uma internalização completa da cadeia produtiva. Utiliza tecnologia madura, porém com nítida segmentação quanto a fatores de competição, distinguindo-se os produtos destinados à exportação daqueles destinados ao mercado interno. Na prática há clara divisão de trabalho, convivendo grandes empresas, especialmente as exportadoras, integradas verticalmente, com fornecedores especializados, alguns com forte poder de mercado, e uma ampla rede de prestadores de serviços (denominados bancas).

Convivem também grandes empresas exportadoras, inseridas de forma subordinada no mercado internacional, com empresas (grandes, médias e pequenas) que têm canais de comercialização e marcas próprios no mercado interno e regional (América do Sul), dominando estas últimas capacitações e ativos estratégicos.

A rede de instituições públicas e privadas de apoio às empresas tem fraca atuação no APL, com exceção do Senai. Essa debilidade é provocada em grande medida por um contexto cultural, social e político marcado por rivalidades e domínio político de grandes empresas. Como resultado desses obstáculos, existem grandes dificuldades para definir qualquer estrutura de governança e desenvolver iniciativas coletivas. Acaba, portanto, prevalecendo o poder das grandes empresas presentes nas várias etapas da cadeia produtiva, o que impõe uma hierarquização nas relações internas do arranjo. Tal situação limita, obviamente, a possibilidade de realinhamentos estratégicos como os observados em Nova Serrana e deixa o APL mais vulnerável a fatores externos ao arranjo, como observado por Crocco (2004), mesmo tratando-se de um arranjo que parte de uma situação vantajosa no que toca ao nível de tecnologia, escala e inserção no mercado internacional.

Suzigan (2004) examina também o APL de Móveis de Votuporanga (SP). Esse arranjo é constituído por empresas de tamanhos bastante variados, que incluem desde grandes empresas com processos de produção bastante sofisticados, que utilizam tecnologia de ponta, até micro e pequenas empresas com produção quase artesanal. O produto se diferencia pela matéria-prima utilizada (metal ou madeira) e é especializado de acordo com o segmento de mercado a que se destina: profissional ou doméstico (que se divide em móveis para sala, dormitório e cozinha) e também por faixas de renda.

Embora se trate de um produto que não seja propício à divisão do trabalho *stricto sensu*, nem à formação de uma cadeia produtiva única, já que cada produto final é inteiramente produzido por determinada empresa, existem fornecedores especializados em partes e componentes, os quais dispõem de poder de mercado.

No que diz respeito à inserção nos mercados, a maior parte das empresas vende para grandes redes varejistas, existindo umas poucas empresas que têm redes e marcas próprias de comercialização. Dessa forma, não há empresas dominantes que possuam capacitações e ativos estratégicos.

O APL conta com instituições importantes e atuantes, como associações de classe, instituições de ensino e órgãos públicos sintonizados com o setor produtivo. A região é caracterizada pela existência de um contexto cultural, social e político propício ao associativismo e à solidariedade. Tal contexto estimula iniciativas coletivas, sendo comum fortes interações com os fornecedores, mas observa-se a existência de pouca cooperação na produção.

Como conseqüência dessas características locais, a construção de uma estrutura de governança só foi possível com a contratação de um agente coordenador, o que resultou na realização de uma série importante de ações coletivas e na criação de instrumentos que dinamizaram o arranjo, entre os quais destacam-se:

- criação do Centro Tecnológico de Formação Profissional da Madeira e do Mobiliário de Votuporanga (Cemad), responsável pelo planejamento e realização de importantes ações estratégicas para o APL, como assistência técnica e tecnológica, informação tecnológica, orientação na gestão da produção, realização de cursos de formação e ensaios laboratoriais;

- criação de um curso superior de tecnologia moveleira;
- articulação com instituições privadas e públicas (Finep, BNDES, MEC, Senai).

Tais iniciativas, resultantes da criação de uma estrutura de governança eficaz e que levou em conta as peculiaridades do arranjo e as condições culturais, sociais e políticas da região, possibilitaram a dinamização do APL, criaram condições para ações voltadas para a inovação e o tornaram mais competitivo.

O último caso apresentado nesta seção distingue-se dos anteriores por sua trajetória peculiar e controversa e pela importância de fatores externos ao APL para o seu realinhamento estratégico e para a busca de uma estrutura de governança formal. Tem em comum com os anteriores o efeito positivo causado pela inovação na governança do arranjo. Trata-se do APL destinado à fabricação de jeans, localizado na cidade de Jaraguá (GO), e que foi objeto de estudo de Noronha e Turchi (2005).

Jaraguá é um município de 34 mil habitantes, localizado 100 km a noroeste de Goiânia, de vocação tradicional rural, e que inclui a criação de gado e frutas. Segundo Noronha e Turchi, a partir de 1984 começou a desenvolver-se na cidade uma indústria de confecções para atender ao mercado local. A expansão dessa atividade foi facilitada pela proximidade da rodovia Belém-Brasília, o que permitiu a conquista gradual de mercados no Nordeste do país, com a participação de caminhoneiros que faziam o papel de intermediários e de rede de distribuição. A partir de então, a produção na cidade expandiu-se continuamente, tendo hoje cerca de 400 confecções e facções formais e informais, além de lavanderias e acabamentos pré e pós-lavagem. Desses emprendimentos, apenas 178 são estabelecimentos formais, segundo a Rais 2000. Mesmo com a elevada informalidade, os dados da Rais mostram que, entre 1991 e 2000, o número de empregos formais no setor de confecções em Jaraguá aumentou de 362 para 2.119 e a participação do município no total do emprego formal do setor no estado de Goiás passou de pouco mais de 4% para quase 11%.

O que torna o caso de Jaraguá peculiar é que o setor de confecção se expandiu inicialmente no município a partir da produção de jeans "piratas" de marcas nacionais e internacionais, baseado numa estrutura produtiva predominantemente informal. Essa característica da produção local tornou-se pública e ganhou destaque na imprensa em 1996, o que passou a trazer problemas para as empresas locais, tanto em termos de imagem, quanto em termos de perdas financeiras decorrentes de calotes de compradores. Em decorrência, uma parte dos empresários abandonou a prática de produção de marcas "piratas" e passou a fabricar marcas "legais".

Por essa época, uma combinação de fatores começou a atuar e a mudar o perfil do aglomerado de empresas existente no município, resultando em seu fortalecimento e na ampliação de suas perspectivas. Um primeiro fator teve a ver com as exigências do próprio mercado. À medida que aumentou a produção de marcas legais, destinadas ao mercado formal das regiões consumidoras, aumentou também a exigência de que toda a operação se formalizasse, inclusive com a emissão de notas fiscais. Outro fator foi a instalação, em 1996, do primeiro acabamento pré-lavagem. Tratou-se, segundo Noronha e Turchi (2005), de uma terceirização não-premeditada, criada por um ex-empregado de confecção para atender a um parente, proprietário de confecções, assoberbado por aumentos sazonais de demandas. Como conseqüência não-prevista, esse "acabamento pré-lavagem" facilitou a entrada de muitos empreendedores com baixo aporte financeiro. Um terceiro fator que favoreceu a formalização e as mudanças ocorridas no APL foi a consolidação das relações com a indústria têxtil paulista fornecedora de matéria-prima, que ampliou as possibilidades de crédito para a retomada da produção, agora legalizada e voltada para os mercados formais do país. Por último, mas não menos importante, ocorreu a entrada de três instituições no apoio à reestruturação do arranjo: a Associação Comercial Industrial de Jaraguá (Acij), o Sebrae e o Senai. Note-se que o desenvolvimento do APL até esse momento ocorrera de forma espontânea e por conta e risco dos empreendedores, que nunca contaram (até recentemente) com qualquer apoio oficial, nem sequer da prefeitura local, que provavelmente via com preconceito a atividade, especialmente por sua origem ligada a uma atividade informal e, em certa medida, ilegal.

A combinação desses fatores caracteriza a construção, embora ainda incipiente e talvez precária, de uma estrutura de governança também mais formalizada, que permitiu que o APL realizasse uma bem-sucedida transição de uma atividade informal e sob suspeita para um arranjo produtivo reconhecido e razoavelmente exitoso. Como observam Noronha e Turchi, sintomático da nova situação é o papel que tais instituições vêm desempenhando na promoção de atividades do arranjo desde 2000. A Acij, por exemplo, embora fundada em 1984, somente no início da década de 1990 passou a ser vista como interlocutora dos interesses dos empresários da confecção, contando em 2004 com 224 associados. Atualmente, a maioria dos empresários com empresas formais tem contato freqüente com a associação, tanto para buscar informações e apoio para realização ou para visitas a feiras de moda, bem como para buscar treinamento próprio ou para seus empregados. Entre 2002 e 2003, a Acij promoveu duas feiras de confecções em Jaraguá e construiu sua sede, que serve de local para cursos de costura ministrados pelo Senai e para atividades realizadas pelo Sebrae, também voltadas para a qualificação e a profissionalização empresarial.

Embora os autores do estudo reconheçam que o APL convive com vários problemas, incluindo um número elevado de empresas informais, o que leva a precárias relações de trabalho e a defasagem tecnológica, a construção de uma estrutura de governança, ainda que incipiente, permitiu uma utilização mais eficaz dos recursos já disponíveis localmente, como a capacidade produtiva e empreendedora, e possibilitou um realinhamento estratégico importante do arranjo, superando graves ameaças a sua sustentabilidade.

A análise e os exemplos apresentados nesta seção tentaram mostrar que o grande desafio para o fortalecimento e a sustentabilidade dos arranjos produtivos locais é a identificação dos fatores internos e externos que aumentam sua solidez e competitividade. Entre esses fatores, um dos mais importantes é a construção de uma estrutura de governança adequada. Tal estratégia pode ser um aspecto importante de uma política pública voltada para o setor e poderia ser disseminada para os APLs potenciais ou já existentes no país. A seção a seguir avalia a dimensão que os APLs têm ou podem ter no país, bem como examina a eficácia das políticas públicas existentes para lhes dar apoio.

A importância dos APLs na economia brasileira: situação atual e potencial

Argumentou-se nas seções anteriores que o Brasil vem passando, ao longo da última década pelo menos, por um processo de interiorização da atividade econômica através do qual uma fatia crescente do PIB está se deslocando da Região Sudeste para as demais regiões do país, especialmente o Centro-Oeste, o Norte e o Sul. Essa interiorização inclui e, em certa medida, é impulsionada pela diversificação da economia, com o surgimento de novos e dinâmicos setores industriais, competitivos em termos globais. Argumentou-se também que a transformação de aglomerações empresariais que surgiram espontaneamente pela ação pioneira de empreendedores locais em arranjos produtivos locais mais estruturados, nos quais se estimule a cooperação entre os empresários, a criação de instituições coletivas e a cooperação com o setor privado e instituições públicas, é uma das formas de tornar essas aglomerações mais competitivas e sustentáveis. Uma pergunta importante, então, para se saber o potencial e os limites dessa interiorização seria: qual o número de aglomerações empresariais existentes no país que já estão passando pelo processo de transformação em APLs ou que podem, potencialmente, trilhar essa trajetória?

As informações a esse respeito não são muito claras, nem precisas. Assim, por exemplo, o Ministério do Desenvolvimento, Indústria e Comércio Exterior (MDIC) tem cadastrados cerca de 450 APLs, embora o levantamento disponível se refira ao ano de 2003. Não há informações sobre a escala e o grau de desenvolvimento desses APLs, que abrangem os mais variados setores: móveis, calçados, metal-mecânico, turismo, produtos agrícolas em geral, pesca, cerâmica, produtos químicos, frutas, rochas ornamentais, suinocultura, artesanato, confecções, floricultura, tecnologia da informação, apicultura, cafeicultura, entre inúmeros outros.

Já a Associação Nacional das Entidades Promotoras de Empreendimentos Inovadores (Anprotec) apresenta uma lista de cerca de 250 municípios, nas 27 unidades da Federação, nos quais haveria um arranjo produtivo local. A Agência Brasileira de Inovação (Finep), por sua vez, informa que havia 105 APLs distribuídos nas cinco regiões do país, recebendo recursos mediante convênios com esse órgão em 2002, e previa 13 novos acordos para o ano de 2003, o que totalizaria pouco menos de 120 APLs formalmente cadastrados e recebendo recursos através da Finep.

Parece razoável considerar que o número do MDIC compreenda o universo de aglomerações que foram identificadas como APLs pelas agências governamentais e que o número divulgado pela Finep se refira àqueles APLs que já estão numa fase mais avançada de evolução e com projetos concretos em andamento, ou seja, algo em torno de 120 arranjos. Note-se que esse número não incluiria, eventualmente, arranjos já consolidados que não têm convênios com órgãos públicos (o que deve ser uma situação bastante rara). Da mesma forma, o número informado pelo MDIC não inclui, provavelmente, aglomerações locais de menor expressão que não tomaram a iniciativa de se identificar como um APL, até por desconhecimento do que se trata e da existência de políticas públicas de apoio a essas aglomerações.

Cabe notar, a esse respeito, que não deve ser pequena a quantidade de aglomerações empresariais existentes em todas as regiões do país que ainda não despertaram a atenção das autoridades para sua existência, ou que não tomaram a iniciativa de se apresentar como um arranjo simplesmente por ignorarem não só essa possibilidade como o fato de ela poder trazer benefícios para a aglomeração.

Veja-se, por exemplo, a iniciativa descrita por Amaral Filho e outros (2002), desenvolvida pelo Centro de Estratégias de Desenvolvimento do Ceará (CED). O centro coordenou um projeto que visava identificar aglomerações de micro e pequenas empresas formadas espontaneamente (ou seja, sem apoio de órgãos governamentais ou políticas públicas) e que tivessem produção especializada. O estudo identificou e estudou 23 dessas aglomerações, identificadas como núcleos produtivos locais (NPLs), distribuídos em 16 municípios do estado. Os autores observaram que esses 23 NPLs concentravam cerca de 5 mil pequenos produtores, agrupados em pequenos núcleos e atuando em setores tão diversos como confecções, móveis, fruticultura irrigada, doces, redes, artesanato, camarão, mel, metal-mecânica, leite, queijo e lagosta. Esses pequenos empreendimentos são responsáveis pela geração de 17 mil empregos diretos, empregos estes, observam os autores, com custo zero para o estado.

Esse exemplo está sendo mencionado não por ser uma amostra representativa da situação em todo o país, mas por ser emblemático de como a atividade empreendedora é diversificada e está disseminada pelo Brasil. Não há razão para não se acreditar que exemplos como este existam em abundância em todo o país, e que estes poderão se transformar, num prazo razoável, em novos e importantes APLs, multiplicando o número desses arranjos. É bom lembrar que o hoje celebrado exemplo do APL do setor calçadista de Nova Serrana e o APL de confecções de Jaraguá, mencionados neste capítulo, eram precários aglomerados de pequenas empresas há pouco mais de duas décadas.

Uma iniciativa prioritária, portanto, seria a multiplicação dos esforços para o mapeamento desses aglomerados empresariais, mesmo que em estado embrionário, como se fez no estado do Ceará. Tais iniciativas poderiam ser realizadas, ainda como no caso cearense, no âmbito de instituições de pesquisa e planejamento estaduais. O resultado de um amplo levantamento dessa natureza certamente surpreenderia os mais pessimistas ou céticos em relação às perspectivas e possibilidades de desenvolvimento do país.

Para dar uma idéia aproximada do potencial do Brasil em relação à existência dessas aglomerações empresariais embrionárias, vale a pena citar alguns dados sobre a geografia econômica do país. Paulo Haddad (2004), citando dados da consultoria Monitor/Boucinhas e Campos, identifica 840 municípios brasileiros que não apresentam dinamismo econômico atualmente, mas que são considerados de médio ou alto potencial para desenvolvimento endógeno. Esse potencial de desenvolvimento endógeno é medido por um indicador de qualidade municipal que leva em consideração a existência de instituições que estimulam a participação comunitária, a capacidade financeira e a capacidade gerencial do município. Esses 840 municípios seriam uma interessante amostra para um mapeamento da existência de aglomerados empresariais, mesmo que incipientes.

Na realidade, não é exagero considerar que cada município brasileiro acima de um certo porte é uma fonte potencial de aglomerados empresariais, tendo em vista o grau em que a capacidade empreendedora está presente e disseminada no país. Vale a pena, nesse sentido, mencionar a informação prestada por Tania Bacelar (2004), que identifica a existência de cerca de 1.400 municípios brasileiros com população entre 20 mil e 250 mil habitantes, dos quais 958 referem-se a municípios entre 20 mil e 50 mil habitantes. Todo esse universo de municípios é uma provável fonte para a identificação de aglomerações empresariais que poderão se transformar em APLs num futuro não muito distante.

Parece evidente que o esforço de mapear as aglomerações com potencial para se transformarem em APLs e, principalmente, a adoção de iniciativas que fortaleçam arranjos incipientes e que apóiem sua trajetória em busca de consolidação, competitividade e sustentabilidade, requerem uma intervenção articulada de órgãos públicos, amparados em políticas públicas de apoio ao tema.

A boa notícia é que o tema arranjos produtivos locais foi definitivamente inscrito no âmbito das principais políticas setoriais do governo federal, estando presente também no foco de interesse da maioria dos governos estaduais.

Os APLs estão atualmente explicitamente reconhecidos como um instrumento estratégico, por exemplo, nas políticas industrial, de ciência e tecnologia e de comércio exterior do Brasil. Além disso, já existe uma série de iniciativas concretas no âmbito dos próprios ministérios e das agências a eles vinculadas, como Finep, BNDES e Agência Brasileira de Exportação (Apex), envolvendo desde o desenho de projetos pilotos com APLs de todas as unidades da Federação até financiamento de ações específicas nos APLs.

O problema que ainda persiste é uma certa timidez dessas iniciativas, em face das necessidades e do potencial do país no tocante a APLs. Como já mencionado, os projetos em andamento na Finep cobrem apenas 120 APLs[10] de um total de cerca de 450 cadastrados pelo MDIC. As ações de apoio à exportação, em arranjos produtivos locais sob a responsabilidade da Apex, beneficiam apenas 82 APLs.[11] É evidente que as iniciativas existentes, mesmo que subdimensionadas em face das necessidades, devem ser louvadas e já representam um avanço importante em relação a visões anteriores, que prevaleciam nas políticas setoriais, de concentrar recursos em grandes empresas e grandes projetos. Além disso, pode-se argumentar que as iniciativas são consistentes com os recursos disponíveis, tendo em vista a conjuntura de escassez de recursos que vigora no setor público e que tem se agravado ao longo das últimas décadas e a amplitude das demandas por esses escassos recursos.

Com relação a este último aspecto, cabe a principal crítica às iniciativas do governo atual e dos anteriores relacionadas ao tema. Por um lado, observa-se uma certa incoerência entre a intenção e o gesto. Se os APLs são, de fato, um elemento estratégico para o desenvolvimento sustentado do país, contribuindo inclusive para reduzir as desigualdades regionais e sociais, como explicitado no discurso oficial, as políticas de apoio deveriam ser uma prioridade incontestável e contar com recursos suficientes para massificar esse tipo de experiência empresarial em todo o país. Por outro, observa-se nesse tema, como em todos os demais temas estratégicos do país, uma decepcionante subordinação de objetivos estratégicos a uma política macroeconômica que estrangula financeiramente o setor público e limita dramaticamente sua capacidade de investimento.

[10] Ver Finep, 2004.
[11] Ver Teixeira, 2004.

Conclusões

Neste capítulo, argumentou-se que o Brasil tem experimentado um expressivo processo de interiorização das atividades econômicas, caracterizado pela redução da participação relativa da Região Sudeste no PIB nacional, com o conseqüente adensamento e aumento da importância relativa da produção nas demais regiões. Argumentou-se, ademais, que esse processo de descentralização das atividades econômicas foi em grande parte viabilizado e impulsionado pela proliferação de aglomerações de empresas em centenas de municípios dessas regiões periféricas do país. Essas aglomerações, que num estágio mais articulado e desenvolvido são denominadas arranjos produtivos locais, têm sido capazes de produzir competitivamente em inúmeros setores, seja quando seus produtos se destinam ao mercado interno, seja quando estão orientados para o mercado externo. Assim, tem-se observado em inúmeros setores no Brasil uma situação semelhante à ocorrida na denominada Terceira Itália, em que arranjos produtivos constituídos por pequenas e médias empresas são capazes de se organizar de forma inovadora e competitiva, contribuindo para aumentar a competitividade do país como um todo.

Por isso, defende-se neste capítulo a noção de que o dinamismo do interior, em grande parte baseado nos APLs, teve papel decisivo na capacidade que o país demonstrou de enfrentar com razoável sucesso a interminável sucessão de crises ocorridas ao longo da última década. Isso pode ser observado tanto na capacidade que o setor produtivo brasileiro demonstrou de se adaptar rapidamente a restrições externas, quanto na capacidade de o país manter um nível razoável de crescimento em momentos de crise, como ainda no espetacular crescimento das exportações observado nos últimos três anos, o qual veio acompanhado de uma enorme ampliação da pauta de produtos e da base de empresas exportadoras, com a entrada crescente de pequenas e médias empresas. É bom lembrar que, enquanto países como Argentina, Rússia, Turquia, Venezuela, Indonésia e México tiveram quedas devastadoras do PIB ao passarem pelas mesmas crises, o Brasil não teve um ano sequer de queda nominal do PIB ao longo da última década. Sustenta-se aqui, que o principal diferencial do Brasil em relação a esses países foi exatamente seu dinamismo empreendedor baseado em pequenas e médias empresas, em geral reunidas em arranjos produtivos locais, situados nas regiões periféricas do país.

O futuro apresenta para o Brasil enormes possibilidades e alguns importantes desafios, relacionados ao tema dos arranjos produtivos locais. As possibilidades decorrem do fato de o país dispor de uma inesgotável oferta de empreendedores, que são os principais recursos para a criação e o desenvolvimento dos APLs. A quantidade de aglomerações empresariais já existentes e que podem servir de embrião a novos APLs, ainda desconhecidas do "mapa empresarial", é sem dúvida significativa. Se o cadastro oficial de APLs brasileiros registra um número em torno de 450, é razoável afirmar que o número de aglomerações de empresas menos articuladas e conhecidas, mas com potencial para evoluir para um APL, pode ser de pelo menos duas vezes esse número. Além disso, entre os APLs existentes tem-se observado crescentes melhorias nos aspectos institucionais, especialmente aqueles relacionados à governança do arranjo, resultando em aumento da competitividade dos arranjos e em uma perspectiva mais otimista em relação à sua sustentabilidade. Essas melhorias têm decorrido, por um lado, de uma maior conscientização dos empresários quanto aos benefícios de ações coletivas e quanto ao fato de que uma estrutura de governança adequada é o instrumento para viabilizar essas ações coletivas e, por outro, de uma presença mais efetiva de órgãos públicos estimulando essa tomada de consciência e apoiando as ações daí decorrentes.

Os desafios consistem, exatamente, em identificar novas aglomerações empresariais e incluí-las no âmbito de programas de apoio aos APLs e em investir crescentemente na modernização dos APLs existentes, principalmente na sua governança e no aumento de sua competitividade, o que em geral está associado a investimentos em tecnologia e inovação. Observa-se que esses desafios dependem, de forma crucial, de políticas públicas e da eficácia da ação dos órgãos públicos encarregados da execução dessas políticas. Como mencionado anteriormente, a boa notícia é que essas políticas de apoio já existem ou estão sendo elaboradas. O risco maior é que, embora reconhecendo o apoio aos APLs como uma iniciativa estratégica para o aumento da competitividade e do desenvolvimento do país, com redução de desigualdades regionais e sociais, a magnitude das ações não seja consistente com a importância da prioridade e com o tamanho do desafio.

A quantidade, o dinamismo e a capacidade inovadora dos empreendedores brasileiros são um de seus principais recursos. O processo de interiorização da atividade econômica do país aqui descrito, baseado na criação de

APLs, ocorreu, na maioria dos casos, graças a esse dinamismo, otimismo e visão dos empreendedores, quase sempre sem qualquer apoio de políticas ou de órgãos públicos e apesar de uma política econômica que criou dificuldades à ação desses empreendedores, impondo-lhes taxas de juros elevadas, escassez de recursos para financiamento, infra-estrutura precária pela ausência de investimentos públicos e uma carga tributária elevadíssima.

O desafio que se impõe aos formuladores das políticas públicas de apoio aos APLs é, finalmente, conseguir mudar a lógica equivocada que vigorou até agora, na qual os objetivos estratégicos do país ficaram subordinados aos objetivos e aos instrumentos (ambos questionáveis) da política econômica de curto prazo. Se o Brasil pretende, a partir do atual governo, resgatar sua vocação histórica para o crescimento econômico e utilizar seu potencial empreendedor e a lógica inovadora dos APLs para acrescentar ao crescimento os elementos de redução de desigualdade que farão o país se desenvolver, o grande desafio que se impõe neste momento, que é político, mas também é técnico, é resgatar também a coerência administrativa e fazer com que os objetivos estratégicos do país passem a se subordinar, ou pelo menos a serem considerados em pé de igualdade com os objetivos e a ação da política econômica de curto prazo.

Bibliografia

AMARAL FILHO, Jair et al. *Núcleos e arranjos produtivos locais:* casos do Ceará. Rio de Janeiro, 2002. ms.

ANPROTEC. Agenda das cidades empreendedoras. Disponível em: <www.anprotec.org.br>. Acesso em: fev./abr. 2004.

AYDALOT, P. *Milieux innovateurs en Europe*. Paris: Gremi, 1986.

BACELAR, Tania. APL e desenvolvimento regional. In: SEMINÁRIO APLS COMO INSTRUMENTO DE DESENVOLVIMENTO. *Anais*... Rio de Janeiro: BNDES, 2004.

CASSIOLATO, José Eduardo; LASTRES, Helena M. M. *O foco em arranjos produtivos locais de micro e pequenas empresas*. Rio de Janeiro: UFRJ/Redesist, Sebrae, 2004. ms. (Relatório de Atividades do Referencial Conceitual, Metodológico, Analítico e Propositivo).

———; SZAPIRO, Marina; LASTRES, Helena M. M. *Caracterização e taxonomias de arranjos produtivos e sistemas produtivos locais de micro e pequenas empresas*. Rio de Janeiro: URFJ/Redesist, Sebrae, 2004.

COSTANZI, Rogerio Nagamine. *Evolução do emprego formal no Brasil (1985-2003) e implicações para as políticas públicas de geração de emprego e renda*. Brasília: Ipea, 2004. (Texto para Discussão, 1.039)

CROCCO, Marco. APL e competitividade econômica. In: SEMINÁRIO APLS COMO INSTRUMENTO DE DESENVOLVIMENTO. *Anais*... Rio de Janeiro: BNDES, 2004.

FINEP. *Estratégias para instituições atuarem em APLs*. Santa Catarina, 2004. ms.

GARCEZ, Cristiane M. D'Avila. Sistemas locais de inovação na economia do aprendizado: uma abordagem conceitual. *Revista do BNDES*, v. 7, n. 14, 2000.

HADDAD, Paulo R. Cultura local e associativismo. In: SEMINÁRIO APLS COMO INSTRUMENTO DE DESENVOLVIMENTO. *Anais*... Rio de Janeiro: BNDES, 2004.

HIRSCHMAN, A. *The strategy of economic development*. New Haven: Yale University Press, 1958.

ISARD, W. *Location and space theory*. Cambridge: MIT Press, 1956.

MAILLAT, D. Milieux innovateurs et dynamique territorialie. In: RALLET, A.; TORRE, A. *Économie industrielle et économie spatiale*. Paris: Economica, 1995.

MARSHALL, A. *Princípios de economia*. São Paulo: Abril Cultural, 1982.

MORELLI, Gustavo. Os arranjos produtivos locais e o desenvolvimento local. In: SEMINÁRIO APLS COMO INSTRUMENTO DE DESENVOLVIMENTO. *Anais*... Rio de Janeiro: BNDES, 2004.

NORONHA, Eduardo G.; TURCHI, Lenita. *Política industrial e ambiente institucional na análise de arranjos produtivos locais*. Rio de Janeiro: Ipea, 2005. (Texto para Discussão, 1.076).

PAIVA, Carlos Águedo. *O que são sistemas locais de produção*. Porto Alegre, 2002. ms.

PERROUX, F. L'effet d'entrainement: de l'analyse au repérage quantitatif. *Économie Appliquée*, Paris, n. 7, p. 307-320, 1973.

PORTER, M. E. *The competitive advantage of nations*. New York: Free Press, Macmillan, 1990.

PUTNAM, Robert D. *Comunidade e democracia:* a experiência da Itália moderna. Rio de Janeiro: FGV, 1996.

PYKE, F.; BECATTINI, G.; SENGENBERGER. W. *Industrial districts and inter-firm co-operation in Italy.* Geneva: International Institute for Labour Studies, 1990.

ROSENFELD, S. A. Etats-Unis: les "agglomerations d'entreprises". In: OCDE. *Réseaux d'entreprises et développement local.* Geneva, 1996.

SANTOS, Gustavo Antonio Galvão; DINIZ, Eduardo José; BARBOSA, Eduardo Kaplan. Aglomerações, arranjos produtivos locais e vantagens competitivas locacionais. In: BNDES. *Arranjos produtivos locais e desenvolvimento.* Rio de Janeiro, 2004. ms. (versão preliminar).

SERRA, José; AFONSO, José Roberto. Federalismo fiscal à brasileira: algumas reflexões. *Revista do BNDES*, Rio de Janeiro, v. 6, n. 12, p. 3-30, dez. 1999.

SINDINOVA. Nova Serrana: desenhando uma nova cultura. In: SEMINÁRIO APLS COMO INSTRUMENTO DE DESENVOLVIMENTO. *Anais...* Rio de Janeiro: BNDES, 2004.

STORPER, M.; HARRISON, B. Flexibility, hierarchy and regional development: the changing structure of industrial production systems and their forms of governance in the 1990s. *Research Policy*, North-Holland, v. 20, n. 5, 1991.

SUZIGAN, Wilson. Estruturas de governança e cooperação em APLs. In: SEMINÁRIO APLS COMO INSTRUMENTO DE DESENVOLVIMENTO. *Anais...* Rio de Janeiro: BNDES, 2004.

TEIXEIRA, Alexandre. APL e a competitividade econômica. In: SEMINÁRIO APLS COMO INSTRUMENTO DE DESENVOLVIMENTO. *Anais...* Rio de Janeiro: BNDES, 2004.

10

DESENVOLVIMENTO REGIONAL: A DESCENTRALIZAÇÃO VALORIZARIA A DIVERSIDADE

*Tania Bacelar de Araújo**

Descentralizar políticas públicas e distribuir melhor no território a base produtiva do país não são tarefas fáceis no Brasil. O peso da herança histórica e o projeto modernizador das elites, voltado apenas para parte do país, são obstáculos poderosos. Com isso não se valoriza e, assim, se desperdiça um dos maiores trunfos brasileiros: sua magnífica diversidade regional — ambiental, socioeconômica, cultural.

Este capítulo discutirá as origens e as causas da persistente dificuldade que a sociedade brasileira tem enfrentado para construir um país regionalmente (e socialmente) menos desigual. A hipótese subjacente é que o movimento de descentralização pode desempenhar, nesse caso, um papel importante e positivo, desde que não seja a descentralização atomizada que leva lenha à fogueira da fragmentação. Defende-se, portanto, a descentralização coordena-

* Professora do Departamento de Ciências Geográficas da UFPE, doutora em economia pública e organização do espaço pela Universidade de Paris I, especialista em desenvolvimento e planejamento regional, técnica por 20 anos da Sudene, onde foi diretora de Planejamento Global, ex-secretária do Planejamento e da Fazenda de Pernambuco, ex-secretária de Planejamento, Urbanismo e Meio Ambiente da cidade do Recife e ex-secretária de Políticas Regionais do Ministério da Integração Nacional.

da, mais complexa e difícil de construir, mas capaz de soldar diretrizes gerais e integradoras — de corte nacional — com escolhas locais capazes de dar conta das múltiplas e distintas potencialidades regionais desse imenso território, valorizando assim a enorme diversidade brasileira.

O desafio principal é dotar o país de uma política nacional de desenvolvimento regional, construída e implementada em múltiplas escalas e por múltiplos agentes. Uma das políticas que devem ser, necessariamente, descentralizadas, embora coordenadas nacionalmente, e que devem dialogar com os resultados da inclusão da dimensão regional nas mais relevantes políticas nacionais de corte setorial.

O texto a seguir começa identificando as raízes da forte concentração regional das atividades econômicas e dos ativos estratégicos para o desenvolvimento, segue tentando revelar algumas tendências recentes — umas concentradoras, outras desconcentradoras —, com destaque especial para o processo de metropolização e suas conseqüências, e termina discutindo os principais desafios para estimular um movimento consistente de descentralização. Movimento que se julga importante para construir um Brasil menos desigual, mais capaz de tirar proveito de sua magnífica diversidade e onde seus cidadãos não sejam obrigados a migrar por falta de oportunidades para uma inserção digna na vida produtiva e cultural do país. Ao final dessas quatro seções são feitas algumas considerações finais.

O peso da herança

Da perspectiva do arcabouço político-institucional, a herança centralizadora brasileira vem de longe. Isabel Lustosa (1999) vai à primeira metade do século inicial da colonização para achar a raiz dessa herança. O fato primordial teria sido a montagem do governo geral do Brasil, que centralizou a administração colonial. A autora destaca o lado positivo dessa iniciativa da Coroa portuguesa: importante fator de unidade, base inicial que assegura a integridade territorial, um dos pontos fortes de um país continental e heterogêneo como o nosso. Mas não pode deixar de identificar aí o vírus do centralismo que marcaria a vida do país.

A construção federativa só veio com a Constituição de 1891, após a proclamação da República, sendo portanto construção republicana e muito recente. E já quando o país marchava para centralizar exageradamente sua base produtiva — movimento que se consolidou no século XX, com profundas conseqüências, como se verá adiante. A centralização predomina, assim, na história brasileira. Além do mais, no século XX, longos períodos ditatoriais foram intercalados por curtas fases de emergência da vida democrática. O centralismo brasileiro ganhou, assim, outro traço marcante, pois é também de viés autoritário.

A redemocratização recente tentou plasmar mais uma vez, no processo constituinte, a marca da descentralização, para superar o centralismo autoritário que se fortalecera no período militar recente (1964-85). Mas se deparou com a crise financeira do setor público. O endividamento da União criou o ambiente para "justificar" a desaceleração do esforço descentralizador que se fortalecera no processo constituinte.

Por outro lado, é lamentável perceber que o recente e claudicante movimento de descentralização no Brasil foi muito marcado pela tentativa de transferir encargos e responsabilidades do governo central para os municípios. E que "nessas circunstâncias, a descentralização foi um processo puramente reativo, não um projeto concertado", como destacou Liana Aureliano (1996). A transferência de responsabilidades, em geral, não foi acompanhada pela preparação e pelo fortalecimento dos municípios e dos agentes locais.

Mas, apesar das dificuldades, no Brasil atual a demanda não é pelo retorno ao centralismo (muito menos o autoritário), mas pelo avanço da descentralização.

Como, no caso de países heterogêneos e desiguais como o nosso, a escala nacional permanece relevante, o desafio do presente é evitar a descentralização atomizada, que pode estimular a fragmentação dos esforços patrocinados pelas políticas públicas. E tentar consolidar a chamada "descentralização coordenada", que parece ser a alternativa mais consistente para um país como esse, ao qual interessa valorizar iniciativas locais capazes de dar conta melhor da rica heterogeneidade do seu imenso território. E a coordenação de políticas relevantes deve ser feita em múltiplas escalas, especialmente na nacional, como se faz no caso da política de saúde.

Já quando o Brasil é visto da perspectiva regional, a centralização produtiva é mais recente, embora sua herança seja igualmente muito pesada. A história nos ensina que, analisado da perspectiva regional, o desenvolvimento brasileiro é marcado por duas grandes fases:

- a do Brasil primário-exportador, que vai da colonização até inícios do século XX e que deixa marcas relevantes até hoje, como a prevalência da ocupação litorânea e, sobretudo, a existência de importante diversidade nas bases produtivas regionais, que funcionavam com poucas relações entre si, num modelo que Francisco de Oliveira chamou de " arquipélago" de ilhas econômicas, espaços da acumulação autônoma, cujo circuito se fechava nos mercados externos;
- a do Brasil industrial, que domina a maior parte do século XX e que vem associada ao comando do mercado interno e à endogenização do circuito da acumulação produtiva, mas com enorme concentração da atividade industrial na macrorregião hoje conhecida como Sudeste e, em especial, no estado de São Paulo. O Sudeste, com 11% do território brasileiro, respondia, em 1970, por 81% da atividade industrial do país, São Paulo sozinho gerando 58% da produção da indústria existente. O Nordeste, por sua vez, que até as duas décadas iniciais do século XX liderava a indústria de transformação do país, tanto em número de estabelecimentos quanto em valor da transformação e do número de empregos, perdeu rapidamente espaço na base industrial do país, tanto que em 1970 gerava apenas 5,7% do valor da transformação industrial do Brasil. Por sua vez, toda a Região Sul, outra antiga e importante base produtiva do país, respondia por modestos 12% da produção da indústria nacional.

Rompeu-se, portanto, no século XX o antigo padrão espacial de tipo "arquipélago" e, nesse momento, *a desigualdade domou a diversidade*. É que se concentraram geograficamente não só os estabelecimentos industriais, mas também a base científica e tecnológica do país, outras infra-estruturas econômicas relevantes, além das pessoas com melhores níveis educacionais, fator-chave para a promoção do desenvolvimento nos dias atuais. Os níveis de renda médios da população em geral também apresentaram reflexos dessa exagerada concentração produtiva regional, criando mercados regionais de distintos portes e potenciais no país.

Só na década de 1970 até meados dos anos 1980 é que se começou a visualizar o que a maioria dos estudiosos da questão regional brasileira chamou de "modesta desconcentração". Tratava-se de um germe descentralizador em atividade, mas que pareceu tolhido pela crise que sobreveio a partir dos anos 1980.

Como ensina o professor Clélio Campolina Diniz (2002), esse movimento se iniciou nos anos 1940 e 1950, via ocupação da fronteira agropecuária, primeiro no sentido do Sul e, depois, na direção do Centro-Oeste, do Norte e parte oeste do Nordeste. A partir de meados dos anos 1970, estendeu-se à indústria, como já se viu. À medida que o mercado nacional se integrava, a indústria buscava novas localizações, desenvolvendo-se em vários locais, inclusive em regiões menos desenvolvidas do país e, muito especialmente, em suas áreas metropolitanas. Em 1990, o peso do Sudeste na indústria brasileira caíra para 69%, recuando São Paulo sua importância relativa para 49%, enquanto o peso do Nordeste passava de 5,7% para 8,4% entre 1970 e 1990. O mesmo movimento de ganho de posição relativa acontecia com o Sul, o Norte e o Centro-Oeste. Os efeitos da desconcentração das atividades agrícolas, pecuárias e industriais afetaram o terciário, que também tendeu à desconcentração.

Como resultado, embora a produção do país ainda apresentasse um padrão de localização fortemente concentrado, em 1990 a concentração era menor do que nos anos 1970. Entre 1970 e 1990, o peso do Sudeste no PIB brasileiro caiu de 65% para 60%, enquanto o Sul permaneceu estável, respondendo por 17% da produção nacional, mas o Nordeste, o Norte e o Centro-Oeste ganharam importância relativa. A participação no PIB das três regiões, em conjunto, passou de 18% para 23%.

Ao mesmo tempo em que constatavam a tendência à desconcentração da dinâmica econômica no espaço territorial do país nas últimas décadas do século XX, diversos estudos enfatizavam a *crescente diferenciação interna das macrorregiões brasileiras*. Carlos Américo Pacheco, por exemplo, chama a atenção para o aumento da heterogeneidade intra-regional, que acompanhou o processo recente de desconcentração e que legou uma configuração ao país bastante distinta da que este possuía em 1970.

Ele verificou que o desenvolvimento da agricultura e da indústria "periférica" não só modificou a dimensão dos fluxos de comércio, mas transformou as estruturas produtivas de diversas regiões, resultando em maior diferenciação do espaço nacional, com aumento da heterogeneidade interna e reforço de certas "especializações", o que provocou o surgimento de "ilhas" de prosperidade, mesmo em contextos de estagnação.[1] No Nordeste e no Norte, por exemplo, essa diferenciação interna se ampliou muito nas últimas décadas, como

[1] Pacheco, 1998.

fica claro no artigo em que analisei a crescente complexidade e heterogeneidade da realidade nordestina[2] e no trabalho em que Sérgio Buarque e outros (1995) identifica profundas diferenciações na organização do espaço econômico da Região Norte.

Essa crescente diferenciação regional em diversas macrorregiões brasileiras teria sido a contrapartida do *processo de integração do mercado nacional, comandado a partir de São Paulo*, segundo Wilson Cano (1985). Para esse autor, bloqueando as possibilidades de "industrializações autônomas", como sonhara Celso Furtado para o Nordeste, no final dos anos 1950, o movimento de integração do mercado nacional forçou o surgimento de "complementaridades" inter-regionais e fez se desenvolverem "especializações" regionais importantes. São exemplos disso o desenvolvimento de pólos como o eletro-eletrônico da Zona Franca de Manaus; os de mineração, no Pará; bens intermediários químicos, no Nordeste oriental; têxteis, no Ceará e Rio Grande do Norte, entre outros.

Embora a lógica da acumulação fosse a mesma no imenso território do país, como bem destaca Francisco de Oliveira (1990) e estivéssemos construindo uma "economia nacional regionalmente localizada" em substituição às "ilhas regionais" da fase primário-exportadora, as heterogeneidades internas às macrorregiões não diminuíram. Muito pelo contrário, tenderam a se ampliar, junto com a integração do mercado interno nacional e a consolidação da integração físico-territorial do país, objetivo importante dos governos militares. E desse contexto, de mera articulação comercial entre as regiões, passouse à integração produtiva comandada pelo grande capital industrial e pelo Estado nacional, como mostra Leonardo Guimarães Neto (1995). Com ela, as regiões se integraram à mesma lógica da acumulação, enquanto ficavam mais complexas e diferenciadas internamente. Assim, apesar dessa mudança importante, ou seja, apesar da integração do mercado nacional, o movimento de descentralização da base produtiva nacional seguiu muito lento.

Tendências recentes

Na passagem do século XX para o XXI, o ambiente econômico brasileiro sofreu grandes mudanças. Entre as principais destacam-se uma política de aber-

[2] Ver Araújo, 1995.

tura financeira e comercial intensa e rápida, a priorização da chamada *integração competitiva*, reformas profundas na ação do Estado e, finalmente, a implementação de um processo de estabilização que já dura mais de uma década. Paralelamente, o setor privado promoveu uma reestruturação produtiva também intensa e muito rápida, em meio a uma onda de desnacionalizações pela qual o peso das transnacionais na geração do PIB brasileiro passou de 5% para 20%.

Nesse novo contexto, *novas forças* se constituem, umas concentradoras, outras não. Entre as que atuam no sentido de induzir à *desconcentração espacial*, destacam-se: a abertura comercial que favorece "focos exportadores", mudanças tecnológicas que reduzem custos de investimento, crescente papel da logística nas decisões de localização dos estabelecimentos, importância da proximidade do cliente final para diversas atividades, ação ativa de governos locais oferecendo incentivos, entre outras.

Enquanto isso, outras forças atuam no sentido da *concentração de investimentos* nas áreas já mais dinâmicas e competitivas do país. Atuam nesse sentido, em especial, os novos requisitos locacionais da acumulação flexível, como: melhor oferta de recursos humanos qualificados, maior proximidade de centros de produção de conhecimento e tecnologia, maior e mais eficiente dotação de infra-estrutura econômica, proximidade dos mercados consumidores de mais alta renda.

Alguns estudiosos chamam a atenção também para os condicionantes da reestruturação produtiva e, em especial, para como vem se dando a *inserção internacional* do Brasil, sobretudo no que diz respeito às estratégias das grandes empresas diante do cenário da globalização da economia mundial. E constatam que, ao contrário do que se poderia esperar, a globalização reforça as estratégias de especialização regional. A nova organização dos espaços nacionais tende a resultar da dinâmica da produção regionalizada das grandes empresas (atores globais) e da resposta dos Estados nacionais aos *impactos regionais seletivos* da globalização.

Tende-se, nesse contexto, a romper o padrão dominante no Brasil nas décadas passadas, quando era prioritária a montagem de uma base econômica que operasse essencialmente no espaço nacional — embora fortemente penetrada por agentes econômicos transnacionais — e que fosse lentamente desconcentrando atividades para espaços periféricos do país. O Estado nacional desempenhava papel ativo nesse processo, tanto por suas políticas explicitamente regionais, quanto por suas políticas ditas de corte setorial/nacional e pela ação de suas estatais. Quando o Estado se endividou nos anos recentes, perdeu a capacidade de investir, tornou-se "refém" de seus credores, e não foi mais capaz de induzir processos mais consistentes de combate às desigualdades regionais, que continuam a marcar o país.

Na fase mais recente, as decisões do mercado tenderam a ser as dominantes, dadas a crise do Estado e as novas orientações governamentais, a par a evidente indefinição e a atomização que caracterizaram a política de desenvolvimento regional no Brasil. Embora as tendências ainda sejam muito recentes, estudos têm sinalizado, no mínimo, uma interrupção no movimento de desconcentração do desenvolvimento na direção das regiões menos desenvolvidas.

Alguns autores chegam a falar em reconcentração, como Clélio Campolina Diniz (2002). No caso da indústria, estudos recentes permitem falar de tendência à concentração do dinamismo em determinados espaços do território brasileiro. Também identificando forte tendência à concentração espacial do dinamismo industrial recente, trabalho elaborado por Campolina Diniz localizou os atuais centros urbanos dinâmicos do país em termos de crescimento industrial. Constatou que a grande maioria deles se encontra num polígono que começa em Belo Horizonte, se estende a Uberlândia (MG), desce na direção de Maringá (PR) até Porto Alegre (RS) e retorna a Belo Horizonte via Florianópolis (SC), Curitiba (PR) e São José dos Campos (SP). Das 68 aglomerações urbanas com intenso dinamismo industrial recente, 79% situam-se nas regiões Sul e Sudeste, 15% no Nordeste e apenas 6% no Norte e no Centro-Oeste. Em sua maioria, são capitais ou cidades de porte médio, muitas delas bases dinâmicas recentes, como Sete Lagoas, Divinópolis, Pouso Alegre e Ubá, em Minas Gerais; Araçatuba, Pirassununga, Jaú e Tatuí, em São Paulo; ou Pato Branco e Ponta Grossa, no Paraná, entre outras.

As deseconomias de aglomeração tiram as maiores regiões metropolitanas — Rio de Janeiro e São Paulo — desse foco dinâmico industrial, mas esta última concentra cada vez mais o comando financeiro da economia nacional.

É certo que as conseqüências espaciais de políticas importantes como a de abertura comercial e a de integração competitiva, comandada pelo mercado, aliadas a aspectos importantes da política de estabilização (como câmbio valorizado, juros elevados e prazos curtos de financiamento), impactaram negativamente vários segmentos da indústria instalada no Brasil, afetando especialmente São Paulo.

É certo também que algumas empresas de gêneros industriais mais intensivos em mão-de-obra (calçados, confecções, por exemplo) buscaram se relocalizar no interior do Nordeste, para competir com concorrentes externos (principalmente com os países asiáticos), atraídas pela superoferta de mão-de-obra e baixos salários, e pela possibilidade de flexibilizar as relações de trabalho (adotando a subcontratação, por exemplo) ao se mudarem.

Mas esses fatos não alteram significativamente as tendências e as preferências locacionais identificadas pelos estudos regionais. Tendências e preferências que beneficiam as regiões mais ricas e industrializadas do país — o Sudeste e o Sul. O professor Paulo Haddad (1988) tem chamado a atenção para o reforço dado pelo Mercosul a essa tendência de arrastar o crescimento industrial para o espaço que fica abaixo de Belo Horizonte.

No que se refere às atividades do setor primário, constatava-se em décadas passadas que a fronteira agrícola avançara na direção do Norte e, *sobretudo*, do Centro-Oeste. O peso desta última região na produção nacional passara de 11% em 1968-70 para 23% em 1989-91, em face do dinamismo intenso da produção de grãos, especialmente soja. Mais recentemente, a agricultura ganhou presença na Região Sul, que passou a responder por 52% da produção brasileira de grãos, contra os 48% do triênio 1989-91. Vale destacar que, sozinho, o Rio Grande do Sul produz um quarto do total nacional, quantidade que representa quatro vezes a produção de grãos de todo o Nordeste e 10% a mais do que toda a produção do Centro-Oeste.[3]

A fronteira mineral, por sua vez, em seu recente dinamismo, buscou áreas como o Pará, que já disputa com Minas Gerais o primeiro lugar como produtor brasileiro de minérios, Goiás (rico em amianto, estanho, fosfato e nióbio) e Bahia (com ocorrências diversificadas). No Nordeste, começa-se a investir na construção de gasodutos, aparecendo com reservas importantes de gás natural estados como Bahia, Alagoas e Rio Grande do Norte. Sua tendência espacial recente foi, portanto, descentralizadora. Mas as explorações recentes não foram industrializantes, como em Minas Gerais, onde se desenvolveu, asso-

[3] Diniz, 1994.

ciado à mineração, um complexo siderúrgico-metalúrgico-mecânico e de produção de material de transportes. Isto porque as novas áreas de exploração mineral (como Carajás) tenderam a especializar-se na produção para exportação e a constituir um modelo do tipo enclave.

No que se refere à agroindústria, a atividade açucareira ampliou sua presença no Centro-Oeste e no Sul. A agroindústria irrigada avança também no Nordeste, mas a de suco de laranja continua mais dinâmica no Sudeste (São Paulo) e a de processamento de produtos da avicultura e da suinocultura permanece mais forte no Sul.

Percebe-se, assim, a dinamização de diversos focos em diferentes subespaços das macrorregiões, contrabalançando a tendência à concentração do dinamismo industrial. Vale lembrar, no entanto, que a agricultura, a extração mineral e a agroindústria não têm peso dominante na composição do PIB brasileiro.

Como ficou claro das análises apresentadas até aqui, no Brasil dos anos recentes — já no novo contexto de abertura, predomínio da integração competitiva e estabilização —, parece se confirmar uma tendência à interrupção da desconcentração espacial das atividades produtivas, e aumentar a diferenciação intra-regional. Em termos de políticas regionais, o que sobreviveu foram resquícios de instrumentos e políticas herdadas do passado, com reduzida capacidade de impactar as realidades regionais e de se contrapor às novas forças que tenderam a se consolidar.

Vale lembrar ainda que, na ausência de políticas regionais explícitas do governo federal, abriu-se espaço para a deflagração de uma "guerra fiscal" entre estados e municípios, buscando contribuir para a consolidação de alguns "focos de dinamismo" em suas áreas de atuação. A combinação desses dois fatos deixou grandes áreas do país à margem: os ditos "espaços não-competitivos".

A isso cumpre acrescentar que é limitada a dimensão da desconcentração ocorrida nas décadas anteriores. Ela não alterou substancialmente a antiga divisão regional do trabalho, que concentrou a parte mais relevante da base produtiva nacional e, sobretudo, dos segmentos industriais estratégicos no Sudeste. Além do mais, tal processo de desconcentração ocorreu num quadro econômico e político no qual a economia nacional iniciava seu processo de desaceleração — segunda metade dos anos 1970 —, desaguando na crise e na instabilidade dos anos 1980 e 90, e o Estado nacional passava a viver uma das maiores crises fiscal e financeira de sua história.

Ademais, como já se mostrou, estudos recentes sugerem o esgotamento do processo de desconcentração, relativamente curto, sem dúvida, quando comparado com o longo período de concentração, que data do início da industrialização brasileira até o auge da fase expansiva do "milagre econômico".

As tendências recentes sugerem que, após a fase de desconcentração modesta, poderá ocorrer um processo de concentração espacial do dinamismo econômico em algumas sub-regiões (focos dinâmicos) no futuro imediato. Isso significará que, mais uma vez, o país está na iminência de repetir uma trajetória de concentração espacial ou de acirramento de desigualdades regionais, agora num contexto extremamente mais difícil de: a) inserção maior do país e das regiões na economia mundial, em que se submeterão a uma acirrada competição; b) de um Estado ainda extremamente débil para definir e implementar diretrizes que possam se contrapor aos custos sociais de uma maior desigualdade regional; c) de uma Federação em crise, como têm ressaltado vários estudos recentes.[4]

Assim, a inserção do Brasil no ambiente econômico mundial da era da globalização tende a ser amplamente diferenciada, segundo os diversos subespaços econômicos desse amplo e heterogêneo país. Essa diferenciação tende também a alimentar a ampliação de históricas e profundas desigualdades.

Mas há novos fatos e movimentos em curso. Entre eles, a emergência de atores locais ativos — governos estaduais, governos municipais, entidades empresariais locais — é um fato importante do contexto dos anos recentes. Embora a presença crescente desses atores em cena não dispense uma ação firme do governo central no campo do desenvolvimento regional, como ocorre mundo afora (por exemplo, na União Européia, executora de políticas ativas de corte regional), essa nova tendência deve ser valorizada por implicar a atuação de novos e importantes agentes.

Em muitas áreas do país, agentes locais têm-se articulado para pensar e propor estratégias de desenvolvimento local e regional. Planos estratégicos municipais e regionais vêm se tornando cada vez mais freqüentes.

[4] Affonso e Silva, 1995.

Por outro lado, na contramão tanto do movimento de integração seletiva e fragmentadora quanto do processo de desmembramento de municípios (pela "onda" de autonomia que criou milhares de novos municípios no Brasil nos anos recentes), torna-se cada vez mais freqüente o recurso a estratégias de consorciação para atuação em espaços territoriais e institucionais mais amplos. Diversos estados já dispõem de leis regulando esses consórcios e os estimulam, e, recentemente, o Congresso Nacional aprovou uma lei que assegura a possibilidade de realização de consórcios públicos.

Parte-se, assim, do nível estritamente local para propor e atuar em níveis regionais mais amplos. Isso permite que os problemas sejam melhor enfrentados e que as potencialidades sejam aproveitadas com mais vantagem.

Trata-se, portanto, da reconstrução de espaços mais amplos de atuação de políticas públicas (nem todas executadas por entes governamentais) e da redescoberta de identidades regionais e da necessidade de promover a integração de regiões deixadas à margem pelo movimento mais geral e seletivo da inserção global dos pólos dinâmicos. Integração importante num país heterogêneo e continental como o Brasil. Para o necessário processo de descentralização da base produtiva desse imenso país, esses fatos são alvissareiros.

A crescente importância da dimensão metropolitana

Acompanhando a rápida industrialização e impulsionada por fatores geradores de intenso êxodo rural, a urbanização brasileira se fez com grande celeridade nas últimas décadas. Entre 1940 e 2000 a população total quadruplicou, passando de 41 milhões para 170 milhões de habitantes, embora a taxa de crescimento demográfico tenha caído expressivamente.[5] Mas nesse mesmo período, o grau de urbanização (percentual da população vivendo em cidades) pulou de 30% para 80%. No entanto, esse percentual médio esconde uma importante diferenciação entre os estados e as regiões brasileiras. Enquanto em alguns estados o grau de urbanização supera os 95% (São Paulo e Rio de Janeiro), em outros ainda se situa pouco acima dos 50% (Maranhão e Pará). Apesar

[5] De 2,4% ao ano, na década de 1940, para 3% na década de 1950, 2,9% na década de 1960, 2,5% na década de 1970, 1,9% na década de 1980 e 1,6% na década de 1990.

dessa diferença, constitui um fenômeno impressionante a ampliação do contingente humano que passou a se abrigar nas cidades brasileiras: dos 18,8 milhões, em 1940, para os 138 milhões, em 2000 — um aumento absoluto de 120 milhões de pessoas. Esse acréscimo resultou tanto do crescimento vegetativo quanto do efeito de intenso fluxo migratório rural-urbano. Nesse contexto, cresce rapidamente o número de cidades com população total superior a 50 mil habitantes (de 38, em 1950, para 124 em 1970 e 525 em 2000).

Como muitas dessas cidades têm áreas urbanas contíguas a outras, formaram-se aglomerações médias e grandes. Para Campolina Diniz (2002), este é um dos aspectos dramáticos de uma das maiores experiências de urbanização e pobreza da história da humanidade. Essa concentração urbana, sem o correspondente crescimento da oferta de moradias, saneamento, emprego e renda, levou parte da população a viver em condições subumanas, em favelas ou outras formas de habitação precárias, onde prolifera a miséria, a degradação humana e o crime organizado.[6]

Mas a tragédia da urbanização brasileira não é produto apenas da fase mais recente da vida do país e do intenso processo de industrialização do século XX. Suas raízes são mais antigas, fincadas no século precedente, em especial na privatização das terras — Lei de Terras, de 1850 — e nos efeitos da libertação dos escravos em 1888, muitos dos quais buscaram as cidades para sobreviver, como destaca Ermínia Maricato (2001).

O certo é que a metropolização brasileira se consolidou e se espraiou no imenso território do país, com aglomerações de portes bastante distintos, lideradas pela mega São Paulo, hoje com quase 20 milhões de habitantes, como mostram os dados de estudo recente elaborado pela rede do Observatório das Metrópoles para o Ministério das Cidades.

Na tabela 1 vê-se que as regiões Norte e Nordeste, que permanecem sendo um desafio especial para um projeto de Brasil menos desigual e de base produtiva mais descentralizada, têm seis metrópoles entre as mais importantes do país, abrigando 22% dos residentes em grandes centros urbanos, valendo observar que esse percentual é inferior ao da Grande São Paulo (quase 30%).

[6] Para uma análise do desempenho econômico diferenciado das metrópoles brasileiras, ver Diniz, 2002.

Tabela 1

As grandes metrópoles do Brasil

Grandes metrópoles	População (em milhões) 1980	População (em milhões) 2000	% no Brasil 2000	% nas grandes metrópoles 2000	Taxa de crescimento 1980-2000	População estimada 2004	% nas grandes metrópoles 2004
São Paulo	12,6	17,8	10,50	29,68	1,83	19.127.370	28,45
Rio de Janeiro	9,0	10,8	6,40	18,10	0,97	11.298.480	16,80
Belo Horizonte	2,6	4,2	2,50	7,06	2,54	5.287.713	7,86
Porto Alegre	2,3	3,5	2,07	5,84	2,21	3.983.980	5,93
Recife	2,5	3,3	1,96	5,55	1,45	3.551.809	5,28
Salvador	1,8	3,0	1,78	5,02	2,65	3.290.957	4,89
Fortaleza	1,6	2,8	1,67	4,73	3,04	3.283.710	4,88
Curitiba	1,4	2,7	1,60	4,52	3,45	3.110.455	4,63
Campinas	1,2	2,2	1,29	3,66	3,14	2.580.376	3,84
Brasília	1,3	2,0	1,20	3,40	2,26	3.370.265	5,01
Belém	1,0	1,8	1,06	2,99	2,91	2.004.306	2,98
Goiânia	0,8	1,6	0,99	2,79	3,89	1.964.214	2,92
Manaus	0,6	1,6	0,94	2,66	5,12	1.592.555	2,37
Vitória	0,7	1,3	0,79	2,22	3,41	1.593.415	2,37
São Luís	0,5	1,0	0,63	1,78	4,09	1.199.235	1,78
Total das grandes metrópoles	40,2	60,0	35,38	100,00	2,13	67.238.840	100,00
Total do Brasil	**119,0**	**169,8**	—	—	**1,89**	**181.586.030**	—

Fonte dos dados básicos: IBGE; elaboração: Observatório das Metrópoles.

Nos últimos 10 anos, a população das sete maiores metrópoles passou de 37 milhões para 42 milhões de pessoas, ou seja, um contingente adicional de 5 milhões de residentes. O mais grave é que, segundo o estudo do Observatório das Metrópoles, as periferias dessas sete aglomerações tiveram um crescimento de 30%, enquanto suas áreas mais centrais se ampliaram em apenas 5%. As grandes áreas urbanas do país requerem, assim, cada vez mais, um olhar especial, inclusive da política de desenvolvimento regional.

No que se refere à economia das principais metrópoles brasileiras, o estudo levantou os dados apresentados a seguir, na tabela 2.

Tabela 2
A economia das metrópoles

Grandes metrópoles	Massa de rendimento mensal 2000 (R$)	% da renda nas grandes metrópoles	Total de empregos formais em atividades de ponta 2002
São Paulo	9.088.632.439	34,54	575.693
Rio de Janeiro	4.902.060.829	18,63	182.045
Belo Horizonte	1.843.946.104	7,01	92.762
Porto Alegre	1.699.966.073	6,46	80.972
Recife	938.201.867	3,57	35.265
Salvador	941.104.888	3,58	40.062
Fortaleza	755.310.994	2,87	21.885
Curitiba	1.267.829.534	4,82	70.746
Campinas	1.122.397.737	4,27	75.732
Brasília	1.432.134.395	5,44	40.276
Belém	491.437.126	1,87	9.869
Goiânia	684.183.192	2,60	17.959
Manaus	368.891.104	1,40	38.810
Vitória	530.565.143	2,02	11.262
São Luís	245.670.298	0,93	3.809
Total das grandes metrópoles	**26.312.331.722**	**100,00**	**1.297.147**

Fontes: Observatório das Metrópoles, Fase, Ipardes, Ippur.

A concentração da massa de rendimentos e dos melhores empregos em São Paulo e no Rio de Janeiro aparece claramente. A renda gerada nas duas metrópoles globais (quase R$ 14 bilhões) supera a soma da massa de rendimentos originada nos 13 demais maiores centros urbanos do país (R$ 12,3 bilhões). No que se refere aos empregos formais nas atividades mais modernas do tecido produtivo brasileiro, o quadro é ainda de maior concentração, pois só São Paulo (575 mil) supera a soma das 13 metrópoles (539 mil).

Na educação, a concentração das oportunidades de acesso ao terceiro grau também merece destaque. O Norte e o Nordeste, com cerca de 38% dos brasileiros com idade entre 18 e 24 anos, têm apenas 22% das matrículas no ensino superior do Brasil, segundo o censo feito pelo MEC/Inep em 2003. Já o Sudeste e o Sul, com 55% dos jovens dessa mesma faixa etária, têm 68,5% dos alunos do ensino superior do país.

Descentralizar atividades econômicas, especialmente as mais dinâmicas e de melhor nível de produtividade, num país com esse perfil não é tarefa simples.

Desafios a enfrentar

Para, a médio e longo prazos, conseguir promover a necessária descentralização da base produtiva do país, revertendo a forte herança centralizadora que restou do século XX, o principal desafio é conceber e implementar uma nova e adequada política de desenvolvimento regional. Para tanto, o Brasil precisa não só levar em conta as novas tendências acima identificadas, mas também:

- assumir o desafio de construir uma política nacional que não seja sinônimo de política federal, apesar do papel fundamental do governo da União nesse campo, nem resultado de mero somatório de iniciativas locais, como pregam os "localistas". Mas uma política capaz de articular múltiplas escalas de atuação, envolver agentes de vários níveis da Federação brasileira e mobilizar entes governamentais e não-governamentais;
- dar maior atenção às forças endógenas e ao tecido sociocultural presente nas regiões, como se faz mundo afora. A valorização da diversidade existente nas várias regiões do país (que não é só econômica), o que é um de nossos principais potenciais, e de movimentos e abordagens que venham de "baixo para cima" é hoje um desafio a assumir nas novas formulações de políticas regionais;

- desenvolver "meios inovadores" ou apoiar a criação de um ambiente favorável a inovações de todo tipo, como sugeriu Harvey (1989), são indicações vindas do debate mundial sobre o desenvolvimento regional e que já influenciam propostas debatidas no Brasil de hoje;
- construir políticas setoriais nacionais levando em conta que o país é dotado de fantástica diversidade, mas padece de enorme desigualdade regional, sendo este, talvez, um dos maiores desafios a enfrentar, dada a tradição de conceber tais políticas sob o manto de uma abordagem espacial, que teima em desconhecer o Brasil real.

Além disso, a política nacional de desenvolvimento regional não deve mais lidar apenas com a escala macrorregional e operar instrumentos de atração de empresas de grande porte para regiões menos desenvolvidas, como fez no passado. Pode e deve tirar proveito de iniciativas de cooperação e de compartilhamento de visões de futuro das diversas subregiões do país, e também enfrentar "problemas e desafios" sub-regionais distintos, em todas as regiões do país e não apenas no Norte e no Nordeste, como insistia em tratar a visão tradicional.

A proposta elaborada pelo governo federal[7] tomou essa direção após diagnosticar, corretamente, que a abordagem macrorregional é insuficiente para dar conta do desafio de promover o desenvolvimento regional numa realidade complexa e diferenciada como a brasileira. O cartograma-síntese apresentado a seguir contém uma regionalização preliminar, feita pela equipe técnica do Ministério da Integração Nacional. Nele se vêem nitidamente quatro situações: a) a das sub-regiões mais ricas, que teriam menor prioridade na política regional e poderiam aportar maiores contrapartidas em projetos de valorização de seus espaços menos dinâmicos; b) a das regiões que já concentram um patrimônio significativo, mas cuja base produtiva tem passado por dificuldades nos anos recentes, algumas em nítido movimento de reestruturação produtiva, e que mereceriam ser apoiadas nesse seu esforço para desenvolver novas potencialidades; c) a das regiões que não foram dotadas de patrimônio relevante ao longo da história brasileira, mas que, na fase recente, vêm apresentando forte dinamismo econômico, e que deveriam merecer algum apoio para desen-

[7] Brasil, Ministério da Integração, 2003.

volver melhor sua inserção na vida produtiva do país; e finalmente d) a das regiões mais pobres e menos dinâmicas, todas no Norte e no Nordeste, e que deveriam merecer a máxima prioridade da política regional do país.

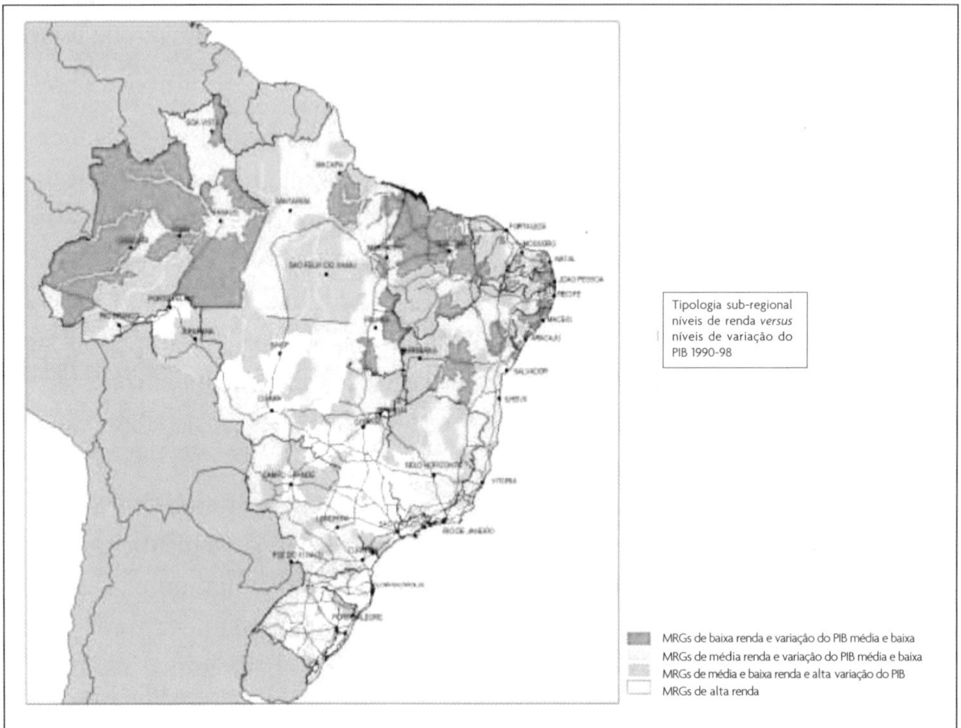

Fonte: IBGE - Censo Demográfico 2000, Ipea.

Segundo informações do estudo do Ministério da Integração Nacional, as áreas mais ricas ocupam 12,6% do território do país, nelas residindo 53,7% dos brasileiros, principalmente nas cidades, dado seu elevado grau de urbanização (93,2%). Nesse conjunto de microrregiões foram gerados 2/3 do PIB do Brasil no final dos anos 1990.

Já as áreas mais pobres e sem dinamismo recente em suas bases produtivas, que representam 23% do território nacional, abrigam apenas 8,4% dos brasileiros, com grau de urbanização bem mais baixo (50,4%). Sua participação na produção nacional medida pelo PIB é insignificante (1,7%), embora tenham maior peso na renda nacional (2,3%), diferença explicada pelo crescente fluxo de transferências, especialmente dos programas assistenciais do governo. Como se vê, a dimensão do esforço a realizar para garantir melhores oportunidades a essas pessoas, valorizando as potencialidades dos lugares onde moram, já não é tão grande e está à altura dos meios de um país como o Brasil.

Mas a nova política nacional de desenvolvimento regional precisa reconhecer que, na escala macrorregional, persistem dois desafios centrais: o Nordeste e o Norte. Essas grandes regiões continuam a requerer esforço adicional, embora desde 1988 se tente, indevidamente, incluir o Centro-Oeste neste rol, quando os estudos disponíveis revelam que o padrão sociocultural e a dinâmica econômica central dessa região a aproxima mais do Sudeste e do Sul que do Norte e do Nordeste, nos dias atuais.

O diagnóstico feito pelo Ministério da Integração Nacional, com vários indicadores — renda, nível de escolaridade, grau de urbanização, densidade de ocupação econômica, entre outros —, mostra que o Brasil ainda tem desníveis relevantes, com nítida desvantagem para os espaços situados de Belo Horizonte para cima, pois os padrões do norte de Minas Gerais são evidentemente mais próximos dos do Nordeste que do Sudeste. Nessas grandes áreas, o esforço de criação de patrimônio — infra-estrutura econômica, infra-estrutura de ciência e tecnologia, instalação de investimentos produtivos, entre outros — deveria receber a máxima prioridade do governo federal; e essas áreas precisariam contar com um olhar especial do setor privado, que às vezes desconhece suas potencialidades, empanadas pela forte concentração da economia do país em outros lugares.

Algumas iniciativas foram tomadas nos meses iniciais da nova administração federal para a viabilização de sua nova política regional. A principal foi a inclusão, na Proposta de Emenda Constitucional (PEC) nº 41, da criação de um Fundo Nacional de Desenvolvimento Regional (FNDR). Infelizmente, a proposta terminou se transformando em instrumento de barganha entre o governo federal e governadores de alguns estados, e tende a se transformar numa espécie de apêndice do Fundo de Participação dos Estados (um FPE-2), rateado que foi entre alguns estados. Tal negociação terminou também por inviabilizar duas outras iniciativas do governo Luiz Inácio Lula da Silva: a recriação da Sudene e da Sudam, propostas via leis complementares específicas e ainda em debate no Senado.

Os limites para uma ação mais firme e de maior dimensão e visibilidade nesse campo continuam impostos pela política macroeconômica, de corte e impacto mais geral. Daí a percepção de que o governo atual ainda revela timidez em sua inserção no debate nacional sobre a dimensão regional do desenvolvimento.

Considerações finais

Mas o Brasil não se mexe somente a partir de iniciativas de Brasília. Mesmo no longo período de governo do presidente Fernando Henrique Cardoso, que primou pela ausência de uma política federal explícita de desenvolvimento regional, substituída pela abordagem regional do seu programa de investimento — a abordagem a partir dos "eixos de desenvolvimento", de corte nitidamente seletivo e voltado para a valorização das áreas mais dinâmicas e de maior potencial exportador do país — e pela prevalência da "guerra fiscal", floresceram também experiências de cooperação sub-regional muito positivas e que devem ser valorizadas.

No nível estadual, alguns governos começam a implementar uma verdadeira revolução institucional, valorizando a dimensão regional na estruturação de suas ações.

No nível municipal, após a "onda fragmentadora" que predominou logo após a promulgação da Constituição de 1988, quando mais de 1.300 novos municípios foram criados, numerosas experiências de pactos, fóruns, consórcios, agências e outras formas de ação coordenada ou de cooperação sinalizam um momento novo, que também deve ser valorizado na formulação de uma nova política nacional de desenvolvimento regional.

É o Brasil se mexendo de "baixo para cima". Mas é preciso não supervalorizar as possibilidades de promover mudanças estruturais e enfrentar certos desafios na escala local, em um país de tradição centralizadora e marcado por enormes desigualdades inter-regionais como o Brasil.

A discussão no plano teórico-conceitual dessa questão foi feita, com lúcida visão crítica, por Carlos Brandão, em sua tese de livre-docência, apresentada à Unicamp em 2003. O combate ao quase modismo e aos excessos do que ele chamou de "pensamento único localista" contém importantes elementos para reflexão. O que o autor faz é tentar, justamente, resgatar as determinações estruturais da dimensão espacial do processo de desenvolvimento capitalista. Entre o que considera "insuficiências e desvios", ressalta a desconsideração do ambiente macroeconômico, a minimização dos conflitos políticos e da estruturação das classes sociais, e do papel do espaço e das políticas nacionais. Cobra também dos defensores de um localismo acrítico a análise das especificidades nacionais em situação de subdesenvolvimento, pelo que questiona as comparações simplistas entre experiências internacionais, desenvolvidas em países com história e inserção na ordem capitalista completamente diferentes.

Lembra que vem das entranhas, das leis estruturais do capitalismo, a tendência que este apresenta de se desenvolver de forma desigual e de, recorrentemente, aprofundar e complexificar a divisão social do trabalho em todas as suas dimensões, inclusive a espacial. E revela a brilhante capacidade das grandes corporações transnacionais capitalistas de manejar as escalas espaciais em seu benefício (e não no das sociedades locais). Brandão defende, corretamente, que nenhuma escala *per se* é pior, ou melhor, afirmando que elas ganham maior ou menor significação em cada momento histórico particular. Revela, assim, muitos dos limites que serão encontrados nas experiências brasileiras de desenvolvimento local. Boa parte deles evidentes no caso por ele examinado da região seridoense.

Lendo Brandão fica-se com algumas perguntas importantes. Um país continental e magnificamente diverso como o Brasil, com uma longa história de inserção submissa à ordem mundial capitalista, ainda em formação e até em processo de ocupação de muitos de seus espaços territoriais, marcado por enormes desigualdades regionais, pode prescindir de políticas nacionais? Cabe mergulhar no modismo localista? Qual o papel das iniciativas de desenvolvimento endógeno, que potencialidades fazem aflorar e que limites apresentam?

De saída, é bom não esquecer a tradição brasileira de centralizar poder e dinheiro, em escala nacional, na esfera do governo federal e de minimizar o papel das instâncias locais. E esta não é uma tendência universal, mesmo em países-berço do capitalismo (o exemplo alemão é ilustrativo). No Brasil, trata-se de tendência muito antiga e que foi reforçada no período da ditadura militar recente (1964-85). No processo constituinte que deu ao país a Constituição de

1988, a luta pela descentralização de recursos e poder de decisão para estados e municípios logrou avanços importantes.

A partir dos anos 1990, muitas políticas públicas foram implementadas com maior grau de envolvimento das esferas locais, destacando-se as políticas assistenciais e sociais. O caso do Sistema Único de Saúde é exemplar. Mas vale destacar, lembrando Brandão, que ele é, antes de tudo, um *sistema nacional* (e não apenas federal ou um ajuntamento de iniciativas locais) e que se propõe a *universalizar o acesso* aos serviços de saúde, outra luta ainda em curso para as principais políticas sociais do país.

Apesar desse esforço da sociedade brasileira, a crise fiscal agônica do governo federal atuou, como já se disse, como um freio a esse movimento descentralizador, pela dificuldade do governo central de transferir recursos numa situação de déficit crescente. Nos anos 1990, em face de uma dívida que explodiu a partir do Plano Real, a carga tributária bruta (relação entre a receita pública total arrecadada e o PIB) se elevou muito, seja pela criação de novos tributos, seja pela elevação das alíquotas de impostos e contribuições já existentes, mas já se verifica a tendência de criar ou ampliar a receita pública com base em tributos não-partilhados, em mecanismos de transferência, pela União com estados e municípios (como FPE e FPM). O exemplo mais famoso é o da contribuição provisória sobre a movimentação financeira (CPMF).

O fato é que, quando se observam os números recentes da distribuição da elevada carga tributária nacional (cerca de 38% do PIB), verifica-se que a União continua a concentrar mais da metade do bolo da receita disponível e que os municípios não conseguem capturar percentual significativo, pois ficam com cerca de 20%, após todas as transferências intergovernamentais constitucionais, enquanto os estados capturam cerca de 30%.

Portanto, promover o desenvolvimento local e impulsionar a descentralização num país onde os recursos destinados ao financiamento das políticas públicas ainda são pouco descentralizados constitui um grande desafio. Algumas publicações européias, norte-americanas e de instituições multilaterais destacam as virtudes da promoção do desenvolvimento endógeno e o papel do poder local. Mas, em geral, referem-se a casos concretos de países onde o poder local é forte. Dados levantados pelo professor Ladislau Dowbor (1998) mostram que, nos países desenvolvidos, os poderes locais geram entre 40% e 60% dos recursos públicos (a carga tributária na Suécia absorve cerca de dois terços do PIB, mas o poder local gerencia 72% desse total). Já nos países em desenvolvimento, o poder local, em geral, gera entre 5% e 15% dos recursos públicos. Logo, o Estado continua "lá em cima", como lembra aquele estudioso.

Bibliografia

AFFONSO, Rui; SILVA, Pedro Luiz Barros (Orgs.). *Desigualdades regionais e desenvolvimento*. São Paulo: Fundap, Unesp, 1995.

ARAÚJO, Tania Bacelar. Por uma política nacional de desenvolvimento regional. *Revista Econômica do Nordeste*, Fortaleza: Banco do Nordeste, v. 30, n. 2, abr./jun. 1999.

———. *Ensaios sobre o desenvolvimento brasileiro:* heranças e urgências. Rio de Janeiro: Revan, 2000.

———. A contribuição da experiência do Seridó do Rio Grande do Norte. In: CRUZ, José Luis Vianna (Org.). *Brasil, o desafio da diversidade* — experiências de desenvolvimento regional. Rio de Janeiro: Senac, 2005.

AURELIANO, Liana Maria. Descentralização de políticas sociais: alguns exemplos da saúde, educação e assistência. *Debates*, São Paulo: Konrad-Adenauer, n. 10, p. 25-31, 1996.

BRANDÃO, Carlos Antônio. *A dimensão espacial do subdesenvolvimento:* uma agenda para os estudos urbanos e regionais. 2003. Tese (Livre-Docência) — Unicamp, Campinas, 2003.

BRASIL. Congresso Nacional. Comissão Especial Mista sobre Desigualdades Regionais. *Desequilíbrio econômico interregional brasileiro* — relatório final. Brasília, 1993.

BRASIL. Ministério da Integração Nacional. *Política nacional de desenvolvimento nacional* — proposta para discussão. Disponível em: <www.integracao. gov.br>. Acesso em: 2003.

BUARQUE, Sergio et al. Integração fragmentada e crescimento da fronteira norte. In: AFFONSO, Rui; SILVA, Pedro Luiz Barros (Orgs.). *Desigualdades regionais e desenvolvimento*. São Paulo: Fundap, Unesp, 1995.

CANO, Wilson. *Desequilíbrios regionais e concentração industrial no Brasil:* 1830-1970. São Paulo: Global, Unicamp, 1985.

CNI/DEPARTAMENTO ECONÔMICO. Economia brasileira: comparações regionais, Rio de Janeiro. *CNI*, n. 2, 1996.

DINIZ, Clélio Campolina. *A dinâmica regional recente da economia brasileira e suas perspectivas*. Brasília: Ipea, 1994.

———. Repensando a questão regional brasileira: tendências, desafios e caminhos. In: *Painéis sobre o desenvolvimento brasileiro*. Rio de Janeiro: BNDES, 2002.

———; CROCCO, Marco Aurélio. Restruturação econômica e impacto regional: o novo mapa da indústria brasileira. *Nova Economia*, Belo Horizonte: UFMG, v. 6, n. 1, jul. 1996.

DOWBOR, Ladislau. *A reprodução social* — propostas para uma gestão descentralizada. Petrópolis: Vozes, 1998.

GUIMARÃES NETO, Leonardo. Desigualdades regionais e federalismo. In: AFFONSO, Rui; SILVA, Pedro Luiz Barros (Orgs.). *Desigualdades regionais e desenvolvimento*. São Paulo: Fundap, Unesp, 1995. p. 13-59.

HADDAD, Paulo R. A questão regional no Brasil do século XXI: a longa e recalcitrante persistência dos desequilíbrios de desenvolvimento no espaço econômico. In: SEMINÁRIO BRASIL SÉCULO XXI. *Anais*... Campinas, 1988. ms.

HARVEY, David. *A condição pós-moderna*. Rio de Janeiro: Loyola, 1989.

LUSTOSA, Isabel. O medo da desintegração. *Rumos — os Caminhos do Brasil em Debate*, Brasília, Comissão Nacional para as Comemorações do V Centenário do Descobrimento do Brasil, v. 1, n. 2, mar./abr. 1999.

MARICATO, Ermínia. *Brasil, cidades* — alternativas para a crise urbana. Petrópolis: Vozes, 2001.

OLIVEIRA, Francisco. A metamorfose da arribação: fundo público e regulação autoritária na expansão econômica do Nordeste. *Novos Estudos Cebrap*, São Paulo, n. 27, p. 67-92, 1990.

PACHECO, Carlos Américo. *Fragmentação da nação*. Campinas: Unicamp, 1998.

UFRJ (Universidade Federal do Rio de Janeiro). *Análise das regiões metropolitanas do Brasil*. Rio de Janeiro: UFRJ/Ippur, Fase, Ipardes, 2004. ms.

VAINER, Carlos. Regionalismos contemporâneos. In: *A Federação em perspectiva: ensaios selecionados*. São Paulo: Fundap, 1995.

11

SOCIEDADE CIVIL, DIREITOS E ESPAÇOS PÚBLICOS*

*Vera da Silva Telles***

Quais as possibilidades, no Brasil atual, de construção de uma sociedade mais justa e mais igualitária? A pergunta não é retórica. Tampouco trivial. Significa, de partida, levar a sério as incertezas dos tempos que correm. É uma pergunta que põe em foco os dilemas do cenário atual, em que os destinos do país estão sendo decididos numa encruzilhada de alternativas incertas, desenhadas entre o legado de uma tradição autoritária e excludente e as transformações em curso no mundo contemporâneo.

Pode-se dizer que as mudanças em curso fazem vir à tona a dimensão dilemática da questão social — afinal, é disso que se está falando. Embora seja certo que os modelos conhecidos de proteção social foram postos em xeque pelas atuais mudanças no mundo do trabalho e que conquistas sociais foram demolidas pela onda neoliberal no mundo inteiro, também é verdade que esse questionamento e essa desmontagem reabriram as tensões e antinomias que estiveram na origem dessa história. E fazem ver as difíceis (e frágeis) relações entre o mundo social e o universo público dos direitos, na disjunção sempre

* Versão revista e atualizada de artigo publicado em: *Publicações Pólis*, São Paulo, v. 14, p. 43-54, 1994.

** Docente do Departamento de Sociologia da Universidade de São Paulo, pesquisadora do Centro de Estudos dos Direitos da Cidadania (Cenedic/USP).

reaberta entre a ordem legal que promete a igualdade e a reposição das desigualdades e exclusões na trama das relações sociais; entre a exigência ética de justiça e os imperativos de eficácia da economia; entre universos culturais e valorativos de coletividades diversas e a lógica devastadora do mercado.

Mas essa disjunção — a aporia das sociedades modernas, como diz Castel (1993) — estrutura um terreno de conflitos que reatualiza a exigência de direitos e reabre a antinomia entre as esperanças de um mundo que valha a pena ser vivido, inscritas nas reivindicações por direitos, e a lógica excludente de modernizações que desestruturam formas de vida e bloqueiam perspectivas de vida. Lembrar isso não é uma trivialidade, pois esses conflitos, longe de se reduzirem ao puro confronto de interesses, colocam em pauta o difícil problema da igualdade e da justiça em uma sociedade dividida internamente e fraturada por suas contradições e antinomias. Questão certamente tão difícil quanto urgente em uma sociedade marcada por desigualdades sociais tão gritantes como a brasileira. E ainda mais dilemática nos tempos que correm, que desestabilizaram termos como direitos e cidadania, igualdade e justiça social, tal como foram historicamente formulados, subvertendo as regras de reciprocidade e equivalência que essas noções supõem.

É por esse ângulo das relações entre o mundo social e os direitos que gostaria de colocar em discussão algumas experiências e acontecimentos recentes na sociedade brasileira. Relações difíceis e problemáticas, mas que circunscrevem um terreno de conflitos em que a conquista de direitos é também uma disputa pelos sentidos de modernização e modernidade, cidadania e democracia.

A invenção política dos anos 1980

Como bem se sabe, foi na década de 1980 que os movimentos sociais se organizaram, sindicatos se fortaleceram e as demandas populares ganharam o cenário público. As aspirações por uma sociedade mais justa e mais igualitária ganharam forma na reivindicação de direitos diversos, deixaram suas marcas em conquistas importantes na Constituição de 1988 e se traduziram na constituição de sujeitos políticos que passaram a ser reconhecidos como interlocutores legítimos no jogo político nacional. Pelo ângulo da dinâmica societária as mudanças não foram pequenas. No correr dos anos, entrando pela década de

1990 a dentro, foi construída uma notável trama social, formada por movimentos sociais, organismos de representação de interesses e entidades civis. Trata-se de uma rede associativa tão ampla quanto plural, multifacetada e descentralizada, que veio se armando de um modo muito desigual, seguindo os rumos mutáveis dos acontecimentos e das oscilações de conjuntura, sendo feita e refeita a cada momento.

Por um lado, em que pese a suas ambigüidades e fragilidades internas, é uma trama social que permitiu algo como um mapeamento e explicitação de campos diversificados de conflito. As lutas sociais que marcaram esses anos criaram um espaço público informal, descontínuo e plural por onde circularam reivindicações diversas. Espaço público no qual se elaborou e se difundiu uma "consciência do direito a ter direitos", conformando os termos de uma experiência inédita na história brasileira, em que a cidadania é buscada como luta e conquista, e a reivindicação de direitos interpela a sociedade enquanto exigência de uma negociação possível, aberta ao reconhecimento dos interesses e das razões que dão plausibilidade às aspirações por um trabalho mais digno, por uma vida mais decente, por padrões de civilidade nas relações sociais. É por esse ângulo que talvez se possa avaliar a dinâmica democrática e democratizante desencadeada pelas lutas e movimentos sociais. Não porque sejam portadores de alguma virtude intrínseca. Mas pela constituição, no terreno conflituoso da vida social, de arenas públicas nas quais os conflitos ganham visibilidade como acontecimentos, nas quais os sujeitos coletivos se constituem interlocutores válidos e nas quais os direitos estruturam uma linguagem pública que baliza os critérios pelos quais demandas coletivas são problematizadas e avaliadas nas suas exigências de eqüidade e justiça. E é nessa perspectiva que se pode dizer que essa movimentação ampla e multifacetada teve o efeito de reconfigurar nossa velha e persistente questão social, historicamente definida, entre a tutela estatal e a gestão filantrópica da pobreza. Pois projetou a questão social no cenário político brasileiro sob uma figuração plural e também ela descentrada, mas que colocava em foco, e sob o foco do debate, a possibilidade de se firmar os direitos como princípios reguladores da economia e da sociedade.

Por outro, tendo por referência possibilidades de uma cidadania ativa, abertas pela nova ordem legal instituída em 1988, essa movimentação ampla e multifacetada desdobrou-se em uma tessitura democrática, construída na interface entre Estado e sociedade, aberta a práticas de representação e interlocução pública. Ancoradas nessa trama associativa, reivindicações, demandas e aspirações de atores coletivos diversos inscreveram-se em uma institucionalidade emergente que se abria a espaços de representação, interlocução e negociação, deslocando critérios até então muito excludentes de legitimidade pelo reconhecimento como interlocutores de muitos dos que antes só encontravam lugar entre a repressão e a indiferença pública. Construída entre as regras formais ou informais da convivência pública, sob formas codificadas ou não, permanentes ou descontínuas, essa institucionalidade terminou por projetar os direitos como *parâmetros públicos* a balizar o debate sobre o justo e o injusto, o legítimo e o ilegítimo, nas circunstâncias e acontecimentos que afetam a vida de indivíduos, grupos, classes e, mesmo, de uma população inteira.

Essa é uma maneira possível de interpretar a dinâmica política que vinha então se desenrolando na vida das cidades. Por exemplo, nas formas negociadas de arbitragem de conflitos urbanos, nas quais se processava, ali onde havia antes o jogo bruto da força, uma jurisprudência informal que operava com critérios de justiça substantiva, reinterpretava princípios da lei e criava novos direitos,[1] com o que o próprio sentido da lei se redefinia como referência pública de legitimação de demandas diversas e generalização da consciência de direitos;[2] nas relações que movimentos organizados passaram a estabelecer com o Estado, deslocando práticas tradicionais de mandonismo, clientelismo e assistencialismo em formas de gestão abertas à participação popular e a tipos de negociação em que demandas e reivindicações estabeleciam a pauta de prioridades e a relevância na distribuição dos recursos públicos, bem como a ordem das responsabilidades dos atores envolvidos;[3] na reinvenção e nos usos das "leis da cidade", em que movimentos organizados e entidades civis ou simplesmente cidadãos mobilizados pareciam realizar isso que Habermas (1990) chama de soberania popular descentralizada e pluralizada, em espaços públicos múltiplos e diferenciados, nos quais direitos e aspirações coletivas eram afirmados como critérios de julgamento e legitimidade de atos

[1] Falcão, 1987.
[2] Paoli, 1992.
[3] Braga e Barreira, 1991.

públicos que afetavam a vida de todos;[4] nos inúmeros fóruns que se multiplicaram nos últimos anos, nos quais questões tão diversas como habitação, saúde, meio ambiente e direitos humanos se apresentavam como questões a serem levadas em conta na gestão da coisa pública.

A utopia democrática da década de 1990

É certo que tudo isso acontecia sob formas fragmentárias e descontínuas, que os acontecimentos se processavam em um terreno minado por práticas autoritárias e excludentes e que essa mobilização não atingia muitos, talvez as maiorias, dos que se encontravam fora das arenas organizadas da vida social e política. Mas nessa articulação entre movimentos sociais e práticas associativas, direitos e espaços públicos democráticos, é que foi possível identificar os registros de uma sociedade civil emergente. E foi nessa dinâmica política que se pôde vislumbrar, no cenário das transformações em curso, alternativas de uma regulação democrática das relações sociais capaz de firmar os *direitos como parâmetros no reordenamento de economia e sociedade.*

Essa a utopia democrática que assumia o legado político dos anos 1980 para projetá-lo em um cenário público já tensionado por um projeto conservador de reordenamento das relações entre Estado, economia e sociedade. Mais do que um conceito com estatuto teórico claro e internamente fundado, a noção de sociedade civil operava como referência de uma aposta política possível. Referência que circulava entre fóruns diversos do debate acadêmico e político, circunscrevia um campo de disputa pelos sentidos de modernidade, cidadania e democracia, contrapondo, por um lado, a perspectiva de uma cidadania ampliada, aberta à negociação democrática das regras da vida social, tendo como medida o reconhecimento e a generalização de direitos e, por outro, a despolitização inscrita em um projeto conservador que reduzia a sociedade civil ao mercado, a política à racionalidade técnico-administrativa e os direitos à autonomia privada de indivíduos empreendedores.

Entre o projeto estatista de sociedade e o modelo privativista do mercado, a sociedade civil aparecia como alternativa capaz de conciliar desen-

[4] Teixeira, 1993.

volvimento, eqüidade e justiça social. Entendida como articulação entre práticas associativas, como universo dos direitos e espaços democráticos de representação e interlocução pública, a noção de sociedade civil, tal como proposta e debatida nesses anos, pouco tinha (e pouco tem) a ver com uma volta às "saudáveis virtudes morais" da comunidade e das tradições locais, como fontes supostas de energias coletivas capazes de ser mobilizadas como alternativa ao Estado em países estrangulados por falta de recursos e mergulhados em uma pobreza crescente. Essa é uma ênfase hoje corrente, que permite uma inquietante convergência entre propostas de cunho neoliberal e uma espécie de celebração do local e do comunitário, como *locus* de uma "nova cidadania" ou de uma "nova política", mas que mal esconde formas renovadas de gestão da pobreza. Há muito de positivo nessa revalorização das práticas de autoajuda, do mutualismo e da cooperação solidária que bairros populares e regiões pauperizadas do país nos vêm dando inúmeros exemplos, e isso já há muito tempo. Na verdade, é mesmo impossível compreender os movimentos e as lutas sociais das últimas décadas sem o seu ancoramento nas dimensões mais moleculares de uma vida social construída em uma trama multifacetada de relações comunitárias e solidárias. O problema está em fazer disso exemplos modelares de uma sociedade civil ativa. Se, em termos teóricos, a questão é no mínimo controvertida, em termos políticos é mais do que problemática.

Em um quadro de aprofundamento de desigualdades e exclusões, a ênfase atual no local, no particular, nas tradições e na comunidade, se aponta para potencialidades criativas de uma refundação do social e das práticas sociais, também contém o risco de aprofundar segmentações e disparidades, sem alterar os termos pelos quais as desigualdades atuais se processam. Pois, sem uma medida de eqüidade nas relações sociais, o localismo de ênfase comunitária pode sacramentar segregações e discriminações. E isso coloca a questão da mediação entre o local e a dimensão pública da sociedade. Essa é questão que está na ordem da "invenção democrática" e diz respeito à construção desse artifício civil que são os direitos e as leis como referências de uma cultura pública igualitária e desprovida de privilégios. É dessa construção que dependem as regras de uma convivência cidadã através do exercício prático da *civilidade*, como forma de sociabilidade regida pelo reconhecimento do outro como sujeito de interesses válidos, de aspirações pertinentes e de direitos legítimos.

Por outro lado, em um país que nem mesmo chegou a construir patamares mínimos de igualdade civil e justiça social, em que o senso de responsabilidade pública está ausente de tradições e cultura política, em que os direitos não fazem parte das "regras do jogo" e estão longe de se constituir em medida e parâmetro para a deliberação e a definição de políticas que afetam a vida de todos — a chamada pauta pós-*welfare state* em um contexto de crescente desregulamentação da economia —, haverá de aprofundar ainda mais desigualdades e exclusões. É certo que as formas estatais de regulação estão perdendo vigência na lógica de uma economia cada vez mais globalizada e que vem se estruturando em circuitos de acumulação e arenas decisórias que escapam aos poderes normativos do Estado. Mas nem por isso é preciso admitir a inevitabilidade de um mercado sem limites publicamente estabelecidos. Nesse caso, as alternativas para a modernização selvagem já em curso na sociedade brasileira passam pela invenção, pela negociação e pela pactuação de novas regras, parâmetros e limites, que garantam direitos fundamentais e abram, por isso mesmo, possibilidades de se estabelecer a difícil equação entre economia e eqüidade. E isso depende de espaços públicos de representação e negociação nos quais os direitos possam se firmar como *medida no gerenciamento dos conflitos* e como *parâmetros no reordenamento da vida econômica* (e da vida social de uma maneira mais geral).

E esse é o critério pelo qual se deve avaliar essa "arte da negociação" sempre defendida como saída para a crise brasileira. Pois, sem a referência à igualdade e à justiça como valores e princípios de universalização de direitos, a negociação pode se reduzir a um mero jogo de ajustamentos corporativos de interesses e, sobretudo, levar a uma espécie de geometria variável de direitos,[5] conforme o poder de barganha dos grupos mais organizados. Como bem nota Francisco de Oliveira (1991), sem o postulado da igualdade:

> a agilidade e a regulação do Primeiro Mundo desenvolvido projetar-se-ão sobre nós exportando incertezas, aleatoriedade de que o desenvolvimento da pobreza — esta última taça que nos resta, por enquanto — será a única possibilidade ao nosso alcance.

[5] Oliveira, 1991.

Entre a versão comunitarista de sociedade civil e a versão liberal, que a reduz ao mercado e ao domínio dos interesses privados, delineava-se, portanto, um conjunto de dilemas que traziam para o centro da discussão a questão da democracia e da cidadania. E é isso precisamente que estava então no centro dos debates sobre a noção de sociedade civil. Em torno dela formulou-se a utopia democrática de uma sociedade na qual as relações sociais podiam ser mediadas pelo reconhecimento dos direitos e a representação de interesses, na qual espaços públicos conferiam legitimidade aos conflitos e a medida da igualdade e da justiça vinha a ser objeto do debate e de uma permanente e sempre reaberta negociação.

Não se trata de negar o papel do Estado em nome das virtudes empreendedoras (na versão liberal) ou libertárias (na versão de esquerda). A questão diz respeito às possibilidades de construção, entre Estado e sociedade, de arenas públicas que dêem visibilidade aos conflitos e ressonância às demandas sociais, permitindo, no cruzamento das razões e valores que conferem validade aos interesses envolvidos, o estabelecimento de parâmetros públicos que reinventem a política no reconhecimento dos direitos como medida de negociação e deliberação das políticas que afetam a vida de todos.

Por outro lado, construídas na interface entre Estado e sociedade, essas arenas públicas permitiriam tornar a gestão pública permeável às aspirações e demandas emergentes da sociedade civil, retirando do Estado o monopólio exclusivo da definição de uma agenda de prioridades e problemas pertinentes à vida em sociedade. E isso significaria um outro modo de se construir uma noção de interesse público: uma noção plural e descentrada, capaz de traduzir a diversidade e a complexidade da sociedade, rompendo, por isso mesmo, com uma sua versão autoritária, solidamente enraizada na história política do país, confundida com razão do Estado e identificada como imposição autoritária da lei. É nesses termos que, pelo menos virtualmente, uma noção plural de bem público pode ser construída, não como valor "superior" a permitir o consagramento de corações e mentes ou como consenso que dilui diferenças de interesses em conflito, tampouco como algo identificado com o ordenamento estatal. Sempre sujeita a interpretações diversas ou mesmo divergentes, escapando de definições substantivas e acabadas, mas tendo como suposto e princípio o reconhecimento recíproco de direitos, estabelece uma medida comum que permite, por entre as diferenças e assimetrias de posições, uma dicção comum (mas não idêntica), a troca regrada de opiniões e as normas pactuadas do conflito.

Se nesses termos é que a utopia democrática foi formulada no correr dos anos 1990, foi essa a aposta política que se projetou nas tendências em curso desde o início dessa década no sentido da descentralização e municipalização do poder. A questão dos poderes locais e da gestão pública municipal estava em pauta e no epicentro desses debates. Por um lado, a redefinição do papel do Estado como poder normativo e regulador da vida social vinha colocando em debate as exigências de uma modernização que fosse conjugada com uma democratização aberta aos espaços plurais, renovados e ampliados de representação e articulação com a sociedade civil. Por outro, depois de décadas de uma urbanização acelerada que construiu uma rede urbana tão ampla quanto diferenciada e desigual, as cidades vinham ganhando uma nova centralidade pela convergência, virtualmente explosiva e em alguns casos quase ingovernável, de problemas e conflitos que escapavam a soluções formuladas nos termos de políticas e instituições centralizadas na esfera do Estado.

> (...) os municípios passam a se encontrar na linha de frente de uma situação explosiva que exige intervenções ágeis em áreas que extrapolam as tradicionais rotinas de cosmética urbana, já que se trata de amplos projetos de infraestrutura, políticas sociais e programas de emprego, envolvendo inclusive estratégias locais de dinamização das atividades econômicas. Os municípios situam-se na linha de frente dos problemas, mas no último escalão da administração pública. O deslocamento generalizado dos problemas para a esfera local, enquanto estruturas político-administrativas continuam centralizadas, criou um tipo de impotência institucional que dificulta dramaticamente qualquer modernização da gestão local, enquanto favorece o tradicional caciquismo articulado com relações fisiológicas nos escalões superiores.
>
> (Dowbor, 1993)

Finalmente, uma crise social tão imensa quanto mulficacetada na ordem das causalidades envolvidas e também diferenciada conforme regiões, cidades e grupos sociais afetados colocava em questão as possibilidades e limites de soluções central e globalmente definidas e trazia para o debate a exigência de soluções inventadas e negociadas em fóruns diversos, capazes de mobilizar os atores coletivos no seu senso de responsabilidade pública diante do drama de salários baixos, desemprego, saúde, habitação ou saneamento básico.

É na convergência desses (e outros) problemas que se armava o desafio da construção de arenas públicas de participação, representação e negociação, que viabilizassem uma gestão da coisa pública regida pelo reconhecimento e pela universalização dos direitos. Não se tratava (e não se trata) de imaginar fórmulas salvadoras e muitos menos creditar à participação popular alguma vocação hegemônica e redentora dos dramas nacionais, numa reedição de velhas e já desacreditadas escatologias políticas. Pois essa experimentação democrática dava-se (e ainda se dá) no contexto de cidades atravessadas por uma dinâmica societária cada vez mais complexa, heterogênea e diferenciada, com novas clivagens surgindo e cruzando transversalmente a estrutura de classes, desfazendo identidades tradicionais e criando outras tantas, gerando uma pluralidade de interesses e demandas nem sempre convergentes, quando não conflitantes e excludentes. É por referência a essa dinâmica que então se colocava a exigência de um novo modo de governabilidade que incorporasse fóruns de negociação abertos à possibilidade da construção democrática de consensos sobre as questões relevantes para a vida em sociedade, consensos que não eliminariam conflitos e tensões, mas definiriam as balizas e os parâmetros do agenciamento dos interesses de sujeitos diversos.[6]

Foi nessa mediação construída entre Estado e sociedade que se vislumbrou a possibilidade de enfrentar as difíceis relações entre pobreza e democracia em uma sociedade com forte tradição autoritária, em que os direitos, na medida em que não se universalizaram, mal se diferenciavam da defesa de privilégios e interesses corporativos — o dilema proposto por Marilena Chauí ao comentar as dificuldades da construção de um campo democrático em uma sociedade tão polarizada entre carências absolutas e privilégios igualmente absolutos. Se estes, por definição, não podem se universalizar como direitos, as carências, por sua vez, são tão específicas, singulares e particulares que "não chegam a transformar as demandas em interesses gerais de um grupo ou uma classe social e, muito menos, chegam a universalizar-se e a parecer como direitos.[7] Escapar dessa antinomia exige a construção de uma medida pública que

[6] Cittadino, 1988.
[7] Ibid.

quebre o reinado absoluto dos privilégios e redefina o particularismo das carências e dos movimentos sociais que as expressam. É sobretudo tarefa dos espaços públicos a definição democrática dessa medida.

Deslocamentos do campo político: sociedade civil, entre cidadania e filantropia

Depois de uma década ou mais de experimentação democrática nas principais cidades do país, é caso de se interrogar por suas destinações políticas em um cenário que, em tudo e por tudo, parece desafiar ou mesmo esvaziar de plausibilidade a utopia democrática lançada no início dos anos 1990. Os fóruns públicos e espaços políticos de participação se multiplicaram e se consolidaram em muitos sentidos no âmbito dos governos municipais. Mas restou a dúvida sobre os sentidos dessa participação e o âmbito de pertinência das questões postas em debate público quando as cidades (e o país, de uma maneira geral) parecem atravessadas por processos estruturantes que passam ao largo dos expedientes de regulação pública e dos procedimentos democráticos de debate e deliberação pública. Para colocar em outros termos, o que talvez mereça uma reflexão mais detida é o deslocamento do campo político construído nas décadas anteriores, ou talvez o esvaziamento do sentido político dessas mediações democráticas sob o impacto de mudanças e transformações que transbordam por todos os lados as arenas públicas construídas.

As múltiplas facetas das atuais reformas de descentralização reconfiguram o jogo dos interesses locais e políticos, acompanhando a própria recomposição territorial dos mercados, instituem novos regimes de organização dos poderes públicos e suas competências e transferem para os níveis locais (municipais) a gestão dos problemas sociais agravados nos espaços da cidade.

> Os princípios e modalidades de autonomização municipal e da gestão urbana são orientados por um credo liberal dominante que prega uma racionalização das administrações públicas, uma generalização das regulações mercantis e uma multiplicação de parcerias público/privado. A influência do Banco Mundial na difusão deste pensamento neoliberal e de suas traduções operatórias na gestão das cidades é incontestável, notadamente pelo fato de

seu envolvimento direto na elaboração e validação de inúmeros programas urbanos nacionais.

(Dorier-Aprill e Jaglin, 2002:5-17)

Configura-se assim um terreno político atravessado por toda sorte de ambivalências. Por um lado, "programas de combate à pobreza" que desativam o campo político da luta contra as desigualdades e esvaziam o sentido político das formas coletivas de participação democrática local pela captura das diversas práticas associativas na lógica gestionária de programas sociais;[8] por outro, uma conflituosidade renovada, de que são exemplos as ocupações urbanas que vêm se generalizando em diversas cidades do país e aberturas democráticas (mas nem por isso menos ambivalentes em seus formatos e dinâmicas internas) de gestão partilhada de fundos públicos e políticas sociais. No ponto de junção entre o encolhimento do poder estruturante do Estado e o movimento dos capitais, agora liberado das regulações nacionais, é a própria noção (e prática) de política urbana e planejamento urbano que vai para os ares, dando lugar ao que David Harvey (1996) chama de "empresariamento urbano" e que, na avaliação do autor, é evidência da tendência do capital de ultrapassar sempre, e cada vez mais, todos os limites, transformando tudo em mercadoria.

Do lado pobre dessas recomposições — crescente e expansivo por todos os lados —, entram em ação as agências multilaterais e suas "recomendações" de boa governança (a tríade descentralização, privatização dos serviços sociais e participação popular), que chegam e se impõem em linha direta com os recursos direcionados aos programas sociais que se multiplicam nas regiões pobres das cidades, impondo, no mesmo passo, um processo gestionário que neutraliza o político em nome do "social". Aqui, neste registro, os poderes locais são como que transbordados (por cima e por baixo) em suas prerrogativas clássicas na formulação e implementação de programas sociais, ao mesmo tempo em que estes terminam por se constituir em mais um vetor de diferenciação dos espaços urbanos, agora atravessados por arranjos locais em que atuam ONGs, associações comunitárias, empreendedores privados (e a lógica do mercado) e não estão ausentes a ação de máfias locais, convergindo para o

[8] D'Arc, 2000.

localismo de soluções sem universalização possível. O que é apresentado como princípios da boa governança, na prática aprofundam ainda mais as diferenças entre as metrópoles, e também as desigualdades sociais intra-urbanas, conforme a maior ou menor presença de ONGs, entidades sociais e suas parcerias, ou então da chamada filantropia empresarial, tudo isso devidamente "plugado" nas vias globais pelos circuitos do chamado terceiro setor, financiados (monitorados?) pelos recursos das agências multilaterais, quando não capturados por essa espécie de nova frente de expansão do capital e que vem com a *griffe* da "responsabilidade social" das empresas. Se antes, com todas as complicações e ambigüidades que bem se conhecem, as políticas sociais tinham uma vocação universalista (pelo menos podiam ser criticadas ou demandadas em nome de princípios de universalidade), agora tudo vira "programa social" com seus agenciamentos locais sob o formato moderno das parcerias público-privadas e do chamado empreendedorismo social.

É verdade, e isso tem que ser levado em conta, que tudo vai se processando de forma muito variada, conforme os locais e regiões da cidade, e sempre em interação com dinâmicas locais e com um emaranhado também muito desigual de miríades de práticas associativas de perfis diferentes e diferentes ancoramentos na história local. Fragmentárias e descontínuas, são mediações — e campos de disputa — que mobilizam os atores e coletivos que compõem as forças operantes nas "repúblicas locais", para usar os termos de Werneck Vianna (2000), que nota (e bem) que aí também se processa a disputa pelos sentidos da política.

Mas é preciso que se diga que essa disputa renovada pelos sentidos da política vem se processando no campo mesmo em que, nos anos anteriores, se deu a experimentação democrática antes comentada. Trata-se, a rigor, de um deslocamento do campo político, ou talvez de um esvaziamento ou neutralização dos sentidos políticos que aí se configuravam. No seu centro, uma redefinição das relações entre Estado e sociedade, que, no tocante às políticas sociais, se alimenta da trama associativa construída nos últimos anos, mas opera pela obstrução do sentido propriamente político que aqui se tenta caracterizar. Sob o discurso "edificante" da solidariedade e sob o formato "moderno" da parceria com a sociedade civil, é uma redefinição que elide a questão dos direitos por via da transferência das responsabilidades públicas na prestação de serviços sociais para a chamada comunidade, seja a família, seja as organizações não-governamentais, ou as organizações filantrópicas tradicionais e suas formas modernas, aí incluindo a chamada filantropia empresarial.

É uma outra forma de gestão do social — gestão das populações pobres, poder-se-ia dizer, que tende a se realizar em um encapsulamento comunitário, ao revés dos princípios universalistas da igualdade e da justiça social, e que tem por efeito erodir a própria noção de direitos e cidadania pela neutralização da tessitura democrática construída na interface entre Estado e sociedade.

E isso projeta as organizações da sociedade civil construídas nos últimos anos, aí incluindo o que muitos chamam de novas formas de associativismo identificadas com esse universo tão amplo quanto heterogêneo (e nebuloso quanto às suas características) que são as organizações não-governamentais, no centro mesmo dos embates e desafios atuais. Pois o que está em pauta são precisamente as mediações democráticas construídas, sem as quais a dinâmica associativa sobre a qual essa sociedade civil se estruturou corre o risco de um retraimento comunitário, encapsulado na particularidade de grupos sociais diversos. É esse retraimento e esse encapsulamento que conferem — ou podem conferir — plausibilidade a novas formas de gestão da pobreza, entre a administração técnica das "necessidades sociais" (mas afinal, o que são essas necessidades? E quem as define?) e o discurso humanitário da filantropia, que faz apelo a um sentido de solidariedade constitutivo dessa trama associativa, mas bloqueia a sua dimensão política e a reduz aos termos estritos da responsabilidade moral.

Por um lado, o que parece estar em pauta é um reordenamento comunitário de programas sociais subsidiados pelo Estado e mediados pelos critérios de eficiência e competição do mercado. E é nesse terreno que entra em cena o chamado terceiro setor. Em nome de suas virtudes solidárias e empreendedoras, as organizações do terceiro setor são celebradas como alternativas eficientes, flexíveis e dinâmicas na prestação de serviços sociais. Não deixa de ser significativo o modo pelo qual a noção de espaço público não-estatal vem sendo redefinida e submetida a uma ressignificação que elide a questão da alteridade política e o princípio da representação em espaços públicos de explicitação de conflitos e dissensos, de negociação e interlocução em torno de questões pertinentes à vida em sociedade. Mas é precisamente essa neutralização desse campo político democrático que permite um deslizamento semântico pelo qual o bem público passa a ser identificado com interesse coletivo de grupos sociais e os espaços públicos são traduzidos nos termos da participação comunitária.[9]

E é essa operação semântica que permite, sob a denominação genérica terceiro setor, colocar como equivalentes entidades filantrópicas (velhas e novas), organizações não-governamentais, associações de moradores e grupos comunitários de perfis diversos. Essa equivalência não é inteiramente falsa; é na verdade construída por referência a uma medida não-política que faz referência a uma noção moral de responsabilidade, entendida como dever de solidariedade em relação aos pobres. Há aí um peculiar deslocamento do campo em que a noção de espaço público não-estatal é definida, de uma noção política e politicamente construída para uma versão comunitária apresentada como terreno da solidariedade — não a solidariedade dos direitos sociais, mas, como diz Aldaiza Sposati (1997), a solidariedade na benemerência. Não é casual, portanto, a recente valorização da filantropia como figura de solidariedade e fraternidade com os deserdados da sorte. Sinal inquietante de um cenário em que as próprias noções de responsabilidade pública e de bem público vêm sendo erodidas como referências ou "idéias reguladoras" pelas quais a crítica das mazelas brasileiras pode ser formulada e imaginados outros horizontes possíveis de futuro.

Para além da retórica edificante da solidariedade, essas novas formas de gestão do social terminam também por descaracterizar a própria noção de cidadania e direitos: a cidadania passa a ser entendida como participação comunitária e, no lugar de sujeitos de direitos, entra em cena a figura do usuário de serviços. Como diz Faleiros (1996), não é através da garantia de direitos de cidadania social que os indivíduos e grupos têm acesso aos serviços, mas por intermédio de critérios focalizados, seletivos e particularizados, estabelecidos sempre de modo *ad hoc* pelas agências, grupos comunitários ou organismos não-governamentais que os geram. Nas situações nada hipotéticas de indivíduos ou grupos discriminados ou excluídos desses serviços, quais as instâncias pelas quais esse "direito" pode ser demandado? Não há, parece claro, nenhuma instância: a distribuição de serviços e benefícios sociais depende em tudo e por tudo da aleatoriedade da boa vontade ou da competência dessas

[9] Tassin, 1991.

mesmas organizações. E esse é um ponto importante a ser enfatizado, pois trata-se aqui exatamente da desmontagem das mediações (institucionais e políticas) sem as quais os direitos viram uma ficção retórica: não podem ser formulados, não têm como ser reivindicados e são privados das mediações pelas quais o litígio pode ser configurado e processado nas formas possíveis de sua negociação. Esse é o aspecto pragmático da desmontagem dos campos de conflitos e, no limite, da erosão da própria política.

Pode-se dizer que, nesse cenário, vem se configurando, na verdade, a desmontagem da própria idéia de bem público e responsabilidade pública. É sabido que essas noções nunca chegaram a se constituir plenamente na sociedade brasileira. Mas é precisamente isso que torna a questão mais problemática. Pois trata-se da demolição das referências cognitivas e valorativas pelas quais essas noções poderiam ser formuladas como horizonte possível de futuro. Pois, para além de uma privação da palavra e diferentemente da repressão de outros tempos, trata-se do seqüestro da possibilidade de sua própria enunciação, ou da obstrução da possibilidade de nomeação da questão pública. É nisso que se tem o registro do processo descrito por Francisco de Oliveira,[10] quando chama a atenção para a produção da experiência subjetiva da desnecessidade do público, contrapartida da anulação da política (pois é disso que se trata), que destrói as referências simbólicas de uma universalização possível. Isso bloqueia a possibilidade de a resistência social se transformar em alternativa política. E dá plausibilidade a essa mutação de sentidos pelos quais direitos são figurados como ônus e custos, privilégios e anacronismos corporativos.

Mas é pelo ângulo societário que os impasses atuais se qualificam. Sob o risco de uma simplificação exagerada, seria possível dizer que estamos testemunhando a construção de um social por enclaves. E, nesse caso, esse reordenamento comunitário das "políticas sociais" (na verdade, formas de gestão do social) tem que ser visto em perspectiva com processos em curso na esfera do trabalho. Para os que ainda têm a sorte de se manter integrados nos núcleos organizados da economia, as atuais tendências de desregulamentação e flexibilização dos direitos (e normas contratuais) significam a configuração de

[10] Ver Faleiros, 1996.

uma sociabilidade privada e privatizada, que transfigura direitos em benefícios concedidos como "recompensa" às competências individuais e individualizadas nas novas práticas de gestão da força de trabalho, minando por baixo as práticas de representação, pela erosão das medidas possíveis de universalização, ao mesmo tempo em que cria a desnecessidade de serviços públicos agora encapsulados nas formas diversas de um *welfare privado*. Para os demais, desempregados e todos os que transitam nas franjas do mercado de trabalho entre formas diversas e hoje crescentes de trabalho precário, resta o discurso humanitário que prega a solidariedade como dever moral em relação aos "pobres" — essa figura anônima, inteiramente construída em negativo, no registro da carência e da impotência. Se os que provaram suas qualidades e competências no mercado merecem a recompensa dos benefícios concedidos pelas empresas, para os outros, para o mundo da pobreza, trata-se não de garantir direitos, mas de atender a suas "necessidades".

E é por esse ângulo que os impasses atuais se qualificam. Pois há aí quesitos que nos desafiam no núcleo mesmo de nossas questões: como pensar e propor direitos e cidadania em um contexto (societário, econômico e político) que desfaz as equações clássicas pelas quais essas noções foram construídas, conceitual e politicamente? São questões que nos projetam em um novo diagrama de questões que desafiam os modos pelos quais nomeamos e formulamos o problema político da cidadania. Certamente, as noções de direitos e de cidadania são referências de valor pelas quais a barbárie dos tempos atuais pode ser nomeada, descrita e denunciada. Mas também é certo que direitos e cidadania significam um modo de nomear (e imaginar) as formas pelas quais as relações sociais podem ser reguladas e construídas regras civilizadas de sociabilidade — e é exatamente por esse ângulo que estamos sendo desafiados no núcleo mesmo de nossas questões.

Nesse registro é que se aloja o principal desafio nos tempos que correm, e que diz respeito às mediações políticas entre o mundo social e o universo público dos direitos e da cidadania. Essas mediações, a serem construídas e reinventadas, circunscrevem um campo de conflito que é também de disputa pelos sentidos de modernidade, cidadania e democracia. Por esse ângulo é que será preciso decifrar as possibilidades de futuro descortinadas no horizonte das experiências e experimentos democráticos que, nesses tempos de crise e incertezas, continuam a acontecer em várias regiões do país. Pois, no fio da navalha em que transitam, entre a cidadania e a filantropia, suas promessas dependem grandemente da refundação da política e da própria noção de direitos e cidadania, mas nos termos que o mundo contemporâneo está a exigir.

Bibliografia

BRAGA, Elza Maria; BARREIRA, Irlys Alencar (Orgs.). *A política da escassez;* lutas urbanas e programas sociais governamentais. Fortaleza: Fundação Demócrito Rocha, Stylus Comunicações, 1991.

CASTEL, Robert. *Les métamorphoses de la question sociale:* une chronique du salariat. Paris: Fayard, 1993.

CHAUÍ, Marilena. Uma opção radical e moderna: democracia cultural. In: FARIA, Hamilton (Org.). *Experiências de gestão cultural democrática.* São Paulo: Pólis, 1993.

CITTADINO, Gisele. Movimentos sociais urbanos: crise da política e democratização. *Ciências Sociais Hoje.* São Paulo: Vértice, 1988.

D'ARC, Helene Riviere. Le municipe en pointe: une alternative territoriale? Le contenu comparé de la décentralisation au Brésil et au Mexique. In: MONDIALISATION ECONOMIQUE ET GOUVERNMENT DES SOCIÉTÉS: L'AMÉRIQUE LATINE, UN LABORATOIRE?, 2000, Paris. *Annales...* Paris: s.ed., 2000.

DORIER-APRILL, Elisabeth; JAGLIN, Sylvy. Gestion urbaine en mutation: du modèle aux arrangements locaux. In: ———; ———. (Dirs.). *Gerer la ville. Entre global et local.* Paris: L'Aube, 2002. p. 5-17.

DOWBOR, Ladislaw. 1993. ms.

FALCÃO, Joaquim de Arruda. Justiça social e justiça legal: conflitos de propriedade no Recife. In: SOUZA JUNIOR, José Geraldo (Org.). *O direito achado na rua.* Brasília: UnB, 1987.

FALEIROS, Vicente. Serviço social: questões presentes para o futuro. *Revista Serviço Social e Sociedade*, n. 50, abr. 1996.

FARIA, José Eduardo. *O Brasil pós-constituinte.* Rio de Janeiro: Graal, 1989.

FERNANDES, Ana Cristina. Da reestruturação corporativa à competição entre as cidades: lições urbanas sobre os ajustes de interesses globais e locais no capitalismo contemporâneo. *Espaço e Debates*, n. 41, p. 26-45, 2001.

HABERMAS, Jürgen. Soberania popular como procedimento. *Novos Estudos Cebrap*, n. 26, 1990.

HARVEY, David. Do gerenciamento ao empresariamento: a transformação da administração urbana no capitalismo tardio. *Espaço e Debates*, v. 16, n. 39, p. 121-145, 1996.

LAUTIER, Bruno. Informalidade nas relações de trabalho e cidadania na América Latina. *Caderno CRH*, Salvador: Universidade Federal da Bahia, n. 18, jan./jun. 1993.

OLIVEIRA, Francisco de. Uma alternativa democrática ao liberalismo. In: WEFFORT, F. et al. *Democracia como proposta*. Rio de Janeiro: Ibase, 1991.

———. A vanguarda do atraso e o atraso da vanguarda. In: *Os direitos do antivalor;* a economia política da hegemonia imperfeita. Petrópolis: Vozes, 1998.

PAOLI, Maria Celia. Citizenship, inequalities, democracy and rights: the making of a public space in Brazil. *Social & Legal Studies*, v. 1, 1992.

SCHAPIRA, Marie France Prevot. Du welfare à l'assistance: la décentralisation de l'intervention sociale en Argentine. *Cahiers des Amériques Latines*, n. 15, p. 29-50, 1993.

SILVA, Ana Amélia; SAULE JUNIOR, Nelson. *A cidade faz a sua constituição*. São Paulo: Pólis, 1993.

SOLER, Salvador. *Estado e movimentos sociais no Recife:* entre a conquista e a concessão. Salvador: Ceas, 1993. (Cadernos do Ceas, 136).

SPOSATI, Aldaiza. *Conjuntura da assistência social brasileira*. São Paulo: Abong, 1997. (Cadernos Abong, 19).

TASSIN, Etienne. *Espace comum ou espace public?* L'antagonisme de la comunité et de la publicité. Paris: Hermès, 1991.

TEIXEIRA, Elenaldo. *Cidadania e poder local*. Salvador: Ceas, 1992. (Cadernos do Ceas, 136).

———. Participação popular e poder local: um exercício de cidadania. *Cadernos do CRH*, Salvador: UFBA, n. 18, jan./jun. 1993.

VIANNA, Luiz Werneck. *Entre duas repúblicas*. "Gramsci e o Brasil". Disponível em: <www. artnet.com.br/gramsci/colabo>. Acesso em: 2000.

12

EFEITOS PARADOXAIS DA DESCENTRALIZAÇÃO NO SISTEMA ÚNICO DE SAÚDE DO BRASIL

*Gastão Wagner**

Uma novidade radical

A diretriz da descentralização entrou na moda a partir da década de 1980. Fazia parte do receituário neoliberal indicado por organismos internacionais para reformular e ajustar políticas públicas.[1] Formava par com outro movimento sistematicamente sugerido: o de privatização da prestação de serviços. Nesse sentido, o conceito de descentralização apareceu quase como sinônimo de devolver ao mercado a responsabilidade pelo atendimento das pessoas; ou seja, as estratégias para descentralizar sistemas estatais de saúde, educação, saneamento básico ou assistência social confundiam-se com outras voltadas para distintas formas de desestatização. Pensava-se, com certo automatismo, que a única maneira possível de se construir uma rede descentralizada de serviços públicos seria reorganizá-la segundo a lógica de mercado. Abrindo-a à

---

* Doutor em medicina preventiva, professor titular do Departamento de Medicina Preventiva da Universidade Federal de Campinas. Exerceu os cargos de secretário municipal de Saúde, em Campinas, e secretário-geral do Ministério da Saúde.

[1] Banco Mundial, 1975 e 1995.

concorrência, instituindo-se formas abertas de captação de recursos e, em geral, terminando com a gratuidade dos serviços ofertados estar-se-ia caminhando para a resolução dos impasses de financiamento e de funcionamento dos sistemas públicos.[2]

Fato curioso foi que a diretriz da descentralização não fez parte do discurso da esquerda, que defendia o socialismo ou a intervenção do Estado na economia e em políticas sociais. Ao contrário, tanto na Europa quanto na América Latina produziu-se uma série de argumentos contrários à descentralização concebida pelos reformistas liberais.[3] Apesar da crise do socialismo real e mesmo dos países que haviam construído grandes e abrangentes sistemas públicos, não era freqüente encontrar-se a sugestão de que a descentralização desses sistemas nacionais poderia redundar em benefício para o país e para a população, superando a ineficiência e a burocratização do modelo centralizado vigente em grande parte do mundo. O pensamento socialdemocrata ou keynesiano não separava a diretriz da descentralização daquela da privatização, criticando-as como se fossem uma, desdobramento inevitável da outra. Não poderiam existir em separado, seria uma espécie de contra-senso tentar distinguir um conceito do outro, com o que coincidiam com a visão dos liberais e pós-modernos, aderentes a essa nova perspectiva. Assim, as propostas mais recentes de reforma sanitária originárias de movimentos com referencial de esquerda ou popular, como a italiana ou a de alguns países latino-americanos, não incluíam a descentralização em seu ideário. Note-se, contudo, que a Organização Mundial de Saúde e a Organização Pan-Americana de Saúde produziram uma série de documentos e de artigos favoráveis à descentralização, considerando-a um instrumento potente para operar uma reforma positiva dos sistemas de saúde.[4]

No Brasil, ao contrário, um dos componentes do movimento que lutou pelo fim da ditadura militar foi o municipalismo, que se fortaleceu como uma reação ao grau excessivo de centralização ocorrido durante o período ditatorial. Nesse sentido, o movimento democrático, e dentro dele o pensamento de

[2] World Bank, 1996.
[3] Rizzotto, 2000; Castronovo, 1998; e Ugá, 1994.
[4] OMS, 1990; Soares, 1999.

esquerda e o desenvolvimentista, incluiu a descentralização como componente essencial à democratização do país.

> O sucesso do processo de descentralização, que assumiu a municipalização como forma dominante, se deveu em parte ao impulso do municipalismo que ganhou força no Brasil, nos anos (19)80, e conjugou de maneira sinérgica a luta pela descentralização com a luta pela democratização do país.
>
> (Vasconcelos, 2005:26)

A reforma sanitária brasileira pode ser considerada tardia. Quando já havia um declínio das concepções socialistas ou de Estado de bem-estar em todo o mundo, houve no Brasil o apogeu do reformismo em saúde. Em todo o mundo se falava e se praticava o neo-reformismo liberal (na realidade, uma espécie de doutrina da contra-reforma) e, aqui, no campo da saúde, firmava-se, política e gerencialmente, o que viria a se constituir em um sistema público de saúde com várias características consideradas ultrapassadas e incapazes de assegurar eficiência e eqüidade ao sistema de saúde.

Argumentava-se a favor de buscar-se a focalização dos programas sociais, e o SUS pretendia-se de abrangência universal. Recomendava-se a delegação da responsabilidade pelo atendimento da população ao setor privado ou a organizações não-governamentais, e a implantação do SUS aumentou o número de servidores e de serviços públicos em todo o país. Reservava-se ao Estado o papel de regular o mercado e a prestação de apenas alguns serviços considerados estratégicos, em geral no campo antes denominado saúde pública, e o SUS avocava a si a busca da integralidade da atenção. Foi um descompasso com o discurso liberal hegemônico, que empolgou distintos atores sociais, tornando viável e factível o que parecia impossível.[5]

Sonia Fleury (1994) considera a reforma sanitária brasileira bem-sucedida por haver instituído um novo padrão de intervenção do Estado na saúde, buscando garantir direito universal e atenção integral à saúde por meio de um sistema descentralizado e com importante grau de democratização quando da formulação e execução de políticas.

---

[5] Campos, 2000.

Entretanto, não havia como não pagar um preço à época e à sua cultura e aos seus costumes. E esse preço vem sendo pago ao longo dos últimos 20 anos, obrigando o SUS a explicar-se a cada dia, como se sempre estivesse começando de novo, como se estivesse obrigado a justificar o porquê de adotar um figurino tão *démodé*, quando a maioria dos convivas já aderiu ao novo modo de ser e proceder considerado coetâneo e adequado ao terceiro milênio.

Na realidade, a doutrina que fundamentou a construção do SUS reconheceu a existência de limites e de dificuldades no funcionamento dos sistemas de saúde realmente existentes. E, em função dessa perspectiva crítica, além de diretrizes que podem ser consideradas típicas da tradição dos grandes sistemas públicos de saúde — a busca da universalidade, da prestação integral de atenção e da eqüidade, bem como a organização de uma rede hierarquizada e regionalizada de serviços —, no Brasil acrescentaram-se dois outros princípios que podem ser considerados inovadores em relação a essa ortodoxia. Tratava-se da determinação de se criar formas de democracia direta e de gestão participativa, reforçando-se a idéia de controle social da ação governamental por segmentos da sociedade civil; e o outro, que nos interessa particularmente neste ensaio, que foi o da descentralização.

Mas a descentralização, no caso da reforma sanitária brasileira, procurava modificar o desenho e a lógica de um sistema público sem que necessariamente ocorresse a privatização da prestação do serviço, ou sem que o Estado abdicasse do papel de seu gestor e prestador direto. Imaginou-se um sistema que procurasse se sobrepor à racionalidade do mercado, provendo atenção segundo necessidades e demandas da população, independentemente da capacidade de as famílias e as pessoas pagarem pelo atendimento oferecido.

Em vez de se conceber um sistema de caráter nacional, como o inglês e o cubano, ou mesmo um provincial, como o canadense, optou-se por descentralizar para os municípios a responsabilidade pela organização e gestão dos sistemas locais de saúde. Observe-se que, no caso brasileiro, a descentralização oficial deteve-se no município, a menor instância com poder formal na República, não chegando até cada unidade prestadora de serviço; ou seja, até hospitais, equipes especializadas ou de atenção básica, que estariam todas sob a gestão única do dirigente municipal.

Em função dessas diretrizes, o sistema de saúde brasileiro adquiriu um desenho muito particular. Definiram-se diferentes papéis quanto à autoridade sanitária e quanto às funções de gestão de cada instância de governo. Assim, o governo federal tem a função de coordenar o Sistema Nacional de Saúde, bem como de garantir parte do seu financiamento, mediante repasses automáticos de custeio e novos investimentos, conforme projetos específicos. Para cumprir essa função foi criado um Fundo Nacional de Saúde. O Ministério da Saúde é o gestor federal do sistema, além de coordená-lo e co-financiá-lo, encarrega-se diretamente de algumas ações de apoio aos estados e municípios: produção de fármacos e insumos estratégicos, regulamentação da vigilância sanitária e epidemiológica e desenvolvimento de recursos humanos.

As secretarias de estado da saúde são os gestores estaduais; todas criaram fundos estaduais de saúde e têm a atribuição de coordenar os sistemas estaduais de saúde, bem como o processo de regionalização da atenção. As secretarias municipais de saúde são os gestores únicos em seu território, além de coordenarem o sistema local, foram encarregadas da gestão da rede de serviços. Houve um progressivo processo de municipalização de serviços antes gerenciados pelos ministérios da Previdência (Inamps) e da Saúde e pelas secretarias de estado.

Optou-se também por não se realizar a estatização de serviços privados, filantrópicos ou não-governamentais que prestassem assistência ao antigo sistema previdenciário ou público. Para integrá-los em rede única, delegou-se aos municípios, ou eventualmente aos estados, a função de realizar contratos e convênios com esses prestadores autônomos, acompanhando o seu desempenho. À instância federal e às estaduais caberiam a coordenação e o apoio sistemático a essa miríade de sistemas municipais, procurando-se com isso assegurar o caráter único e nacional a essa rede descentralizada.

Como mecanismo de controle social e instituição de um sistema de gestão compartilhada, foram criados conselhos de saúde em cada uma das três instâncias de governo. Esses conselhos têm poder deliberativo; a autoridade sanitária nacional, estadual ou municipal deve ter seu plano de saúde anual e seus novos projetos aprovados por esses plenários. Os conselhos têm o poder de fiscalizar, acompanhar e avaliar a gestão do sistema. Sua composição e funcionamento devem obedecer a normas nacionais, entre elas a definição de que metade de seus membros deve ser escolhida diretamente por usuários e a outra entre governantes, prestadores de serviço e trabalhadores de saúde. A definição de políticas estratégicas ocorre em conferências municipais e estaduais, a cada dois anos, e em uma conferência nacional de saúde, a cada quatro anos.[6]

Essa concepção vem sendo regulamentada por uma série de leis e de portarias — em primeiro lugar, a Constituição Federal de 1988, em seguida, toda uma legislação infraconstitucional, como as Leis Orgânicas da Saúde nº 8.080 e nº 8.142, as Normas Operacionais Básicas de 1993 e 1996 e a Programação Pactuada Integrada de 2000 —, que vieram indicando não só aquilo que seria descentralizado como as formas pelas quais ocorreria esse processo.[7]

Alguns resultados

O que foi descentralizado e de que maneira vem ocorrendo essa delegação de recursos e de responsabilidades aos estados e municípios?

Este ensaio não poderia descrever com detalhes toda essa história e muito menos sugerir uma compreensão acabada desse processo. Isso exigiria uma pesquisa muito ampla e um espaço que excede o deste trabalho. Evidências empíricas e algumas investigações anteriores indicam o alcance, bem como alguns limites e pontos obscuros, da descentralização no SUS. De qualquer forma, é consensual, houve um movimento real de descentralização.

> Em 2000, 99% dos municípios estavam habilitados no Sistema Único de Saúde, aceitando assim as normas da política de descentralização do governo federal.
>
> (Arretche, 2002:27)

Ainda que incompleto e que a delegação de responsabilidades tenha sido maior do que a de poder, pode-se afirmar com segurança que o desenho do sistema de saúde brasileiro modificou-se bastante nos últimos 15 anos, ampliando a extensão, a importância e as funções dos sistemas estaduais e municipais de saúde.

Segundo dados do Cadastro Nacional de Estabelecimentos de Saúde (CNES), ao final de 2004, o Ministério da Saúde, com exceção de sete comple-

---

[6] Fleury, 2001.
[7] Carvalho, 2002.

xos hospitalares localizados um no Distrito Federal e outros nas cidades do Rio de Janeiro e de Porto Alegre, passou a estados e municípios a gestão de praticamente toda a rede de serviços do SUS. A municipalização é ampla na atenção básica — 97,6% das unidades básicas estão sob comando municipal —, avançou bastante no atendimento secundário — 60% dos ambulatórios, centros de referência e serviços de urgência e de apoio diagnóstico estão sob gestão municipal —, no entanto, 56,12% das unidades de internação ainda estão sob administração das secretarias de estado da saúde. Esses dados deixam bastante claro que houve uma real descentralização da responsabilidade pela execução da assistência à saúde, evidenciando-se uma municipalização quase que completa da atenção primária e uma divisão de responsabilidades com os estados quando se trata do atendimento especializado ou hospitalar. A partir da segunda metade da década de 1990, acelerou-se também a delegação de responsabilidades aos estados e municípios nos campos da vigilância epidemiológica e sanitária.

Analisando o impacto desse processo em municípios que se habilitaram à condição de gestores, Costa (2001:319) concluiu que a municipalização:

- projetou as secretarias municipais de saúde na esfera dos governos municipais;
- ampliou a capacidade de gestão em função das novas responsabilidades;
- aumentou a força de trabalho em saúde;
- gerou aumento na oferta de serviços ambulatoriais e ações de saúde coletiva;
- induziu maior comprometimento de recursos do orçamento municipal com o setor saúde.

No entanto, como a regulamentação desse processo de descentralização não se completou, existem omissões, pontos dúbios e ambíguos, levando à definição imprecisa da responsabilidade sanitária deste ou daquele ente federado. Esse fato cria tanto superposição de ações quanto descompromisso com assuntos de interesse público, comprometendo a pretensa racionalidade sistêmica da ação governamental.[8]

Quanto à descentralização dos recursos, Cipriano Vasconcelos (2005) constatou que 90% dos recursos orçamentários da União, designados para o

[8] Costa, 2003.

Ministério da Saúde, são repassados de forma regular e automática aos estados e municípios, o que evidenciaria um grau importante de apoio à nova responsabilidade desses entes federados pela atenção direta às pessoas. No entanto, esse alto percentual de repasse financeiro não implicou necessariamente ampliação da autonomia ou do poder de elaborar seus próprios projetos e modelos de atenção para os estados e municípios. Isso porque o Ministério da Saúde encontrou formas de condicionar o repasse à execução de algum programa ou até mesmo de algum tipo de procedimento previamente definido. Mediante uma verdadeira enxurrada de portarias, o governo da União pratica uma indução à gestão estadual e municipal, na medida em que condiciona o repasse de importante parcela dos recursos à adesão ao planejado e definido no nível central.[9]

Em tese, esses projetos e essas normas seriam pactuados nos espaços de gestão compartilhada previstos na estrutura do SUS, particularmente, na Comissão de Intergestores Tripartite e no Conselho Nacional de Saúde. Na realidade, o Ministério da Saúde conservou grande poder de indução de políticas e mesmo de desenhos de projetos e programas, isso em virtude do desequilíbrio do poder político, financeiro e técnico existente entre a União e os demais entes federados.[10] De qualquer modo, o SUS estrutura-se de maneira bastante descentralizada, obrigando a União e os estados a considerarem o poder conquistado pelos municípios.

Vários autores consideram que, em função do que foi estabelecido na Constituição, os municípios desfrutariam de autonomia política e administrativa para planejarem e gerirem seus sistemas locais de saúde. Segundo essa interpretação, a única maneira de o ministério e as secretarias de estado da saúde interferirem na gestão municipal seria por meio de acordos e contratos livremente estabelecidos entre as partes.[11]

Efeitos paradoxais da organização de um sistema descentralizado

Um conceito que se transforma em diretriz política produz efeitos concretos sobre a vida prática. Em outras palavras, quando determinado conceito

[9] Carvalho, 2002.
[10] Miranda, 2003.
[11] Carvalho e Santos, 1995.

é incorporado por atores sociais com capacidade operativa, com capacidade de intervir na vida, ele produz efeitos sobre a organização econômica e social. Em geral, esses conceitos/diretrizes transformam-se em arranjos estruturais, ou seja, em leis, normas e valores éticos ou culturais. Esse foi o caso da descentralização, bem como de uma série de outros conceitos que definiram o escopo e a forma do Sistema Único de Saúde.

Com isso não se estaria aderindo ao suposto "automovimento do conceito" hegeliano, que, assim como o determinismo social ou econômico, supõe o passado explicando cabalmente o presente e o devir. Não haveria interação entre o conceito operante, para Hegel, ou entre a infra-estrutura econômica, para os economicistas, e o contexto. Ao contrário, cada um desses conceitos operantes tem determinada potência — capacidade de alterar a realidade segundo um ou mais objetivos desejados — e limites muito precisos.

O mesmo acontece com a diretriz da descentralização, incorporada ao SUS como municipalização de serviços e da atenção à saúde e como a existência de uma direção única para cada esfera de governo. Caberia investigar, na realidade concreta, esses limites e a potência de transformação, quando estiverem ocorrendo processos de descentralização. Freqüentemente, essas diretrizes, que são meios ou modos de se alcançar alguns objetivos mais amplos, transformam-se em fins em si mesmas. Esse é exatamente o caso da descentralização, que é um meio de conseguir que o SUS funcione com mais eficiência e eficácia. O critério para avaliar programas ou projetos não poderia ser, principalmente, sinal ou sintoma de que o sistema estaria funcionando de modo mais descentralizado. A avaliação deveria considerar centralmente a ampliação da capacidade de produzir saúde em função dos novos arranjos descentralizados eventualmente adotados. Assim, a potência ou os limites dessa diretriz devem ser verificados mediante resultados sanitários e não apenas em função de sua capacidade de se produzir a si mesma; ou seja, descentralização.

É evidente que a descentralização, além de ser um meio supostamente mais eficaz de organizar sistemas públicos, acabou por se constituir em um valor ético/político que os movimentos democráticos passaram a priorizar em sua ação. A descentralização supõe distribuição de poder e ampliação dos mecanismos de participação e de controle da sociedade sobre o Estado, sobre governos e sistemas públicos — um efeito desejado e buscado pelo espírito democrático. Nesse sentido, além de meio supostamente mais racional para se estruturar projetos e programas, a descentralização constituiu-se em um fim em si mesma. No entanto, se não se lograr maior eficácia e eficiência na produção de saúde, dificilmente a diretriz se sustentaria somente em função de ganhos políticos.

A potência e os limites da descentralização deveriam ser medidos, portanto, com essas duas lógicas: sua capacidade de produzir contextos mais democráticos e sua contribuição para o adequado funcionamento do sistema de saúde. Quando se pensa a partir desse referencial, não há como se escapar da descoberta de paradoxos produzidos por um conceito considerado benéfico ao sistema e, em decorrência, transformado em regra que orienta a sua própria operação. Efeitos paradoxais, porque a descentralização produz efeitos em vários sentidos e não apenas no esperado ou desejado. Além do mais, a descentralização não opera isoladamente, sem a influência de outros conceitos/diretrizes que produzem efeitos de concentração de poder, ou seja, distintos ou até mesmo contraditórios ao que se esperaria apenas da racionalidade derivada diretamente da descentralização.

Efeitos paradoxais decorrentes da lógica sistêmica e da lógica da descentralização

A lógica da descentralização não produz efeitos no mesmo sentido que a lógica derivada da concepção de um sistema. A descentralização tende a produzir autonomia para os pólos, rompendo no limite o tênue liame que os mantém unidos em uma rede de compromissos, responsabilidades e obediência hierárquica. E a autonomia das partes tende a produzir um funcionamento autárquico ou departamental, com predomínio de interesses particulares sobre o interesse geral. O conceito de sistema, ao contrário, pressupõe a lógica de rede, de ligação entre os pólos, de funcionamento harmônico das distintas partes em função de objetivos sistêmicos, em geral considerados gerais ou coletivos, ou seja, de interesse público. Os sistemas se justificar-se-iam porque seriam potentes o suficiente para contra-restarem os particularismos inevitavelmente produzidos pelos interesses locais ou muito específicos.

Esse paradoxo, existente porque os efeitos centrípetos decorrentes da descentralização sempre estarão se produzindo, tende a induzir à fragmentação do sistema, com isolamento dos municípios, gerando um processo de municipalização com baixa capacidade de integração e de solidariedade entre as partes.

No SUS, o equilíbrio entre essas duas formas que produzem efeitos paradoxais — ou seja, a manutenção de um sistema descentralizado em que os municípios gozariam de importante grau de autonomia, mas que funcionaria integrado e com grau razoável de solidariedade e de co-responsabilidade pelos problemas — caberia primeiramente à legislação que regula o SUS; em segunda instância, às funções de coordenação exercidas pelo Ministério da Saúde e pelas secretarias de estado da saúde; e, finalmente, aos órgãos de direção colegiada previstos no sistema: comissões de Intergestores Bipartite e Tripartite, e conselhos Nacional e Estadual de Saúde. Graças e esses três mecanismo de regulação, esperar-se-ia conseguir um equilíbrio entre essas duas tendências divergentes.

Resumindo: na descentralização pensada para o SUS, o pólo básico são os municípios, e sua integração em um sistema único dar-se-ia segundo três racionalidades: a) a existência de uma legislação superior, constitucional, que imporia objetivos e até mesmo modos de se atender ao direito à saúde; b) o funcionamento de órgãos colegiados em que os próprios municípios participariam da definição de políticas e de normas — o mecanismo de gestão compartilhada; c) outra, externa aos municípios, decorrente do papel de coordenação do sistema, que deveria ser exercido pela União e pelos estados da Federação. Um espaço de poder compartilhado, órgãos com poder para coordenar um sistema com pólos bastante autônomos e uma legislação comum a todos os entes federados. Em função disso, União e estados, por meio de ações de governo, deveriam coordenar e manter integrados sistemas municipais que formalmente gozam de importante grau de autonomia.

Contudo, nota-se dificuldade em se estabelecer planos, metas e critérios concretos de avaliação para todo o sistema. O Ministério da Saúde e algumas secretarias de estado elaboram seus planos e definem objetivos e metas; no entanto, a não ser por mecanismos de indução indireta, o principal sendo o estímulo financeiro, não há como obrigar os municípios a aderir a esses designios. Isso tende a produzir um sistema com importante grau de heterogeneidade entre as redes locais e regionais. Embora a capacidade de reconhecer e de lidar com diferenças seja considerada um dos aspectos vantajosos dos sistemas descentralizados, o empenho diferente de cada município em implantar o SUS, a adesão ou não a programas e ações considerados prioritários e essenciais, a diferença de ritmo no atendimento a necessidades de saúde da população, tudo isso tem comprometido a legitimidade da política de saúde brasileira nos últimos anos.

A descentralização contribuindo para a produção de iniqüidades

Tomemos alguns exemplos em que a heterogeneidade decorrente da descentralização tem contribuído para a iniqüidade e não para defender a saúde da população, tendo em vista o reconhecimento de peculiaridades locais. O enfrentamento das epidemias de malária ou de dengue, ou das endemias de tuberculose e hanseníase, entre outras, não tem logrado articular esforços simultâneos e enérgicos por parte dos distintos entes federados. É freqüente que um dos entes não se empenhe na execução de seu papel, conforme o exigido pelo projeto de controle ou erradicação do problema. Ora é algum município que não executa os procedimentos esperados ou não adota medidas de reorganização da atenção necessárias ao cumprimento do objetivo, ora é o governo federal ou estadual que não suporta, financeira e tecnicamente, as iniciativas locais. A mesma dificuldade de atuação coordenada e harmônica verifica-se em ações de promoção e prevenção, tendo em vista o avanço no processo de descentralização da vigilância epidemiológica e sanitária.

Esse fenômeno tem somado novas iniqüidades às antigas, decorrentes da irregular distribuição de recursos entre as regiões brasileiras. A implantação do SUS não é um trabalho simples, depende de competência técnica e de grande habilidade política para compor interesses e distintas perspectivas culturais. Assim, o sucesso dessa política depende não só de políticas adequadas dos governos federal e estaduais, mas também da iniciativa arrojada dos poderes locais. Como o contexto político e sanitário é muito heterogêneo, sendo também distintas a capacidade de pressão da população, a cultura sanitária acumulada e a vontade política dos governantes, tornaram-se bastante desiguais a reorganização do sistema e a garantia de acesso e de atenção, com qualidade, entre as várias cidades e regiões de todo o Brasil. Assim, cidades que lograram organizar-se conseguem sistemas com certa estabilidade — são a exceção utilizada como efeito demonstração de que o SUS é uma política adequada. A maioria ou funciona em ziguezagues, avanços e recuos na implantação e funcionamento do sistema, ou pouco conseguiram de mudança e ampliação da atenção desde os anos 1980.

Em investigação recente, Ana Costa (2005) demonstrou que apenas 18,5% dos municípios declararam prestar atenção básica às mulheres com pré-natal de baixo e alto risco, planejamento familiar, tratamento de hipertensão, prevenção do câncer de colo de útero e medidas educativas. E mais grave: mais da metade das mulheres estariam excluídas de qualquer desses cuidados no SUS.

Apesar de toda a ênfase que o Ministério da Saúde tem imprimido à expansão do Programa de Saúde da Família, observa-se que sua cobertura populacional ainda é muito pequena, variando, por exemplo, entre mais de 50% em Belo Horizonte (MG) e Campinas (SP) a menos de 15% em Salvador (BA) e no Rio de Janeiro. O mesmo ocorre com a nova política de saúde mental teoricamente oficial para o SUS: existem alguns poucos municípios que praticamente eliminaram o modelo de tratamento centrado no hospital e nos manicômios, criando uma rede de serviços alternativos; há outros que mantêm intactos o regime de tratamento hospitalar, e outros, finalmente, que continuam a "exportar" seus pacientes graves sem nenhum tipo de cuidado local. O mesmo se passa com os programas de controle da tuberculose ou da hanseníase; há recursos disponíveis, há protocolos e orientação pedagógica para o treinamento de equipes e a implantação das novas medidas caminha muito lentamente e de forma heterogênea, e essa diferença, provavelmente, não ocorre em função da maior ou menor exposição das populações a essas endemias e, sim, em razão da capacidade gerencial e política de cada um desses locais.

O Ministério da Saúde e algumas secretarias de estado têm apoiado financeira e tecnicamente a implantação desses programas. E ainda que os recursos não sejam suficientes, os critérios de habilitação a esses programas são republicanos, públicos e acordados entre as partes. O que, em tese, permitiria a adesão dos municípios, tendo em vista suas prioridades sanitárias. No entanto, a decisão dos municípios de aderir a esses programas é influenciada por um conjunto de variáveis que vão além do risco ou da vulnerabilidade epidemiológica, comprometendo as metas almejadas. A vontade política dos dirigentes municipais, a capacidade de pressão da sociedade civil local, a organização mais ou menos corporativa dos profissionais de saúde, o grau de clientelismo e degradação dos costumes políticos de cada região, todos esses e outros fatores tendem a pesar bastante em um sistema em que o poder da autoridade local de aderir a este ou aquele projeto é quase absoluta. No limite, há até a possibilidade de não se filiar ao SUS. Foi o caso da cidade de São Paulo, que durante seis anos da gestão Maluf-Pita optou por criar um sistema próprio de saúde.

Há diferenças importantes entre as regiões do país na adoção de medidas para reorganizar o que se denominou modelo de atenção à saúde. Em geral, os conceitos e métodos para reformular o paradigma tradicional da atenção à saúde no Brasil não foram transformados em leis, havendo, portanto, espaço para que os municípios expandam a cobertura segundo formas antigas. Nada obriga um município a incorporar preceitos da promoção da saúde, ou da clínica ampliada, ou do trabalho em equipe, ou mesmo a adotar protocolos e programas de educação continuada, ou sistemas de avaliação; e, em várias localidades, o sistema ainda é hospitalocêntrico e centrado no atendimento médico de urgência. A maioria dos municípios da Região Metropolitana de São Paulo, de Salvador e do Rio de Janeiro combinam atendimento hospitalar com uma dispendiosa rede de urgência também encarregada, na prática, de realizar grande parte do atendimento considerado primário. Uma organização não só incapaz de garantir atenção de qualidade, mas também sabidamente mais dispendiosa do que o modelo hierarquizado que tem na atenção primária resolutiva um espaço real para resolver a maior parte dos problemas de saúde e também para encarregar-se da promoção e da prevenção sanitárias.

Aqui novamente a lógica da descentralização e da autonomia dos sistemas locais choca-se com uma série de recomendações que vieram se acumulando nas conferências nacionais de saúde, em resoluções dos colegiados intergestores e mesmo em programas referentes a problemas específicos. Observa-se uma dificuldade de liderança e de coordenação do ministério e das secretarias de estado para levar avante essa reforma do modelo de atenção e mesmo de elementos éticos e políticos do sistema.

Além desses elementos, outro fator tem limitado a possibilidade de implantação efetiva de serviços e a conseqüente garantia de direitos aos cidadãos. Trata-se do padrão de financiamento federal e de desdobramentos da Lei de Responsabilidade Fiscal, particularmente quando regulamenta o gasto dos municípios com pessoal. Segundo essa legislação, há um teto máximo no orçamento municipal para os gastos com pessoal; ultrapassá-lo implicaria penalidades graves ao prefeito. Ora, com a delegação de muitas responsabilidades aos municípios no campo social, em saúde, educação, assistência social, habitação e saneamento, vários municípios rapidamente atingiram esse patamar. Isso sem que necessariamente as metas básicas do SUS tenham sido atingidas. Na realidade, o teto foi estimado segundo a lógica contábil e, não, segundo uma estimativa de gastos do município com programas sociais básicos. Assim, ainda que haja uma epidemia de dengue; ou que fosse necessário expandir os programas de saúde da família, ou de urgência ou de saúde mental; e que haja a possibilidade de se carrear recursos da União e do estado para investimento local, os dirigentes estão impossibilitados de fazê-lo porque não poderiam expandir sua folha de pessoal. Tornou-se usual realizarem-se convênios com organizações privadas, entidades filantrópicas ou cooperativas, que fazem essas contratações no lugar do poder público mesmo quando os governos são os verdadeiros gestores e executores desses programas. Esses artifícios têm provocado reações do Ministério Público e do Trabalho, questionando a legalidade desses arranjos.

Em geral, o apoio financeiro da União e dos estados assegura apenas parte dos custos dos programas; é óbvio que essa parcialidade do financiamento impõe limites aos sistemas locais de saúde, constituindo-se em um dos efeitos encobridores da descentralização ao diluir a definição clara das responsabilidades pelo financiamento dos programas e projetos.[12]

Regionalização versus descentralização e a indefinição do papel das secretarias de estado da saúde

Outro efeito paradoxal da implantação descentralizada do SUS refere-se à dificuldade em lograr-se atenção integral conforme a necessidade dos usuários. Como o horizonte da descentralização é o município, no limite há uma tendência para que a responsabilidade pelo atendimento integral dos casos individuais ou coletivos (epidemias, calamidades sanitárias ou endemias) caiba exclusivamente ao próprio município. Essa perspectiva tem-se reforçado em virtude de um discurso radicalmente municipalista, que interpreta a legislação vigente delegando autonomia absoluta a cada gestor local. Ora, autono-

[12] Carvalho, 2002.

mia implica responsabilidade do sujeito portador de tal qualidade e, em decorrência, uma independência radical dos outros sujeitos; no caso, outros entes federados. O problema na saúde é que, para a maioria dos municípios brasileiros, é impossível compor no próprio território toda a complexa rede de serviços e prestações de saúde necessários para assegurar acesso e atenção conforme a necessidade de cada caso.

A hierarquização de serviços, ou seja, a construção de uma rede básica com ampla cobertura populacional e capacidade para resolver problemas clínicos e de saúde pública, apoiada por uma variada rede de serviços especializados — urgência, hospitalares e ambulatoriais —, é um modo de organizar sistemas de saúde que não só assegurem o acesso e a integralidade da atenção, como também dêem viabilidade financeira a essas políticas públicas. Seria impossível e irracional obrigar cada município a instalar todos os serviços especializados. A criação de regiões de saúde é, pois, condição *sine qua non* para a constituição de um sistema público e universal.

O Ministério da Saúde e as secretarias de estado ainda não apresentaram uma proposta que compusesse o elevado grau de autonomia dos municípios com a necessidade de coordenação dos sistemas regionais de saúde. O Conselho Nacional de Secretários Municipais de Saúde (Conasems) tem recusado propostas de regionalização que deleguem às secretarias de estado papel proeminente. Alegam tanto questões de princípio — a quebra da autoridade única em cada sistema local —, quanto duvidam da capacidade política e sanitária dessas organizações de estado.[13]

De fato, as secretarias de estado, em geral, além de estarem muito coladas à perspectiva política imediata de cada governo, têm pequena capacidade para apoiar os gestores locais e conduzir, com isenção, complexos processos de negociação e de pactuação. A experiência inaugurada com as NOAs e com a PPI, apesar de haver qualificado uma série de secretarias para esse trabalho de composição de sistemas regionais, não tem se mostrado suficiente nem para assegurar ressarcimento financeiro e apoio técnico às cidades pólos ou referência de cada região, nem para garantir o atendimento de pacientes originários dos municípios satélites.[14] Entre outros motivos, ressalte-se que, pela legis-

[13] Conasems, 2002 e 2004.
[14] Ribeiro e Costa, 2001.

lação atual, há somente elaboração de planos integrados, não havendo mecanismos de gestão e acompanhamento do sistema regional. Os municípios pólos reclamam para si essa função, o que dependeria de um entendimento horizontal entre pares, e vem sendo experimentado por meio de vários mecanismos, entre eles destacando-se o modelo dos consórcios. De qualquer modo, não há consenso sobre como instituir-se uma integração intermunicipal que ultrapasse os limites dos conselhos intergestores bipartites, apropriados para o estabelecimento de planos acordados entre as partes, mas impróprios para a gestão e o acompanhamento operacional desses mesmos planos.

Além disso, argumenta-se, com razão, sobre a insuficiência do financiamento federal destinado às cidades pólos, que se vêm obrigadas a manter serviços de abrangência regional, custeando-os com o orçamento municipal. Soma-se a isso uma dificuldade crônica em informatizar esses sistemas, o que cria insegurança em pacientes e gestores locais que dependem de serviços localizados em outros municípios, já que, de fato, não há garantia de atendimento. Apesar do projeto do Ministério da Saúde denominado Cartão SUS, praticamente ainda não há centrais de regulação de abrangência regional que assegurem um fluxo regular das pessoas a serem atendidas.[15]

Limites da potência democratizadora da descentralização

A descentralização modificou as relações de poder do sistema público de saúde do Brasil, trazendo os municípios para o cenário onde se tomam decisões. Em virtude dessa lógica, passou-se a vivenciar uma experiência inédita de gestão compartilhada entre entes federados. Não há tradição no país de negociação sistemática entre União, estados e municípios, tampouco há tradição de funcionamento de órgãos colegiados permanentes e com poder deliberativo, inclusive sobre a alocação de recursos financeiros, conforme é o caso das comissões intergestoras e dos conselhos de saúde, que, além dos representantes governamentais, incluem usuários e prestadores de serviços no processo de discussão e de decisão. Esse estilo de funcionamento vem modificando culturalmente uma importante parcela do Estado brasileiro. Obrigou

[15] Costa, 2001; e Vasconcelos, 2005.

secretários estaduais e municipais a se organizarem em associações, que necessitam de um funcionamento dinâmico e complexo para construir os consensos ou tomar as decisões que serão, posteriormente, apresentados nas comissões e conselhos.

Vários estudos constatam que o exercício cotidiano do poder não é equivalente ou isonômico nesses espaços. O Ministério da Saúde e as secretarias de estado tendem a influenciar e mesmo a conduzir a construção de agendas e a tomada de decisão segundo sua perspectiva própria.[16] Isso é inevitável, pois nenhum órgão colegiado, ainda que seu regulamento seja democrático, elimina a diferença de poder acumulado pelos distintos atores sociais: a capacidade de produzir argumentos, de eleger temas prioritários e de influenciar na tomada de decisões reflete o contexto anterior. No entanto, somente o fato de obrigar os mais poderosos a compartilharem a elaboração de diagnósticos e a tomada de decisão implica grandes mudanças. O funcionamento de um conselho com representação de atores com distintas e variadas representações e interesses modifica tendências estabelecidas, incorpora novas temáticas e abre espaço para a negociação de perspectivas diferentes.

Além disso, ao estabelecer-se que o município é a direção única do sistema local e que, em tese, deve executar, direta ou indiretamente, a prestação de serviços, de fato ampliou-se bastante a capacidade dos municípios de intervir na política pública de saúde, tanto em cenários institucionais quanto perante a opinião pública. A maioridade política de atores sociais depende da existência de direitos e de liberdade de expressão e organização, mas depende também do exercício da própria política. As diretrizes legais da descentralização e do controle social criaram esse direito e abriram possibilidade para que uma miríade de novos sujeitos sociais interviesse na gestão e na política de saúde.

No entanto, note-se, a descentralização por si só não é potente o bastante para construir um novo diagrama de forças no cenário nacional. Apesar dessas diretrizes, o poder dos governos de intervir na definição de políticas e na gestão da saúde continua bastante superior ao de outros atores sociais. O SUS ainda depende muito do governo. E, entre os governos, há evidências da supremacia do governo federal sobre os outros entes federados. Em virtu-

[16] Miranda, 2003.

de disso, a gestão do SUS ainda é excessivamente atravessada pela lógica partidária e pela racionalidade decorrente do simples jogo pela manutenção do poder.

Torna-se cada vez mais freqüente a indicação de dirigentes do SUS principalmente em função de suas ligações orgânicas com partidos ou grupos políticos. O que pode ser considerado inevitável, quando, fugindo-se de uma perspectiva tecnocrática, se reconhece a importância de critérios políticos na composição de equipes de governo. No entanto, não há critérios técnicos ou precauções de ordem ética quando da indicação de diretores de hospitais ou de qualquer outro serviço ou programa de saúde, por mais especializadas e dependentes de experiência em saúde que sejam essas funções. Esse tema sequer é pauta de discussão no movimento sanitário. Essa ligação umbilical da direção do SUS com o jogo pragmático de governos e partidos vem reforçando a tendência a se conformarem políticas e projetos de saúde com base em uma racionalidade diretamente importada do marketing. Com isso, observa-se um abandono de ações voltadas para a estruturação e o aprofundamento da reforma sanitária. As duas últimas gestões do Ministério da Saúde — governos FHC e Lula —, sem dúvida, construíram esse mesmo semblante político. Com exceção de alguns programas — Saúde da Família, Aids e Saúde Mental —, há um descuido em relação ao prosseguimento da reforma sanitária no que se refere à mudança dos mecanismos de financiamento ainda vigentes e notoriamente inadequados à transformação da atenção hospitalar e especializada, que, quando cresce, ainda o faz segundo os mesmos e ultrapassados padrões de 20 anos atrás.

Sem dúvida, a possibilidade criada para que os dirigentes governamentais tenham esse tipo de comportamento e de postura decorre também da debilidade dos outros atores sociais. Houve como que uma institucionalização do movimento sanitário nos espaços formais do SUS: criaram-se milhares de conselhos, realizaram-se centenas de conferências e armaram-se centenas e milhares de reuniões e encontros sobre temas específicos; no entanto, percebe-se um grau importante de desligamento desse movimento interno ao SUS em relação à sociedade que deveria representar. Houve como que uma efetivação dos representantes dos usuários: a taxa de renovação é pequena e as mesmas pessoas representam os mesmos segmentos há anos. Levantamentos sobre o perfil dos usuários, realizados durante a XXII Conferência Nacional de Saúde, indicam essas tendências.[17] Mesmo o Conselho Nacional de Saúde, que conta com apoio técnico e infra-estrutura superior aos demais, tem dificuldade para contrapor-se e mesmo para apreciar a enxurrada de projetos e programas criados pelo Executivo.[18]

A representação dos prestadores de saúde é, em tese, um contraponto importante aos particularismos do Poder Executivo; entretanto, aqui também interesses corporativos e imediatistas têm dificultado a composição de blocos entre os representantes das várias corporações e profissões e destes com os usuários. Não se identifica um projeto comum entre os representantes de hospitais contratados pelo SUS, médicos e as demais profissões de saúde. Ao contrário, observa-se mais conflito do que composição de projetos entre esses três segmentos citados.

É óbvio que essas debilidades do funcionamento democrático do SUS não se resolvem simplesmente por meio da descentralização e que há uma tendência a se repetir no espaço local esse padrão de comportamento, com todas as variações decorrentes das diferentes histórias e composições de forças em cada região.

O SUS: uma reforma interrompida?

Se a descentralização é um componente bem definido do sistema público brasileiro, o mesmo não se pode afirmar em relação à estabilidade desse mesmo sistema no quadro político brasileiro. Há um conjunto de sinais e de sintomas que indicam a cronicidade de uma série de estrangulamentos considerados estratégicos por analistas que apostam na consolidação do SUS.[19]

Em primeiro lugar, ressalta-se o paradoxo de se implantar uma política universalista em um contexto de ajuste econômico muito estrito. O financiamento do SUS apresenta problemas de quantidade — apesar do crescimento do orçamento público para a saúde nos últimos 15 anos, estamos longe de atingir um montante de recursos suficiente para estabilizar o sistema — e em

[17] Brasil, Ministério da Saúde, 2004.
[18] Vasconcelos, 2005.
[19] Gerschman, 1995; e Vasconcelos, 2005.

como se procede a descentralização financeira, ainda muito presa à lógica do período anterior, centrada no pagamento por procedimentos e bastante fragmentada em dezenas de contas com critérios para recebimento e prestação de contas distintos e reiterativos.

O primeiro impasse resulta da predominância de políticas de corte monetarista no cenário nacional e depende de grandes articulações políticas e de mudanças profundas para que se logre ampliar os gastos públicos com saúde e outras políticas sociais. Uma análise pessimista (inteligente?) do contexto identifica poucas possibilidades de que se componha, a curto prazo, um bloco político capaz de alterar esse quadro. A adesão acrítica e ativa do governo Lula ao projeto de ajuste econômico tradicional agravou a desarticulação e enfraqueceu os movimentos a favor de políticas de bem-estar social no país.

Contudo, o segundo impasse, o referente à manutenção de formas de pagamento bastante fragmentadas em municípios e prestadores, com base principalmente na produção, não pode ser atribuído ao contexto adverso às políticas públicas. Ao contrário, avaliações e reformas gerenciais são até estimuladas pela cultura dominante. A inércia nesse campo decorre, provavelmente, da inapetência dos governantes para se debruçarem sobre reformas estruturais fundamentais para o sistema, mas com baixa visibilidade política imediata. É difícil, se não impossível, chegar a outra compreensão.

A reforma sanitária também quase se interrompeu no que se refere ao reordenamento do sistema de saúde. Pouco se vem fazendo em função da reformulação do modelo de atenção hospitalar e especializada. Há mudanças importantes no campo da saúde mental, da Aids e do câncer, note-se, contudo, que essas novidades foram produzidas pelo movimento sanitário e depois incorporadas por alguns governantes, o que seria um bom sinal, sem dúvida (aponta-se esse fato para se comprovar uma importante esterilização criativa do espaço governamental). Mesmo no campo específico da saúde coletiva, os impasses continuam. Além de um discurso vago sobre promoção e sobre cidades saudáveis — vago, porque raramente se sugere algo mais do que seminários e reuniões —, continua o impasse sobre como se articular o combate a epidemias, endemias e mesmo a fatores de risco que aumentam a vulnerabilidade da população, em um sistema descentralizado. Finalmente, há o impasse específico sobre como prosseguir com a descentralização.

Alguns desafios estratégicos

As estratégias insinuadas ou mesmo as abaixo sugeridas não poderiam resolver ou eliminar os paradoxos analisados; na realidade, pensou-se alguns movimentos supostamente potentes para assegurar que a política pública de saúde no Brasil continuaria sua trajetória orientada segundo valores e experiências sintetizados no SUS.

É necessário rever os papéis e responsabilidades dos entes federados e modificar o desenho da descentralização. Isso implica revisão da legislação infraconstitucional que regulamenta a descentralização, caminhando-se para um modelo que assegure a unidade do sistema mediante contratos de gestão renováveis periodicamente e que tenham abrangência ampla: financeira, assistencial e gerencial.

Como há indefinição nas responsabilidades de cada ente federado, seria importante a realização de um novo pacto de gestão em que fosse estabelecida com maior precisão a participação da União e dos estados no financiamento e na gestão do sistema.

Delega-se ao município a responsabilidade de garantir atenção universal e integral, entretanto, há um grande grau de arbítrio sobre o financiamento e o apoio que o Ministério da Saúde e as secretarias de estado darão a cada sistema local. O financiamento da atenção hospitalar obedece a critérios de produção, e a habilitação de novos serviços é uma guerra política em que os critérios epidemiológicos e de carência regional nem sempre são considerados. No tocante ao custeio da atenção básica, por exemplo, quanto caberia a cada ente? Hoje, o Ministério da Saúde, além de um pequeno piso para a atenção básica, paga parte dos custos das equipes de saúde da família apenas para os municípios que implantaram tal programa. Cada estado tem autonomia para contribuir ou não com os sistemas locais. Seria importante definir quotas para cada ente, conforme um desenho considerado adequado para organizar a atenção primária em cada localidade. O mesmo se aplicaria à atenção especializada (mental, bucal etc.) em saúde coletiva e hospitalar.

Outro movimento fundamental é o que leva à reordenação da forma de financiamento, caminhando-se para um modo que agregue recursos segundo grandes projetos ou linhas de atenção — atenção primária, Aids, saúde mental, câncer, vigilância etc. — e efetue repasses segundo uma combinação do volume da produção e um pacto de gestão em que o sistema local assumiria determinadas responsabilidades e receberia recursos segundo esses compromissos e a capacidade para produzir ações. Essa reforma não só promoveria maior autonomia para os sistemas locais, dando-lhes oportunidades de alocar recursos com maior liberdade a projetos acordados previamente, como também asseguraria maior possibilidade de coordenação do sistema, já que o repasse de recursos dependeria de contratos de gestão em que as partes se comprometeriam com projetos amplos de mudança de modelo, expansão e racionalização do atendimento etc.

A regionalização solidária é outro desafio que poderia ser incluído nesse novo pacto de gestão sugerido. Algumas mudanças seriam fundamentais, como a oficialização de comissões bipartites regionais, compostas pela totalidade dos municípios de cada região sanitária e por representantes das secretarias de estado, e com poder para elaborar o plano regional de investimentos e de atenção à saúde, bem como para acompanhar sua implantação, realizando as modificações necessárias. Como já se discutiu, a instância colegiada não tem força suficiente para gerir o sistema regionalizado; nesse caso, seria decisivo assegurar e mesmo exigir que as secretarias de estado cumprissem o papel de coordenadoras de cada região de saúde, sempre em função do determinado pelo plenário da comissão bipartite e respeitando a norma da direção única em cada âmbito municipal. Em cada região haveria municípios pólos ou de referência, que assumiriam responsabilidade pela atenção especializada à saúde de usuários de outros municípios da região, recebendo, no contrato de gestão, recursos da União e dos estados, de forma que essa responsabilidade não onerasse o orçamento da cidade referência. O atendimento deveria ser assegurado mediante um sistema informatizado, valendo-se de centrais de regulação e do Cartão SUS. Aliás, essa é a principal justificativa para esse projeto; sem essa função o Cartão SUS nada mais é que propaganda demagógica.

Outro impasse refere-se à forma de delegar aos municípios a responsabilidade pela contratação do pessoal encarregado da atenção direta às pessoas. Esse modelo representa um limite concreto à descentralização e à própria expansão do SUS, já que as regras do ajuste econômico e da responsabilidade fiscal são incompatíveis com o volume de atribuições e de responsabilidades determinadas às cidades. Uma saída possível, entre outras, seria a de se pensar modificações na legislação que permitissem a co-responsabilidade da União, dos estados e dos municípios pela contratação de pessoal, criando-se uma carreira do SUS, de caráter nacional, mas gerenciada pelo poder local, com a previdência e os encargos trabalhistas decorrentes assumidos pelas três esferas de governo, e que permitisse uma mobilidade de pessoal entre os diferentes sistemas locais, com realização de concursos e sistema de promoções de abrangência regional ou estadual. Para isso seria importante pensar o SUS como uma autarquia especial, vinculada às três esferas de governo.

Por último, não há como deixar de se considerar a predominância excessiva do Poder Executivo na gestão do SUS. Conviria aprofundar a discussão sobre modos e maneiras de ampliar o poder dos usuários e dos trabalhadores nas várias instâncias em que há gestão, desde a gestão do trabalho em equipe, nos serviços, redes locais e regionais, até a própria condução do sistema. Conviria também pensar um outro desenho para as organizações públicas, talvez algo semelhante às universidades públicas brasileiras, em que se preservou o seu caráter público, mas descobriram-se mecanismos para diminuir a interferência partidária e mesmo das várias administrações governamentais em sua gestão. A definição de critérios técnicos e éticos para a ocupação de funções de direção de serviços, até hoje consideradas funções de livre provimento e, portanto, com indicações sujeitas ao arbítrio absoluto do Poder Executivo é outro exemplo, entre outros, de modificação dos costumes políticos do SUS. A ampliação dos modos de avaliação e de controle sobre o cumprimento de leis, normas ou programas acordados em instâncias decisórias do sistema, todos são modos de reduzir o grau de arbítrio seja do político profissional, do sanitarista, do sátrapa ou do santo de plantão no Poder Executivo. De qualquer modo, fica o desafio de se assegurar a continuidade dos programas e ações sanitárias quando há troca de comando no Executivo, processo inevitável em sociedades democráticas como é a nossa pretensão nacional de um dia, quem sabe, talvez, ser afinal.

Bibliografia

ARRETCHE, M. Relações federativas nas políticas sociais. *Educação Social*, v. 23, n. 80, p. 25-48, 2002.

BANCO MUNDIAL. *Salud:* documento de política sectorial. Washington, DC, 1975.

———. *A organização, prestação e financiamento da saúde no Brasil:* uma agenda para os anos 90. Washington, DC, 1995. (Relatório, 12.655-BR).

BRASIL. Ministério da Saúde. *Relatório sobre a XII Conferência Nacional de Saúde.* Brasília, 2004.

CAMPOS, Onocko. Ciência e políticas públicas em saúde: relações perigosas. *Saúde em Debate*, v. 24, n. 55, p. 82-91, 2000.

CARVALHO, G. C. M. *O financiamento público federal do Sistema Único de Saúde — 1998/2001.* 2002. Tese (Doutorado) — USP, São Paulo, 2002.

CARVALHO, G.; SANTOS, L. *Comentários à lei orgânica da saúde:* Sistema Único de Saúde. São Paulo: Hucitec, 1995.

CASTRONOVO, R. *Integración o desintegración social en el mundo del siglo XX.* Buenos Aires: Espacio, 1998.

CONASEMS. Carta de Blumenau aos candidatos à presidência da República e aos governos dos estados. *Saúde em Debate*, v. 26, n. 62, p. 347-348, 2002.

———. *Carta de Natal.* Natal, 2004. (Documento político do XX Congresso Nacional dos Secretários Municipais de Saúde).

COSTA, A. M. *Análise da oferta de atenção à saúde da mulher no SUS.* Brasília: Unesco, UnB, 2005. (Relatório de pesquisa).

COSTA, N. R. A descentralização do sistema público de saúde no Brasil: balanço e perspectiva. In: BARJAS, N.; Giovanni, G. *Brasil:* radiografia da saúde. Campinas: Unicamp, 2001.

COSTA, V. Relações intergovernamentais no Brasil: desenvolvimento recente e perspectivas. In: MEEKISON, J. P. *Relações intergovernamentais em países federais:* uma série de ensaios sobre a prática de governança federal. Ottawa: Forum of Federations, 2003.

FLEURY, S. Eqüidade e reforma sanitária: Brasil. *Saúde em Debate*, n. 43, jun. 1994.

———. Pluralism, inequity and governance: health care reform dilemmas in Latin America. In: NAGEL, Stuart (Ed.). *Handbook of global policy.* Illinois: Marcel Dekker, University of Illinois, 2001.

GERSCHMAN, S. *A democracia inconclusa:* um estudo da reforma sanitária brasileira. Rio de Janeiro: Fiocruz, 1995.

MIRANDA, A. S. *Análise estratégica dos arranjos decisórios na Comissão Intergestores Tripartite do Sistema Único de Saúde.* 2003. Tese (Doutorado) — UFBA, Salvador, 2003.

OMS (Organización Mundial de la Salud). *Los sistemas locales de salud:* conceptos, métodos y experiencias. Washington, DC: OMS, 1990. (Publicación científica, 519).

RIBEIRO, J. M.; COSTA, N. R. Experiência de gestão descentralizada de redes e organizações. In: BARJAS, N.; GIOVANNI, G. *Brasil:* radiografia da saúde. Campinas: Unicamp, 2001.

RIZZOTTO, M. L. F. *O Banco Mundial e as políticas de saúde no Brasil nos anos 90.* 2000. Tese (Doutorado) — Unicamp, Campinas, 2000.

SOARES, L. T. R. *Ajuste neoliberal e desajuste social na América Latina.* Rio de Janeiro: UFRJ, 1999.

UGÁ, M. A. D. Ajuste e política social: a experiência latino-americana. In: *Política, planejamento e gestão em saúde.* Rio de Janeiro: FGV, 1994. (Série Estudos, 2).

VASCONCELOS, C. M. *Paradoxos da mudança no SUS.* 2005. Tese (Doutorado) — Unicamp, Campinas, 2005.

WORLD BANK. *Brasil* — health sector reform project — Reforsus. Washington, 1996.

13

TENSÕES E AVANÇOS NA DESCENTRALIZAÇÃO DAS POLÍTICAS SOCIAIS: O CASO DO BOLSA-FAMÍLIA

*Ana Fonseca**
*Ana Luiza d'Ávila Viana***

O momento atual introduz dois grandes desafios para as políticas sociais: enfrentar os novos riscos criados pelas mudanças econômicas, sociais, demográficas e epidemiológicas e desenhar novos modelos de gestão e parcerias para a provisão e o acesso aos serviços sociais, cumprindo ainda e, sobretudo, com os princípios da eqüidade e da justiça social. Alguns pontos merecem ser relembrados, quando se discute as respostas a esse duplo desafio:

- As políticas sociais e os sistemas de proteção social do século XX exprimiam o duplo compromisso contido no conceito de solidariedade: conciliar independência individual com responsabilidade coletiva. Nas brechas abertas pela crise do liberalismo, confrontado pela filosofia do contrato coletivo ou social, por um lado, e pela obrigação de redefinir o campo das responsabilidades individuais, por outro, abriu-se, como afirma Procacci (2003) um espaço de intervenção pública para a conformação de políticas sociais. Essas

* Pesquisadora do Nepp/Unicamp.
** Professora do DMP da Faculdade de Medicina da USP.

políticas tinham como objetivo articular o primado inconteste do indivíduo ao objetivo republicano de formar cidadãos. E foi confiado ao espaço público o imperativo cívico e intelectual de promover o indivíduo.

- A redefinição das relações sociais em função do princípio da solidariedade não foi possível sem a reafirmação da autoridade do Estado e a extensão de suas atribuições. A lógica da solidariedade importa colocar ao lado do direito civil um direito novo, o direito social, cabendo novas funções ao Estado, uma vez que não se trata mais de proteger e fazer coexistir as liberdades individuais, mas de pensar e regular as relações sociais.
- Os modernos sistemas de proteção social foram construídos em decorrência do compromisso com esse novo direito, que pretende ultrapassar a noção segundo a qual é de responsabilidade dos indivíduos superar as dificuldades criadas pelas transformações socioeconômicas. Os sistemas de proteção social institucionalizaram essa responsabilidade social e, mesmo atualmente, ante o esforço das correntes liberais de reafirmar o primado da responsabilidade individual para o enfrentamento dos riscos sociais, a noção de solidariedade continua presente em muitos sistemas de proteção social europeus.
- No Brasil, a noção de responsabilidade coletiva foi adotada pela Constituição Federal de 1988, quando incorporou o conceito de seguridade social e, desde então, as diferentes políticas sociais começaram a ser constantemente tensionadas, tendo em vista a contradição explícita entre efetivar esse novo compromisso e as políticas econômicas de corte liberal.
- Diferentemente do mundo desenvolvido, a América Latina e o Brasil, nos anos 1980 e 90, tiveram que implantar e/ou reformar suas políticas sociais e, ao mesmo tempo, descentralizar sua operação, na ausência de um padrão de atuação mais cooperativo (entre níveis de governo e entre governo e sociedade), após largo ciclo de políticas centralizadoras e autoritárias.

Descentralização e federalismo fiscal no Brasil

É verdade que muito do arcabouço jurídico e institucional do sistema de proteção social brasileiro foi erguido durante o período centralizador pós-1930, mas em nenhum momento as instâncias subnacionais de governo (estados e municípios) deixaram de implementar e de se responsabilizar por algumas políticas, programas e/ou funções em áreas específicas da política social. Desse ponto de vista, não são lineares as relações entre o federalismo brasileiro e as divisões de competências na área social.

Após a Constituição Federal de 1988, a assunção gradativa de novos papéis na área social, principalmente pelos municípios, foi a característica mais visível e, para muitos analistas e pesquisadores, até mesmo inovadora das políticas sociais dos anos 1990. É possível afirmar, inclusive, que a ampliação dos programas sociais geridos por municípios e o modelo de federalismo fiscal adotado no Brasil são fenômenos interligados, pois o aumento dos recursos para os municípios, estabelecido na Constituição de 1988, propiciou essa expansão.

Entretanto, como afirma Prado, um regime fiscal federativo depende crucialmente da estruturação eficiente do sistema de competências tributárias, da atribuição equilibrada de encargos entre níveis de governo e da formatação de um sistema eficiente de transferências intergovernamentais.[1] E, segundo o autor, na maior parte dos casos recentes de processos de descentralização e de assunção de novas responsabilidades pelos governos ou instâncias subnacionais, houve uma redefinição planejada de realocação de atribuições para cada nível de governo. O passo seguinte, dada a nova configuração de responsabilidades, foi a definição do perfil de financiamento a ser viabilizado através de estrutura de competências e partilhas.

O caso brasileiro de descentralização apresenta, porém, inúmeras particularidades, decorrentes do modelo de federalismo fiscal adotado na Constituição Federal de 1988, da herança do modelo anterior de federalismo fiscal (partilhas definidas pela reforma tributária de 1966/67) e, finalmente, do perfil de formação do produto/renda no território nacional. Dessa forma, a Federação brasileira se destaca, segundo os estudiosos do tema do federalismo fiscal:

- pela forte descentralização das competências tributárias, pois se atribui ao nível intermediário a competência do principal imposto sobre o consumo (o ICMS estadual);
- por uma imensa disparidade inter-regional (as regiões mais pobres têm arrecadação *per capita* três vezes menor do que as regiões mais ricas);
- pela grande autonomia dos governos subnacionais.

[1] Prado, Quadros e Cavalcanti, 2003.

A descentralização efetuada na Constituição Federal de 1988 não teve uma descentralização planejada de encargos e privilegiou a esfera municipal. A descentralização orçamentária se deu como processo de municipalização, isto é, o nível de governo que teve sua participação na capacidade de gasto efetivamente ampliada nas duas últimas décadas foi o município. Isso fez com que a descentralização de encargos também tomasse esse rumo, como bem assinala Prado. E, finalmente, nas palavras do autor, manteve os governos estaduais com a mesma situação de 20 anos atrás, quando comparada com a situação atual, do ponto de vista das atribuições de encargos, como a disponibilidade líquida de recursos após as transferências intergovernamentais.[2]

Vejamos a questão em retrospectiva histórica. O modelo de federalismo fiscal adotado pelo Brasil na reforma tributária de 1966/67 procurou estimular as bases tributárias próprias de estados e municípios e criar uma série de fundos redistributivos para compensação das desigualdades existentes, com definição do destino do gasto até o final dos anos 1970. Esse modelo, conforme assinalam Rezende e Oliveira (2003), esgotou-se nos anos 1980, afetado pela crise fiscal do Estado e pela lógica da descentralização que predominou na Constituição Federal de 1988. Segundo os autores, os fundos de participação de estados e municípios tiveram seu percentual de participação elevado, livres da regra de vinculação, impondo perdas à União; os impostos únicos que financiavam os investimentos no setor de infra-estrutura foram transferidos para a competência dos estados, passando a integrar a base de incidência do ICMS; os fundos, para neutralizar as disparidades regionais, foram esvaziados, em função da crise econômico-fiscal dos anos 1990 e da retirada de cena do Estado na implementação de políticas regionais.

As mudanças introduzidas na Constituição Federal de 1988 mudaram a equação de distribuição de recursos em prol dos estados e, principalmente, dos municípios, obrigando a União a utilizar impostos e contribuições sociais (principal fonte de financiamento da seguridade social) não compartilhados com os estados e municípios para financiar seus gastos, o que colocou em prática, nas palavras de Rezende e Oliveira, um processo desordenado de descentralização de encargos, sem o estabelecimento de regras claras de coopera-

[2] Prado, Quadros e Cavalvanti, 2003.

ção financeira dessas esferas, fator indispensável para garantir a sustentação financeira de políticas públicas nas áreas de saúde, educação, infra-estrutura urbana etc. Como resultado, conforme os autores:

> os remendos que foram sendo introduzidos no sistema, na ausência de um acordo sobre o novo modelo de federalismo fiscal, para atender às novas prioridades e responsabilidades assumidas pelo governo central com a implementação de políticas de ajuste fiscal, conciliando-as com as necessidades de garantir a oferta de serviços públicos naquelas áreas, geraram resultados deletérios para o crescimento econômico, a distribuição de renda, o equilíbrio federativo e a oferta de políticas sociais.
>
> (Rezende e Oliveira, 2003)

Em resumo, esse modelo de federalismo fiscal gera grandes distorções, desigualdades e iniqüidades do ponto de vista das políticas sociais, pois é o padrão de distribuição de recursos implícito ao modelo fiscal de repartição de impostos que explica a maior ou menor disponibilidade de recursos para a implementação de ações e programas na área social. As partilhas setoriais (saúde, educação e assistência), por sua vez, podem reforçar ou neutralizar esse perfil de distribuição. No caso da saúde, estudo recente aponta que as transferências do SUS reforçam esse padrão, e na área da assistência social, dados de 2004 evidenciam que os recursos da área são percentualmente mais expressivos, no total das transferências, na Região Nordeste e em municípios menores.[3]

Experiências setoriais no processo de descentralização: saúde, educação e assistência social

Na área da saúde, a primeira norma operacional que regulamenta o processo de descentralização é de 1991 e, antes disso, ainda na etapa do Suds, teve início o processo de descentralização do financiamento e dos equipamentos e recursos do Inamps.

As normas operacionais subseqüentes (de 1993 e 1996) estabeleceram os instrumentos de pactuação (as comissões intergestores bipartite e tripartite), as

[3] Gerschman e Viana, 2005.

modalidades (plena do sistema e plena da atenção básica, à época da NOB/96), e os meios de gestão (fundos nacional, estaduais e municipais e conselhos nacional, estaduais e municipais) para a conformação do Sistema Único de Saúde.

Já em 2000, por meio da Emenda Constitucional nº 29, foram definidos os percentuais mínimos (escalonados) sobre a receita arrecadada para o gasto com saúde dos estados e municípios, e um percentual de aumento para o gasto federal, segundo variações nominais do PIB.

Esse processo gradativo e lento no que concerne às atribuições dos entes governamentais, e menos gradativo, e até certo ponto veloz, da perspectiva da transferência de recursos físicos (equipamentos) e humanos, conformou uma estratégia própria na saúde, cuja principal característica foi ter criado um processo de aprendizado institucional para os três entes governamentais.[4]

No que concerne à educação, a Constituição (art. 212) estabeleceu que a União aplicaria, anualmente, nunca menos de 18%, e os estados, o Distrito Federal e os municípios 25%, no mínimo, da receita resultante de impostos, compreendida a proveniente de transferências, na manutenção e desenvolvimento do ensino. Essa regra definiu um aumento de vagas em todos os níveis de ensino, mas a flexibilidade na legislação permitiu aos municípios nos quais o acesso ao ensino fundamental era provido pelos estados que o investimento ocorresse em outros níveis de ensino.

Assim, a Emenda Constitucional nº 14/96 estabeleceu que os municípios atuariam prioritariamente no ensino fundamental e na educação infantil e os estados nos ensinos fundamental e médio e tratou das fontes de recursos — e da partilha —, destinados à manutenção e ao desenvolvimento do ensino fundamental, e da criação, no âmbito de cada estado e do Distrito Federal, de um Fundo de Manutenção e Desenvolvimento do Ensino Fundamental e de Valorização do Magistério, previsto no art. 60 do Ato das Disposições Constitucionais Transitórias.

O Fundef foi criado em dezembro de 1996, pela Lei nº 9.424/96, e regulamentado pelo Decreto nº 2.264, de 27 de junho de 1997, sendo formado, no âmbito de cada estado, por 15% das seguintes fontes de arrecadação: Fundo de Participação dos Municípios (FPM); Fundo de Participação dos Estados (FPE); imposto sobre circulação de mercadorias e serviços (ICMS); imposto sobre produ-

[4] Viana et al., 2002.

tos industrializados, proporcional às exportações (IPI-exp.); desoneração de exportações (Lei Complementar nº 87/96.[5] Foi aprovado na Câmara em 2005 e depende ainda da aprovação do Senado um projeto de emenda constitucional que trata da criação do Fundeb.

A assistência social, por sua vez, era marcada pela ausência de regulamentação federal, o que só ocorreu na metade dos anos 1990; e a descentralização e as iniciativas municipais foram mais autônomas e exclusivamente dependentes da capacidade financeira e da vontade política municipal. Atualmente, a área está às voltas com a montagem do que denomina Sistema Único da Assistência Social (Suas), fortemente inspirado na experiência da saúde. Prevê piso de proteção básica — realizando-se essa proteção em modalidades como: atendimento à pessoa idosa em centros de convivência, atenção à criança (atendimento em unidades de jornada integral ou parcial, creches) — e piso de proteção especial de média e alta complexidade; discute-se ainda a definição de piso fixo e variável.[6] Este último funcionaria como um incentivo para a migração dos serviços para a rede SAC — Serviço de Ação Continuada — e/ou para a aplicação de recursos em co-financiamento.

Em dezembro de 2004, a Portaria nº 736 estabeleceu, para o exercício de 2005, procedimentos relativos à transferência regular e automática de recursos financeiros do Fundo Nacional de Assistência Social para os fundos estaduais, municipais, e do Distrito Federal, destinados à rede SAC.

No processo, em curso, de montagem do Sistema Único da Assistência Social, a agenda enfatiza:

- pactos de gestão para assegurar que, na alteração da rede e da modalidade, seja realizada a migração dos montantes para os centros de referência da assistência social (Cras);
- paulatina substituição das transferências via convênio por transferências intergovernamentais;

[5] Os recursos do fundo são repassados aos estados e municípios obedecendo a coeficientes calculados com base no número de matrículas no ensino fundamental regular das respectivas redes de ensino, no ano anterior (censo escolar). Os valores financeiros são depositados em conta específica, mantida no Banco do Brasil, e devem ser utilizados pelos governos beneficiários em ações de manutenção e desenvolvimento do ensino fundamental público, observada a definição de despesas com o ensino (art. 70 da Lei nº 9.394/96 — Lei de Diretrizes e Bases da Educação). Do total repassado no ano, 60% devem ser destinados à remuneração dos profissionais do magistério em efetivo exercício no ensino fundamental público.

[6] MDS/GM. Portaria nº 736, de 15 de dezembro de 2004.

- identificação, nos repasses, da proteção básica e especial (de média e alta complexidade) para proceder à incorporação nas "categorias" de proteção;
- identificação da cobertura, por município, da proteção básica e especial, visando a incorporação nos pisos de proteção;
- definição dos critérios e parâmetros de partilha dos recursos;
- participação dos estados e municípios no financiamento.

A Política Nacional de Assistência Social (Pnas), já aprovada, introduziu uma novidade na área que foi avançar na construção e implantação de um novo modelo de gestão da política: o Sistema Único de Assistência Social (Suas), uma das principais deliberações da IV Conferência Nacional de Assistência Social, realizada em dezembro de 2003.

Há um amplo caminho pela frente em pelo menos três aspectos: como a assistência aproveitará a experiência da área da saúde para avançar na construção de indicadores territorializados de modo a introduzir no plano dos territórios o princípio da eqüidade; definição do papel da União, dos estados, dos municípios e da rede privada — definindo-se, inclusive, o que é uma entidade de assistência social — na execução da política de assistência social; avaliação, monitoramento e financiamento; e como a Política Nacional da Assistência Social e o seu modelo de gestão (Suas) irão se comunicar com as demais políticas sociais.

No que concerne ao financiamento, uma reivindicação histórica, e ainda em tramitação no Congresso Nacional, consiste em destinar 5% dos recursos da seguridade social à assistência social, além dos recursos disponibilizados ao benefício de prestação continuada (BPC).

Na experiência concreta, a maior parcela dos recursos da assistência social destina-se ao pagamento do benefício de prestação continuada, e a área conta, em termos comparativos, com escassos recursos para os demais elementos da sua política, com seus programas — Peti, Agente Jovem — e serviços (como o Programa de Atenção Integral à Família)[7] —, afetando, assim, a capacidade de estimular ou induzir e pactuar a política, por meio da disponibilização de recursos.

[7] O Paif é um serviço continuado de proteção social básica desenvolvido nos Cras, conhecidos como Casas da Família e localizados em áreas de pobreza para realizar o atendimento socioassistencial e articular os serviços disponíveis em cada localidade, potencializando a rede de proteção social básica.

De uma dotação, em 2004, de R$ 10,1 bilhões, 83,4% destinavam-se ao pagamento de serviços (bancários, de processamento e de revisão) do BPC (idosos e pessoas com deficiência) e do benefício (remanescente), denominado Renda Mensal Vitalícia. Essas são "despesas" obrigatórias, ou seja, não sujeitas a contingenciamento, pois se trata de direitos constitucionais.

É necessário ainda adicionar outro condicionante: a disponibilidade de recursos no plano dos estados e municípios para o cumprimento das atribuições e prioridades locais.

Em resumo, a questão federativa na área social foi enfrentada de forma diversa pelos setores que a compõem, após as estratégias de descentralização da política social: na saúde, optou-se por um modelo altamente descentralizador com funções e atribuições de cada ente governamental normatizadas setorialmente; na educação, tradicionalmente houve uma separação de funções, dado o caráter finalístico de cada fase (ensino fundamental, ensino médio etc.); na assistência social, sempre existiu, até bem recentemente, grande confusão de encargos e funções, com todos os entes governamentais fazendo tudo (financiamento, provisão, gestão etc.) e disputando públicos-alvo comuns, com desperdício de recursos e energias.

Na assistência social, há um modelo em construção, com seus desafios particulares. Mas talvez se possa retirar lições da experiência da saúde e dos desafios postos para a área.

Os programas de transferência de renda e as inovações introduzidas pelo Bolsa-Família

Os programas de transferência de renda no Brasil foram criados pelos governos municipais na segunda metade dos anos 1990,[8] em um período marcado pelo crescimento do desemprego e da pobreza.[9]

[8] No município de Campinas (SP), em março de 1995; no Distrito Federal, em maio de 1995, e em Ribeirão Preto (SP), em dezembro de 1995. No ano seguinte foram criados novos programas em inúmeros municípios brasileiros, em especial no estado de São Paulo, e também começaram a surgir programas estaduais de transferência de renda.

[9] Dados do Ipea, no Relatório 24408-BR (empregos no Brasil), indicam que, em 2000, havia entre 40milhões e 60 milhões de pobres (dependendo da linha de pobreza usada) no Brasil. Nas regiões metropolitanas, segundo o mesmo documento, somente 55% dos pobres tinham emprego e 40% eram inativos. A percentagem de pobres e indigentes cresceu no período 1997-99 (pobres: de 51,5 milhões para 53,1 milhões; indigentes: de 22,5 milhões para 22,6 milhões), conforme Lahóz (2000), tendo como fonte Barros, Henriques e Mendonça (2000).

É importante destacar que, na experiência brasileira, todas as formas de garantia de renda (13º salário, pagamento de férias, aposentadoria, seguro-desemprego, FGTS, abono salarial, auxílio-maternidade, pensão, salário-família) estiveram associadas, até a década de 1970, à condição de assalariamento (carteira de trabalho assinada),[10] à exceção dos benefícios do Funrural e da "renda mensal vitalícia". Na segunda metade da década de 1990, porém, foi estabelecida a possibilidade do exercício do direito à renda, independentemente de prévia contribuição, com o início do pagamento do benefício de prestação continuada (BPC).

Em certo sentido, a clareza sobre os limites do sistema de proteção social brasileiro e suas debilidades estruturais (fortemente voltado para a massa de trabalhadores formais e funcionários públicos, alta fragmentação institucional e cobertura insuficiente), principalmente pelos novos operadores das políticas sociais — os municípios —, e o exemplo de novas políticas sociais asseguradoras de renda, nos países desenvolvidos e em alguns países periféricos (na Ásia e depois na América Latina), serviram como elementos desencadeadores dessas novas iniciativas pontuais voltadas para públicos ainda excluídos dos principais benefícios das políticas sociais mais tradicionais, como educação e saúde, por exemplo.

Embora não se configurando como um direito, as primeiras iniciativas com programas de transferência de renda, que datam de 1995, ocorreram, sobretudo, na esfera do município e em municípios comparativamente mais ricos.[11]

Após várias experiências municipais e estaduais de implantação dos programas de garantia de renda às famílias pobres, com crianças e adolescentes, o governo federal aderiu a essa modalidade de política pública. Associam-se a essa concepção, quase sempre, os programas implantados há quase uma década pelo governo federal: Programa de Erradicação do Trabalho Infantil (Peti), iniciado em 1996 como projeto piloto; Programa Bolsa-Escola; Programa Bolsa-Alimentação; Programa Cartão-Alimentação; Programa Agente Jovem; Programa Auxílio-Gás; o programa de subsídio à energia elétrica ou Tarifa Social e, por um breve tempo, o Programa Bolsa-Renda.

[10] Brasil, MPAS e Cepal, 1989; e Pochmann, 2004.

[11] Fonseca, 2001.

Em 2001, o governo federal instituiu um grande programa de transferência de renda, o Programa Nacional de Renda Mínima vinculado à Educação, o "Bolsa-Escola", que, em dezembro de 2002, já atingia 5 milhões de famílias. No mesmo ano, lançou o Programa Nacional de Renda Mínima vinculado à Saúde, o "Bolsa-Alimentação", que em dezembro de 2002 atingia 967 mil famílias. Em 2002, criou o programa Auxílio-Gás, cuja performance (8,8 milhões de famílias) deu origem à expressão "corrida às bolsas".

Com a entrada do programa federal Bolsa-Escola, os programas de iniciativa municipal e estadual começaram a ser desativados, principalmente em municípios pobres, sendo substituídos pelo programa federal; ou desacelerou-se a criação de novos programas estaduais e municipais, tendo em vista a implementação do programa federal; ou ainda, e mais grave, passaram a coexistir programas paralelos federais, estaduais e municipais, adotando benefícios com valores diferenciados.[12] Poucos foram os municípios que conseguiram algum nível de articulação entre o programa federal e programas similares municipais.

A clareza dos impactos negativos dessa desarticulação, tanto no plano federal (entre vários programas federais de corte setorial, isto é, vinculados à educação, à saúde e a outras áreas), quanto no intergovernamental/federativo (entre programas iguais de diferentes níveis de governo), nos programas de transferência de renda, orientou a discussão e a própria formulação de novas estratégias nos anos de 2003 e 2004.

A unificação dos programas de transferência de renda deve-se à compreensão, por parte do governo, da necessidade de melhorar a gestão e aumentar a efetividade do gasto social, por meio da otimização, da racionalização e de ganhos de escala, e apóia-se na maior facilidade de interlocução do governo federal com os estados e municípios, tendo em vista que é vital definir funções para cada ente governamental e estabelecer termos de cooperação entre os três níveis de governo na operacionalização dos programas sociais.

No programa de governo do então candidato à presidência da República Luiz Inácio Lula da Silva, no relatório da equipe de transição e, mais recentemente, nos documentos oficiais afirma-se que a maneira mais eficaz de comba-

[12] Silva, Yazbek e Giovanni, 2004.

ter a pobreza e a exclusão é levar em conta suas múltiplas dimensões, pois, isolados, os programas de transferência de renda reduzem a capacidade de mobilidade e transformação social, objetivos máximos das políticas sociais. Esse novo modelo de transferência de renda caracteriza-se por:

- transferir renda para combater a pobreza do grupo familiar;
- condicionar o recebimento do benefício ao cumprimento de determinadas obrigações vinculadas a outras políticas sociais (educação e saúde) e assegurar o exercício do direito à alimentação;
- integrar, por meio de termos de cooperação, o governo federal, estados e municípios, com o intuito de racionalizar as transferências, inserir o grupo familiar em outras políticas e programas e buscar maior eqüidade;
- mobilizar o controle social como forma de garantir um melhor uso de recursos, promover a intersetorialidade e a conquista de legitimidade e governabilidade para o programa;
- mobilizar as áreas sociais para o monitoramento do uso dos serviços de outras políticas (educação e saúde, por exemplo);
- vincular o programa de transferência de renda aos programas complementares para os membros das famílias, como forma de colocar no horizonte rotas de saída dessas famílias dos programas de combate à pobreza.

Assim, o Programa Bolsa-Família caracteriza-se por ser uma política social que promove três tipos ou modalidades de articulação: intersetorial (educação e saúde, principalmente), intergovernamental (governos federal, estaduais e municipais) e entre governo e sociedade civil (gestor local e instância de controle social). O programa diferencia-se dos demais programas de transferência de renda criados nos últimos anos na América Latina, por sua característica de promover diferentes níveis de integração governamental, intersetorial e social, e por fomentar:

- uma integração horizontal no plano federal, ao incorporar quatro diferentes programas de transferência de renda desse nível de governo, criados em diferentes períodos entre 2001 e 2003, e anteriormente geridos por diferentes instituições públicas (ministérios setoriais);
- uma integração vertical, ao buscar uma pactuação entre entes federativos visando uma maior racionalidade e eqüidade na distribuição dos recursos;

- uma integração extra-setorial, ao combinar o Bolsa-Família com outros programas e com as demais áreas sociais.

Bolsa-Família, descentralização e pacto federativo setorial

O exame da descentralização dos programas de transferência de renda é uma boa oportunidade para refletir sobre as experiências recentes e destacar a inovação introduzida pelo Programa Bolsa-Família (PBF).

Para destacar a inovação introduzida pelo Bolsa-Família é necessário ter em conta que, ao término do modelo de federalismo fiscal e das regras de cooperação intergovernamental, em vigor até o final dos anos 1980, não foi estabelecido qualquer acordo negociado e articulado sobre as atribuições e responsabilidades dos entes federativos na implementação de políticas públicas.[13]

O acelerado e intenso processo de descentralização fiscal desencadeado pelo governo brasileiro após a Constituição Federal de 1988 estimulou uma presença maior dos municípios nas políticas sociais, principalmente nas áreas de saúde e assistência social.

A implantação dos programas de transferência de renda seguiu a lógica da disponibilidade de recursos. Com a entrada em cena do PBF, porém, observa-se uma inflexão, tendo em vista a diretriz de buscar uma integração vertical, isto é, uma pactuação entre entes federativos visando uma maior racionalidade e eqüidade na distribuição dos recursos.

Como se sabe, são difíceis os caminhos de uma pactuação federativa quanto a uma política, e esta só se estabelece após inúmeras negociações bilaterais, cujo desenlace depende de um conjunto de variáveis institucionais e políticas e de acertos tanto nas instâncias executivas, quanto no Legislativo. Desde antes do lançamento do PBF, era alardeada, e objeto de polêmica, a necessidade de pactuação com estados e municípios,[14] mas, paradoxalmente, jamais se tomou conhecimento de um modelo para o objeto da pactuação. Embora a desejada pactuação tivesse até sido responsável pela suspensão do lançamento do programa, causou certa "estranheza" a ênfase nos governos

---

[13] Rezende, 2003.

[14] Na nota de apoio ao Programa Bolsa-Família há um registro importante da discussão da pactuação, antecedendo ao lançamento do programa. O documento, de 20 de outubro de 2004, é assinado, em nome da Frente Nacional de Projetos (FNP), por sua então presidente, Kátia Born.

estaduais, até então sem lugar, digamos assim, na descentralização das políticas sociais.

Pode-se afirmar que a pactuação, em linhas gerais, foi guiada por dois grandes objetivos:

- integrar ao PBF programas estaduais e municipais de transferência de renda, criando condições para superar as superposições e elevando os valores das transferências. Estava aí presente a idéia de eficiência no gasto público, sobretudo considerando que os recursos são sempre escassos;
- criar uma matriz de integração de políticas públicas por meio da qual as famílias beneficiárias do PBF passassem a ter prioridade no acesso a outras políticas públicas. Nesse caso, o esforço de romper com a lógica setorial e, de fato, tornar todos os membros das famílias alvos das políticas e programas, de tal modo que houvesse a possibilidade de constituição de rotas de saída.

Para alcançar semelhantes objetivos, a primeira providência foi compartilhar os cadastros (quando os estados e municípios tinham programas próprios de transferência de renda), de forma a poder identificar atendimentos duplos ou triplos (governos federal, estadual e municipal) e possibilitar a realização da complementação de renda e a oferta de programas "complementares".

Para que o cadastro fosse uma ferramenta de gestão e planejamento de políticas foi necessário introduzir a noção, e obter a adesão por convencimento, de que as mudanças eram sérias e a unificação dos programas federais de transferência de renda era a primeira evidência empírica de mudanças na concepção do cadastro único, que o empenho na pactuação confirmava.

No primeiro caso, tratava-se do fim de uma época, ou seja, estava extinto o cadastro orientado para o atendimento de quotas de programas federais dispersos, e, no segundo — o cadastro único como instrumento de identificação das características dos grupos familiares e do território em que residiam —, da pactuação, que permitiria o compartilhamento dos cadastros e a possibilidade de planejar, de forma coordenada, as políticas públicas dos governos federal, estaduais e municipais.

O compartilhamento do cadastro — de uso exclusivo do governo federal — com estados e municípios, o I Seminário Nacional do Cadastro Único, realizado em março de 2004, envolvendo durante dois dias mais de 300 gestores estaduais e municipais, em 10 oficinas temáticas, e ainda a nova versão do sistema foram fundamentais para reforçar a nova concepção.[15]

Na mesma direção, em 2004, foram capacitados mais de 8 mil gestores de 2.595 municípios de todas as unidades da Federação e, seguindo as novas diretrizes para um trabalho coordenado e intersetorial, foram criadas 18 coordenações estaduais e 2.220 coordenações municipais do cadastro único, com representantes das áreas de educação, saúde, assistência social, entre outras.

Finalmente, outros elementos presentes na política, por meio do Bolsa-Família, reforçaram os argumentos de uma outra prática na relação com estados, municípios e a sociedade:

- a elaboração do perfil socioeconômico do cadastro por município, estado e região;
- a proposta de um Indicador de Qualidade do Cadastro Único, por município, já disponível em 2004 para consulta pública, mas para ser validado no II Seminário do Cadastro Único, como meio de avaliar o trabalho de cadastramento;
- a relação pública dos titulares do BPF — permitindo que a mídia televisiva mostrasse casos, que, na experiência internacional, são chamados de "vazamento", ou seja, a concessão de benefícios a pessoas que não se enquadram no critério de elegibilidade —, com o objetivo de assegurar a transparência e dar ao PBF o caráter de direito, tal como se dá, nas páginas do MEC, com a relação de bolsistas (mestrado, doutorado).

Em resumo, na condução do Bolsa-Família há uma insistente orientação: articular ações, vertical e horizontalmente, que permitam às famílias superar a condição de pobreza, e aos entes federados selar compromissos.

Os estados e municípios são, portanto, chamados a pactuar com o governo federal sua participação no programa, obedecendo a duas diretrizes: aque-

[15] A introdução de uma nova versão do sistema para permitir a alteração de dados no cadastro. O cadastro único não poderia mais ser compreendido como algo estático e cumpridor da tarefa única de preencher as quotas determinadas pela União e, sim, como um sistema dinâmico, de captura das mudanças de vida da população identificada. Além disso, os dados socioeconômicos básicos nele contidos permitem o monitoramento e avaliações dos efeitos dos programas nas condições de vida das populações pobres (Roquete, 2004).

les que já possuem programas próprios de transferência de renda são chamados a complementar o benefício do PBF, evitando a sobreposição de famílias atendidas e permitindo a ampliação da cobertura — favorecida pela economia de recursos — e do valor do benefício do PBF; e o comprometimento de todos com a oferta de programas complementares, tendo como público prioritário os beneficiários do programa (em sua versão integrada com outro programa de âmbito estadual ou municipal e "isolada", respeitando as possibilidades dos pactuantes).

Assim, a cooperação introduzida não retira da União o papel de gerir essa política de forma redistributiva e não deixa de lado os estados, fundamentais na articulação e no apoio às realidades municipais.

A ausência deliberada de um modelo na pactuação, ou uma pactuação com duas possibilidades (com e sem co-financiamento), sinalizou de forma consistente o respeito às realidades locais (estaduais, municipais e ou territoriais) no sentido das dimensões da pobreza; dos recursos financeiros, humanos, materiais; e das prioridades estabelecidas por estados e municípios. Entretanto, simultaneamente, estimulou aportes de recursos financeiros por parte de estados e municípios que não contavam com programas próprios de transferência de renda, como o Rio de Janeiro, por exemplo.

O estado do Ceará, no âmbito do Fundo Estadual de Combate à Pobreza (Fecop), aprovado no início de 2004, criou o Programa Bolsa-Cidadão e realizou uma pactuação com a União que tem uma característica especial: é de base territorial. A pactuação com o estado de Pernambuco (que não complementa com renda as famílias atendidas pelo PBF) e a negociação em curso com o estado de Tocantins também têm essa característica.

É interessante, em todos esses casos relatados, a busca por eqüidade no plano dos territórios e o correlato apoio aos municípios e às populações residentes, uma vez que, na pactuação, a matriz de integração teve também caráter territorial, definindo, além da cobertura, áreas prioritárias.

Entre outubro de 2003 e novembro de 2004, foram assinados termos de cooperação com 13 estados, com o Distrito Federal e com 14 municípios, sendo 11 capitais (ver anexo) e estavam em negociação termos de cooperação com nove estados e três capitais (ver quadro).

Termos de cooperação entre a União e os entes federados no âmbito do Programa Bolsa-Família

Com co-financiamento		Sem co-financiamento	
Estados	Municípios	Estados	Municípios
Assinados			
AC, CE, DF, MS, RJ e SP	Aracaju Boa Vista Palmas Goiânia Niterói Porto Alegre Recife Rio de Janeiro Santo André São Luís São Paulo	BA, MA, PE, PI, PR, RN, SC e MG	Belém Natal Ribeirão Preto
Em negociação			
AM, GO, RR, RS e TO	Belo Horizonte	AL, ES e MT	Campo Grande Fortaleza

Fonte: Senarc/MDS, 2004.

Os termos de cooperação têm em comum os seguintes elementos ou compromissos: oferta de programas complementares; acompanhamento das condicionalidades estabelecidas pela legislação do PBF; migração das famílias cadastradas no sistema do Programa Bolsa-Escola para o Cadastro Único; validação do cadastro; integração de bases cadastrais; gestão compartilhada do cadastro; apoio técnico e operacional dos estados aos municípios.

É importante registrar que, nos casos em que há colaboração financeira entre os entes federados e o governo federal, o cartão de pagamento dos beneficiários é confeccionado de modo a permitir a colocação das logomarcas dos governos subnacionais e do governo federal. Esse procedimento não só corporifica fortemente a pactuação como resolve a questão do "ganho político" dos estados e municípios com o Programa Bolsa-Família, dando visibilidade à pactuação.

Finalmente, quanto à cobertura em relação ao número estimado de famílias pobres (ver gráfico), observa-se que em três estados — Rio de Janeiro,

Pará e Mato Grosso do Sul —, o percentual é inferior a 40% e, em dois — Pará e Amazonas —, inferior a 50%.

Cobertura do Bolsa-Família em relação ao número estimado de famílias pobres

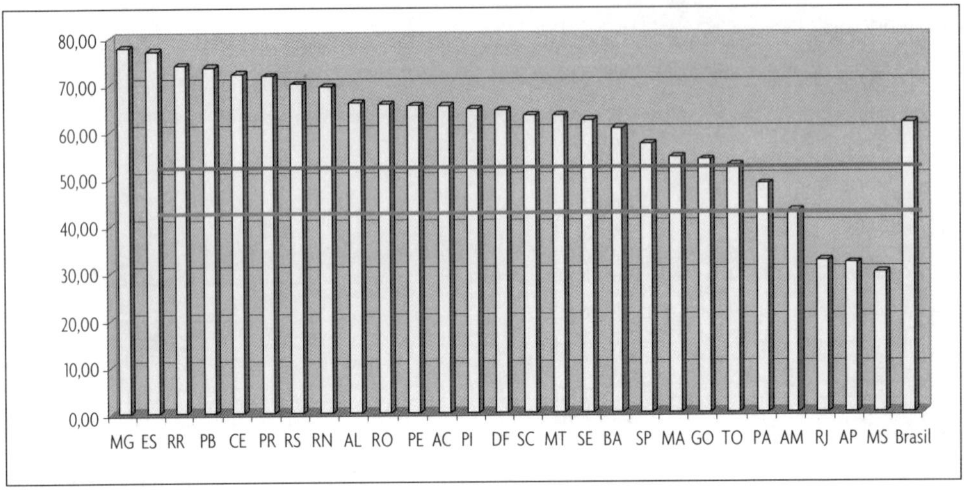

Fonte: Senarc/MDS, dez. 2004.
Obs.: Posição em dezembro de 2005.

Considerações finais

Como vimos, a área da saúde — Lei Orgânica da Saúde, Sistema Único e Descentralizado de Saúde, Sistema Único de Saúde, até sua constituição sistêmica com modalidades de gestão, instâncias de pactuação, fundos, percentuais mínimos sobre a receita arrecadada por estados e municípios, e percentual da variação nominal do PIB para o governo federal para o gasto com saúde pelos níveis de governo — realizou uma longa trajetória, que resultou em aprendizado institucional para os três níveis de governo federativos.

A educação opera como um sistema — art. 212 da CEF, Emenda Constitucional nº 14/96, Lei nº 9.424 e Decreto nº 2.264 (Fundef) — com definição das competências e atribuições de estados, municípios e do governo federal e com recursos sacramentados para os gastos com educação.

A assistência social, porém, é a área em que o atraso na constituição de um sistema integrado com claras definições de aportes de recursos e da competência de cada esfera de governo resultou no desenvolvimento de inúmeras experiências isoladas de ações e/ou programas, sem compromisso com parâmetros de eqüidade, justiça social e, mesmo, de efetividade.

É nesse contexto que um programa como o Bolsa-Família, herdeiro dos programas de transferência de renda dos ministérios da Saúde, da Educação e de Minas e Energia, e de segurança alimentar e combate à fome (Bolsa-Alimentação, Bolsa-Escola e Auxílio-Gás, Cartão-Alimentação, respectivamente), mas com um cadastro único, que se originou do existente no Ministério da Previdência e Assistência Social e, sucessivamente, nos ministérios da Assistência Social e do Desenvolvimento Social, procura operar de forma sistêmica, ou seja, como uma política.

Imagine-se como seria difícil implantar o Programa de Saúde da Família, na área da saúde, que se aproxima em muitos aspectos do PBF — público-alvo focalizado, financiamento tripartite (União, estados e municípios) —, se não existisse o SUS. Caberia a ele, ao programa, traçar os pactos necessários para cumprir com as tarefas de integração, inclusive federativa. O PSF teria que criar as comissões de intergestores, propor mecanismos de controle social próprios (como os conselhos nos diferentes níveis de governo), discutir formas específicas de financiamento, capacitação etc. São tarefas mais vinculadas à constituição sistêmica de uma área do que atribuições de programas.

As tarefas impostas ao Bolsa-Família para concretizar as inovações introduzidas (integração setorial, intersetorial e federativa)[16] são demasiadas e podem ser frágeis, uma vez que os termos de pactuação têm curta duração e os entes federados não estão legalmente obrigados. No aspecto específico do pacto federativo, tal exigência é demasiada, pois envolve um longo processo histórico — como a história do SUS bem evidencia — no sentido da formação de uma diplomacia intergovernamental — quadros técnicos, conhecimento, jurisprudência, experiência acumulada etc.

A ausência de um sistema estruturado na área da assistência social, combinada a uma percepção setorial e a uma herança não-setorial (na origem dos programas que desaguaram no PBF), criou dificuldades adicionais para o Programa Bolsa-Família. Foi, porém, com a emergência do BF que questões re-

[16] Os recursos federais destinados ao PBF cobrem o pagamento dos benefícios e os serviços (processamento do cadastro, emissão da folha de pagamento, cartões, bloqueios etc.). Os recursos do Fundo de Combate à Pobreza têm muitos destinos e o PBF não conta com um fundo, a exemplo da saúde, da assistência e da educação. Nessa situação, o componente "apoio institucional" do empréstimo do Banco Mundial ao governo do Brasil é relevante.

ferentes à necessidade de formulação de um pacto federativo para assegurar maior eficiência e efetividade no combate às situações de pobreza tornaram-se prioritárias e começaram a ser desenvolvidas.

Até então, eram lineares e positivas as relações entre disponibilidade de recursos pelos entes federados e ações para as parcelas mais necessitadas da população. Sabendo-se que é justamente nos estados e municípios mais pobres que se desenvolve um ciclo previsível de pobreza (pai/mãe pobres = filhos pobres), essa relação linear (ou dependência da disponibilidade de recursos fiscais) constitui um entrave, que se reforça pelo fato de as demais áreas sociais (como educação e saúde) já terem estipulado regras vinculadas de gasto.

E o fato de as transferências, na assistência social do governo federal a estados e municípios, terem grande peso na Região Nordeste e em municípios menores se explica principalmente pela alta participação dos benefícios de prestação continuada (BPCs) no gasto total da área (mais de 80%), independentemente de pactuação, pois se trata de um direito constitucional. Seu ritmo depende do grau de organização do setor, do trabalho da previdência social e dos prestadores de serviços (Dataprev, rede bancária), incluindo a revisão do BPC.

Programas de transferência de renda mais eqüitativos dependem tanto de uma correta seleção do público-alvo, quanto de uma maior racionalização e equivalência (inter e intra-regional) dos recursos alocados por cada ente governamental, no caso de países federativos.

O instrumento que melhor seleciona o público-alvo da transferência de renda é o cadastro único, sendo os acordos estabelecidos entre os entes governamentais um meio de alcançar uma maior racionalização e equivalência dos recursos alocados, visando um maior ajuste entre a quantidade de população a ser atendida e a disponibilidade de recursos, na ausência de um modelo de federalismo fiscal mais progressivo e equânime, como ocorre no caso brasileiro.

A efetivação de um elemento da pactuação — o cadastro único — depara-se, porém, com recorrentes problemas,[17] que podem ser atribuídos à ve-

[17] O processo de criação do cadastro único transcorreu em meio a acirradas disputas entre ministérios e entre operadoras de serviços. A antiga Secretaria de Estado de Assistência Social (Seas) pretendia, desde o primeiro semestre de 2001, organizar os programas de transferência de renda do governo federal em um cadastro único e é provável que daí tenha surgido o nome Cadastro Único dos Programas Sociais do Governo Federal. Com essa intenção, fez um projeto piloto em parceria com o Banco do Brasil e com a Dataprev, mas

locidade da implantação, no período que antecedeu o PBF, combinada com a fraca capacitação dos municípios e ainda com a estratégia anterior de fechar o cadastro e impedir o uso e manuseio desse instrumento por municípios e estados. A ausência de uma maior qualificação dos gestores municipais e de parâmetros de qualidade responde por boa parte das distorções.

Uma avaliação realizada pelo Tribunal de Contas da União concluiu que o cadastramento foi feito praticamente sem planejamento e com precária capacitação dos gestores municipais. O TCU colheu as seguintes evidências:

- ausência de consulta prévia a estados e municípios sobre os instrumentos e ações pertinentes ao cadastro único;
- ausência de teste;
- mudanças de orientação ao longo do processo de cadastramento;
- deficiências no treinamento e na capacitação dos agentes envolvidos no processo de cadastramento;
- insuficiência de recursos humanos para o cadastramento;
- dificuldades no envio das informações à Caixa Econômica Federal.

Além disso, o TCU destacou que uma das premissas do cadastro único — a identificação unívoca de cada beneficiário — não foi atendida devido à precariedade dos mecanismos de atribuição do número de identificação social (NIS) e recomendou a depuração interna da base de dados do cadastro único.[18]

Em sua avaliação, o TCU registrou aspectos positivos do cadastro único e frisou a "ausência de indícios, como prática generalizada, de cadastramento direcionado por razões clientelistas", agregando que as inconsistências detectadas podiam ser corrigidas "desde que sejam adotadas providências saneado-

não houve sucesso nem na experiência nem na disputa interna. Os ministérios da Saúde e da Educação tinham forte interesse em construir cadastros próprios. Assim, apenas no segundo semestre de 2001, com o apoio decisivo da Casa Civil e com a reclamação generalizada das prefeituras, ante a imensa demanda por cadastramentos, a Seas conseguiu, por meio de decreto presidencial, vencer os ministérios.

[18] Fonseca, 2004. O cumprimento da recomendação resultou na identificação, entre outubro de 2003 e novembro de 2004, de mais de 200 mil duplicidades.

ras" para que não se tenha que realizar "*novo cadastramento, com os indesejáveis custos adicionais*".[19]

Portanto, são ações voltadas para a melhoria das qualificações técnicas dos municípios que podem responder por um aprimoramento da eqüidade na política ou programa de transferência de renda. Esse, aliás, é o motivo da constituição das coordenações intersetoriais estaduais e municipais, pois elas representam um passo importante no sentido da consolidação das gestões locais.

As pactuações já celebradas com estados e municípios inovaram no aspecto federativo, pois estabeleceram novos campos de cooperação e respeitaram as diversidades regionais, o que se expressa na complementação do valor do benefício pelo ente federado associado e, ainda, na identificação de ações e programas complementares.

Mais uma vez, o enfrentamento correto da questão federativa e uma negociação flexível com os entes governamentais pode ser o caminho para o aumento da eqüidade na política de transferência de renda.

Observe-se, porém, que a falta de tradição, na área da assistência social, de uma ação pactuada entre os entes governamentais — um sistema em construção —, o pouco empenho dos ministérios setoriais da área social em uma maior integração (como foi pensado quando a Constituição Federal de 1988 instituiu o modelo da seguridade social), e a grande participação de entidades não-governamentais nas funções de provisão, muitas vezes sem nenhum mecanismo de monitoramento, avaliação e controle, deixaram para o Bolsa-Família uma herança muito pesada de questões não resolvidas, pois foi somente com sua implantação que a necessidade de pactos federativos entrou na agenda de decisão do governo.

Por outro lado, o falso debate sobre a participação dos governos e da sociedade nas instâncias de controle social do Bolsa-Família (se o controle deveria ser responsabilidade única de um ou de outro) também favoreceu a noção de que a assistência social não constitui uma política pública, no sentido amplo do termo, e está sempre na dependência de uma ação voluntária, de governos ou da sociedade.

---

[19] Brasil, TCU, 2003.

Bibliografia

BARROS, Ricardo P.; HENRIQUES, Ricardo; MENDONÇA, Rosane. A estabilidade inaceitável: desigualdade e pobreza no Brasil. In: HENRIQUES, Ricardo (Org.). *Desigualdade e pobreza no Brasil*. Rio de Janeiro: Ipea, 2000.

BRASIL. MPAS; CEPAL (Orgs.). *A política social em tempo de crise:* articulação e descentralização. Brasília: MPAS, 1989.

———. TCU. Secretaria Geral de Controle Interno/Secretaria de Fiscalização e Avaliação de Programas de Governo. *Avaliação do cadastro único dos programas sociais do governo federal*. Brasília, 2003.

FONSECA, Ana. *Família e política de renda mínima*. São Paulo: Cortez, 2001.

———. Políticas sociais e mecanismos de controle: benefícios advindos para a gestão pública das auditorias do TCU. In: *Projeto de diálogo público*. TCU, nov. 2004.

GERSCHMAN, S; VIANA, A. Descentralização e desigualdades regionais em tempos de hegemonia liberal. In: LIMA, N. T.; EDLER, F.; GERSCHMAN, S. (Orgs.). *Saúde e democracia* — história e perspectivas do SUS. Rio de Janeiro: Fiocruz, Opas, 2005.

LAHÓZ, André. Renda e consumo. In: LAMOUNIER, B.; FIGUEIREDO, R. (Orgs.) *A era FHC*: um balanço. São Paulo: Cultura, 2000.

POCHMANN, M. *O desafio da inclusão social no Brasil*. São Paulo: Publisher, 2004.

PRADO, S.; QUADROS, W.; CAVALCANTI, C. E. *Partilha de recursos na Federação brasileira*. São Paulo: Fapesp, Ipea, Fundap, 2003.

PROCACCI, G.; BEC, C. *De la responsabilité solidaire* — mutations dans les politiques sociales d'aujourd'hui. Paris: Syllepse, 2003.

REZENDE, F. Apresentação. In: PRADO, S.; QUADROS, W.; CAVALCANTI, C. E. *Partilha de recursos na Federação brasileira*. São Paulo: Fapesp, Ipea, Fundap, 2003.

———; OLIVEIRA, F. A. *Descentralização e federalismo fiscal no Brasil*. São Paulo: FGV, Konrad Adenauer, 2003.

ROQUETE, C. I Seminário Nacional de Cadastro Único. Brasília, mar. 2004.

SILVA, M. O.; YAZBEK, M. C.; GIOVANNI, G. *Política social brasileira no século XXI* — a prevalência dos programas de transferência de renda. São Paulo: Cortez, 2004.

VIANA, A. et al. Descentralização no SUS: efeitos da NOB-SUS 01/96. In: NEGRI, B; VIANA, A. (Orgs.). *O SUS em dez anos de desafio*. São Paulo: Sobravime, Cealag, 2002.

Anexo

UF	Condições	Obrigações
RJ	O estado complementará com R$ 15,00 os benefícios pagos pela União. Os municípios do Rio de Janeiro poderão aportar recursos e, caso se estabeleça uma cooperação entre as esferas federal, estaduais e municipais, será constituído um grupo executivo tripartite para a definição da sistemática de gestão local. O governo do estado será responsável pela validação dos cadastros e, juntamente com o MDS, tomará as famílias beneficiárias como público-alvo de políticas públicas. Meta: 176.610 famílias em 20 municípios.	Constituir grupo de trabalho encarregado de: a) propor plano de trabalho e cronograma de implantação de ações conjuntas, e estabelecer a descentralização para acompanhamento do PBF; b) propor sistema de monitoramento e avaliação, assegurada a articulação com os órgãos federais, estaduais e municipais responsáveis pelo planejamento, pesquisa e avaliação das políticas sociais; c) formular propostas de qualificação e aperfeiçoamento dos recursos humanos responsáveis pela gestão do programa; d) implantar mecanismos de gestão compartilhada dos cadastros estadual e federal dos programas; e) assegurar a execução das atividades com recursos materiais e humanos qualificados; f) prestar apoio técnico e operacional às prefeituras na validação dos cadastros de beneficiários dos programas federais e no recadastramento do Bolsa-Escola.
SP	O estado complementará o benefício com um valor variável entre R$ 10,00 e R$ 45,00, de modo a atingir um piso mensal de R$ 60,00 por família. O governo do estado e o ministério validarão os cadastros de beneficiários dos programas federais de transferência de renda, tendo ambas as famílias atendidas como público-alvo de políticas públicas. O termo de compromisso compreende *todos os municípios da região metropolitana, excluído São Paulo.*	Elaborar, tramitar e validar um plano de trabalho que contenha: cronograma de integração, com ações e responsáveis pela implantação; sistemática de descentralização para o acompanhamento das condicionalidades do PBF; propostas de implantação de mecanismos de transparência e controle social das instâncias municipal e estadual e de mecanismos de gestão compartilhada dos cadastros estadual e federal; detalhamento dos programas e ações complementares que serão direcionados aos beneficiários do PBF. Assegurar a execução das atividades com recursos materiais e humanos qualificados. Apoiar as prefeituras municipais, técnica e operacionalmente, na seleção e inclusão das famílias beneficiárias do programa integrado no cadastro.

continua

UF	Condições	Obrigações
CE	O governo do estado complementará os benefícios pagos pelo governo federal até os valores de R$ 60,00 para as famílias que recebem o benefício básico (R$ 50,00) e de R$ 20,00 para cada beneficiário das famílias que recebem o benefício variável. Serão contemplados, no princípio, os *10 bairros* mais pobres dos municípios da *Região Metropolitana de Fortaleza e os 30 municípios mais pobres do estado.* O estado e a União, em parceria com as prefeituras municipais, validarão os cadastros de seus beneficiários. Os municípios do Ceará poderão aportar recursos previstos em seus orçamentos para participar da cooperação. O governo de estado e o governo federal terão, nas famílias atendidas, o público-alvo preferencial de outras políticas públicas.	Constituir grupo de trabalho para identificar eventuais sobreposições de benefícios para as famílias; estabelecer cronograma de integração com ações e responsáveis pela sua implantação; sistemática de descentralização para acompanhamento das condicionalidades do PBF; formular propostas de implantação de mecanismos de transparência e de controle social como instância estadual e municipal; sistemática de gestão compartilhada dos cadastros estadual e federal; assegurar a execução das atividades com recursos materiais e humanos.
AC	O governo do estado complementará os benefícios pagos pelo governo federal com um valor variável de até R$ 45,00. Inclusão imediata de *8.331 famílias* do programa estadual Adjunto da Solidariedade. As famílias serão acompanhadas pelos agentes de florestania do programa Adjunto da Solidariedade. O estado, em parceria com as prefeituras, se responsabilizará pela elaboração de um "cardápio" de projetos voltados para o desenvolvimento de competências das famílias beneficiárias. O cadastramento, a atualização e a validação serão coordenados pelo estado, com a participação do município, com o objetivo de atualização do cadastro do Bolsa-Escola e migração para o cadastro único. O estado e a União terão nas famílias atendidas o público-alvo preferencial de outras políticas públicas.	Elaborar, tramitar e validar um plano de trabalho contendo: cronograma de integração, com ações e responsáveis pela implantação; sistemática de descentralização para o acompanhamento das condicionalidades do PBF; propostas de implantação de mecanismos de transparência e controle social de instâncias municipal e estadual e de mecanismos de gestão compartilhada dos cadastros estadual e federal; detalhamento dos programas e ações complementares que serão direcionados aos beneficiários do PBF. Assegurar a execução das atividades com recursos materiais e humanos qualificados.

continua

UF	Condições	Obrigações
MS	O governo do estado complementará os benefícios pagos pelo governo federal com valores que variarão entre R$ 45,00 e R$ 125,00. O atendimento começará com as famílias de *Campo Grande*. À medida que for se dando a integração, o estado, o ministério e as prefeituras municipais validarão os cadastros dos programas federais de transferência de renda. Os municípios de Mato Grosso do Sul poderão aportar recursos previstos em seus orçamentos para participar da cooperação. O governo de estado e o governo federal terão nas famílias atendidas o público-alvo preferencial de outras políticas públicas.	Elaborar, tramitar e validar um plano de trabalho contendo: a) cronograma de integração, com ações e responsáveis pela implantação; b) sistemática de descentralização para o acompanhamento das condicionalidades do PBF. Formular propostas de implantação de mecanismos de transparência e controle social de instâncias municipal e estadual e de mecanismos de gestão compartilhada dos cadastros estadual e federal. Detalhar os programas e ações complementares que serão direcionados aos beneficiários do PBF. Assegurar a execução das atividades com recursos materiais e humanos qualificados.
DF	O governo do DF complementará o valor do PBF para que este atinja R$ 100,00 para as famílias com um filho em idade escolar (6-15 anos), R$ 120,00 para as famílias com dois filhos em idade escolar, R$ 180,00 para as famílias com três ou mais filhos em idade escolar e R$ 130,00 para as famílias sem filhos em idade escolar, até atingir a meta de *50 mil famílias*. O governo do DF e o governo federal terão nas famílias atendidas o público-alvo preferencial de outras políticas públicas e manterão o cadastro atualizado.	Plano de Trabalho contendo: a) cronograma de integração, com ações e responsáveis pela implantação; b) sistemática de descentralização para o acompanhamento das condicionalidades do PBF. Formular propostas de implantação de mecanismos de transparência e controle social de instâncias municipal e estadual e de mecanismos de gestão compartilhada dos cadastros estadual e federal. Detalhar os programas e ações complementares que serão direcionados aos beneficiários do PBF. Assegurar a execução das atividades com recursos materiais e humanos qualificados.
RN	O estado e a União atuarão na coordenação do processo de atualização e validação dos cadastros dos beneficiários do Bolsa-Família, realizando parcerias com as prefeituras municipais para atualização dos cadastros do Bolsa-Escola e migração para o cadastro único. Ambos terão nas famílias do PBF o público-alvo preferencial de políticas públicas — microcrédito,	Elaborar, tramitar e validar um plano de trabalho que contenha: cronograma de ações e responsáveis pela sua implantação; constituição da coordenação estadual e das coordenações municipais responsáveis pelo PBF; sistemática de descentralização para o estado e os municípios do acompanhamento das condicionalidades do PBF; propostas de

continua

UF	Condições	Obrigações
	capacitação profissional, cooperativismo, alfabetização e segurança alimentar, entre outras — e o estado permitirá o acesso prioritário aos programas e serviços locais (Programa de Desenvolvimento Solidário, Programa Estadual de Habitação, Programa de Incentivo à Produção e ao Consumo do Leite, Programa Estadual de Qualificação Social e Profissional, Programa Integrado de Produção Comunitária de Alimentos). Para efeito da implementação dos programas e políticas complementares às famílias do PBF, o estado terá como *critérios*: municípios com menor IDH, famílias residentes em periferias de municípios de médio e grande portes, famílias com menor renda familiar *per capita*, famílias residentes em comunidades afro-descendentes.	implantação de mecanismos de transparência e de controle social em instância estadual e municipal; sistemática de gestão compartilhada e operacionalização do cadastro único; detalhamento dos programas e ações complementares que serão direcionados aos beneficiários do programa. Assegurar a execução das atividades com recursos materiais e humanos qualificados. Apoiar as prefeituras municipais técnica e operacionalmente na inclusão das famílias na base de dados do cadastro único, inclusive na atualização dos cadastros do Bolsa-Escola e sua migração para o cadastro único.
PE	O estado e a União atuarão na coordenação do processo de atualização e validação dos cadastros dos beneficiários do Bolsa-Família, realizando parcerias com as prefeituras municipais para atualização dos cadastros do Bolsa-Escola e migração para o cadastro único. Ambos tomarão as famílias beneficiárias como público-alvo de políticas públicas, e o estado permitirá o acesso prioritário aos seguintes serviços e programas: Combate à Pobreza Rural, Apoio ao Desenvolvimento Sustentável da Zona da Mata, Programa Leite, Infra-Estrutura em Áreas de Baixa Renda da Região Metropolitana de Recife, Rumo à Universidade, Preparando para o Primeiro Emprego e Pacto Metropolitano. Para efeito de implementação conjunta, será considerado, de imediato, o atendimento das famílias dos *11 municípios* mais pobres do estado.	Elaborar, tramitar e validar um plano de trabalho que contenha: a) cronograma de integração, com ações e responsáveis pela sua implantação; b) sistemática de descentralização para acompanhamento das condicionalidades do PBF; c) propostas de implantação de mecanismos de transparência e de controle social em instância estadual e municipal; d) sistemática de gestão compartilhada e operacionalização do cadastro único; e) detalhamento dos programas e ações complementares que serão direcionados aos beneficiários do PBF; f) atividades com recursos materiais e humanos qualificados. Apoiar as prefeituras, técnica e operacionalmente.

continua

UF	Condições	Obrigações
BA	O governo do estado e o ministério atuarão na coordenação do processo de atualização e validação dos cadastros dos beneficiários do Bolsa-Família em parceria com as prefeituras municipais para atualização dos cadastros do Programa Bolsa-Escola e migração para o cadastro único. O MDS e o estado terão nas famílias beneficiárias o público-alvo de políticas públicas como microcrédito, alfabetização, cooperativismo, capacitação profissional e segurança alimentar, entre outras. *Prioridade para a Região Metropolitana de Salvador.*	Elaborar e tramitar um planejamento de ações contendo: cronograma de ações e responsáveis pela implantação; plano de cadastramento urbano para Salvador e região metropolitana, enfrentando questões como regularização de endereços, emissão de documentos e interface com base de dados municipais de educação e saúde; sistemática de descentralização para os municípios do acompanhamento das condicionalidades do PBF; propostas de implantação de mecanismos de transparência e de controle social em instâncias estadual e municipal; mecanismos de gestão compartilhada dos cadastros federal, estadual e municipais como ferramenta de construção de políticas públicas de combate à pobreza; detalhamento dos programas e ações complementares que serão direcionados aos beneficiários do PBF.
PI	O governo do estado e o ministério atuarão na coordenação do processo de atualização e validação dos cadastros dos beneficiários do Bolsa-Família em parceria com as prefeituras municipais para atualização dos cadastros do Programa Bolsa-Escola e migração para o cadastro único. O MDS e o estado terão nas famílias beneficiárias o público-alvo de políticas públicas como microcrédito, alfabetização, cooperativismo, capacitação profissional e segurança alimentar, entre outras, com o Estado permitindo o acesso prioritário aos seguintes serviços e programas locais: Programa de Combate à Pobreza Rural, Programa Permanente de Convivência com o Semi-Árido, Projeto de Economia Solidária e outros. Serão atendidas de imediato, com o PBF e os programas complementares, as famílias dos *25 municípios mais pobres do Piauí.*	Elaborar e tramitar um planejamento de ações contendo: cronograma de ações e responsáveis pela implantação; sistemática de descentralização para os municípios do acompanhamento das condicionalidades do PBF; propostas de implantação de mecanismos de transparência e de controle social em instâncias estadual e municipal; sistemática de fiscalização descentralizada do PBF; mecanismos de gestão compartilhada e operacionalização do cadastro único; detalhamento dos programas e ações complementares que serão direcionados aos beneficiários do PBF.

continua

UF	Condições	Obrigações
SC	O governo do estado e o ministério atuarão na coordenação do processo de atualização e validação dos cadastros dos beneficiários do Bolsa-Família em parceria com as prefeituras municipais para atualização dos cadastros do Bolsa-Escola e migração para o cadastro único. O MDS e o estado terão nas famílias beneficiárias o público-alvo de políticas públicas como microcrédito, alfabetização, cooperativismo, capacitação profissional e segurança alimentar, entre outras. Para efeito da implementação conjunta será considerado objetivo imediato o atendimento de todas as famílias do PBF, com ênfase no atendimento de 100% das famílias do PBF na *região de São Joaquim* (parte do projeto piloto do pacto de concertação).	Elaborar e tramitar um planejamento de ações contendo: cronograma de ações e responsáveis pela implantação; sistemática de descentralização para o estado e os municípios do acompanhamento das condicionalidades do PBF; propostas de implantação de mecanismos de transparência e de controle social do PBF em instâncias estadual e municipal; sistemática de gestão compartilhada e operacionalização do cadastro único; detalhamento dos programas e ações complementares que serão direcionados aos beneficiários do PBF.
PR	O governo do estado e o ministério atuarão na coordenação do processo de atualização e validação dos cadastros dos beneficiários do PBF em parceria com as prefeituras municipais para atualização dos cadastros do Bolsa-Escola e migração para o cadastro único. O MDS e o estado terão nas famílias beneficiárias o público-alvo de políticas públicas como microcrédito, alfabetização, cooperativismo, capacitação profissional e segurança alimentar, entre outras. O governo do estado permitirá o acesso prioritário aos seguintes serviços e programas: Programa Leite das Crianças, Programa Luz Fraterna, Programa Tarifa Social de Água Tratada, Programa de Apoio ao Desenvolvimento de Iniciativas de Economia Solidária em Segurança Alimentar e Nutricional Sustentada, Implantação de Cozinhas Comunitárias em comunidades carentes de Curitiba, com ênfase nas famílias do PBF.	Elaborar e tramitar um planejamento de ações contendo: cronograma de ações e responsáveis pela implantação; plano de cadastramento urbano para Curitiba e região metropolitana, enfrentando questões como regularização de endereços, emissão de documentos e interface com base de dados municipais de educação e saúde; sistemática de descentralização para os municípios do acompanhamento das condicionalidades do PBF; propostas de implantação de mecanismos de transparência e de controle social em instâncias estadual e municipal; mecanismos de gestão compartilhada dos cadastros federal, estadual e municipais como ferramenta de construção de políticas públicas de combate à pobreza; detalhamento dos programas e ações complementares que serão direcionados aos beneficiários do PBF. Apoiar as prefeituras municipais do Paraná, técnica e operacionalmente, na inclusão na base de dados do cadastro único dos programas sociais.

continua

UF	Condições	Obrigações
MA	O governo do estado e o ministério atuarão na coordenação do processo de atualização e validação dos cadastros dos beneficiários do Bolsa-Família em parceria com as prefeituras municipais para atualização dos cadastros do Bolsa-Escola e migração para o cadastro único. O MDS e o estado terão nas famílias beneficiárias o público-alvo de políticas públicas como microcrédito, alfabetização, cooperativismo, capacitação profissional e segurança alimentar, entre outras.	Elaborar e tramitar um planejamento de ações contendo: cronograma de ações e responsáveis pela implantação; sistemática de descentralização para o estado e os municípios do acompanhamento das condicionalidades do PBF; propostas de implantação de mecanismos de transparência e de controle social do PBF em instâncias estadual e municipal; sistemática de gestão compartilhada e operacionalização do cadastro único; detalhamento dos programas e ações complementares que serão direcionados aos beneficiários do PBF. Apoiar as prefeituras municipais, técnica e operacionalmente, na inclusão na base de dados do cadastro único dos programas sociais.
MG	Os beneficiários do programa estadual, Bolsa Familiar para a Educação, gradativamente passarão para o PBF. À medida que a integração ocorrer, o estado, em parceria com os municípios, validará os cadastros dos programas federais de transferência de renda. O governo do estado e o governo federal terão nas famílias atendidas o público-alvo de políticas públicas.	Elaborar, tramitar e validar um plano de trabalho contendo: cronograma de integração, com ações e responsáveis pela implantação; sistemática de descentralização para o acompanhamento das condicionalidades do PBF; propostas de implantação de mecanismos de transparência e controle social de instâncias municipal e estadual e de mecanismos de gestão compartilhada dos cadastros estadual e federal; detalhamento dos programas e ações complementares que serão direcionados aos beneficiários do PBF. Assegurar a execução das atividades com recursos materiais e humanos qualificados. Apoiar as prefeituras municipais, técnica e operacionalmente, na seleção e inclusão de famílias beneficiárias do programa integrado no cadastro único.

Município	Condições	Obrigações
Rio de Janeiro	O município complementará com R$ 10,00 o valor do benefício do PBF. A meta: *80 mil famílias.* O cadastramento contemplará, prioritariamente, as famílias de alunos da rede de ensino público com menor IDH-MRJ. O estado do Rio de Janeiro poderá aportar recursos e, caso se estabeleça uma cooperação entre as esferas federal, estadual e municipal, será constituído um grupo executivo tripartite para definição de sistemática de gestão local. O município fica responsável pela validação dos cadastros, e o MDS e o município adotarão as famílias beneficiárias como público-alvo de políticas públicas. Ao MDS cabe assegurar o acesso à base de dados do PBF e dos demais programas nacionais de transferência de renda e valores dos benefícios; e financiamento para a confecção e manutenção do cartão magnético dos titulares do programa. Ao município compete: custear a operacionalização do cadastramento das famílias e digitação dos cadastros; acompanhar e atender com programas e ações complementares as famílias beneficiárias; monitorar e avaliar a gestão, operação e financiamento; disponibilizar recursos para a complementação dos benefícios em prazo hábil; e potencializar e ampliar a rede de proteção social.	Iguais às estabelecidas com o governo do estado, exceto no que concerne ao apoio técnico e operacional às prefeituras.
São Paulo	O município complementará o valor do benefício na forma da legislação municipal (nenhum benefício deverá ser inferior a 1/10 do SM ou superior a 1 SM e 1/10). O pagamento da complementação mensal será feito separadamente. O município validará o	As obrigações gerais são as mesmas estabelecidas para o governo do estado de São Paulo, exceto no que toca o apoio aos municípios.

continua

Município	Condições	Obrigações
	cadastro de beneficiários dos programas federais e a PMSP e o MDS terão nas famílias atendidas o público-alvo de políticas públicas. Cabe ao MDS fornecer a listagem completa dos beneficiários do PBF. Cabe ao município custear o cadastramento e a digitação.	
Palmas	O município complementará a renda das famílias com um valor variável de R$ 5,00 a R$55,00 por família, até um valor mensal de R$ 70,00 por família como piso. Meta inicial: *4 mil famílias*. As famílias a serem atendidas serão incluídas no cadastro único e, à medida que a integração ocorrer, o município validará os cadastros dos programas federais de transferência de renda. A União e o município terão as famílias beneficiárias como público-alvo de políticas públicas. Cabe ao MDS: assegurar o acesso à base de dados do PBF e dos demais programas federais de transferência de renda e os valores dos benefícios; participar no financiamento da confecção e manutenção do cartão magnético. Cabe ao município: compatibilizar a regulamentação do programa municipal com o termo de cooperação; custear e operacionalizar o cadastramento e a digitação dos cadastros; acompanhar e atender com programas e ações complementares as famílias beneficiárias; monitorar e avaliar a gestão, a operação e o financiamento do Bolsa-Família.	As obrigações gerais são as mesmas estabelecidas para os governos dos estados, exceto no tocante ao apoio aos municípios.
Boa Vista	O município complementará a renda das famílias com um valor entre R$ 5,00 e R$35,00, até um valor de R$ 50,00 por família. À medida que ocorrer a integração, validará os cadastros dos programas federais de transferência de	

continua

Município	Condições	Obrigações
	renda. Para a integração, serão *atendidas, imediatamente, as famílias com renda mensal* per capita *entre R$ 50,01 e R$ 100,00.* A União e o município terão as famílias beneficiárias como público-alvo de políticas públicas. Cabe ao MDS: fornecer ao município a listagem dos beneficiários com os respectivos valores. Cabe ao município: fornecer ao MDS o cadastro completo dos beneficiários elegíveis, e assegurar a transferência mensal dos recursos adicionais.	As obrigações gerais são as mesmas estabelecidas para os governos dos estados, exceto no tocante ao apoio aos municípios.
Recife	O município complementará o PBF com um valor variável entre R$ 65,00 e R$ 230,00 por família. As famílias a serem atendidas serão incluídas no cadastro único e, à medida que a integração ocorrer, o município validará os cadastros dos programas federais de transferência de renda. A União, por intermédio do MDS, e o município, por intermédio da prefeitura, terão as famílias beneficiárias como público-alvo de programas como: capacitação profissional, cooperativismo, geração de trabalho e renda. Cabe ao MDS: assegurar ao município o acesso à base de dados do PBF e dos demais programas federais de transferência de renda e os valores dos benefícios; assegurar, mensalmente, a transferência de recursos para a população beneficiada; participar no financiamento da confecção e manutenção do cartão magnético. Cabe ao município: fornecer o cadastro completo das famílias e incluir no cadastro único as famílias atendidas, objeto da pactuação.	As obrigações gerais são as mesmas estabelecidas para os governos dos estados, exceto no que diz respeito ao apoio aos municípios.

continua

Município	Condições	Obrigações
Goiânia	O município complementará o PBF com um valor variável entre R$ 35,00 e R$ 115,00 para as famílias do Programa Atendimento. Para as famílias do Programa de Renda Mínima, a complementação terá um valor variável de R$ 165,00 a R$ 245,00, até atingir o valor mensal de 1 SM por família. À medida que ocorrer a integração, o município validará os cadastros dos programas federais de transferência de renda. A União e o município terão as famílias beneficiárias como público-alvo de políticas públicas. O governo do estado poderá aportar recursos para participar da cooperação. Ao MDS cabe: assegurar o acesso à base de dados do PBF e dos demais programas de transferência de renda; financiamento da confecção e manutenção do cartão e serviços de concessão, manutenção e cessação. Ao município cabe custear e operacionalizar o cadastramento e a digitação; atender às famílias com programas e ações complementares.	As obrigações gerais são as mesmas estabelecidas para os governos dos estados, exceto no tocante ao apoio aos municípios.
São Luís	O município complementará o PBF com um valor variável entre R$ 5,00 e R$ 70,00, até atingir um valor mensal de R$ 100,00 por família. À medida que a integração ocorrer, o município validará os cadastros dos programas federais de transferência de renda. A União e o município terão as famílias beneficiárias como público-alvo de políticas públicas. O município se responsabilizará pela elaboração de um cardápio de serviços para o desenvolvimento de competências das famílias beneficiadas. Na integração serão atendidas *6.332 famílias*, sendo	Elaborar, tramitar e validar um plano de trabalho que deverá conter: cronograma de integração, com ações e responsáveis pela sua implantação; sistemática de descentralização para acompanhamento das condicionalidades do PBF; propostas de implantação de mecanismos de transparência e controle social; mecanismos de gestão compartilhada dos cadastros municipal e federal; detalhamento dos programas e ações complementares que serão direcionados aos beneficiários do programa; a execução das atividades

continua

Município	Condições	Obrigações
	2.018 das já atendidas pelo Bolsa-Escola. Cabe ao MDS: assegurar ao município acesso à base de dados do Bolsa-Família e dos demais programas nacionais de transferência de renda e valores dos benefícios. Cabe ao município: fornecer ao ministério listagem completa dos beneficiários dos programas de transferência de valores; compatibilizar a regulamentação do programa municipal com o acordado no termo de cooperação; custear e operacionalizar o cadastramento das famílias e a digitação dos cadastros; acompanhar e atender com programas e ações complementares às famílias beneficiárias.	com recursos materiais e humanos qualificados.
Belém	O município validará os cadastros de beneficiários dos programas federais de transferência de renda, e a União e o município terão as famílias beneficiárias como público-alvo de políticas públicas. Cabe ao MDS: fornecer ao município a listagem completa dos beneficiários. Cabe ao município: fornecer ao MDS a listagem completa dos beneficiários dos programas de transferência de valores; incluir no cadastro único as famílias que se enquadram nos requisitos, bem como atualizar os cadastros do Bolsa-Escola, migrando as informações para o cadastro único; acompanhar e atender com programas e ações complementares às famílias.	As mesmas acordadas com os municípios de São Luís, Recife e outros.
Natal	O município validará os cadastros de beneficiários dos programas federais de transferência de renda, e a União e o município terão as famílias beneficiárias como público-alvo de políticas	As mesmas acordadas com os municípios de São Luís, Recife, Palmas e outros.

continua

Município	Condições	Obrigações
	públicas como microcrédito, alfabetização, cooperativismo, capacitação profissional e segurança alimentar, entre outras. Cabe ao MDS: fornecer ao município a listagem completa dos beneficiários com os respectivos valores. Cabe ao município: manter atualizado os cadastros de beneficiários dos programas federais, inclusive do Bolsa-Escola, promovendo a sua migração para o cadastro único; assegurar o acesso prioritário aos seguintes serviços e programas: Programa Tributo à Criança, Projeto Ações Educativas Complementares, Programa Geração Cidadã. Custear e operacionalizar o cadastramento e a digitação dos cadastros a serem enviados ao cadastro único. Acompanhar e atender às famílias com programas e ações complementares.	
Porto Alegre	O município complementará o benefício com um valor variável de R$ 105,00 a R$ 185 para que as famílias do programa municipal atinjam R$ 200. Pagamento separado. Meta: *2 mil famílias.* À medida que ocorrer a integração, o município validará os cadastros dos programas federais de transferência de renda. A União e o município terão as famílias beneficiárias como público-alvo preferencial de políticas como microcrédito, capacitação, cooperativismo, alfabetização, segurança alimentar e outras. O governo do estado poderá participar da cooperação, aportando recursos. Cabe ao MDS: assegurar ao município acesso à base de dados do Bolsa-Família e dos demais programas nacionais de transferência de renda.	As mesmas acordadas com os demais municípios.

continua

Município	Condições	Obrigações
	Cabe ao município: fornecer ao MDS a listagem dos beneficiários; compatibilizar a regulamentação do programa municipal com o acordado.	
Aracaju	O município complementará a renda das famílias com um valor entre R$ 5,00 e R$ 85,00, até atingir R$ 100,00 por família. À medida que ocorrer a integração, o município validará os cadastros de beneficiários dos programas federais de transferência de renda, e a União e o município terão as famílias beneficiárias como público-alvo de programas como microcrédito, alfabetização, cooperativismo, capacitação profissional e segurança alimentar, entre outras. Cabe ao MDS: fornecer ao município a listagem completa dos beneficiários com os respectivos valores. Cabe ao município: manter atualizados os cadastros de beneficiários dos programas federais, inclusive do Bolsa-Escola, promovendo a sua migração para o cadastro único; compatibilizar a regulamentação do programa municipal com o acordado; custear e operacionalizar o cadastramento das famílias e a digitação dos cadastros; acompanhar e atender com programas e ações complementares às famílias beneficiárias.	As obrigações são as mesmas estabelecidas para os municípios de São Luis, Recife, Palmas, Niterói e outros.
Niterói	O município complementará o benefício com um valor variável de R$ 5,00 a R$ 35,00, fixando um valor mensal de R$ 50,00, e validará os cadastros de beneficiários dos programas federais de transferência de renda. O MDS e a prefeitura terão nas famílias o público-alvo de políticas públicas. Para atendimento imediato:	Elaborar, tramitar e validar um plano de trabalho que contenha: cronograma de integração, com ações e responsáveis pela sua implantação; sistemática de descentralização para o acompanhamento das condicionalidades; propostas de implantação de mecanismos de transparência e controle social;

continua

Município	Condições	Obrigações
	famílias com renda mensal *per capita* entre R$ 50,01 e R$ 100,00. Cabe ao MDS: fornecer ao município a listagem dos beneficiários; assegurar a transferência de recursos. Cabe ao município: incluir no cadastro único os elegíveis e assegurar a transferência de recursos adicionais.	mecanismos de gestão compartilhada dos cadastros municipal e federal; detalhamento dos programas e ações complementares; execução das atividades com recursos materiais e humanos qualificados.
Santo André	Atingir 100% das famílias residentes no município com renda familiar *per capita* inferior a R$ 100,00. O município validará os cadastros dos beneficiários. A União e o município terão as famílias beneficiárias como público-alvo de políticas públicas. Migração das famílias atendidas pelo Bolsa-Escola para o PBF. Cabe ao MDS: pagamento integral de benefícios a 13 mil famílias, e fornecimento ao município da listagem completa dos beneficiários com os respectivos valores dos benefícios. Cabe ao município: pagamento integral de 3 mil famílias, e fornecimento mensal ao ministério da listagem completa dos beneficiários com os respectivos valores e demais informações cadastrais.	As obrigações gerais são as mesmas estabelecidas para os municípios de São Luís, Recife, Palmas, Niterói e outros.
Ribeirão Preto	O município validará os cadastros de beneficiários dos programas federais de transferência de renda, e a União e o município terão as famílias beneficiárias como público-alvo de políticas e programas como: microcrédito, alfabetização, cooperativismo, capacitação profissional e segurança alimentar, entre outros. Cabe ao MDS: fornecer ao município a listagem completa dos beneficiários com os respectivos valores. Cabe ao município: manter atualizados os cadastros de beneficiários dos programas federais, inclusive do Bolsa-Escola, promovendo a sua migração para o cadastro único.	As obrigações são as mesmas acordadas com os demais municípios.

14

O IMPACTO DO PROCESSO DE DEVOLUÇÃO DE COMPETÊNCIAS SOBRE AS POLÍTICAS SOCIAIS ESPANHOLAS: DE UM ESTADO DE BEM-ESTAR SOCIAL CENTRAL A UM REGIONAL?

*Raquel Gallego**
*Ricard Gomà***
*Joan Subirats****

Introdução: um caso de Estado de bem-estar social latino-mediterrâneo

Desde a transição para a democracia ao final da década de 1970, a agenda das autoridades públicas espanholas tem experimentado profundas transformações estruturais. Essas transformações resultam de dois processos dis-

---

* Doutora em ciência política e mestre em administração pública e políticas públicas pela London School of Economics; mestre em ciência política pela Universidad Autónoma de Barcelona, onde é professora adjunta de ciência política. Sua investigação concentra-se nos âmbitos de gestão e administração pública, políticas públicas e governo em níveis múltiplos.
** Doutor em ciência política pela Universidad Autónoma de Barcelona; mestre em estudos urbanos e regionais pela mesma universidade e mestre em políticas públicas pela Universidad de Strathclyde; professor titular de ciência política da UAB; conselheiro de bem-estar social e de planejamento em Barcelona.
*** Doutor em ciências econômicas e catedrático de ciência política na Universidad Autónoma de Barcelona; diretor do Instituto de Governo e Políticas Públicas da UAB. Especializou-se em temas de gestão pública e análise de políticas públicas, assim como em problemas de inovação democrática, sociedade civil e governo em níveis múltiplos.

tintos, porém relacionados: primeiro, a criação de um Estado de bem-estar social próximo aos padrões europeus, como resposta tanto às demandas internas quanto às pressões do contexto socioeconômico e político europeu; segundo, mudanças na organização política e territorial do Estado, envolvendo a substituição de um arranjo unitário por outro mais descentralizado. A necessidade de se aproximar dos níveis de desenvolvimento social e econômico europeus exigia a criação de um Estado de bem-estar social com a capacidade de intervir nas áreas econômicas e sociais de forma semelhante àqueles dos países vizinhos — isto é, com uma agenda mais ampla e diversificada do que aquela proporcionada pela ditadura franquista. Essa necessidade de mudanças resultava inicialmente de demandas das forças sociais durante a transição, principalmente dos partidos políticos de esquerda e dos sindicatos. No interior desses círculos, o processo de democratização era indissoluvelmente relacionado à constitucionalização dos direitos sociais. Outra fonte de pressão visando a modernização e a ampliação da capacidade do Estado de intervir como um motor do desenvolvimento socioeconômico do país era representada pela Comunidade Européia, à qual a Espanha desejava integrar-se.

Em termos de modelos de Estado de bem-estar social, a Espanha pertence ao tipo latino-mediterrâneo. A literatura sobre Estados de bem-estar social (Titmuss, 1974; Esping-Andersen, 1990) omitiu sistematicamente os países do Sul europeu (Espanha, Grécia, Portugal e, até certo ponto, Itália). Após a transição para a democracia em alguns desses países e a consolidação de governos semelhantes àqueles dos vizinhos do Norte europeu, a Europa do Sul tardiamente integrou a esfera de comparação entre os Estados de bem-estar social. Para alguns autores (Castles, 1995), o modelo sul-europeu é definido fundamentalmente por seus reduzidos níveis de gasto social — que correspondem aos processos tardios de industrialização e de modernização — no interior do conjunto de estruturas políticas de bem-estar social caracterizadas por uma natureza claramente continental. Este corresponderia, então, a um sistema de proteção social e de desenvolvimento ao estilo democrata-cristão ainda em seus estágios embrionários. Outros autores, entretanto, sustentam a existência de traços singulares nos países sul-europeus (Sarasa e Moreno, 1995; Rhodes, 1997) que não tenderiam a desaparecer como resultado da dinâmica de modernização e convergência com o Norte do continente. Pelo contrário, nesse cenário, a expansão dos custos sociais — uma expressão das novas correlações de força resultantes da democratização — poderia acentuar-se no interior dessas estruturas políticas específicas de bem-estar social, cujos traços específicos tenderiam a ser reforçados.

De acordo com este último enfoque, as características definidoras dos Estados de bem-estar social latino-mediterrâneos podem ser assim resumidas:

- uma virtual superposição histórica do processo de construção e reorganização do pacto social keynesiano. As transições, que aconteceram principalmente durante a década que compreende o período de 1975 a 1985, prepararam as fundações desse modelo; seu desenvolvimento, ao contrário do restante da União Européia, ocorreu no contexto de mudanças estruturais subjacentes;
- centralidade do sistema contributivo e distributivo de seguridade social, que é altamente fragmentado em termos de suas categorias de beneficiários, com elevados graus de proteção concentrados em pequenos grupos de trabalhadores coexistindo ao lado de uma ampla camada que está excluída, gerando, assim, a superposição de fragmentação e dualismo;
- a adoção de modelos universais de saúde e educação financiados por impostos, com níveis de gasto *per capita* abaixo da média européia e coexistindo com setores privados mais extensivos do que no restante da União Européia;
- manutenção do sistema de assistência fundamentado na família, com fraca presença pública nas áreas de exclusão social, apesar do estabelecimento de novas redes públicas de serviços sociais, assim como de programas de renda mínima que são parciais e relativamente fragmentados;
- o estabelecimento de modelos de relações de trabalho com altas taxas de cobertura por negociações coletivas, mas com baixas taxas de filiação sindical. A ausência de correspondência entre esses dois indicadores é maior do que nos sistemas continentais. A elevada cobertura é explicada como uma conquista sindical, em troca do redirecionamento dos conflitos sociais rumo a cenários de convergência, por meio de pactos ascendentes de interesses em tempos de transição e fragilidade democrática;
- um impacto significativo, em termos comparativos, nas políticas sociais e de coesão da União Européia em cada um dos países, tanto do ponto de vista

quantitativo (gasto social financiado por fundos estruturais) quanto qualitativo (ajustamento das políticas públicas ao desenho europeu);

- a permanência de amplos mecanismos clientelistas na distribuição pública dos benefícios sociais, baseados na estrutura governamental que, em muitos casos, adere mais a uma lógica pré-weberiana do que racional burocrática, e modelos de liderança política ainda vinculados a uma concepção patrimonial do Estado.

Entretanto, este não consiste em um modelo puro de Estado de bem-estar social, tampouco se tem desenvolvido numa única direção. Até a transição à democracia, os traços corporativos consistiam no pilar do Estado franquista. Os valores de referência das elites sociais no regime franquista eram baseados num modelo débil e autoritário de Estado de bem-estar social que era extremamente divergente dos modelos europeus. Desde a transição e durante os últimos 20 anos, as políticas sociais na Espanha combinaram uma dinâmica de convergência com os padrões da União Européia paralelamente a uma dinâmica de reorganização determinada por uma tensão entre os paradigmas da regulação pública e do mercado, como alternativas para a geração de bem-estar social. Ao longo dos anos 1980, durante o mandato do Partido Socialista dos Trabalhadores Espanhóis (PSOE), a educação e a atenção à saúde se aproximaram dos valores socialdemocratas, conforme se tornavam universais e financiados por impostos gerais. Contudo, desde meados dos anos 1990, com os governos do Partido Popular (PP), uma gradual permeabilidade aos princípios liberais pôde ser observada. Resumidamente, o atual esquema de bem-estar social espanhol não se inclui nos parâmetros da ortodoxia neoliberal. Entretanto, o arcabouço de valores de referência não é homogêneo: o acesso universal à saúde e aos serviços educacionais coexiste com o princípio da taxação compulsória sobre as transferências da seguridade social (pensões e desemprego), com um reduzido papel público na assistência social, e com sucessivas ondas de desregulamentação do trabalho.

A construção desse Estado de bem-estar social na Espanha não pode ser compreendida sem se incluir uma análise do processo de descentralização política e administrativa, iniciado com a transição à democracia. Este conduziu a um crescimento da relevância do nível regional de governo — as comunidades autônomas (Subirats e Gallego, 2002). E, apesar de o grau de autonomia não ser o mesmo em todas as comunidades, estas tendem a se tornar os entes que definem e implementam as políticas que lhes foram transferidas. A combinação de ambos os processos, o de descentralização e o de criação dos Estados de bem-estar social, produziu uma agenda institucional ainda mais fragmentada e complexa. Sua fragmentação deriva do fato de que, além do governo central, existem também agora 17 governos autônomos com amplos poderes para definir sua própria agenda e com capacidade para interferir em um conjunto altamente diverso de setores. Sua complexidade resulta da alocação de competências conforme estabelecida pela Constituição e pelos 17 Estatutos de Autonomia correspondentes.

A regionalização gradual do Estado de bem-estar social foi levada a cabo durante os anos 1980 e 1990, resultando em um mapa no qual as políticas sociais com um forte componente de provisão de serviços, como atenção à saúde, educação e serviços sociais, foram basicamente deixadas nas mãos das comunidades autônomas. Nessas áreas, as competências são compartilhadas entre os níveis de governo: o governo central sanciona a legislação básica, no interior de um marco onde as comunidades autônomas também podem legislar, desenvolver as regulações correspondentes e gerir os serviços. Em contraste, as principais políticas contributivas — chamadas de benefício de seguridade social, como os seguros-desemprego e as pensões — são virtualmente inexistentes nas comunidades autônomas, uma vez que estas são de competência exclusiva do governo central. Em contraste, entre as competências exclusivas das comunidades autônomas estão as políticas de renda com um impacto redistributivo e orçamentário menor, como os programas de garantia de renda mínima. Finalmente, outras políticas públicas como habitação, com um pequeno peso no orçamento de seguridade social da Espanha, são compartilhadas entre os diferentes níveis governamentais.

Devolução e expansão do Estado de bem-estar social

A experiência espanhola de fundação e desenvolvimento de um Estado de bem-estar social apresenta duas diferenças em comparação com a dos países europeus vizinhos. Primeiro, o calendário do Estado de bem-estar social espanhol em expansão começou três décadas mais tarde, baseado na transição política realizada em finais dos anos 1970. Segundo, essa expansão do Estado de bem-estar social espanhol esteve ligada desde o início a uma estrutura de Estado descentralizada. Como resultado, embora o governo central seja responsável pelo desenho — por meio da legislação básica — dos parâmetros, definindo as principais políticas de bem-estar, as comunidades autônomas possuem uma margem de ação que lhes permite realizar escolhas diferenciadas de política pública (Gallego, Gomà e Subirats, 2003).

O processo de devolução de competências tem sido assimétrico e complexo, e levou à obtenção de diferentes limites de poder em diferentes momentos para cada comunidade autônoma. Além do mais, esse não tem sido um processo tecnocrático, na medida em que somente pode ser compreendido em termos das constantes negociações políticas, consistindo na expressão nacional dos diferentes projetos políticos de natureza regional. Assim, para as comunidades de Catalunha, Andaluzia, País Basco e a Comunidade Valenciana foram transferidas competências no campo da saúde durante os anos 1980, enquanto Galícia, Navarra e ilhas Canárias receberam tais competências no início dos anos 1990. De forma similar, o processo de transferência de competências no campo da educação para essas comunidades desenrolou-se durante os anos 1980 e início dos 1990. Dessa forma, há mais de três legislaturas, existem sete comunidades autônomas com a capacidade para desenvolver núcleos básicos de políticas sociais. A isso, devemos acrescentar que as políticas de assistência social e de apoio à renda têm sido desenvolvidas principalmente nos domínios das comunidades autônomas (em todas elas e não somente nas sete com maior amplitude de competências), com relativamente pouca participação do governo central (especialmente na assistência social e nas políticas de apoio à renda). Finalmente, a política habitacional consiste em uma competência que é compartilhada entre o governo central e os governos autônomos. A idéia de limites iguais de competências foi lançada em 1992, no Pacto de Autonomia. Assim, em 1996 um acordo foi assinado para iniciar a devolução no campo da educação para as demais comunidades autônomas, tendo levado mais de quatro anos, e em dezembro de 2001 outro acordo foi assinado, visando devolver a atenção à saúde para as 10 comunidades autônomas restantes que ainda não possuíam tais competências.

Assim, uma análise do desenvolvimento do Estado de bem-estar na Espanha conduz ao discernimento dos setores de políticas e ações implementadas pelas comunidades autônomas com maior número de competências.

Educação

No campo da educação, a transição para a democracia representou um ponto de inflexão na orientação subjacente às políticas da última era franquista. O complexo art. 27 da Constituição e o Programa de Postos Escolares (Programa de Puestos Escolares), que era parte do Acordo de Moncloa de 1977, refletem o Pacto de Instrução, que fazia parte do processo de transição. Seus parâmetros básicos refletem concessões mútuas entre a direita e a esquerda: o compromisso em ampliar os gastos em educação pública como um passo específico resultante do direito à educação, e o reconhecimento e apoio a uma ampla rede privada de escolas como uma etapa específica, refletindo o princípio de liberdade de escolha na educação. Entretanto, o processo de implementação serviu para desgastar o Pacto de Instrução. A lentidão da expansão dos investimentos públicos contrastava com as elevações maciças nos subsídios às escolas privadas. De forma adicional, a Lei Escolar de 1980 (Ley de Centros Escolares), que gerou oposição no interior de todos os setores progressistas, regulou a democratização interna das escolas de uma forma altamente restritiva e consolidou uma política de subsídios indiscriminados.

A vitória do Partido Socialista dos Trabalhadores Espanhóis (PSOE) nas eleições de 1982 levou a uma nova mudança parcial substantiva, cujo impulso — embora com prioridades modificadas — se manteve até o início dos anos 1990. A legislação básica que delineou a política educacional dos governos socialistas — Lode (Ley del Derecho a la Educación, 1985), Logse (Ley General del Sistema Educativo, 1992) e Lopeg (1995) — enfatizava a garantia de acesso à educação. As políticas de acesso garantido eram uma característica resultante de três tipos de ação. A primeira consistia na expansão moderada, embora sustentada, do conjunto da educação pública disponível, especialmente na educação de nível médio além da obrigatoriedade mínima. A segunda foi um aumento substancial nos gastos com bolsas de estudos e no número de beneficiários. A terceira consistia numa série de regulações, entre as quais se devem destacar a rede gratuita de escolas públicas, a extensão da educação obrigatória até os 16 anos de idade, o uso de critério de renda e proximidade na alocação de vagas escassas em escolas públicas, e a redefinição da rede subsidiada de escolas privadas, com o desenho de critérios para financiamento, admissão e funcionamento de acordo com os parâmetros das escolas públicas.

As comunidades autônomas são responsáveis pela gestão das políticas de garantia de acesso, enquanto os governos locais desempenham um papel menor.

Na política educacional dos governos autônomos, o fator de diferenciação mais visível pode ser verificado nas redes duplas de escolas (escolas públicas e privadas subsidiadas). Andaluzia, ilhas Canárias e Galícia possuem o menor percentual de matrículas em escolas privadas, enquanto Catalunha, Navarra e o País Basco registram os percentuais mais elevados, com a Comunidade Valenciana apresentando indicadores médios. Esses conjuntos são reforçados por outro indicador: o maior percentual de gastos públicos em educação sobre o total de gastos em educação pode ser encontrado nas ilhas Canárias, na Andaluzia e na Comunidade Valenciana. A proporção entre escolas públicas e privadas que caracteriza as escolhas educacionais disponíveis varia entre as comunidades autônomas, e esta é também a variável que melhor explica as características, a dinâmica e os resultados do sistema educacional. Assim, as diferenças entre as comunidades autônomas dependem de como está definida a rede dupla de escolas públicas e privadas (Calero e Bonal, 1999). Por outro lado, essas diferenças entre as comunidades autônomas podem ser explicadas pelas particularidades históricas, embora sejam reforçadas ou atenuadas pelas escolhas de políticas mais recentes. Esses traços históricos e de escolha política manifestam-se em diferentes sistemas educacionais que, talvez de forma ainda mais importante, também geram resultados diferentes em termos de eficácia e eqüidade.

Atenção à saúde

Uma análise do conteúdo da política de saúde obriga-nos a examinar uma série de indicadores básicos: o tipo e a taxa de cobertura, o sistema de financiamento, a abrangência dos serviços disponíveis, a evolução dos custos e o modelo de gestão. De acordo com esses parâmetros, o ponto de partida para a transição do sistema sanitário espanhol era caracterizado por um sistema de base ocupacional, com ampla cobertura (81,4% da população), que era contributivo, difundido, mas de baixa qualidade, subcapitalizado e estabelecido no interior do sistema de provisão direta da seguridade social. De 1997 até hoje, todos esses aspectos têm experimentado novos rumos, embora em uma amplitude desigual. As políticas de saúde dos governos da União Central Democrática (UCD, 1977-82) nunca passaram por um processo geral de reformas. A explicação para esse fato reside na debilidade fiscal do Estado durante a transição, no impacto da crise econômica e nos conflitos gerados entre as redes de atores envolvidos no processo. Talvez a única mudança relevante no campo da saúde, durante esse período, tenha sido a introdução de co-pagamentos ao usuário para medicamentos prescritos fora dos hospitais, com a exceção dos aposentados.

As políticas de saúde dos governos do PSOE eram fundamentadas sobre dois pilares sucessivos. O Decreto Real de Estruturas Básicas de Saúde, de 1984 (Real Decreto de Estructuras Básicas de Salud), e a Lei Geral de Atenção à Saúde, de 1986 (Ley General de Sanidad), refletem o primeiro desses pilares. O modelo profissional e contributivo anterior foi substituído por um modelo universal progressivamente financiado por impostos. E o esquema unitário de gestão e provisão foi transformado em uma estrutura que envolvia a coordenação por parte do governo central de serviços públicos de saúde providos pelas comunidades autônomas, às quais foram transferidas tais competências. De forma resumida, o Sistema Nacional de Saúde foi estabelecido conforme um modelo de provisão universal de serviços de saúde gerido pelas diferentes escalas regionais. Os gastos públicos com atenção à saúde cresceram de forma consistente (de 4,3% do PIB em 1980, para 5,59% em 1994, e 5,36% em 1998), embora ainda seja inferior à média da OCDE até hoje (OECD, 2001). A estrutura de gastos revela um peso significativo em cuidados especializados e custos farmacêuticos, o que é indicativo do reduzido nível de desenvolvimento das políticas primárias de prevenção e da limitada relevância do mercado de medicamentos genéricos. A cobertura do sistema público situa-se em níveis próximos à universalidade, embora a cobertura de 7,5% pelo seguro dos funcionários públicos demonstre a sobrevivência de segregação da base corporativa.

Entre as comunidades autônomas, uma análise das políticas de saúde apresenta semelhanças e diferenças com a classificação das políticas educacionais. Assim, Navarra e o País Basco aparecem como as comunidades autônomas mais pioneiras em termos de iniciativas de políticas que servem de exemplo tanto para o governo central quanto para as demais comunidades, embora trabalhem dentro dos limites do modelo sistêmico de saúde oficialmente estabelecido nas regulações básicas do país. Dentro do arcabouço do Sistema Nacional de Saúde, tais comunidades oferecem um modelo que é diferenciado devido a suas respostas rápidas e ao compromisso não somente com a cobertura universal — pela promulgação da legislação correspondente — mas também com a realização dos diagnósticos necessários e o planejamento das políticas de saúde correspondentes. Do mesmo modo, ambas as comunidades autônomas, precedidas neste caso pela Andaluzia, foram pioneiras na implementação das reformas da atenção primária, e Navarra até mesmo conseguiu exceder a cobertura média em atenção primária para as 10 comunidades geridas pelo governo central. Andaluzia é também um caso de comprometimento com o modelo de saúde pública de provisão direta de serviços, e é a comunidade autônoma na qual os cuidados primários emergenciais são os mais ativos, com as conseqüentes implicações em termos de eqüidade no acesso aos serviços. Entretanto, esse notável desempenho é recente, por exemplo, no âmbito da avaliação da qualidade dos serviços; assim, este aspecto ainda se identifica com o modelo preestabelecido pelo governo central. Finalmente, as ilhas Canárias demonstram um comprometimento com o modelo público, embora tal seja altamente diferenciado devido a sua heterogeneidade e fragmentação no interior de uma rede de provisão pública que pertence a diferentes níveis governamentais.

Os casos da Catalunha e da Galícia são definidos de acordo com o modelo privado diferenciado, mas por razões diferentes em cada comunidade. A Catalunha e a Galícia foram as comunidades autônomas nas quais a reforma da atenção primária, um dos pilares do Sistema Nacional de Saúde, evoluiu de forma mais lenta. Na primeira, esse fato pode ser atribuído à elevada população urbana, e na segunda à elevada população rural, e em ambos os casos também devido ao fato de os profissionais médicos e as elites políticas estarem associados entre si. Tudo isso apesar do fato de a Galícia ter recebido a devolução das competências em saúde nove anos após a Catalunha, com as diferenças concomitantes em termos de experiência. Da mesma forma que no campo da educação, a Comunidade Valenciana aparece no plano médio, distinguindo-se em todos os aspectos, menos por seu compromisso com o modelo de saúde pública contido nas regulações nacionais básicas e por não oferecer qualquer outro modelo alternativo ou iniciativas pioneiras.

Serviços assistenciais

A política de serviços assistenciais é diferente das demais políticas, pela fraca definição dos direitos individuais de cobertura e pelo papel minoritário que esta desempenha no âmbito do sistema de bem-estar social. Essa fragilidade é mais acentuada do que no restante da Europa. A Constituição espanhola de 1978 não define claramente o direito individual à assistência social (ou seja, não existe nenhum preceito legal que se possa invocar a fim de se requerer, por exemplo, uma vaga em um abrigo assistencial, ou a assistência domiciliar para pessoas com deficiência física), tampouco a legislação sobre ação social das comunidades autônomas o faz. Assistência social e serviços sociais constituem áreas nas quais as comunidades autônomas possuem competências exclusivas e, apesar do direito reconhecido à existência de um sistema de serviços sociais publicamente financiado, assim como o direito ao serviço, e mesmo o direito a participar na organização, planejamento e gestão dos serviços, o que está evidente é que nem a legislação sobre serviços sociais das comunidades autônomas nem as regulamentações de sua implementação, ou seus planos e programas, delineiam os mecanismos reais e competentes para sua implementação (definição de responsabilidades, recursos humanos, técnicos e financeiros, garantias e assim por diante). O financiamento dos serviços assistenciais encontra-se sob a responsabilidade do governo central, das comunidades autônomas e das corporações locais, embora não exista qualquer critério estabelecendo quem é responsável por qual aspecto.

Dessa forma, o conjunto disponível de serviços privados e não-governamentais cobre somente parte das deficiências da provisão pública, que se encontra fragmentada entre os níveis de governo regional e local e é muito deficiente operacionalmente. Enquanto a provisão privada se orienta em direção à demanda com capacidade aquisitiva, os serviços não-governamentais priorizam a população de baixa renda e que, freqüentemente, não é coberta pelo setor público. Nesse sentido, é importante ressaltar que as comunidades autônomas com níveis mais elevados de renda *per capita* usualmente registram percentagens mais elevadas de serviços assistenciais públicos (Equipo Edis et al., 1998). Assim, entre as sete comunidades autônomas sob avaliação, as ilhas Canárias, a Catalunha, a Comunidade Valenciana e o País Basco possuem as presenças mais elevadas de serviços assistenciais públicos, enquanto Andaluzia e Galícia registram baixa provisão desses serviços. Precisamente nessas duas últimas comunidades, que apresentam os maiores índices de pobreza na Espanha, a Caritas e a Cruz Vermelha registram maior presença do que no primeiro grupo.

Habitação

A política habitacional também consiste em uma das faces extremamente frágeis do Estado de bem-estar social e, assim como no caso dos serviços assistenciais, este aspecto se apresenta de forma mais acentuada na Espanha do que no restante da Europa. Apesar da tendência geral a uma crise da acessibilidade devido à elevação de preços, à desregulação do mercado e à predominância de preços habitacionais fixados livremente no mercado, podem ser percebidas diferenças nas escolhas de política pública realizadas pelas comunidades autônomas. O gasto público médio nessa área no País Basco, em Navarra e em Andaluzia é quase o dobro do que na Catalunha, na Comunidade Valenciana e na Galícia. Entre essas comunidades, o País Basco e a Andaluzia adotaram medidas protecionistas mais intensivas, enquanto as últimas três escolheram medidas de menor intensidade (Ministerio de Fomento, 2000). Entretanto, a implementação de uma política habitacional ativa nem sempre implica a predominância de preços baixos no mercado (como demonstrado pelo caso do País Basco), ou uma política fraca implica preços elevados (como visto no caso da Galícia). Em outras comunidades autônomas, contudo, como Catalunha e Navarra, há de fato uma correlação direta entre a intensidade da política e uma capacidade maior ou menor de afetar os preços habitacionais.

Um Estado de bem-estar regional ainda em expansão?

Embora as principais políticas de bem-estar social tenham sido desenvolvidas na Espanha durante a década de 1980, nos anos 1990 a necessidade de reforma começou a ser considerada à luz das proposições formuladas internacionalmente. Algumas das principais vias de reforma iniciadas nos países vizinhos à Espanha, durante os anos 1980, centravam-se nos instrumentos de intervenção pública. Em termos de formas de organização e de provisão de serviços, nas quais predominavam estruturas integradas e hierárquicas, a tendência tem sido sua fragmentação em direção a redes de organizações independentes especializadas por função (regulação, compra, provisão). Os mecanismos para o financiamento dessas redes de organizações também foram alterados, com a substituição das alocações orçamentárias pelo financiamento baseado em mecanismos contratuais. Em certos casos, isso pode incluir incentivos para uma gestão mais eficiente e a competição por recursos tanto públicos quanto privados. Tais transformações têm sido acompanhadas por efeitos imediatos no domínio público. De um lado, a margem de manobra dos atores públicos foi expandida nos limites da legislação privada; de outro, a rede de atores envolvidos na provisão de benefícios e serviços tem se tornado mais complexa, à medida que se torna mais acessível a organizações privadas e não-lucrativas.

Dessa forma, as áreas de provisão de serviços que compõem a base do Estado de bem-estar social, como serviços de saúde e educação universais, têm sido alvo de reformas profundas em seus instrumentos de gestão. Do mesmo modo, outras áreas de intervenção com menor relevância orçamentária e organizacional, como os serviços assistenciais, mas que são essenciais em Estados de bem-estar mais consolidados, têm sido afetadas pela tendência internacional para reformulá-las em profundidade. No caso da Espanha, apesar de um ponto de partida caracterizado por fraca intervenção nesses setores, fortes movimentos de reorganização também têm sido desencadeados. Finalmente, em áreas em emergência, como suporte à renda e políticas ativas de emprego, as experiências ainda são muito recentes, embora pareça que um fraco comprometimento e uma baixa capacidade de intervenção possam ser detectados entre os níveis de governo envolvidos.

Assim, as comunidades autônomas seguiram as tendências predominantes, provenientes tanto do governo central quanto de outros países europeus, em termos do desenvolvimento de novas formas de intervenção. Entretanto, a capacidade para criar novos instrumentos gerenciais e gerar dinâmicas e redes de atores a ela relacionados não pode ser explicada somente com base na vontade política das elites políticas das comunidades autônomas. Essa capacidade também é afetada por fatores tais como as competências em cada setor de política pública que foi devolvido, assim como pela quantidade de recursos de todos os tipos com os quais cada comunidade começou nesses setores. Assim, apesar do fato de as regulações nacionais básicas fomentarem, por exemplo, um modelo de provisão direta para um certo serviço que precisa ser organizado e gerido pelas comunidades autônomas, se em alguma dessas comunidades já existir uma estrutura de provisão de serviços que a conduz na direção de um modelo de provisão indireta, essa comunidade tenderá a desenvolver instrumentos e impulsionar redes de atores e organizações num formato mais próximo a este último modelo.

Educação

A política educacional apresenta desafios e instrumentos de intervenção similares entre as sete comunidades autônomas com um conjunto mais amplo de competências. O processo de modernização do sistema educacional incluiu também instrumentos visando à ampliação da autonomia decisória das escolas, enquanto facilitava, ao mesmo tempo, a participação dos atores que compõem a comunidade educacional. As dificuldades encontradas na implementação dessas medidas são igualmente comuns a todas as comunidades. Durante os anos 1990, em parte como resposta a essas dificuldades, o setor tendeu à desregulamentação, tornando, assim, o acesso dos estudantes mais flexível e diversificando as fontes de financiamento das escolas. Essas medidas contribuíram para aprofundar a natureza dupla das redes educacionais. Esse grau de dualidade permanece como o critério mais claro de identificação das diferenças entre as comunidades autônomas, com todas elas compartilhando o modelo complexo de redes de atores e organizações característico do sistema educacional. Entretanto, pode-se distinguir maior proeminência de instrumentos de gestão alinhados com o setor privado em três comunidades (Catalunha, Navarra e País Basco), enquanto em outras (Andaluzia, ilhas Canárias, Comunidade Valenciana e Galícia) a utilização de instrumentos característicos do setor público é predominante.

Saúde

No campo das políticas de atenção à saúde, a reforma dos instrumentos de intervenção tem sido um aspecto central nos debates e escolhas realizadas tanto pelo governo central quanto pelas administrações regionais autônomas possuidoras das competências devolvidas na área da saúde. Na verdade, o sistema de saúde tal como definido pela legislação básica fundamental inclui, entre suas características definidoras, instrumentos específicos de intervenção. Isso resulta em um modelo integrado de provisão direta de serviços, com uma completa regulação pública em todos os seus aspectos organizacionais e gerenciais. Já nos anos 1990, o *Relatório Abril* (1991) sucintamente mostrou as opções de mudança nas políticas de atenção à saúde. Primeiro, o discurso de racionalização representou a projeção de cortes no conjunto de serviços públicos prestados: a lista de serviços e a lista de medicamentos financiada pelo Sistema Nacional de Saúde, o que, num contexto de pouca valorização de direitos sociais, abriu a porta à possibilidade de rejeitar a inclusão de novos benefícios devido aos custos. Do mesmo modo, o modelo de gestão pública começou a ser reorganizado com a introdução de mecanismos de mercado, embora somente em experiências selecionadas, como a introdução de contratos de gestão. A regulação e a produção de serviços foram isoladas em poucos hospitais que optaram por não participar do sistema direto de gestão — designados como fundações de atenção à saúde.

Entretanto, diferenças podem vistas entre as comunidades autônomas. O País Basco, Navarra e Andaluzia distinguem-se por sua ênfase na composição de pessoal por funcionários públicos, e pelo papel desempenhado pelos sindicatos nesse processo. Galícia, ilhas Canárias e Comunidade Valenciana têm encontrado grandes dificuldades na implementação do modelo definido na legislação básica promulgada pelo governo central, ainda que por diferentes razões. A Catalunha é o caso de maior grau de diferenciação. Essa comunidade autônoma desenvolveu instrumentos para intervenção que prepararam as bases para um modelo de provisão direta, com o envolvimento de uma rede complexa de atores e organizações públicos, semipúblicos e privados (Gallego, 2000). Somente duas comunidades autônomas (Catalunha, incluindo o setor privado, e as ilhas Canárias, com um complexo setor público) apresentam modelos de redes complexas de *stakeholders*, enquanto as demais comunidades apresentam modelos simples. Finalmente, as três comunidades que mais experimentaram o uso de instrumentos de gestão do setor privado foram Catalunha, Galícia e Comunidade Valenciana.

Serviços sociais

No campo dos serviços sociais, predominam modelos de redes complexas de atores, organizações e instrumentos de gestão do setor privado. A política de serviços sociais apresenta uma deficiência nessas formas de intervenção, o que denota uma grande falta de compromisso público. Essa deficiência reflete-se no nível organizacional, em termos tanto do financiamento quanto da estrutura de provisão de serviços. As comunidades autônomas têm adicionado quantidades menores de suplementações às insuficientes finanças oriundas do governo central. A estrutura de provisão de serviços sociais é fragmentada entre diferentes níveis de governos, entre diferentes departamentos no interior de cada um desses níveis, e entre os serviços públicos, privados e aqueles providos por organizações não-lucrativas. Logo, torna-se difícil estabelecer distinções entre as comunidades autônomas em termos das diferentes ações realizadas pelos respectivos governos. Toda as comunidades autônomas compartilham não apenas essa fragmentação, mas também a burocracia derivada da regulação da comunidade autônoma, a falta de coordenação na provisão de serviços e um baixo grau de envolvimento dos municípios nessa área de intervenção. As comunidades mais prósperas possuem mais serviços sociais de diferentes tipos e mais provedores e registram níveis mais elevados de utilização, porém não existe evidência para sugerir que isso se deva ao maior uso de sua capacidade de autogoverno.

Habitação

A política habitacional não se tornou um pilar significativo no interior do Estado de bem-estar social, de modo que são alocados consideravelmente poucos fundos em comparação com outros setores. Além disso, nas políticas habitacionais, os governos autônomos não têm recebido poder de ação semelhante àqueles verificados nos setores de educação e saúde, ou mesmo no campo dos serviços assistenciais. De forma diferente desses setores, a política habitacional é caracterizada pela ênfase nos principais instrumentos de intervenção, especialmente a regulação do acesso a habitações subsidiadas pelo governo, com suas implicações financeiras simultâneas, além da regulação do mercado de locação. A única exceção consiste no País Basco, ao qual a legislação garante plenos poderes para agir tanto sobre o acesso a habitações quanto na concessão de empréstimos para tal. Além dessa configuração em níveis múltiplos, todas as comunidades autônomas têm adotado um modelo de gestão fortemente baseado em um formato de agência, com operadores públicos ou mistos que são independentes da organização departamental. Entretanto, cenários amplamente divergentes emergem de novo quando da análise da rede de atores e organizações envolvidos na promoção da habitação pública. Esta abrange desde as comunidades autônomas com pouco envolvimento das iniciativas sociais e dos governos municipais (Galícia) a outras que são fortemente cooperativas e de natureza local (as ilhas Canárias e o País Basco), até inúmeras combinações distribuídas entre os dois extremos. Enquanto na Galícia e na Comunidade Valenciana os instrumentos de gestão tendem a ser modelados de acordo com o setor privado, nas ilhas Canárias, Navarra e País Basco são mais comuns modelos envolvendo redes complexas de atores e organizações.

Políticas de renda

As políticas de renda visam prover assistência àqueles grupos que são pobres ou excluídos, mas que teoricamente são "capazes" de trabalhar (para pagar) e que, ao mesmo tempo, não têm acesso aos benefícios contributivos ou qualquer outro tipo de benefícios assistenciais, como em caso de desemprego. Na Espanha, essas políticas tendem a ser inspiradas no modelo francês de políticas de renda. As políticas de renda, enquanto a última rede de proteção socioassistencial ou econômica, foram regulamentadas por todas as comunidades autônomas desde o final dos anos 1990. Essas regulamentações são heterogêneas em sua natureza e, em todos os casos, o suporte à renda oferecido está muito abaixo dos níveis europeus em termos de suficiência dos benefícios, cobertura, financiamento e definição dos direitos individuais a eles (Aguilar, Gaviria e Laparra, 1995). Na verdade, somente o País Basco possui um sistema de apoio à renda que integra plenamente os componentes de benefício econômico, inserção no trabalho e integração social. Catalunha e Madri são as comunidades mais próximas desse modelo, apesar de seus níveis de eficiência, cobertura e financiamento estarem entre os mais baixos entre as 17 comunidades autônomas. Entretanto, é importante mencionar o caso de Navarra, que, sem satisfazer o critério de compor apoio à renda em si, mas com programa de proteção social ao emprego, alcança níveis de suficiência, cobertura e financiamento iguais, e em alguns casos superiores, àqueles encontrados no País Basco (Ayala, 2000). Em geral, existe uma correlação direta, ou melhor, até certo grau uma correlação inversa, entre os índices de pobreza nas comunidades autônomas e os níveis de suficiência, cobertura e financiamento dos programas de apoio à renda.

No campo das políticas de apoio à renda, os instrumentos de gestão são públicos em todas as comunidades autônomas, e por isso se explica que o que tem se tornado gradualmente seu principal instrumento — transferências econômicas — é gerido pelas autoridades públicas correspondentes. Entretanto, à medida que os mecanismos de integração (ainda secundários) são vinculados aos componentes de transferência econômica, a rede de atores e organizações envolvidos torna-se potencialmente muito complexa. De acordo com as tendências verificadas nos serviços sociais e nas políticas de ativação de empregabilidade, os mecanismos de integração social e trabalhista podem, às vezes, envolver diversos atores e organizações no interior das comunidades, tanto privados como não-lucrativos.

Políticas ativas de emprego

É difícil delinear um mapa dessas intervenções devido à visão abrangente dessas políticas como uma série de ações voltadas tanto para a geração quanto para a manutenção de empregos. As políticas ativas de emprego foram adotadas muito recentemente pelas comunidades autônomas — as primeiras a receber competências nessas áreas foram Galícia e Catalunha, em 1998. Entretanto, os primeiros acordos de trabalho foram assinados em 1997 em Andaluzia, ilhas Canárias e País Basco. Nos dois anos seguintes, as demais comunidades autônomas uniram-se a essa tendência (Ministerio de Trabajo y Asuntos Sociales, 2000). Nessas iniciativas, tem-se verificado um elevado grau de fragmentação institucional, assim como fragmentação nas próprias políticas de ativação. Na verdade, existe uma forte presença de múltiplos órgãos governamentais nas políticas de ativação, incluindo todos os níveis desde a União Européia até as esferas locais, cada um possuindo suas próprias atividades relevantes. Esses acordos de trabalho, com diferentes estruturas e níveis de especificidade, constituem uma série de iniciativas de promoção de emprego que são bastante homogêneas e similares às vias de intervenção realizadas pelo Estado. Por outro lado, em certas comunidades autônomas têm havido uma tentativa de projetar políticas ativas de emprego que estejam em consonância com outras áreas de intervenção relacionadas ao desenvolvimento econômico. Entretanto, o alcance do desenvolvimento desses acordos de trabalho ao nível das comunidades autônomas é limitado e lento.

Até agora, podemos observar um grau significativo de dependência das comunidades autônomas em relação aos instrumentos de intervenção desenvolvidos pelo governo central nas áreas de treinamento profissional, orientação para o trabalho e intermediação de emprego. As intervenções de política de trabalho carecem de mecanismos de diagnósticos da situação, de gestão continuada e avaliação de impacto que possibilite monitorá-las e atualizá-las. Os mecanismos de intermediação tendem a estar duplicados, além de superpostos (o Instituto Nacional de Emprego e os serviços homólogos de emprego nas comunidades autônomas), sem existir uma base de coordenação entre eles. Tampouco se verifica a presença de vínculos funcionais estabelecidos com as instâncias locais que participam nessa área. Outra tendência geral é a crescente participação dos atores e organizações sociais de fora da administração pública na gestão de políticas ativas de emprego. Nesse sentido, os planos de empregabilidade contribuem para criar áreas altamente plurais de coordenação. Algumas diferenças já começaram a aparecer, tais como o maior número de iniciativas em Andaluzia e Navarra comparado às outras comunidades autônomas, e a ausência do governo basco nos acordos firmados em sua comunidade, diferentemente dos outros que participam diretamente.

Conclusões: a emergência de regimes regionais de bem-estar social?

Na Espanha, a descentralização do Estado de bem-estar social tem levado não só à emergência de escolhas de política pública que variam a partir do nível regional, mas também à necessidade de substituir o conceito de Estado de bem-estar social de acordo pelo de regime de bem-estar. As diferenças de ponto de partida de cada comunidade autônoma, em termos de fatores como estrutura social, recursos e histórico institucional, têm revelado a importância de outros domínios, além daqueles das autoridades públicas, no sentido de entender as escolhas de política adotadas. Os regimes de bem-estar são as formas específicas que emergem da alocação de responsabilidades e funções relacionadas ao Estado de bem-estar social (tanto individual quanto coletivo) entre o Estado, os agentes privados, a família e os domínios comunitários.

Desde o final dos anos 1970, o papel do Estado, em termos de sua capacidade de intervenção e de suas responsabilidades, tem experimentado um crescimento inédito na Espanha. Esse crescimento reflete a criação e a consolidação de um Estado de bem-estar que, em pouco tempo, alcançou níveis de proteção semelhantes à média européia (embora ainda abaixo desta), assumindo funções e responsabilidades que previamente pertenciam aos domínios familiar, privado ou comunitário.

Entretanto, essa expansão do intervencionismo estatal mediante políticas sociais ocorreu paralelamente a um crescente questionamento dos Estados de bem-estar social nos países mais avançados. Nesses países, o Estado tendeu a perder importância em relação à alocação de recursos para o mercado (para a classe média), em detrimento da família e da comunidade (para a classe trabalhadora). Em termos de provisão dos serviços de bem-estar, o Estado tende a assumir um papel menos importante e transferir responsabilidades e funções para o mercado, a família e a comunidade. Nesse contexto, podemos representar graficamente as diferentes áreas de intervenção, de acordo com as responsabilidades assumidas pelos domínios estatal, familiar, privado e comunitário (ver figura 1). Uma interpretação geral das escolhas realizadas pelas sete comunidades autônomas com os mais elevados níveis de competências nos leva a concluir que as áreas de serviços sociais, suporte à renda e habitação se encontram sob a responsabilidade dos domínios familiar e privado. Os reduzidos níveis de intervenção do poder público nesses três setores direcionam essas funções e seus custos diretos e indiretos para as famílias (na dependência de seu poder de compra). No caso das políticas ativas de emprego, o baixo grau de intervenção pública e as dificuldades do domínio familiar em assumir a geração de empregos conduzem essas políticas a se situarem na esfera de influência dos domínios privado e comunitário. Entretanto, a influência do domínio privado é maior do que a do domínio comunitário, dada a fragilidade do último e dos agentes nele envolvidos, em comparação com os países vizinhos. As áreas de educação e saúde são aquelas com o mais elevado grau de intervenção estatal, principalmente devido ao processo de universalização desses serviços. Contudo, o grau de intervenção pública em relação ao mercado (o grau de desmercantilização) é maior na saúde do que na educação, uma vez que nesta última a rede dupla pública e privada, em várias comunidades autônomas, revela uma extensão mais ampla de diferentes escolhas do que as escolhas estritamente públicas encontradas na área da saúde. Finalmente, a saúde, mas não a educação, é compartilhada pelos domínios estatal e familiar (na verdade, a Espanha é um dos únicos países com as mais baixas taxas de leitos hospitalares por habitante na Europa — e as famílias cobrem essas necessidades).

Figura 1
Domínios de política e regime de bem-estar

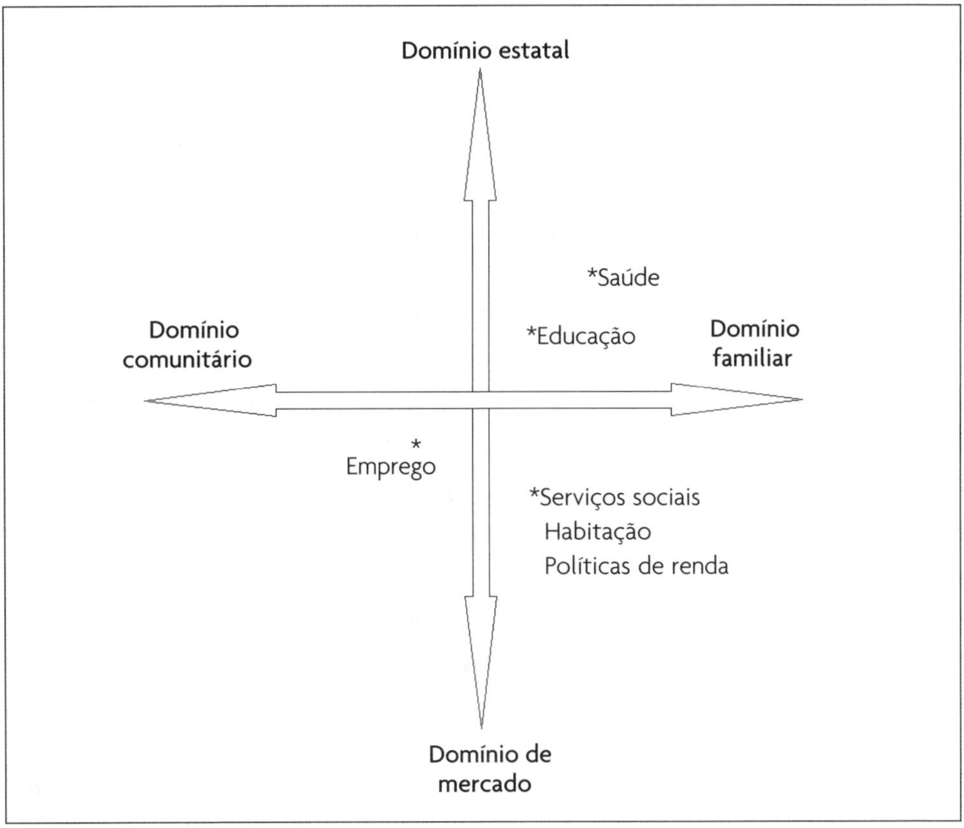

Fonte: Gallego, Gomà e Subirats, 2003:227.

As comunidades autônomas com o maior número de competências também podem ser representadas graficamente em um espaço que mostra a relação entre os domínios privado, familiar e comunitário. Isso nos permite identificar os regimes de bem-estar nas comunidades autônomas, ou seja, as tendências predominantes que essas comunidades têm seguido quando alocam responsabilidades de bem-estar aos atores e às organizações nos diferentes domínios sociais (ver figura 2). Uma interpretação holística das principais escolhas que a Andaluzia tem feito nas políticas de bem-estar analisadas a situa no quadrante definido pelos domínios estatal e familiar. Há uma preferência mais intensa aqui do que em outras comunidades autônomas pela promoção da presença pública e de atividades públicas onde, ao mesmo tempo, a família é extremamente importante por assumir funções e responsabilidades não cobertas pelo setor público. A Catalunha, por outro lado, tende a se posicionar no quadrante definido pelos domínios privado e comunitário. Apesar do fato de, assim como em outras comunidades, a intervenção pública ter experimentado um crescimento sem precedentes nos últimos 20 anos, no caso da Catalunha os domínios privado e comunitário têm sido promovidos tanto pelas instituições quanto pela própria sociedade civil. Esta última característica é compartilhada amplamente com o País Basco e com Navarra, com a diferença de que essas duas comunidades têm insistido, na maioria das áreas de política, na promoção do domínio público acima de todos os outros. Finalmente, Galícia e Comunidade Valenciana tendem a se situar na parte inicial do quadrante influenciado pelos domínios familiar e privado. Suas escolhas nas diferentes áreas de política têm demonstrado certo grau de fraqueza em sua habilidade em promover a intervenção pública, embora o domínio comunitário não seja nem altamente dinâmico nem capaz de assumir as funções de bem-estar que não são cobertas pelo setor público. No caso da Galícia, o domínio familiar tende a ser predominante devido à natureza rural de sua estrutura social, enquanto na Comunidade Valenciana o mercado tem assumido um papel mais central.

Os diferentes regimes regionais de bem-estar social que estão emergindo na Espanha, como resultado da devolução de poderes às comunidades autônomas, podem apresentar um desafio às concepções de Estado de bem-estar social territorialmente mais homogêneas. Entretanto, de acordo com uma pesquisa conduzida em setembro de 2002 pelo Centro de Investigações Sociológicas, uma imensa maioria da população da Espanha gostaria que o grau de autonomia governamental de sua comunidade fosse o mesmo ou mais elevado do que se mostrava na ocasião (ver tabela 1). A principal diferença entre as comunidades é a distribuição de percentagens entre as que preferem o mesmo grau e aquelas que preferem um grau mais elevado de autonomia governamental. Existem cinco comunidades nas quais 50% de sua população ou mais (até 68%) prefeririam um grau maior, entre as quais estão Catalunha e o País Basco. Nas ilhas Canárias, Galícia, Andaluzia e Comunidade Valenciana, as percentagens são distribuídas de forma mais uniforme, cada opção atraindo em torno de 40% de suas populações. Navarra parece ser uma situação à parte entre as comunidades com os mais elevados limites de competências, uma vez que mais de 60% prefeririam um grau de autonomia idêntico ao já possuído.

Figura 2

Regimes de bem-estar das comunidades autônomas

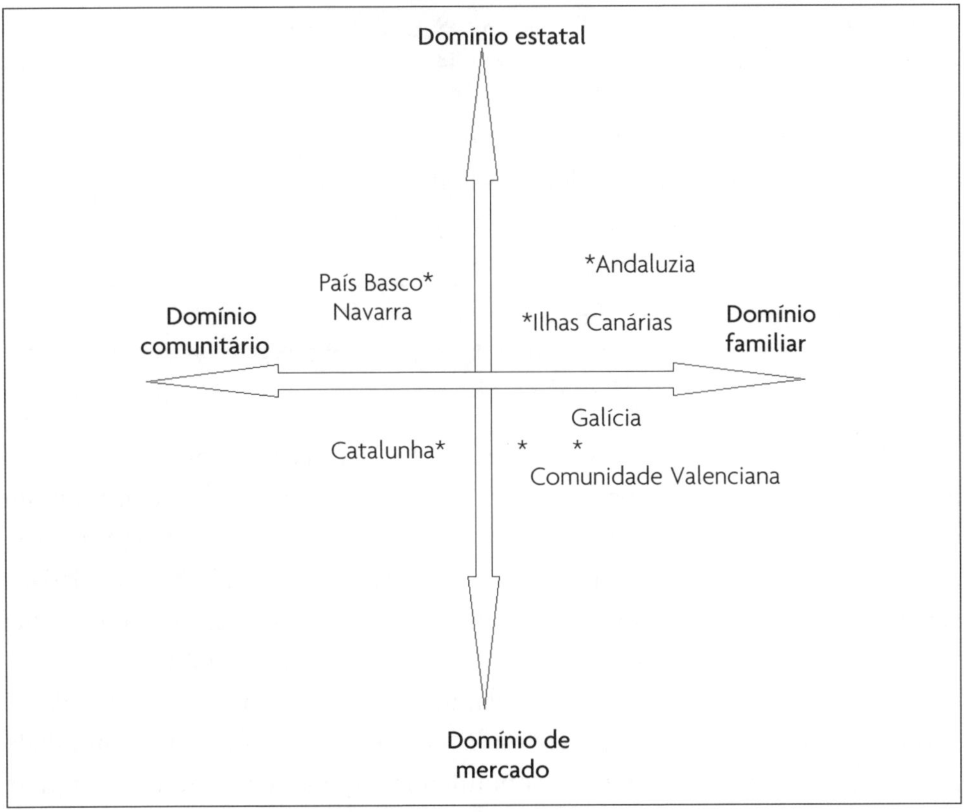

Fonte: Gallego, Gomà e Subirats, 2003:228.

Tabela 1

Gostaria que o grau de autogoverno de sua comunidade fosse maior, menor ou o mesmo verificado atualmente?

Comunidades autônomas	Maior	Mesmo	Menor	Não sabe/ não respondeu
Aragão	68	21	3	8
Catalunha	**62**	**28**	5	6
País Basco	**53**	**30**	3	14
Estremadura	52	34	4	11
Ilhas Baleares	50	38	3	9
Castela e Leão	47	30	5	18
Ilhas Canárias	**46**	**34**	6	14
Castela La Mancha	41	39	8	11
Galícia	**39**	**46**	6	10
Andaluzia	**38**	**39**	5	19
Comunidade Valenciana	**36**	**48**	9	7
Astúrias	34	40	7	20
Cantábria	32	52	9	7
Madri	27	54	8	11
Navarra	**26**	**63**	1	10
La Rioja	21	59	8	12
Múrcia	20	49	15	16

Fonte: Adaptada de Centro de Investigações Sociológicas (2003:9).

Obs.: Esta pesquisa foi realizada pelo Centro de Investigações Sociológicas do governo espanhol em setembro de 2002 (Estudo nº 2.475).

O processo de construção institucional e o crescente papel dos governos autônomos têm proporcionado às regiões e a suas elites políticas um amplo conjunto de instrumentos de construção de identidade e de oportunidades. Embora não se possa argumentar que o sentimento de identidade dos cidadãos seja um efeito direto das opções de política das comunidades autônomas que foram examinadas, pode ser interessante salientar algumas informações (ver tabela 2). Uma ampla maioria dos espanhóis manifesta uma dupla identidade, isto é, eles se sentem tanto espanhóis como pertencentes à sua comunidade autônoma — somente em quatro comunidades aqueles com dupla identidade representam menos de 50% da população. Entre estes últimos, estão o País Basco e a Catalunha, com 40% e 49% respectivamente, que se sentem ou mais ou apenas identificados com sua comunidade. Galícia, Navarra, ilhas Canárias e Comunidade Valenciana apresentam entre 50% e 60% de sua população com dupla identidade; as primeiras três com 20% a 25% que se sentem mais pertencentes a suas comunidades, mas somente 13% na Comunidade Valenciana. Entre as sete comunidades analisadas, Andaluzia apresentou a percentagem mais elevada com sentimento de dupla identidade (70%), com 13% se sentindo mais andaluz do que espanhol.

Tabela 2

Com qual das seguintes frases você se identifica mais?

Comunidades autônomas	Eu me sinto apenas espanhol	Mais espanhol do que de minha comunidade	Tão espanhol quanto de minha comunidade	Mais de minha comunidade do que espanhol	Somente de minha comunidade	Não sabe/ não respondeu
Estremadura	3	6	75	13	2	1
Aragão	5	5	73	14	1	1
Andaluzia	7	7	**70**	**13**	2	1
Astúrias	4	4	67	21	2	2
Múrcia	21	8	66	3	2	0
Galícia	5	4	**58**	**25**	7	1
Cantábria	17	11	57	11	0	4
Castela La Mancha	23	14	57	2	1	4
Navarra	3	4	**55**	**20**	11	7
Castela e Leão	28	12	55	3	2	1
Ilhas Canárias	5	2	**52**	**23**	**15**	3
Comunidade Valenciana	21	13	**52**	**13**	1	1
La Rioja	8	11	50	18	1	12
Ilhas Baleares	12	5	49	16	11	8
Madri	30	14	43	3	2	9
Catalunha	12	8	**37**	**24**	**16**	2
País Basco	5	3	**34**	**19**	**25**	15

Fonte: Adaptada de Centro de Investigações Sociológicas (2003:10).
Obs.: Esta pesquisa foi realizada pelo Centro de Investigações Sociológicas do governo espanhol em setembro de 2002 (Estudo nº 2.475).

Além de tudo, tomando os dois conjuntos de dados simultaneamente, pode-se obter a interpretação de que a maioria da população espanhola aprova o grau de autonomia fornecido às comunidades autônomas como um novo nível de governo, além de ter desenvolvido maciçamente uma dupla identidade ou senso de pertencer a um dado grupo, que torna compatíveis lealdades territoriais simultâneas.

Bibliografia

AGUILAR, M.; GAVIRIA, M.; LAPARRA, M. *La caña y el pez*: estudio sobre los salarios sociales en las comunidades autónomas. Madrid: Foessa, 1995.

AYALA, L. *Las rentas mínimas en la reestructuración del estado de bienestar*. Madrid: Consejo Económico y Social, 2000.

CALERO, J.; BONAL, X. *Política educativa y gasto público en educación*. Barcelona: Pomares, 1999.

CASTLES, F. Welfare state development in Southern Europe. *West European Politics*, v. 18, n. 2, 1995.

CENTRO DE INVESTIGACIONES SOCIOLÓGICAS. *Informe sobre estado de las autonomías*. Madrid: CIS, 2003.

EQUIPO EDIS et al. *Las condiciones de vida de la población pobre en España*: informe general. Madrid: Foessa, 1998.

ESPING-ANDERSEN, G. *The three worlds of welfare state*. Cambridge: Polity Press, 1990.

GALLEGO, R. Introducing purchaser/provider separation in the Catalan health administration: a budget analysis. *Public Administration*, v. 78, n. 2, p. 420-439, 2000.

______; GOMÀ, R.; SUBIRATS, J. (Eds.). *Estado de bienestar y comunidades autónomas*: la descentralización de las políticas sociales en España. Madrid: Tecnos-UPF, 2003.

MINISTERIO DE FOMENTO. *La desigualdad urbana en España*. Madrid: Ministerio de Fomento, 2000.

MINISTERIO DE TRABAJO Y ASUNTOS SOCIALES. *Pactos y medidas de fomento del empleo en las comunidades autónomas*. Madrid: Ministerio de Trabajo y Asuntos Sociales, 2000.

OECD. *Social expenditure database 1980-1998*. Paris: OECD, 2001.

RHODES, M. *Southern European welfare states*. London: Frank Cass, 1997.

SARASA, S.; MORENO, L. (Eds.). *El estado de bienestar en la Europa del Sur*. Madrid: Centro Superior de Investigaciones Científicas, 1995.

SUBIRATS, J.; GALLEGO, R. (Eds.). *Veinte años de autonomías en España*: leyes, políticas públicas, instituciones y opinión pública. Madrid: Centro de Investigaciones Sociológicas, 2002.

TITMUSS, R. *Social policy*. London: Allen and Unwin, 1974.

Anexo
Orçamentos das comunidades autônomas, 2002 (euros *per capita*)

Comunidades autônomas	Euros *per capita*
Limites mais elevados (inclui saúde)	
Navarra	4,266
País Basco	2,852
Canárias	2,502
Galícia	2,448
Andaluzia	2,366
Catalunha	2,120
Comunidade Valenciana	2,051
*Limites menores (não inclui saúde)**	
Pluriprovincial	
Estremadura	2,352
Aragão	2,086
Castela e Leão	2,080
Castela La Mancha	1,994
Ilhas Baleares	1,271
*Uniprovincial***	
La Rioja	1,935
Cantábria	1,903
Astúrias	1,875
Múrcia	1,427
Madri	1,421

* O acordo para transferir a saúde para estas comunidades autônomas foi assinado em dezembro de 2001, mas o processo de transferência ainda não foi completado.
** As comunidades autônomas compostas por apenas uma província recebem menos recursos financeiros do governo central, principalmente porque a administração provincial se fundiu com a administração da comunidade autônoma. Já as comunidades autônomas com mais de uma província mantiveram suas correspondentes administrações provinciais diferenciadas e ativas (uma *diputación provincial* por província).
Obs.: Estes orçamentos não incluem os recursos financeiros que são arrecadados para serem transferidos aos governos municipais.

Este livro foi impresso nas oficinas gráficas da Editora Vozes Ltda.,
Rua Frei Luís, 100 – Petrópolis, RJ,
com papel fornecido pelo editor.